Nouveau Guide

EN ESPAGNE.

BIBLIOTHÈQUE DU VOYAGEUR.

NOUVEAU GUIDE

EN ESPAGNE

PAR

ARTHUR DE GRANDEFFE.

PARIS

IMPRIMERIE ET LIBRAIRIE CENTRALES DES CHEMINS DE FER

DE NAPOLÉON CHAIX ET Cie,

Rue Bergère, 20.

1864

NOTE DE L'ÉDITEUR.

Le *Nouveau Guide en Espagne* que nous ajoutons à notre Collection, est l'œuvre d'un touriste distingué, déjà connu par plusieurs ouvrages, qui a visité avec amour cette belle contrée, et qui, après l'avoir étudiée dans tous ses détails, ne livre au public que ses propres impressions, sans s'inspirer des travaux des autres écrivains qui en ont décrit avant lui les mœurs, les sites, les monuments et l'histoire.

Pour l'Espagne, du reste, tout était à faire. Les études partielles et incomplètes qui existent sur quelques-unes de ses provinces ne pouvaient être, en effet, que d'un faible secours pour un travail général et d'ensemble sur ce vaste royaume (1).

L'auteur a dû, en outre, adopter un plan tout nouveau, en rapport avec la situation actuelle de l'Espagne dont les chemins de fer sillonnent déjà le sol, apportant dans les vieilles cités la vie et le progrès.

Le voyageur est d'abord conduit directement de la frontière de France (Bayonne ou Perpignan) à la capitale de l'Espagne.

(1) Pour la partie monumentale, l'auteur a consulté le savant ouvrage du comte Alexandre de Laborde.

L'auteur trace ensuite divers réseaux, partant tous de Madrid et se dirigeant à travers les villes les plus considérables, les sites les plus remarquables et les contrées les plus intéressantes, soit sous le rapport des beautés de la nature, soit sous celui des beaux-arts et de l'histoire.

Quiconque aura parcouru cet ensemble de routes, connaîtra à fond l'Espagne, les beautés de tous ordres qu'elle renferme, ses richesses au point de vue agricole, industriel et commercial, ses ressources au point de vue politique, enfin et surtout l'Espagne de nos rêves, l'Espagne des peintres et des poëtes.

Les réseaux dont nous venons de parler, qui embrassent tout le système des chemins de fer espagnols, ont été divisés en différentes sections, dont la table analytique ci-après donne le tableau détaillé. Quelques annexes et une route maritime complètent cet ensemble de voies de communication pour toute la Péninsule en y comprenant le Portugal.

En outre, une liste alphabétique de tous les noms de villes, bourgs, villages, mentionnés dans cet ouvrage, permet au voyageur de trouver facilement la description du lieu qui aura fixé son attention.

En traçant cet itinéraire, l'auteur n'a pas perdu de vue que l'Espagne n'est pas, comme l'Italie, la Suisse, les bords du Rhin, une contrée sillonnée de tout temps par les voyageurs, connue de tous par des livres, des récits, des impressions de voyages: il s'agit de la mystérieuse Espagne, que les Pyrénées n'ont pas cessé de séparer du continent malgré le mot de Louis XIV, et qui voit s'opérer par la vapeur cette transformation que la politique du grand Roi n'avait pu accomplir.

Ce *Guide* devait donc contenir non-seulement des indications nombreuses et exactes, mais encore toutes les données qui embrassent l'étude de l'histoire, de la littérature et des beaux-arts. Aussi l'auteur s'est-il attaché à en fournir les éléments à l'homme dont l'esprit cultivé va chercher en Espagne un pays nouveau, et à faire connaître, dans tout son parfum arabe, cette civilisation plus poétique que perfectionnée.

Deux routes sont ouvertes au voyageur qui veut parcourir l'Espagne. Pour bien voir il devra prendre alternativement l'une et l'autre.

Sur les bords de la mer, il rencontrera dans chaque site un peu important des bateaux à vapeur appartenant à des nations diverses, et faisant un service régulier de la Méditerranée à l'Océan, de Barcelone à Cadix, de la frontière de France à celle de Portugal; il pourra ainsi toucher successivement à Tarragone, Valence, Alicante, Carthagène, Almeria, Malaga, Gibraltar, Algésiras et Cadix.

Si, laissant de côté cette excursion par mer, il veut pénétrer tout de suite par Bayonne dans l'intérieur de l'Espagne, trois voies s'offrent à lui.

1° De Bayonne à Madrid, par Alsazua, Vitoria, Miranda, Quintanapalla, Valladolid et Avila.

2° De Bayonne à Madrid, par Irun, Pampelune, Tudela et Jadraque.

3° Enfin, si l'on prend à Bayonne le bateau à vapeur qui fait un service direct de cette ville à Santander, le voyage s'effectuera par Santander, Barcena, Reinosa, Alar del Rey et Palencia.

Le temps n'est pas encore venu où l'Espagne sera courte d'un réseau complet de chemins de fer. En attendant, le voyageur profitera de tous les tronçons qui se rencontreront sur sa route.

Partout, du reste, il trouvera des voitures. Mais pour un homme qui ne craint pas la fatigue, la meilleure manière de voyager est à âne ou à mulet. Au touriste jeune et ardent, nous recommandons les courses à pied, comme dans les Alpes ou dans les Pyrénées.

L'auteur a indiqué, autant que possible, les distances, les moyens de transports, sans cependant multiplier ces informations, qui le plus souvent induisent en erreur.

Pour plus de détails, le voyageur devra consulter le *Livret-Chaix*, où il trouvera tous les renseignements dont il aura besoin sur les chemins de fer, les distances, le prix des places, les hôtels, etc.

Nous offrons ce livre avec confiance aux nombreux voyageurs qui vont parcourir l'Espagne, certain qu'il satisfera à la fois le chroniqueur, par les détails historiques qu'il contient; l'artiste, par ses indications sur les monuments et les musées; l'homme d'étude, par ses données exactes sur son climat, ses productions, sa population et ses travaux; enfin, le touriste proprement dit, par le tableau utile et agréable qu'il fera passer rapidement sous ses yeux.

TABLE ANALYTIQUE

DES MATIÈRES

                                                                         Pages.

TABLE alphabétique de toutes les villes, bourgs et villages mentionnés dans ce Guide XXIII
INTRODUCTION. 1
Notice géographique. 2
Notice historique. 6

PREMIÈRE LIGNE.

BAYONNE A MADRID.

SOMMAIRE : Irun. — Saint-Sébastien. — Tolosa. — Alsazua. —Vitoria. — Miranda. — Bribiesca. — Quintanapalla. — Burgos. —Celada del Camino. — Villodrigo. — Torquemada. — Baños. — Dueñas. — Valladolid. — Medina del Campo. — Arevalo. —Avila. — L'Escurial ou San-Lorenzo. — Las Rosas el Pardo. — Madrid. 35-75

TABLE ANALYTIQUE DES MATIÈRES.

1re SECTION.

Miranda à Saragosse.

Pages.
SOMMAIRE : Miranda. — Haro. — Logroño. — Monteagudo. — Calahorra.
— Alfaro. — Tudela. — Alagon. — Saragosse. 76-83

2e SECTION.

Miranda à Pampelune.

SOMMAIRE : Miranda. — Vitoria. — Alsazua. — Pampelune. 83-85

3e SECTION.

Miranda à Bilbao.

SOMMAIRE : Miranda. — Orduña. — Bilbao. 86-89

4e SECTION.

Arevalo à Ségovie.

SOMMAIRE : Arevalo. — Ségovie. 89-96

DEUXIÈME LIGNE.

PERPIGNAN A MADRID.

SOMMAIRE : La Junquera. — Figueras. — Girona. — Hostalrich. — Arenys de Mar. — Mataro. — Vilasar de Mar. — Premia. — Lucata. — Masnou. — Montgat. — Badalona. — Barcelone. — Moncada. — Sardañola. — Sabadell. — Tarrasa. — Manresa. — Cervera. — Lérida. — Saragosse. — Alagon. — Epila. — La Almunia. — Ricla. — Calatayud. — Cetina. — Arcos. — Medinaceli — Siguënza. — Jadraque. — Guadalajara. — Alcala de Hénarès. — Madrid. 97-136

TABLE ANALYTIQUE DES MATIÈRES.   XI

1re SECTION.

Mataro à Granollers.

Pages.
SOMMAIRE : Mataro. — Granollers. 136-137

2e SECTION.

Barcelone à Santa Coloma de Farnèse par Granollers.

SOMMAIRE : Barcelone. — Clot. — Horta. — San Andrès de Palomar. — Santa Coloma. — Moncada. — Mollet. — Monmeló. — Granollers. — Santa Coloma de Farnèse. 137-140

3e SECTION.

Barcelone à Figuières, par San Juan de las Abadesas.

SOMMAIRE : Vich. — Ripoll. — San Juan de las Abadesas. — Olot. — Figuières. — Rosas. 140-144

4e SECTION.

Barcelone à Gracia.

SOMMAIRE : Gracia. 144

5e SECTION.

Saragosse à Pampelune

SOMMAIRE : Milagro. — Villafranca. — Marcilla. — Caparroso. — Olite. — Tafalla. — Garinoain. — Las Campanas. — Noain. — Pampelune. 145-150

6e SECTION.

Saragosse à Pau.

SOMMAIRE : Saragosse. — Gurrea del Gallégo. — Ayerve. — Jaca (Iacca). — Canfranc. 151-152

TROISIÈME LIGNE.

MADRID A VALENCE ET ALICANTE.

Pages.

SOMMAIRE : Madrid. — Getafe. — Pinto. — Valdemoro. — Cienpozuelos. — Aranjuez. — Castillejo. — Villasequilla. — Huerta de Valdecarabanos. — Tembleque. — Villacañas. — Quero. — Alcazar de San Juan. — Campo de Criptana. — Zancara. — Socuellamos. — Villarobledo. — Minaya. — La Roda. — La Gineta. — Albacete. — Chinchilla. — Villar. — Alpera. — Almansa. 153-168

1re SECTION.

Almansa à Alicante.

SOMMAIRE : Caudete. — Villena. — Saj. — Elda. — Monovar. — Aspe. — Novelda. — Monforte. — Saint-Vincent de Raspeig. — Alicante. . 168-174

2e SECTION.

Almansa à Valence.

SOMMAIRE : Almansa. — Mojente. — Alcudia de Crispins. — San Felipe de Jativa. — Manuel. — Carcajente. — Alcira. — Algémesi. — Beni fayo de Espioca. — Silla. — Catarroja. — Masanasa. — Alfafar. — Valence. 175-200

3e SECTION.

Valence au Grao.

SOMMAIRE : Villanueva del Grao. 200

4ᵉ SECTION.

Albacète à Carthagène.

SOMMAIRE : Albacète. — Tovarra. — Hellin. — Cieza. — Lorqui. — Molina. — Murcie. — Carthagène. 201-205

QUATRIÈME LIGNE.

VALENCE A BARCELONE.

SOMMAIRE : Valence. — Murviedro. — Almenara. — Nules. — Villaréal. — Castellon de la Plana. — Oropesa. — Alcala de Chisvert. — Benicarlo. — Vinaroz. — Amposta. — Perello. — Cambrils. — Tarragone. — Torre dem Barra. — Vendrell. — Arbos. — Villafranca de Panades. — Ordal. — Vellirana. — Molins del Rey. 206-218

1ʳᵉ SECTION.

Barcelone à Martorell.

SOMMAIRE : Barcelone. — Sans. — La Bordeta. — Hospitalet. — Cornella. — San Feliù de Llobregat. — Molins del Rey. — Papiol. — Martorell. 219-222

2ᵉ SECTION.

Martorell à Reus.

SOMMAIRE : Valls. — Reus 222-224

3ᵉ SECTION.

Reus à Tarragone.

SOMMAIRE : Reus. — Vilaseca. — Tarragone 224-225

4e SECTION.

Reus à Montblanch.

                      Pages.
SOMMAIRE : Reus. — Montblanch.................. 225-226

CINQUIÈME LIGNE.

VALENCE A SARAGOSSE PAR ALMANSA.

SOMMAIRE : Ayora. — Requena. — Chelva. — Ademuz. — Teruel. — Villarquemada........................... 227-235

1re SECTION.

Utrillas à l'Ebre.

SOMMAIRE : Utrillas. — Montalban. — Albalate. — Hijar. — La Zaïda. 235-237

2e SECTION.

Gargallo à l'Ebre.

SOMMAIRE : Gargallo. — Escatron.................. 237-238

3e SECTION.

Valence à Saragosse par Segorbe.

SOMMAIRE : Valence. — Murviedro. — Gilet. — Torres-Torres. — Segorbe. — Jerica. — Vivel. — Barracas. — Sarrion. — La Puebla de Valverde. — Teruel. — Villarquemada. — Torre-Mocha. — Torre la Carcel. — Singra. — Calamocha. — Luco. — Burbaguena. — Baguena. — Daroca. — Retascon. — Mainar. — Cariñena. — Longares. — Muel. — Botorrita. — Maria. — Saragosse 238-251

SIXIÈME LIGNE.

MADRID A CADIX, GRENADE ET MALAGA.

Pages.

SOMMAIRE : Bonillo. — Alcaraz. — Villa Hermosa. — Villanueva de los Infantes. — Villamanrique de Montiel. — Villanueva del Arzobispo. — Ubeda. — Baeza. — Linares. — La Carolina. — Baylen. — Menjibar. — Jaén. — Andujar. — Bujaiance. — Cordoue. — Palma del Rio. — Lora del Rio. — Cantillana. — Alcala del Rio. — Santiponce. — Carmona. — Séville. — Alcala de Guadayra. — Utrera. — Lebrija. — Xérès (Jerez). — Puerto de Santa Maria. — Puerto-Réal. — San Fernando. — Cadix. 252-291

1re SECTION.

Cordoue à Belmez y Espiel.

SOMMAIRE : Cordoue. — Espiel. — Belmez. 291-292

2e SECTION.

Palma à Grenade.

SOMMAIRE : Palma. — Ecija. — Benaméji. — Loja. — Santa-Fé. — Grenade. 293-305

3e SECTION.

Palma à Malaga.

SOMMAIRE : Palma. — Ecija. — Antequerra. — Alora. — Malaga. . . 305-310

4e SECTION.

Séville à Badajoz.

Pages.
SOMMAIRE : Séville. — Llerena. — Merida. — Badajoz. 310-312

5e SECTION.

Utrera à Moron.

SOMMAIRE : Utrera. — Moron. 312

SEPTIÈME LIGNE.

MADRID A LISBONNE, PAR BADAJOZ.

SOMMAIRE : Madrid. — Mostoles. — Nava-el-Carnero. — Maqueda. — Talavera-de-la-Reyna. — Plasencia. — Trujillo. — Caceres. — Torremocha. — Albuquerque. — Badajoz. — Elvas. — Campo-Mayor. — Alegrete. — Portalegre. — Gaviaon. — Abrantès. — Chamusca. — Santarem. — Virtudes. — Azambeya ou Azambujeira. — Corregado. — Villafranca. — Lisbonne. 313-326

1re SECTION.

Madrid à Ciudad-Réal.

SOMMAIRE : Manzanarès. — Daimiel. — Almagro. — Ciudad-Réal. . . 326-330

2e SECTION.

Madrid à Badajoz, par Ciudad-Réal.

SOMMAIRE : Villaharta. — Ciudad-Réal. — Baldorache. — Piedra-Buena. — Aijon. — Medellin. — Merida. — Perales. — Talavera-la-Réal. — Montijo. — Badajoz. 330-338

3ᵉ SECTION.

Madrid à Tolède.

Pages.
SOMMAIRE : Tolède. 339-347

4ᵉ SECTION.

Lisbonne à Cintra.

SOMMAIRE : Cintra. 347-348

5ᵉ SECTION.

Aldea-Gallega à Vendas-Novas.

SOMMAIRE : Aldea-Gallega. — Vendas-Novas. 349-350

6ᵉ SECTION.

Lisbonne à Porto.

SOMMAIRE : Lisbonne. — Thomar. — Pombal. — Coïmbre. — Porto. 350-353

HUITIÈME LIGNE.

MADRID A LA COROGNE.

SOMMAIRE : Dueñas. — Palencia. — Sahagun. — Mancilla. — Villarente. — Léon. — Astorga. — Bembibre. — Ponferrada. — Puente de Domingo. — Quiroga. — Monforte de Lemos. — Chantada. — Puerto-Marin. — Lugo. — Astariz. — Guitriz. — Betanzos. — La Corogne. 354-366

a.

XVIII TABLE ANALYTIQUE DES MATIÈRES.

1re SECTION.

Medina del Campo à Zamora.

Pages.

SOMMAIRE : Medina del Campo. — La Nava del Rey. — Toro. — Zamora. 366-370

2e SECTION.

Monforte à Vigo.

SOMMAIRE : Monforte. — Orense. — Rivadavia. — Tuy. — Vigo. . . 370-374

3e SECTION.

La Corogne à Vigo.

SOMMAIRE : Saint-Jacques de Compostelle. — Caldas de Reyes. — Pontevedra. — Redondela. — Vigo 374-378

NEUVIÈME LIGNE.

MADRID A SANTANDER.

SOMMAIRE : Paredès de Nava. — Carrion de Los Condes. — Castrojeriz. — Villadiego. — Saldaña. — Herrera. — Alar del Rey. — Mave. — Comesa. — Aguilar de Campo. — Quintanilla. — Pozozal. — Reinosa. — Pesquera. — Barcena. — Molledo. — Arenas. — Corrales de Buelna — Las Caldas. — Torre le Vega. — Renedo. — La Venta del Guarnizo. — San Salvador. — Santander 379-389

1re SECTION.

Santander à Oviédo.

SOMMAIRE : Santander. — Santillane. — Cangas de Onis. — Oviédo. . 389-392

DIXIÈME LIGNE.

GIJON A LANGREO.

Pages.

SOMMAIRE : Gijon. — Puizalès. — La Florida. — San Pedro. — Noreña. — Malpica. — Vega. — Langreo 393-395

1re SECTION.

Gijon à Oviédo.

SOMMAIRE : Gijon — Oviédo 395

PREMIÈRE ANNEXE.

ROUTE ROYALE DE VALENCE A MURCIE, GRENADE ET MALAGA.

SOMMAIRE : Concentaina. — Alcoy. — Jijona. — Alicante. — Elche. — Orihuela. — Murcie. — Alcantarilla. — Lebrilla. — Totana. — Lorca. — Velez-Rubio. — Baza. — Guadix. — Diezma. — Grenade. — Santa-Fé. — Loja. — Malaga. 396-411

DEUXIÈME ANNEXE.

ROUTE ROYALE DE MADRID A VALENCE, PAR CUENCA.

SOMMAIRE : Madrid. — Vallecas. — Arganda. — Villarejo. — Fuentiduena. — Belinchon. — Tarancon. — Huelves. — Carrascosa del Tajo. Horcajada. — Cuenca. 412-416

1re SECTION.

Route de Cuenca à Valence par Requena.

SOMMAIRE : Cuenca. — Arguisuelas. — Fuentes. — Cardenete. — Mira. — Campo-Robres. — Utiel. — Requena. — Siète-Aguas. — Buñols. — Chiva. — Valence. 417-420

2ᵉ SECTION.

Route de Cuenca à Valence par Liria.

SOMMAIRE : La Cierba. — Cañete. — Boniches. — Garaballa. — Talayuelas. — Benagever. — Chelva. — Llosa del Obispo. — Liria. — Valence. 420-424

TROISIÈME ANNEXE.

ROUTE ROYALE DE MADRID A SALAMANQUE.

SOMMAIRE : Avila. — Aveinte. — Crespos. — Peñaranda de Bracamonte. — Ventosa de Rio Almar. — Encinas de Abajo. — Calbarrasa de Abajo. — Santa-Marta. — Salamanca 425-430

1ʳᵉ SECTION.

Route royale de Salamanque à Ciudad-Rodrigo.

SOMMAIRE : Ciudad-Rodrigo. 430-432

2ᵉ SECTION.

Route royale de Salamanque aux bains de Ledesma.

SOMMAIRE : Ledesma. 432-434

QUATRIÈME ANNEXE.

ROUTE ROYALE DE MADRID A SORIA.

SOMMAIRE : Barahona. — Almazan. — Soria. 435-437

1re SECTION.

Route de Soria à Logroño.

Pages.

SOMMAIRE : Soria. — Garray. — Almarza. — Lumbreras. — Torrecilla de Cameros. — Nalda. — Logroño.. 438-441

CINQUIÈME ANNEXE.

ROUTE ROYALE DE MADRID A HUESCA, PAR SARAGOSSE.

SOMMAIRE : Villanueva de Gallego. — Zuera. — Huesca. 442-444

1re SECTION.

Route de Huesca à Lerida, par Barbastro.

SOMMAIRE : Sietamo. — Angues. — Barbastro. — Monzon y Pau. — Binefar. — Lerida. 444-447

2e SECTION.

Route de Huesca à Panticosa.

SOMMAIRE : Panticosa. 47-448

3e SECTION.

Route de Huesca à Bagnères-de-Luchon.

SOMMAIRE : Huesca. — Bagnères de-Luchon 449

SIXIÈME ANNEXE.

LIGNE MARITIME.

VOYAGE AUTOUR DES COTES D'ESPAGNE AUX ILES, ET AUX COLONIES D'AFRIQUE.

Pages.

SOMMAIRE : Marseille. — Arenys de Mar. — Mataro. — Barcelone. — Sitges. — Vendrell. — Torre-dem-Barra. — Tarragone. — Torre Blanca. — Valence. — Sueca. — Cullera. — Gandia. — Denia. — Benidorme. — Villajoyosa. — Alicante. — Carthagène. — Vera. — Huercalovera. — Mojacar. — Alméria. — Motril. — Almunecar. — Velez-Malaga. — Malaga. — Churriana. — Marbella. — Estepona. — Ronda. — San-Roque. — Gibraltar. — Algésiras. — Tarifa. — Medina-Sidonia. — Chiclana. — Cadix. — Moguer. — Palma. — San Juan del Puerto. — Huelva. — Gibraléon. — Cartaya. — Lepe. — Ayamonte. — Lisbonne. — Oporto. — Vigo. — Redondela. — Pontevedra. — La Corogne. — Betanzos. — Le Ferrol. — Mondoñedo. — Ribadeo. — Aviles. — Gijon. — Santander. — Laredo. — Portugalete. — Bilbao. — Saint-Sébastien. . . . 450-484

1re SECTION.

Voyage maritime de Barcelone aux îles Baléares.

SOMMAIRE : Barcelone. — Palma. — Aleudia. — Pollenza. — Port-Mahon. — Ciudadela. — Iviza. 484-499

2e SECTION.

Voyage maritime de Malaga à la côte d'Afrique.

SOMMAIRE : Ceuta. — Peñon de Velez. — Peñon de Alhucemas. — Melilla. 499-504

TABLE ALPHABÉTIQUE DES LOCALITÉS

CITÉES DANS CE GUIDE.

A

	Pages
Abanqueiro	478
Abrantès	323
Adaya	495
Ademuz	229
Aës (îles)	477
Aguilar de Campo	383
Aijon	333
Alagon	84, 126
Alar del Rey	383
Alaro	490
Alayor	494
Albacete	164, 201
Albalate	236
Albalate	208
Albaran	204
Albatera	398
Alboran (île)	503
Albufera (lac)	454
Albuñol	462
Albuquerque	320
Alcala de Chisvert	211, 453
Alcala de Guadayra	282
Alcala de Henarès	133
Alcala del Rio	271

	Pages.
Alcantara	316, 317
Alcantarilla	404
Alcaraz	252
Alcazar	414
Alcazar de San Juan	161
Alcira	178
Alcolea	272
Alcoy	397
Alcubierre	445
Alcudia	489
Alcudia de Crispins	176
Aldea-Gallega	349
Aldea de Quintina (la)	260
Alegreto	322
Alfafar	180
Alfaro	79
Algarobillo	459
Algemesi	178
Algesiras	468
Alhama	404
Alhama (bains)	448
Alhaurin de la Torre	464
Alhuava-Fortuna (bains)	403
Alicante	172, 398, 456
Allones	478
Almacellas	446
Almagro	327

TABLE ALPHABÉTIQUE DES LOCALITÉS.

	Pages.		Pages.
Almansa	166, 175	Badalona	105
Almarza	439	Baeza	258
Almazan	436	Baguena	244
Almazaron	459	Balansar	498
Almenara	209	Balborache	331
Almeria	459	Baléares (îles)	485
Almudevar	442	Balsa-Pintada	205
Almunécar	463	Banalbufar	491
Almunia (la)	127	Baños	49
Aloguay	418	Barahona	435
Alora	306	Barbastro	445
Alosno	474	Barcelone	105, 137, 144, 219, 451, 484
Alpera	166	Barcena	385
Alsazua	40, 83	Barracas	241
Altafalla	216	Barrio de Arêta	86
Altea	456	Baylen	260
Ampola	453	Baza	408
Amposta	212	Behovie	36, 484
Amurrio	86	Belchite	126
Andraig	491	Belinchon	413
Andujar	264	Belmez	292
Angues	445	Belvedel	127
Angustia	364	Bembibre	359
Annobon (île)	503	Benagever	422
Antequera	305	Benal-Madena	464
Anzanigo	151	Benonnéji	294
Arahal (el)	272	Benasque	449
Aranjuez	155	Benavitès	209
Arbos	217	Benegorri	150
Archena (eaux minérales)	403	Beni-Calat	209
Arcos	130	Benicarla	111, 453
Arécife	470	Benicasim	210, 453
Arena	481	Benidorme	456
Arenas	390	Benifayo de Espioca	179
Arenas	385	Beni Fiaro	209
Arenys de Mar	101, 451	Benisa	456
Arevalo	58, 89	Benisalem	489
Arganda	412	Berasoaïn	150
Argentona	103	Berja	462
Arguisuelas	417	Bermeo	88, 483
Ariza	130	Bernuès	151
Arquis	443	Betanzos	364, 479
Arrancadiaga	86	Biarritz	484
Arrigorriaga	86	Bidarte	484
Arta	489	Bilbao	87, 483
Artaiso (bains)	366	Binefar	446
Ascorea	490	Biniata	494
Aspe	170	Bisbal	222
Astariz	364	Blanca	204
Astorga	359	Blanes	451
Aveinte	425	Blanques	208
Avila	55	Bobadilla	430
Aviles	481	Bolonia	470
Ayada	494	Bonarès	473
Ayamonte	475	Boniches	421
Ayerve	151	Bonillo	252
Ayora	227	Bordeta (la)	219
Azambeya ou Azambujeira	325	Botorrita	251
		Bribiesca	44
B		Bruma	374
		Buda (île)	453
Badajoz	311, 320, 336	Buger	489

	Pages.		Pages.
Bujalance	265	Carmona	272, 294
Buniel	49	Carnota	478
Buñola	491	Carolina (la)	259, 293
Buñols	419	Carrascosa del Tajo	414
Burbaguena	244	Carreira	478
Burgo	364	Carrion de los Condes	380
Burgos	45	Cartaya	474
		Carthagène	205, 457
		Cartuja (la)	126

C

		Casa de Biejo	471
		Casa Viéja	469
		Castanares	440
Cabra	364	Castejon del Puente	446
Cabrejas (venta)	414	Castel de Fels	220, 452
Cabrera	103	Castellana	364
Cabrera (ile)	492	Castellon de la Plana	210, 453
Caceres	318	Castellvert	255
Cadaques	451	Castillejo	158
Cadix (Cadiz)	288, 471	Castillo de Torrox	463
Cadrete	251	Castro	449
Cala de la Nave	456	Castrojeriz	381
Calahorra	78	Castropol	481
Calamocha	243	Castro-Urdiales	482
Calatayud	128	Catarroja	180
Calatrao	127	Caudete	168
Calbanque	457	Cazorla (venta)	464
Calbarrasa de Abajo	426	Celada del Camino	49
Caldas de Montbuy	139	Cervera	115
Caldas de Reyes	376	Cervera	456
Cale de Sainte-Ponce	492	Cetina	130
Calella	451	Ceuta	500
Camariñas	478	Chafarinas (îles)	503
Cambados	478	Chamusca	324
Cambrils	243, 225, 453	Chantada	361
Caminréal	243	Chelva	228, 422
Campaña (la)	272	Chiclana	470
Campanet	489	Chiclana	287
Campo	449	Chinches	209
Campo	228	Chinchilla	165
Campo de Criptana	161	Chirivela	408
Campo de Honor	459	Chiva	419
Campo de Pulpi	459	Churriana	464
Campo-Mayor	321	Cienpozuelos	155
Campo-Robres	418	Cierba (la)	420
Canaries (îles)	503	Cieza	203
Candas	481	Cintra	347
Canete	421	Ciudadela	494
Canfranc	452	Ciudad-Réal	329, 330
Cangas de Onis	390	Ciudad-Rodrigo	430
Canonja	225	Clot	137
Cantallop	218	Cobelo	478
Cantillana	271, 272	Cobertorada	436
Caparrosa	147	Cofrentes	227
Caquemar (le)	408	Cogols	143
Caraca	288	Coïmbre	352
Carbailo (bains)	366	Coïros	364
Carboneros	260	Colmenar (venta del)	440
Carcajente	177	Columbretes (îles)	453
Caracoles (îles)	503	Comesa	333
Cardenete	417	Concentaina	396
Cariñena	249	Conejera (île)	492
Cariño	480	Congrès (île du)	503
Carlota (la)	260, 293	Constaty	225

TABLE ALPHABÉTIQUE DES LOCALITÉS.

	Pages.
Corcubion	478
Cordoue (Cordoba) 265,	291
Corias	316
Coriseo (îles)	503
Cornella	220
Corogne (la) (Coruña) 365,	478
Corral	364
Corrales de Buelna	385
Corregado	325
Cortinan	364
Crespos	425
Cruz del Puch	208
Cuarte	420
Cuartel	209
Cuba (Antilles)	504
Cuenca 414,	447
Cueva de las Maravillas	178
Cueva-Santa (la) 241,	418
Culineras (îles)	498
Cullar de Baza (la)	408
Cullera	455
Culvia	492

D

Daimiel	327
Dalias	462
Daroca	245
Denia	455
Deya	492
Diezma	410
Dragonera	492
Dueñas 50,	354
Durango	483

É

Ecija 293,	305
Eires	364
Elche	398
Elcoral	374
Elda	169
El Padron	376
Elvas	320
Encinas de Abajo	426
Entrambas-Aguas	482
Epila	126
Escala (la)	454
Escatron	238
Escombrera (île)	457
Escurial (l')	58
Espalmador (île)	498
Espartinas	155
Espiel	292
Esporlas	491
Estallens	491
Estepar	49
Estepona	464
Estivella	239

F

	Pages.
Falaniche	488
Farguet	410
Faura	209
Fer (île de)	503
Ferez	204
Fernando-Poo	503
Ferran	216
Ferrarias	494
Ferrol (le)	479
Figuières (Figueras) 97,	143
Florida (la)	394
Fontarabie 37,	483
Formentera	498
Fornella	495
Fortunées (îles)	503
Foz	480
Fraile (le)	408
Frasno	130
Fuen-Caliente	418
Fuenjirola	464
Fuente	364
Fuentes	272
Fuentes	417
Fuentes-Claras	243
Fuente de Ebro	126
Fuente-Palmera	260
Fuente-Roble	228
Fuentidueña	413

G

Gandia	455
Garabella	424
Gargallo	237
Garinoain	150
Garray (Numance)	438
Gaviaon	322
Géclavin	316
Getafe	153
Gibraléon	474
Gibraltar	466
Gijon 393, 395,	481
Gilet	238
Gineta (la)	167
Girona	98
Gomera (île)	503
Gor	409
Gracia	144
Graña	479
Granja (la) (palais)	92
Granja (la)	398
Granollers 136,	139
Graus	449
Grenade (Granada) 295,	411
Grosa (île)	457
Guadajoz	272
Guadalajara	132

TABLE ALPHABÉTIQUE DES LOCALITÉS.   XXVII

	Pages.		Pages.
Guadalupe	319	Jerica	240
Guadamar	456	Jijena (château)	407
Guadix	408	Jijona	397
Gualchoz	462	Junquera (la)	97
Guardia (la)	477		
Guarroman	260		
Guetaria	483	**L**	
Guisamo	364		
Guitriz	364	Lairana	481
Gurnal (la)	217	Lancerose (île)	503
Gurrea del Gallégo	151	Langreo	395
		Lardero	444
H		Laredo	482
		Las Caldas	385
		Las Caldas de Priori (bains)	392
Haro	76	Las Campanas	150
Hellin	202, 403	Las Cellas	445
Herrera	37	Las Cuevas	440
Herrera de Rio Pisuerga	382	Las Rosas el Pardo	63
Hijar	236	Las Salinas	252
Horcajada	414	Las Ventas del Espiritu-Santo	86
Hormigas (îles)	457	Las Vertientes	408
Horta	137	Lazaret (île du)	493
Hortz	221	Lebrija	284
Hospitalet	220, 453	Lebrilla	404
Hostafrancs	219	Lechon	247
Hostalets	116	Leciñena	446
Hostalnou	97	Ledesma	433
Hostalrich	101	León	357
Hoya	477	Lepe	474
Huelva	471, 473	Lepuzaín	150
Huelves	414	Lequeytio	483
Huercalovera	459	Lerida	116, 446
Huerta de Ariza	130	Letur	204
Huerta de Valdecarabanos	159	Lezo	37
Huertor	410	Lilla	226
Huesca	443	Limacos (îles)	503
Huete	414	Limpiaque	127
		Linares	259
I		Liria	422
		Lisbonne (Lisboa)	326, 350, 475
Iacca (Jaca)	151	Llanes	482
Inca	489	Llansa	451
Irastre	449	Llerena	311
Irun	35	Lloca	209
Isabelle II (île)	503	Llodio	86
Isla-Llana	440	Llosa del Obispo	422
Italica (Santiponce)	272	Lobesillo	205
Iviza	497	Loëches	64
		Logroño	77, 441
J		Loja	294, 411
		Longares	250
Jaca (Iacca)	151	Lora del Rio	270, 272
Jadraque	131	Lorca	405
Jaen	262	Lorqui	204
Jalence	227	Los Baños	205
Jarafuel	227	Los Nogales	86
Jaticosa	444	Los Robaños	436
Jativa	176, 396	Luarca	481
Javea	455	Lubia	436
Jerez (Xérès)	284	Lubriga (voyez Torrecilla)	440
		Lubrin	459
		Lucata	104

	Pages.
Lucena	473
Luco	243
Lugando	86
Lugo	363
Luisiana (la)	260
Lumbreras	439

M

	Pages.
Madrid, 65, 135, 153, 313, 330,	412
Mainar	249
Malaga 307, 411,	463
Malpica	395
Malpica	478
Manacor	488
Mancilla	356
Manises	420
Manresa	115
Manuel	177
Manzanarès	326
Manzanilla	472
Maqueda	314
Marbella	464
Marchena	272
Marcilla	146
Maria	251
Marieta	114
Mario (le)	314
Maro	463
Marricart	225
Martin del Rio	430
Martorell	222
Mazamagrel	208
Masanasa	180
Masdeu	97
Masnou	104
Mataro 101, 136,	451
Mave	383
Mayorque (île)	486
Mayrena	272
Medas (îles)	451
Medellin	331
Mediana	126
Medinaceli	130
Medina del Campo...... 54,	366
Medina Sidonia	469
Mejorada	64
Mejorada del Campo	412
Melilla 501,	502
Menjibar	262
Mercadal	494
Merida 311,	332
Meruelo	482
Mesa	439
Mesones de Pujol	208
Mezemma	501
Mezon de Ramon	446
Milagro	145
Miñartos	478
Minaya	463
Miño	479
Minorque (île)	492

	Pages.
Mira ....,...... 228,	418
Miraflorès (couvent de)	48
Miranda 43, 76, 83,	86
Mislata	420
Moguer	471
Mohelon	364
Mojacar (Murgis)	459
Mojente	175
Molina	204
Molins del Rey 218,	221
Molledo	385
Mollet	139
Molnas	216
Moncada 113,	138
Moncofar	209
Mondoñedo	480
Monforte	171
Montforte de Lemos 361,	370
Monja (la)	408
Monjes	217
Monmélò	139
Monovar	170
Montalban	236
Montani	449
Mont-Aragon	444
Montblanch	226
Monteagudo	78
Montgat	104
Montijo	335
Monzon y Pau	446
Moreal del Campo	243
Moron	312
Mosa (la)	209
Moster	225
Mostoles	313
Motril	462
Mozota	251
Muchamiel	456
Muel	250
Mula Azaraque (Eaux de)	403
Murcie 205,	400
Murviedro (Sagonte), 206, 238,	454
Muro	489
Murox	478

N

	Pages.
Naharros	414
Nalda	440
Nava del Rey	366
Nava-el-Carnero	313
Navas de Tolosa	260
Neda	479
Negueira	478
Nerga	463
Niebla	472
Noain	150
Noreña	394
Notre-Dame de Atalaya	349
Notre-Dame de Botoa	320
Notre-Dame de Magallon	446
Notre-Dame des Neiges	328

TABLE ALPHABÉTIQUE DES LOCALITÉS.   XXIX

	Pages.
Novelda	171
Noya	478
Nuestra Señora de la Esclavitud	376
Nules	209
Numance (voy. Garray)	439

O

Olite		147
Olivera		478
Olmo		414
Olos		204
Olot		142
Ondarua		483
Ontoria		482
Oporto	353,	476
Ordal		218
Orduña		86
Orense		371
Orihuela		399
Orisoain		150
Oropesa	210,	453
Otero del Rey		364
Oviedo	390,	395

P

Palacio de doña Ana		471
Palamo		397
Palamos		431
Palencia	51,	354
Pallega		221
Palma		472
Palma (Mayorque)		485
Palma (îles Canaries)		503
Palma del Rio	270, 293,	305
Palomas (îles)		457
Palomera		490
Palos		471
Palou		139
Pampelune	84,	150
Pañadella		116
Panticosa	444, 447,	448
Papiol		221
Para Cuellos		129
Paradas		272
Paredes		414
Paredes de Nava		379
Pasajès		37
Pazos		478
Pedralvez		219
Peñaltor		481
Peñaranda de Bracamonte		426
Pendueles		482
Peñiscola		211
Peñon de Alhucemas		501
Peñon de Velez		501
Pera		489
Perales		335
Perales		412

	Pages.
Perdiguera	446
Pérégil (île)	503
Perello	212, 453
Pesquera	385
Philippines (îles)	504
Piedralonga	364
Piedra-Buena	331
Pinto	154
Pityuses (îles)	497
Plana (île)	456
Plasencia	316
Pliego	204
Poleñino	445
Pollenza	490
Pombal	351
Ponferrada	359
Pont-de-Molins	97
Pontevedra	377, 478
Ponzares	440
Pormani	498
Portalegre	322
Portilla	459
Porto (Oporto)	353
Port-Mahon	492
Porto Magno	498
Portugalete	88, 482
Poveda (la)	439
Poyos	418
Pozo Utrecho	205
Pozozal	384
Pradillo	439
Pravia	481
Premia	103
Pria	482
Puebla	404
Puebla (la)	489
Puebla de los Romanos	247
Puebla de Valverde (la)	242
Puente de Domingo	360
Puentedeume	479
Puerto de Escombrera	456
Puerto de las Aguilas	459
Puerto de Piqueras	439
Puerto-Marin	361
Puerto de Santa-Maria	286, 471
Puerto-Real	287, 471
Puerto-Rico	504
Pueyo	150, 445
Puig (le)	208, 454
Puigpugnent	491
Puizalès	394
Pumarabuli	395
Purchena	459
Purullena	410
Puzol	454

Q

Quarantaine (île de la)	493
Quarte	251
Quéro	160
Quicena	444

XXX   TABLE ALPHABÉTIQUE DES LOCALITÉS.

	Pages.		Pages.
Quintanapalla	44	Saint-Martial	490
Quintanilla	383	Saint Martin	245
Quintanilleja	49	Saint-Sébastien 36,	483
Quinto (bains de)	448	Saint-Vincent-de-la-Barquera.	482
Quiroga	360	Saint-Vincent-de-Raspeig	172
		Saj.	169
		Salamanque (Salamanca)	427

R

		Saldaña.	382
		Salillas	127
Rabade	364	Salon-Pujol	225
Ramallosa	477	San Andrès de Palomar	138
Ramiel	364	San Boy	220
Ravalle-Nueva	494	San Carlos	493
Raya (la)	404	San Carlos de la Rapita	212
Réal (el)	161	San Esteban de Castellar	114
Redonda (île) 492,	493	San Felipe de Jativa 176,	396
Redondela 377,	477	San Feliù de Guijols	451
Redondela	475	San Feliù de Llobregat	221
Regla	471	San Fernando	287
Reinosa	384	Sanguilis	449
Renedo	386	Sanitz	495
Requena 277,	448	San Juan de las Abadesas	141
Retascon	249	San Juan del Puerto	473
Reus 223, 224,	225	San Juan de Puerto-Marin	362
Ribadeo	480	San Lorenzo (l'Escurial)	58
Ribadesella	482	San Lucar-la-Mayor	472
Ricla	128	San Luis	494
Ricote	204	San Mames	49
Rio de la Miel	463	San Martin	480
Rio-Empuas	418	San Martin de Quiroga	366
Riota (venta de)	410	San Miguel de Basauri	86
Ripoll	141	San Pedro	394
Rivadavia	372	San Pedro de Taberna	449
Roble	228	San Roque	466
Roca	364	Sans	219
Roda (la)	163	San Salvador	386
Roi (île du) 493,	503	San Sebastian de los Ballesteros	260
Romera (venta de la)	127	San Sellas	489
Ronda	465	San Servera	489
Ronda-la-Vieille (Alcinop)	465	Sansonsain	150
Rosas 144,	451	Santa Coloma 138,	209
Rota	471	Santa Coloma de Cerbello	221
Ruede	127	Santa Coloma de Farnèse	140
Ruiloba	482	Santa Créu de Catafell	452
		Santa-Fé 295,	411

S

		Santa Helena	260
		Santa Lucia	364
Sabadell	113	Santa Margarita	489
Sabinilla (la)	466	Santa Maria	489
Sagonte (Murviedro)	206	Santa Maria de Monforte de Lemos	361
Sahagun	355	Santa Marina de Chantada	361
Sainte-Agathe (Mont)	494	Santa Marta	427
Saint-André-de-la-Barca	222	Santa Marta de Ortigueira	480
Saint-Antoine	498	Santander 387, 389,	482
Saint-Antoine-de-la-Vega	418	Santañi	488
Saint-Clément	221	Santa Pau	143
Sainte-Eulalie	498	Santarem	324
Saint-Gervais	219	Santillane 387,	482
Saint-Hildefonse	92	Santiponce (Italica)	272
Saint-Jacques-de-Compostelle.	374	Santoña	482
Saint-Jean-de-Luz 36,	484	Santa-Pola	456
Saint-Jean-Despi	221		

	Pages.		Pages.
San Vicens de Bursiac	103	Torrecilla de Cameros	440
Saracho	86	Torre de Baños	464
Saragosse, 83, 117, 145, 151,	254	Torre de Calamoral	464
Sardañola	113	Torre de Carbonera	471
Sarrion	241	Torre de la Garrofa	462
Segorbe	239	Torre de la Mara	466
Ségovie	89	Torre de Lancon	464
Selva	489	Torre del Oro	471
Selva (la)	225	Torre del Pino	463
Séville	273, 310	Torre del Sarto	466
Sietamo	445	Torre dem Barra	216, 453
Siète-Aguas	419	Torre de San Jacinto	471
Sigüenza	131	Torre de Venalayra	463
Silla	179	Torrejos	243
Sineu	489	Torre la Carcel	242
Singra	243	Torre la Sal	466
Sinmancas	234	Torre la Vega	386
Sisargua (îles)	478	Torremocha	319
Sitges	452	Torre-Mocha	242
Socobos	204	Torre-Molinos	464
Socuellamos	162	Torrente	420
Solau	224	Torre-Nueva	462
Soller	490, 491	Torres-Torres	239
Somorrostro	482	Torrox	463
Sorbas	459	Tortose	212
Soria	436, 438	Tosa	454
Sorvitan	462	Totana	405
Spiritu Santo	864	Tovarra	204
Sueca	454	Trafalgar (cap)	470
		Tremanes	394

T

		Trujillo	317
		Tudela	80
Tabarca (îles)	456	Turre	459
Tabernes	208	Tuy	372
Tafalla	148		
Talavera de la Reyna	315		
Talavera la Réal	335		

U

Talayuelas	421		
Tamarit	216	Ubeda	257
Tarancon	413	Ulea	204
Tarifa	468	Urrugne	36, 484
Tarragone	213, 225, 453	Utiel	418
Tarrasa	114	Utrera	272, 283, 312
Taya	104	Utrillas	235
Teresa	227		
Tejadillo	430		

V

Tejares	430		
Tembleque	159	Valdemoro	154
Ténériffe (îles)	503	Valdemusa	491
Teruel	229, 242	Valdepeñas	327
Thomar	351	Valence, 180, 206, 238, 396,	
Tiermas (bains de)	448		420, 424, 454
Tocina	272	Valladolid	51
Tolède	339	Vallecas	412
Tolosa	38	Valls	223
Torbiscon	462	Vega	395, 481
Tornon	482	Vega de Ribadeo	481
Toro	367	Velez de la Gomera	501
Toro (mont)	494	Velez el Blanco (château)	407
Torquemada	49	Velez el Rubio (château)	407
Torre (la)	463	Velez-Malaga	309, 463
Torre-Blanca	453	Velez-Rubia	407

	Pages.
Vellirana	218
Vellusca	414
Vendas-Novas	349
Vendrell	217, 452
Venta de Amores	463
Venta de Cabrejas	414
Venta de Cazorla	464
Venta del Colmenar	410
Venta del Guarnizo	386
Venta de Riota	410
Venta Quemada	418
Ventorillo	418
Ventosa de Rio Almar	426
Vera	459
Vergara	40
Verte (île)	468
Vich	140
Vigo	373, 378, 477
Vilabon	364
Viladocans	221
Vilasar de Mar	102
Vilaseca	224
Villacañas	160
Villadiego	384
Villafranca	146
Villafranca (de Jira)	325
Villafranca del Campo	243
Villafranca de Panades	217
Villaharta	330
Villa-Hermosa	253
Villajoyosa	456
Villamanrique de Montiel	255
Villamayor	456
Villanueva (prov. d'Albacete)	204
Villanueva (prov. de Logroño)	440
Villanueva (prov. de Saragosse)	245
Villanueva de Gallego	442
Villanueva del Arzobispo	256
Villanueva del Grao	200
Villanueva de los Infantes	254
Villar	165
Villaréal (prov. de Castellon)	209

	Pages.
Villaréal (prov. de Saragosse.)	249
Villaréal (prov. de Tarragone)	453
Villarejo	413
Villarente	357
Villarobledo	162
Villarquemada	235, 242
Villasayas	436
Villaseca	213
Villasequilla	159
Villa-Viciosa	482
Villena	168
Villodrigo	49
Vinaroz	212, 453
Viñas de Chiva	418
Violada (venta de)	442
Virtudes	325
Viso (el)	272
Vitoria	41, 83
Vivel	241
Vivero	480
Volo	97

X

Xérès (Jerez)	284

Y

Yecla	204

Z

Zaïda (la)	237
Zamora	369
Zancara	162
Zarza	227
Zarzamalmello	151
Zuera	442
Zumaya	483

Nouveau Guide

EN ESPAGNE.

INTRODUCTION.

L'Espagne ! Quels souvenirs de religion et de guerre, d'art et de poésie renferme ce nom !

L'Espagne confine à l'Afrique par Gibraltar ; ses fleuves s'appellent l'Èbre, le Tage, le Guadalquivir ; les orangers, les citronniers, les lauriers gigantesques croissent sur les flancs et dans les anfractuosités de ses *sierras*, dont les entrailles sont de marbre. Les noms de ses provinces, Castille et Aragon, Valence et Murcie, Grenade et Andalousie, ont été apportés à nos oreilles plus par la poésie des légendes que par l'histoire. Nous recherchons dans la population es traits des anciens Ibères, des Grecs et des Romains, des Goths et des Suèves, des Arabes et des Maures. Les lettres nous redisent les noms de Cervantes, de Lopez de Vega, de Calderon ; les beaux-arts nous parlent partout de Velasquez et de Murillo.

NOTICE GÉOGRAPHIQUE.

L'Espagne, située au sud-ouest de l'Europe, occupe presque toute l'étendue de la péninsule Ibérique, comprise entre le 36° et le 46° 43′ de latitude Nord, entre le 1° de longitude Est et le 11° 36′ de longitude Ouest; elle est bornée au nord-est par la France et la république d'Andorre, à l'ouest par le Portugal, au sud par la Méditerranée et la colonie anglaise de Gibraltar, enfin à l'est, au nord-ouest et à l'ouest, par la Méditerranée et l'océan Atlantique.

Sa superficie est de 1,100 kilomètres du nord au sud, et de 600 de l'est à l'ouest; elle forme avec le Portugal la vingt-deuxième partie du continent européen, et dépasse en superficie la France de 2,000 lieues carrées. Les nuits et les jours les plus longs sont de quatorze heures trente minutes dans les provinces du Midi, et dans celles du Nord, de quinze heures quinze minutes; la différence des méridiens entre la côte orientale et la côte occidentale est de 50 et 54″.

Le climat de l'Espagne est l'un des plus variés de

l'Europe ; cependant il est généralement très-sec, excepté sur les bords de la mer. La température moyenne au centre de l'Espagne est de 17°, de 14° au nord, de 20° à Cadix, 17° à Barcelone, 15° à Madrid ; dans cette dernière ville les variations atmosphériques sont très-grandes, et l'on y voit, dans le cours de l'année, successivement le thermomètre centigrade monter de 8° au-dessous de zéro à 40° au-dessus. A Valence, au contraire, les variations sont comprises entre 8° et 30°.

L'Espagne est un vaste plateau : c'est le pays dont l'élévation moyenne au-dessus du niveau de la mer est la plus grande. Ainsi la hauteur moyenne du plateau des Castilles est représentée par 700 mètres, l'Escurial et la Granja (deux châteaux royaux) sont situés à 1,100 et 1,200 mètres au-dessus du niveau de la mer, et Burgos, l'un des points les plus élevés, à 900 mètres. Une chaîne de montagnes sert de frontières à l'Espagne sur une étendue de 370 kilomètres; le développement de ses côtes est de 2,400 kilomètres.

L'Espagne est couverte d'un réseau de chaînes de montagnes qui se divisent en six groupes : 1° les Pyrénées, qui se continuent vers la Gallice et prennent le nom de chaîne Cantabrique; 2° la chaîne Ibérique, ligne de séparation des deux bassins de la Méditerranée et de l'Océan; 3° la chaîne Carpetano-Vétonique, parallèle à la vallée du Tage; 4° la chaîne Lusitanique, qui sépare les vallées du Tage et de la Guadiana; 5° la chaîne de la Sierra Morena, celles de la Guadiana et du Guadalquivir; enfin 6° la chaîne Bétique, qui sépare la vallée du Guadalquivir de la Méditerranée.

Au milieu de ces chaînes de montagnes se détachent des points plus élevés, qui forment soit des pics, des dents ou des sinuosités connues communément sous le nom de *sierras*. Le sol de l'Espagne est couvert de ces sortes de points; on distingue, parmi les plus élevés:

	Mètres au-dessus du niveau de la mer.
La cumbre de Mulahacen (Sierra Nevada).......... à	4,254
Le cerro de la Alcabaza (Sierra Nevada)............	4,100
Le pic de Veleta (Sierra Nevada)...................	4,153
La sierra Maladetta (Pyrénées)....................	4,167
Le mont Perdu (Pyrénées).........................	3,489
La sierra Peñalara (Sierra Guadarrama)............	2,863
Sierra de Gador (dans la province d'Almeria)......	2,629
Le pic de Peñagolosa (Valence)....................	2,359
Le puerto de Navacerrada (Sierra Guadarrama).....	2,230
La sierra de Estella (Catalogne)	2,114
Leon (Sierra Guadarrama)	1,708
Le collado de la Plata (Cuença)....................	1,619
Le pueblo de Alcolea (Aragon)	1,505
Saint-Ildefonse...................................	1,394
Le pic de la Sierra Espadan (Valence).............	1,316
Le puerto del Rey (Sierra Morena).................	890
Madrid...	797
Ségovie..	335
Tolède...	674
Burgos...	1,047

On compte en Espagne huit fleuves ou rivières principales, dont trois versent leurs eaux dans la Méditerranée et les cinq autres dans l'Océan.

Les trois premiers fleuves sont: l'*Èbre* (parcours,

600 kilomètres; affluents, 150); le *Segura* (parcours, 250 kilom.; affluents, 8); le *Jucar* (parcours, 350 kilom.; affluents, 74).

Les cinq derniers sont : le *Duero* (parcours 650 kilom.; affluents, 123); le *Tage* (parcours, 900 kilom.; affluents, 61); la *Guadiana* (parcours, 700 kilom.; affluents, 40); le *Guadalquivir* (parcours, 400 kilom.; affluents, 34), et le *Minho* (parcours, 300 kilom.; affluents, 44).

A ce qui précède, il faut ajouter 54 petites rivières, torrents ou cours d'eau, qui sont : la *Bidassoa*, l'*Oria*, l'*Urola*, la *Deva* et la *Nerva* (provinces basques); l'*Ansou*, la *Miera*, le *Pas*, la *Besaya*, la *Nansa* et l'*Eo* (Asturies); la *Masma*, l'*Oro*, le *Sor*, la *Mera*, la *Jubia*, l'*Eume*, le *Mendo*, le *Mandeo*, le *Mero*, le *Lezaro*, le *Tambre*, l'*Ulla*, l'*Umia*, le *Lerez* (Galice); l'*Odiel*, le *Tinto*, le *Guadalete*, le *Guadiora*, le *Guadalquivirezo*, la *Guadalmediana*, le *Guadalfeo* et l'*Adra* (Andalousie); le *Jalon*, l'*Alcoy*, le *Turia*, le *Murviedro*, le *Miazares* et la *Cinca* (Valence); le *Francoli*, le *Foix*, la *Gaya*, le *Llobregat*, le *Besos*, la *Tordera*, la *Ridaura*, le *Darro*, le *Ter*, la *Fluvia* et la *Muga* (Catalogne); enfin la *Lima* qui, comme le *Tage* et le *Duero*, traverse le Portugal.

Après cet aperçu géographique, passons à la partie historique, et nous terminerons cet avant-propos par quelques mots sur la situation politique et sociale de l'Espagne moderne, et sur l'état de son agriculture, de son industrie et de son commerce.

NOTICE HISTORIQUE.

L'histoire de l'Espagne comprend sept périodes : la première commence aux temps fabuleux et finit à l'invasion carthaginoise; la deuxième se termine à la conquête des Romains; la troisième est l'époque romaine; la quatrième comprend la domination des Goths; la cinquième, celle des Maures, finit à l'avénement de la maison d'Autriche; la sixième se termine au règne de Philippe V, et la septième est celle des rois de la maison de Bourbon.

Si l'on veut connaître d'une façon complète l'histoire des temps fabuleux de l'Espagne, il faut lire la remarquable histoire de don Mariana. C'est encore aujourd'hui l'ouvrage le meilleur qui ait été écrit sur cette matière; on y verra la race espagnole indigène fondée par *Teubal* et *Tarsis*, petits-fils de Noé et de Japhet. Cependant, au dire des gens instruits du pays, Mariana n'a fait que recueillir des traditions dont l'authenticité n'est nullement démontrée. Il est certain que primitivement l'Espagne a dû être peuplée comme le fut le reste de l'Europe. Une opinion assez répandue parmi les savants est que les premiers habitants de l'Espagne appartenaient à ces migrations d'hommes qui peuplèrent l'Allemagne et les Gaules en partant de l'Asie Mineure. Cette opinion ne peut être admise que par les gens qui suivent le système biblique; pourtant elle semble assez vraisemblable, si l'on réfléchit qu'à cette époque on ignorait encore l'art de la navigation. Il est donc probable que l'Espagne, isolée comme elle l'est, a dû être primitivement habitée par des peuples venus de la Gaule, appelés communément *Celtes*. Le nom de Celtibériens appliqué par les Grecs et les Romains aux premiers habitants de l'Espagne donne quelque valeur à cette opinion. Sans juger une question qu'il faut laisser à la science le soin de décider, on sait positivement que l'Espagne était déjà habitée à l'époque où elle fut visitée par les Phéniciens, le premier peuple civilisé qui y ait établi des colonies.

Ce peuple y fonda la ville de Cadix sous le nom de Gadès ou Gadir. Plus tard, les Rhodiens fondèrent *Rosas*, située aujourd'hui près de Barcelone, et les Grecs de Zante la fameuse Sagonte, connue à présent sous le nom de Murviedro. Les Phéniciens et les Grecs eurent en Espagne beaucoup d'autres colonies, à en juger par les exploitations minières qu'ils ont laissées d'un bout à l'autre de la Péninsule comme témoignage de leur long séjour en ce pays.

La période carthaginoise fut de courte durée; cependant la fondation de Carthagène et de beaucoup d'autres villes, ainsi que les traditions des luttes entre Carthage et Rome dont l'Espagne fut si longtemps le théâtre, prouvent l'influence qu'exercèrent en Espagne les héritiers des hardis navigateurs partis de Tyr.

C'est réellement à la période romaine que commence pour l'historien et pour l'observateur consciencieux l'histoire de l'Espagne. En effet, la conquête romaine a laissé des souvenirs profonds, tant dans le langage du pays que dans les monuments de toute espèce qui couvrent le sol de l'Espagne.

Ce n'est point que nous entendions dire par là que l'Espagne ne fut réellement organisée comme corps de nation qu'à l'époque des Romains ; il est certain, au contraire, que ce pays était déjà très-peuplé lorsque les Phéniciens y vinrent pour la première fois. On raconte même que ces derniers, ne pouvant parvenir à dompter les redoutables habitants de la Péninsule, appelèrent à leur aide les Carthaginois, qui les aidèrent d'abord dans leur conquête pour leur succéder ensuite. On trouve chez les auteurs grecs d'autres renseignements sur l'état de civilisation de l'antique Ibérie. Anacréon disait en parlant d'un de ses rois barbares : « Je n'ambitionne pas de régner cent cinquante ans, comme Arganthonius, roi des Tartésiens. »

La domination carthaginoise en Espagne dura de l'an 230 avant Jésus-Christ jusqu'en 348. On pourrait même faire commencer cette période à la venue d'Amilcar Barca qui, le premier, fit, au nom de Carthage, un établissement durable dans les îles Baléares qu'il conquit. Mais ce général ayant été vaincu par Orison, roi des Celtibères, et s'étant noyé dans l'Èbre après la défaite de son armée, c'est à sa mort que l'on peut placer l'origine de la conquête carthaginoise, poursuivie avec ardeur par Asdrubal, gendre de Barca et fondateur de Carthagène. Après avoir fait un traité de délimitation territoriale avec les Romains, et avoir gouverné l'Espagne pendant huit ans, Asdrubal fut assassiné par l'esclave d'un prince indigène qu'il avait tué lui-même. Il laissa le pouvoir aux mains d'Annibal, son beau-frère et fils d'Amilcar. Annibal, à peine âgé de vingt-cinq ans, fut proclamé général en chef par l'armée, et commença ses glorieuses campagnes par la prise de Sagonte (219 ans avant J.-C.), ville alliée des Romains, défendue avec tant de valeur par ses habitants, que ce siége est resté fameux dans les annales de la guerre. C'est alors qu'il rêva cette immortelle expédition célèbre par les victoires du Tessin, de la Trébie, de Trasimène et de Cannes, et qui devait se terminer, sans le fatal séjour à Capoue, par la prise et la destruction de Rome. Annibal laissa, pour commander en Espagne pendant son absence, son frère Asdrubal Barca. Ce dernier fut défait sur les bords du Métaure par les consuls Claudius Néron et Livius Salinator, tandis qu'il allait rejoindre en Italie son frère, dans le camp duquel on jeta la tête du vaincu. Hannon resta au gouvernement de l'Espagne à la place d'Asdrubal ; mais, fait prisonnier par Silanus, lieutenant de Scipion, il fut remplacé par Asdrubal Giscon et Dagon, qui se maintinrent en Espagne jusqu'en 548. A cette époque, Scipion les chassa définitivement de la Péninsule, et avec eux se termina la domination carthaginoise en Espagne.

La conquête romaine, commencée en 336 par Em. Scipion, frère de P. Cornélius Scipion, sous le consulat de P. Cornélius Scipion et de Titus Cornélius Longus, ne fut consolidée, comme nous l'avons vu, qu'en l'année 348 et dura jusqu'à la destruction de l'empire romain d'Occident. Par les victoires des Scipions et de L. Metellus, les Romains étaient parvenus à devenir paisibles possesseurs de l'Espagne. Ils avaient soumis les Lusitaniens, les Celtibères, les Ségédaires et les Numantins, peuplades dont la dernière surtout était renommée pour sa bravoure et sa ténacité; mais bientôt les magistrats romains, abusant du droit de conquête, rendirent, par leurs exactions, à ces populations pauvres, mais fières et belliqueuses, le joug romain plus insupportable que ne leur avait paru celui de Carthage.

Des révoltes s'organisèrent, et, sous le préteur Galba, les griefs augmentant par la conduite de ce magistrat, l'insurrection devint générale, et la perfidie de Galba, unie aux victoires du célèbre Viriate, détachèrent presque complétement de la domination romaine ces peuples dont la soumission avait coûté tant de sang et d'efforts.

Viriate, berger, puis chasseur et brigand, se mit à la tête de l'insurrection des peuples ibériens, l'an 149 avant Jésus-Christ. Il battit quatre préteurs, Vétellius en 149, Plautius en 148, C. Umiranus en 147, et Nigidius Figulus en 146. Vaincu en 144 par Fabius Servilianus, il battit de nouveau les Romains et força, en 141, le consul Fabius Maximus Servilianus à une paix humiliante pour Rome. Selon l'habitude de la politique romaine, cette paix fut violée la même année par le consul Cépion, et Viriate périt dans sa tente sous le poignard de deux de ses officiers vendus au général ennemi.

Mais l'immortelle Numance, cette digne rivale de Sagonte, continua de résister aux Romains; et l'an 137 avant Jésus-Christ vit le consul Mancinus forcé d'accepter un traité plus honteux que le précédent, et qui fut également violé par les Romains. Les Numantins reprirent les armes avec la même opiniâtreté qu'ils avaient déjà montrée, et cette lutte gigantesque, l'une des plus terribles que Rome ait eu à soutenir, se termina en 133 par la prise de Numance, qui succomba devant l'habileté de Scipion Émilien. Le vainqueur ne trouva dans Numance que des ruines; ses intrépides défenseurs échappèrent par une mort héroïque à un esclavage qu'ils ne pouvaient plus éviter.

Il est à remarquer, dans l'histoire de l'Espagne, que les insurrections les plus terribles qui aient ensanglanté ce beau pays furent toujours amenées par la perfidie des étrangers, et que les populations ibériennes n'ont jamais apporté plus d'héroïsme dans les guerres qu'elles ont eu à soutenir que lorsque leur amour-propre national et leur dignité personnelle se trouvèrent mis en cause par la maladresse ou la mauvaise foi de leurs ennemis. Ce fait remarquable, qui fait le plus grand honneur au caractère national des Espagnols, se retrouve à chaque page de leur histoire. On peut dire qu'avec la chute de Numance commença une ère nouvelle pour l'Espagne romaine ; la domination, quoique contestée par quelques peuplades, fut cependant généralement acceptée par les autres. La guerre de l'indépendance se ralluma un siècle plus tard, à l'époque des luttes de César et de Pompée. César ne crut point être maître de l'empire s'il laissait derrière lui les légions de Pompée en possession de l'Espagne. Il se transporta lui-même dans la Péninsule, et, après une suite de mouvements stratégiques qui prouvaient une profonde connaissance du pays, il força, sans combat, le lieutenant de Pompée, campé près de Lerida, de mettre bas les armes avec plus de vingt mille hommes. César retourna à Rome et porta les derniers coups à son rival à Dyrrachium et à Pharsale. Mais les fils de Pompée, d'abord vaincus en Afrique, durent chercher un dernier asile en Espagne avec Labiénus. Vaincus à la bataille de Munda (45 ans avant J.-C.), où périt Labiénus, ils laissèrent l'Espagne et l'empire aux mains de César. Depuis cette époque les Romains gouvernèrent l'Espagne, comme les Gaules, sans contestation, comme sans résistance de la part des populations, jusqu'à l'invasion des barbares qui mit fin à l'empire romain (476 ans après J.-C.).

Les Romains divisèrent l'Espagne en deux grandes régions, l'une, la citérieure, située au nord, et l'autre, l'ultérieure, située au sud, la plus éloignée de Rome.

Il y eut encore trois grandes subdivisions : la Tarragonaise, la Bétique et la Lusitanie; la première, qui tirait son nom de la ville de Tarragone, ville phénicienne, où Jules César avait établi une colonie romaine, comprenait les provinces appelées aujourd'hui Catalogne, Aragon, Navarre, Biscaye, Asturies, Galice, Entre-Minho et Duero, Tras-os-Montes, Léon, Vieille-Castille, le nord de la Nouvelle-Castille et Valence. Plus tard, les Romains détachèrent de cette province deux nouvelles subdivisions, qu'ils appelèrent la Galice, formée de parties de territoire prises à l'ouest, et la Carthaginoise, située à l'est.

La Bétique, ainsi appelée de l'ancien nom, *Bétis*, du Guadalquivir qui traverse cette contrée, était formée de ce qu'on nomme aujourd'hui l'Andalousie et le royaume de Grenade; c'était à proprement parler la province véritablement carthaginoise, car on y voyait Cordoba, Gadès, Carteia, Italica, Barbesula, colonies phéniciennes et carthaginoises.

La Lusitanie n'était autre chose que le Portugal actuel, diminué des deux provinces de Minho et de Tras-os-Montes.

Ces provinces étaient elles-mêmes subdivisées en plus petites juridictions appelées *Conventi juridici*. On en comptait sept dans l'Espagne citérieure et quatre dans l'ultérieure.

Vers le commencement du ve siècle de l'ère chrétienne, chassés par d'autres barbares des bords du Danube où ils habitaient, les Goths envahirent l'empire romain sous le règne de Valens.

Alaric, leur chef, ayant pris et saccagé Rome, des bandes innombrables de Suèves, de Vandales, d'Alains et de Goths venus du fond de la Germanie se répandirent comme un torrent dévastateur jusqu'en Espagne. Ils occupèrent les pays appelés aujourd'hui la Vieille-Castille, les Asturies, la Galice, l'Estramadure et la basse Andalousie ; bientôt fatigués de leur propre carnage, ils s'établirent définitivement dans les contrées qu'ils avaient ruinées et s'adjugèrent : Hermeneride, roi des Suèves, la Galice et les Asturies ; Atacius, roi des Alains, la Lusitanie, et Gonderic, roi des Vandales, la Bétique, appelée depuis cette époque *Vandalucia*, nom qui explique celui d'Andalousie qu'elle porte aujourd'hui. Enfin, l'an 414 de Jésus-Christ, Ataulfe, roi des Goths, s'établit à Barcelone ; assassiné par ses propres sujets, il laissa le trône à Sugéric, qui eut le même sort quelques jours après.

En 585, Leovigilde ou Leuvigilde, roi des Visigoths, ayant détruit à Braga l'armée des Suèves, leur enleva la Galice et resta maître de toute l'Espagne ; il avait précédemment soumis les Vascons et avait bâti la ville de Vitoria en mémoire de ses succès. Ce roi, qui eut dix-sept successeurs de sa maison, ternit sa gloire en faisant mourir son fils Hermenegilde, qui avait pris les armes contre son père au nom du parti catholique et refusait d'embrasser l'arianisme.

En 711, la bataille de Xérès gagnée par les Maures d'Afrique sur don Rodrigue ou Roderic, dernier roi des Visigoths, mit fin à la domination gothique et commença celle des Maures. Voici comment les légendes espagnoles racontent cette nouvelle conquête. En 710, don Rodrigue, fils d'un duc de Cordoue, s'empara du trône qu'occupait le roi Witiza; les deux fils de ce dernier s'enfuirent à Ceuta, conservant comme partisans de leur cause leur oncle, don Opas, archevêque de Séville, le gouverneur de Ceuta et quelques seigneurs. Le roi Rodrigue ayant déshonoré la fille du comte don Julien, ce dernier alla grossir les rangs des mécontents et demander des secours aux Sarrasins de la côte d'Afrique. Muza, lieutenant du calife Selid, s'empressa de profiter de ce prétexte pour envahir l'Espagne. Don Rodrigue lui opposa une armée de quatre-vingt-dix mille hommes et eût remporté une victoire éclatante sans la trahison de don Opas, qui passa à l'ennemi avec une partie de l'armée. Cette bataille fut appelée la bataille de Xérès de la Frontera; elle livra l'Espagne sans défense à l'invasion musulmane, par l'imprudence de Rodrigue, qui réunit dans cette journée autour de lui toutes les troupes de la monarchie.

D'autres historiens racontent tout simplement que le père de Rodrigue ayant eu les yeux crevés par l'ordre du roi Witiza, Rodrigue détrôna ce dernier pour venger son père; que les princes de la dynastie détrônée appelèrent à leur secours les Arabes, qui vinrent sous la conduite de Tarik, et s'emparèrent en 711 de Calpé, située sur le détroit appelé pour cette raison Gibel-Tarik ou Gibraltar; qu'enfin les deux armées se battirent à Xérès de la Frontera pendant plus d'une semaine, et que celle des Goths fût entièrement détruite et Rodrigue tué dans la bataille.

Quoi qu'il en soit des causes qui amenèrent cette grande lutte, le résultat certain fut l'asservissement de l'Espagne sous la domination musulmane. Cette nouvelle période, disons-le avec impartialité, la plus belle et la plus florissante de toute l'histoire du peuple espagnol, dura l'espace de sept siècles, pendant lesquels les chrétiens échappés au massacre des vaincus luttèrent avec autant d'héroïsme que de persévérance jusqu'à ce qu'en 1492 ils aient, par la prise de Grenade, chassé de nouveau les musulmans en Afrique.

Boabdil, le dernier roi de Grenade, sortit en pleurant de cette capitale, fondée au IIe siècle par ses ancêtres, et cette ville si florissante, qui comptait alors dans ses murs près de 400,000 âmes, devint entre les mains des chrétiens une ville de 80,000 habitants.

Après la bataille de Xérès, l'historien suit avec intérêt cette poignée de braves chevaliers réunis sous les ordres de don Pelayo, dernier rejeton des rois goths ; on les voit s'unir aux populations cantabriques, et chercher dans les montagnes des Asturies un abri contre les attaques des Maures, qu'ils fatiguèrent à leur tour par leurs continuelles escarmouches. On les voit s'avancer dans les montagnes de

Léon, s'emparer de plusieurs villes et fonder là ce petit royaume, dernier boulevard du christianisme en Espagne, qui devait être le berceau de la plus puissante monarchie chrétienne de l'Europe du XVIe siècle. Sous les Maures, dont le nom vient de l'arabe *maghreb* (peuples de l'Occident), l'Espagne atteint le plus haut degré de civilisation possible sous le règne de l'islamisme; les rois chrétiens, vainqueurs et héritiers des rois maures, étendirent au loin la puissance de l'Espagne, et préparèrent, par leur mauvaise administration et la trop grande extension de leur politique extérieure, la décadence de l'Espagne. Les Maures habitèrent ce riche pays en conquérants jaloux d'embellir leur précieuse conquête ; les rois chrétiens, en aventuriers toujours prêts à porter au loin leur orgueilleuse bannière, et à chercher jusqu'aux extrémités du monde une prospérité que les Maures plus habiles demandaient à la terre si fertile de leur nouvelle patrie.

Voyageur qui cherchez à recueillir en Espagne des souvenirs du vieux temps, rappelez-vous que le seul moyen de bien connaître ce pays que vous parcourez, est d'étudier profondément l'histoire des Maures qui l'occupèrent pendant sept siècles. Rien n'a pu effacer la trace de leur passage sur cette terre qu'ils gardèrent avec plus de soin que ne le faisaient les chevaliers chrétiens armés contre eux au nom de la civilisation. Étudiez l'histoire des Maures, c'est là que vous comprendrez tout ce qu'il y avait de poétique, de chevaleresque et de grand dans cette race privilégiée qui le disputait en bravoure, en loyauté et en culture d'esprit avec ses adversaires, ces chevaliers héroïques descendus des montagnes de Léon. Aujourd'hui, après cinq siècles d'oubli, l'Espagne est encore plus mauresque que gothique, que romaine, que celtique ; s'il y a quelque part une légende poétique, une tradition de bonne administration, une institution de progrès et de civilisation, elle date presque toujours de la domination des Maures. Étudiez donc l'histoire des Maures pendant votre voyage, et mettez de côté les préventions venues des anciennes luttes de religion ; seules elles peuvent expliquer la partialité de beaucoup d'historiens contre cette domination mauresque qui, tout en étant un danger pour la civilisation chrétienne de l'Europe, fut un bienfait et une gloire pour l'Espagne.

On peut diviser la période de la domination mauresque en trois époques :

La première comprend la conquête depuis la bataille de Xérès (714) jusqu'à l'établissement du califat de Cordoue par Abdérame Ier, qui régna de 756 à 787. La seconde époque, la plus brillante, est celle de la dynastie des Ommiades ; elle finit au commencement du xie siècle, en 1044, par un démembrement du califat de Cordoue et la chute de la dynastie des Ommiades. La troisième époque, celle de la décadence, se termine à la prise de Grenade (1492) et à l'expulsion des Maures.

Après la conquête, l'Espagne fut d'abord gouvernée au nom des califes de Damas, par des vice-rois qui résidaient à Cordoue, et qui, n'étant nommés que pour trois ans, profitaient de leur autorité temporaire pour se livrer à toute sorte d'exactions Ils étaient en horreur aux vainqueurs comme aux vaincus. Abdérame, né à Damas, d'où il s'échappa, craignant la persécution des Abassides qui avaient exterminé toute sa famille, se réfugia en Espagne et y fonda le royaume de Cordoue, qui comprenait presque toute la Péninsule, excepté les Asturies, la Galice, la Navarre, le royaume de Léon et les provinces du Nord-Ouest. Il régna avec gloire plus de trente ans et fit fleurir les arts, les sciences et les lettres : il mérita le nom d'Abdérame le Juste. Avec lui commence la dynastie des Ommiades, premiers rois maures indépendants des califes de Damas. La race des Ommiades finit avec Abdérame IV, monté sur le trône en 1018, et détrôné quelque temps après par ses propres sujets, que ses excès avaient soulevés contre lui. L'un des plus remarquables de ces califes fut Abdérame III, qui eut à soutenir des guerres continuelles contre les rois chrétiens de Castille et de Léon. Sa cour était très-brillante et très-policée ; il fut le Haroun-al-Raschid de l'Espagne mauresque. Il fonda la première école de médecine, et son gouvernement fut si paternel et si libéral qu'il fut également aimé des chrétiens et des Maures ses sujets.

En 1031, le califat de Cordoue fut démembré après

deux cent soixante-quinze ans d'existence, et de ses débris se formèrent les royaumes musulmans de Cordoue, Séville, Jaën, Carmone, Niebla, l'Algarve, Algesiras, Murcie, Orihuela, Valence, Denia, Tortose, Lerida, Saragosse, Huesca, Tolède, Badajoz, Lisbonne, Mayorque.

Cette troisième époque de la domination musulmane fut marquée par des invasions successives des Maures d'Afrique; on en compte trois principales : celle des Almoravides, de 1086 à 1145; celle des Almohades, de 1146 à 1269, et celle des Mérinites, de 1267 à 1344. Ces révolutions successives profitaient aux États chrétiens du Nord, et si les princes chrétiens n'eussent été presque aussi divisés entre eux que leurs ennemis, les Maures eussent été chassés d'Espagne deux siècles plus tôt. Ils ne le furent définitivement que sous le règne des rois époux Ferdinand V d'Aragon et Isabelle la Catholique, reine de Castille; grâce à l'union de ces deux souverains, une des puissances chrétiennes de l'Espagne fut assez forte pour faire taire les rivalités des principautés voisines et devenir le noyau de la monarchie espagnole. Les trois dynasties mauresques que nous venons de nommer disparurent, successivement chassées par de fréquentes invasions des Maures d'Afrique combinées avec les attaques des rois chrétiens dont la puissance s'augmentait chaque jour par de nouvelles conquêtes. Bientôt il ne resta plus aux conquérants maures de toute la Péninsule que le royaume de Grenade. Ce royaume, fondé en 1236, fut le dernier boulevard de la puissance musulmane en Espagne. Mohammed Ier, chef de la dynastie des Alhamarides, en fut le premier roi. En 1245 ce royaume devint tributaire de la Castille, et fit alliance avec les chrétiens contre les Maures des royaumes voisins. Cette funeste politique, suscitée par l'habileté des rois chrétiens, jointe aux dissensions intestines de ses monarques et à ses révoltes maladroites contre la Castille, causa la ruine de ce royaume, qui était arrivé à un haut degré de civilisation.

L'époque que nous avons désignée sous le nom de domination de la maison d'Autriche en Espagne, et qu'on pourrait aussi appeler l'époque de la deuxième dynastie chrétienne de la monarchie espagnole, commence à la conquête de l'Espagne sur les Maures, ou plutôt à l'avénement de Charles-Quint, qui eut lieu en 1516. Cette période s'étend jusqu'en 1700, c'est-à-dire jusqu'au règne de Philippe V, premier prince de la maison de Bourbon.

Quoique les Maures aient véritablement possédé l'Espagne depuis 711 jusqu'à la fin du xive siècle, pendant cette longue période il exista près de leurs frontières des États chrétiens dont l'histoire fait partie de celle de la monarchie espagnole. Cette coexistence d'une foule de petits États chrétiens et musulmans jette une grande confusion sur cette époque de l'histoire espagnole. Pour suivre l'ordre chronologique, il faudrait, en racontant l'histoire de la conquête et de la domination mauresque, dire ce qui se passait à la même époque dans les États chrétiens du Nord: par exemple, les rois goths réfugiés dans les Asturies avaient poussé leurs frontières, au XIIIe siècle, jusqu'à la ligne du Duero. Des vassaux du roi de Léon avaient conquis la Vieille-Castille. Alphonse III, dit le Grand, nommé roi des Asturies en 866 après la mort d'Ordogno son père, avait remporté une foule de victoires sur les Maures et conquis le royaume de Léon. Ce grand prince, qui écrivit lui-même l'histoire des rois d'Espagne, abdiqua en faveur de son fils Garère, qui s'était révolté contre lui, et auquel il donna une leçon de magnanimité. A peu près vers le même temps, Pepin et Charlemagne avaient conquis tout le pays situé au nord de l'Èbre et en avaient fait *la Marche d'Espagne*. Bientôt Asnar s'y rendait indépendant et fondait le royaume de Navarre, pendant que s'établissait également le comté de Barcelone, resté feudataire de la France jusqu'en 1258. Les rois de Navarre absorbèrent en 1037 les autres États chrétiens; cette maison se divisa elle-même en Castille, Aragon et Navarre : ces trois lignes finirent en 1109, 1134 et 1234, et furent remplacées par les trois dynasties françaises de Bourgogne, Barcelone et Champagne. L'Aragon fut bientôt réuni au comté de Barcelone, et un quatrième État, le comté de Portugal, se forma au profit d'un bâtard de la maison de Bourgogne. Alphonse VI de Castille donna, en 1095, l'investiture de ce comté à Henri de Bourgogne, à condition qu'il en chasserait les Maures. Ce dernier transmit son pouvoir à son fils, Alphonse Ier, qui se déclara indépendant en 1139.

Le royaume de Castille s'était agrandi par l'adjonction des Baléares et de la Sardaigne. En 1479, les deux royaumes de Castille et d'Aragon se trouvèrent réunis sur la tête de Ferdinand V et d'Isabelle la Catholique. Ferdinand, fils de Jean II, roi d'Aragon et de Sicile, avait épousé Isabelle, héritière du royaume de Castille. Il régnait dès 1476, au nom de sa femme, sur cette contrée. A la mort de son père, arrivée en 1479, il réunit sous son sceptre presque tous les États chrétiens de l'Espagne.

Ferdinand et sa femme, connus en Espagne sous le beau nom de *rois catholiques*, illustrèrent leur règne par la conquête du royaume de Grenade (1492), par la protection qu'ils accordèrent à Christophe Colomb, ce hardi navigateur, ce savant opiniâtre auquel nous devons le nouveau monde, et par la conquête du royaume de Naples (1504). Isabelle la Catholique mourut la même année en laissant la régence de la Castille à Ferdinand V, jusqu'à la majorité de son petit-fils don Carlos, fils de Jeanne la Folle et de Philippe le Beau. Ce dernier voulut disputer la régence à Ferdinand, mais il mourut lui-même en 1506. C'est par lui que la couronne d'Espagne passa aux mains de la maison d'Autriche. En 1512, Ferdinand réunit à ses États la Navarre espagnole, et régna ainsi sur toute l'Espagne. Ce règne fut l'un des plus florissants parmi ceux qui marquèrent dans l'Espagne chrétienne, et Ferdinand V, dans ses luttes avec le roi de France Louis XII, auquel il s'allia par son mariage avec Germaine de

Foix, sut mériter par son habileté, quelquefois peu scrupuleuse, le surnom de *Politique* que l'histoire lui a donné. Cependant il serait injuste de ne pas nommer dans ce court abrégé l'habile ministre et le grand capitaine qui contribuèrent, l'un par son génie et l'autre par son courage, à la gloire de ce règne. Le ministre Ximenès de Cisneros, comme fit Richelieu pour Louis XIV, prépara la belle époque de Charles-Quint. Le capitaine don Gonzalve de Cordoue, cet autre Cid Campeador, ce terrible ennemi non-seulement des Maures, mais encore des Français, assura par ses victoires de Barlette, Seminara et Cerignole, dans le royaume de Naples, la supériorité des armées espagnoles, dont le prestige ne tomba pour la première fois qu'à Rocroy devant la valeur française. Le règne de Ferdinand V, auquel on reproche, au milieu de la prospérité dont il a doté l'Espagne, d'avoir étendu à toutes les provinces de sa nouvelle monarchie le régime terrible de l'inquisition, qui n'existait encore qu'en Aragon, et d'avoir donné le signal, par des rigueurs peu chrétiennes, à cette persécution qui, de 1479 à 1600, privant l'Espagne de bras nécessaires à son agriculture et à son commerce, chassa du territoire plus de trois millions de Maures et de juifs; ce règne florissant, malgré les fautes que nous signalons, fut le point de départ de la nouvelle civilisation espagnole, et l'on pourrait ajouter de l'histoire de la nation espagnole; car avec Ferdinand, pour la première fois depuis les Goths et les Romains, on vit réunies sous un même sceptre toutes ces provinces de la Péninsule qui formèrent pendant si longtemps chacune un royaume indépendant. A la mort de Ferdinand (1516), qui laissa la couronne à Charles Ier, depuis Charles-Quint, commence notre sixième division, c'est-à-dire l'époque de la maison d'Autriche. Elle comprend les règnes de Charles-Quint (1516), Philippe II (1556), Philippe III (1598), Philippe IV (1621), Charles II (1665), et Louis Ier. En 1700, avec Philippe V, commence l'époque de la maison de Bourbon, qui règne encore aujourd'hui sur l'Espagne, dans la personne d'Isabelle II.

L'histoire de ces deux dernières périodes, les plus brillantes de la monarchie espagnole, puisqu'elles ont succédé à la conquête du pays sur des ennemis qui l'avaient possédé pendant plus de sept siècles, ne présente pas les difficultés qu'on trouve, soit en écrivant, soit en lisant l'histoire des cinq premières périodes. Aussi ne ferons-nous qu'un croquis très-succinct de ces deux époques. Au surplus, pour la dernière particulièrement, les événements des derniers règnes ne pouvant être appréciés qu'en réveillant des souvenirs de la politique contemporaine, qu'on doit s'efforcer d'oublier tant qu'ils correspondent à des passions encore vives, nous nous bornerons à une nomenclature exacte, mais vraie, des faits principaux qui se sont accomplis pendant cette période.

Charles Ier, fils de Jeanne la Folle et de Philippe

le Beau, devint roi d'Espagne en 1516. Trois ans plus tard, il fut élu empereur d'Allemagne sous le nom de Charles V, dont les historiens ont fait Charles-Quint, pour distinguer des rois qui portèrent le même nom ce grand prince, plus remarquable peut-être par l'étendue de sa puissance que par la grandeur de son génie. Charles-Quint réunit sous son sceptre l'Allemagne, l'Espagne, le Milanais, les Deux-Siciles, les Pays-Bas et les possessions espagnoles du nouveau monde. Il régna de 1516 à 1556. Son règne, aussi long que glorieux, se termina par une double abdication, en faveur de son frère Ferdinand pour la couronne impériale, en faveur de son fils Philippe pour celle d'Espagne. Charles-Quint, fatigué de sa gloire, et peut-être encore plus de quelques revers qui l'avaient obscurcie, finit ses jours au monastère de Saint-Just, en Estramadure; c'est là que mourut sous le froc, en 1558, ce puissant monarque qui avait osé rêver la monarchie universelle. Cette résolution, rare chez un prince, fut-elle le résultat d'un sacrifice ou d'un découragement? L'histoire l'a attribuée à une bizarrerie de caractère plutôt qu'à un détachement sincère des choses de ce monde. Ce qui est certain, c'est que l'Église n'a pas rangé au nombre de ses saints ce roi qui avait voulu assister vivant à ses propres funérailles; au contraire, elle a honoré d'une façon toute particulière Charlemagne mourant sur son trône. L'Église, en effet, a toujours considéré la souveraine puissance comme un véritable sacerdoce. Celui qui s'en dépouille sans nécessité n'abdique pas seulement des droits, mais aussi des devoirs.

Quoi qu'il en soit, ces quarante années de règne furent marquées par de grands événements : Charles-Quint lutta pendant une grande partie de son règne avec son compétiteur au trône impérial, François Ier, roi de France, qu'il vainquit et fit prisonnier à la bataille de Pavie, en 1525. Il imposa à ce roi chevaleresque un traité humiliant qui ne fut pas ratifié, et qui donna lieu à une nouvelle guerre terminée par la paix de Cambrai. Charles recommença bientôt cette terrible lutte par le siége de Marseille, qu'il fut obligé de lever. En 1539, les deux rois rivaux parurent réconciliés, et Charles fut reçu avec les plus grands honneurs à la cour du prisonnier de Madrid. Trois ans après, il combattit de nouveau François Ier, qui le força par la victoire de Cérisoles à signer la paix de Crespy. Charles-Quint ne fut pas plus heureux dans sa lutte avec les protestants d'Allemagne. Enfin, une dernière expédition contre la France se termina par un insuccès, sous les murs de Metz l'imprenable. Charles tourna alors les efforts de ses armes du côté de l'Afrique. Mais, vainqueur de Barberousse, il vit sa flotte dispersée dans les eaux d'Alger, en 1541.

Tels sont les principaux événements du règne de cet empereur-roi, auquel succéda, en 1556, son fils Philippe II. Ce prince taciturne et sombre, par sa politique habile, porta à son apogée la puissance de l'Espagne, et fut pendant quelques années le plus influent des monarques de son temps. Catholique inflexible et ardent, il arrêta la Réforme au milieu de ses progrès, fut en Espagne le protecteur de l'inquisition ; en Angleterre, par son mariage avec la reine Marie, l'ennemi des protestants ; en France, le soutien de la Ligue. Il fut vainqueur du roi de France à Saint-Quentin en 1557, le jour de la Saint-Laurent, et bâtit l'Escurial en souvenir de cette victoire. La paix de Cateau-Cambrésis mit fin, en 1559, à sa guerre contre la France. Pour cimenter cette paix, il épousa Élisabeth, fille du roi Henri II. Mais bientôt commença pour Philippe II une ère moins florissante. Ses rigueurs contre les réformés lui firent perdre les Pays-Bas en 1581. On l'accuse, à l'occasion de cette insurrection dont il ne put triompher, d'avoir fait mourir son fils don Carlos. Mais s'il perdit les Pays-Bas, il s'empara du Portugal en 1580. Il fut moins heureux dans sa lutte avec la reine Élisabeth d'Angleterre. Par une conception digne d'un homme de génie, il avait réuni une immense flotte destinée à détruire la puissance maritime de l'Angleterre. Les éléments, qui lui furent contraires, vinrent l'arrêter dans l'exécution de ce vaste projet, et l'invincible *Armada* fut dispersée par une tempête en 1588. Dix ans plus tard, le roi de France Henri IV le forçait à signer la paix de Vervins. Philippe II mourut en 1598, laissant à son fils Philippe III des finances en mauvais état et une puissance singulièrement amoindrie par les revers des dernières années de son règne.

Philippe III régna sur l'Espagne de 1598 à 1621. Il maria sa fille Anne d'Autriche à Louis XIII, formant ainsi une alliance qui devait donner plus tard à l'Espagne une nouvelle dynastie. Philippe, aidé de son ministre, le duc de Lerme, fut un prince pacificateur, et il aurait relevé la puissance affaiblie de l'Espagne, s'il n'eût commis la faute de chasser hors du royaume, en 1609, deux cent mille Maures, qui emportèrent avec eux la meilleure part de la richesse du pays, celle que produit le travail appliqué au commerce et à l'industrie.

Philippe IV succéda à son père en 1621 et régna jusqu'en 1665. Son règne, malgré la présence du ministre favori, le comte d'Olivarès, fut marqué par plus de revers que de succès. Philippe perdit la Hollande et le Portugal, qui passa à la maison de Bragance en 1640 ; le traité des Pyrénées lui enleva, au profit de la France, l'Artois, le Roussillon et l'Alsace, en 1659.

Enfin, le mariage de l'infante Marie-Thérèse avec Louis XIV, préparait dans un avenir prochain l'avénement au trône d'Espagne de la dynastie des Bourbons. Le règne de Charles II fut encore plus funeste à l'Espagne que ne l'avait été celui de son père Philippe IV. Charles régna de 1665 à 1700. Ce prince laissa par testament, à Philippe d'Anjou (depuis Philippe V), petit-fils de Louis XIV, une couronne qu'il n'avait pas su porter en roi. Ce fut le signal de la fameuse guerre de *la succession d'Es-*

pagne, qui se termina (1701-1713) par les traités d'Utrecht et de Rastadt. C'est ici que commence notre septième et dernière période, celle de la maison de Bourbon. Philippe V, reconnu par les puissances comme roi d'Espagne en 1714, fonda la dynastie qui règne encore aujourd'hui. La paix qui suivit cette guerre, où figurèrent le prince Eugène, Marlborough, Berwick et Vendôme, coûta à l'Espagne, malgré les victoires de Villaviciosa, d'Almansa et de Denain, Gibraltar et Minorque, données à l'Angleterre; la Sicile, cédée au duc de Savoie; le royaume de Naples, le Milanais, la Sardaigne et les Pays-Bas, abandonnés à l'Autriche. Ce fut une diminution de puissance qui ne fut pas compensée par les grands projets du ministre Albéroni, encore moins par l'influence de la princesse des Ursins, qui inspira trop longtemps la politique de Philippe V. Ce prince abdiqua, en 1724, en faveur de son fils Louis. Ce dernier étant mort quelques mois après, Philippe reprit les rênes du gouvernement qu'il laissa par sa mort, arrivée en 1746, à son fils Ferdinand VI, auquel succéda, en 1759, Charles III, autre fils de Philippe V. Pendant ces deux derniers règnes, l'Espagne se releva de l'abaissement où elle était tombée. Ferdinand fit des réformes utiles, rétablit l'ordre dans les finances de l'État, encouragea le commerce et l'industrie, et laissa le royaume dans une situation des plus prospères qui ne pouvait que se continuer sous le règne de l'habile Charles III. Jusqu'en 1788, époque de sa mort, Charles s'appliqua à améliorer le sort de ses sujets, et à développer par toute sorte de travaux la prospérité nouvelle dont jouissait l'Espagne depuis le dernier règne.

Cette politique valait mieux que celle des conquêtes lointaines, cause véritable de l'affaiblissement des États, auxquels elles ne donnent qu'une puissance plus apparente que réelle. Heureuse eût été l'Espagne, si Charles IV, qui succéda en 1788 à son père Charles III, se fût inspiré des mêmes principes de gouvernement. Mais ce prince faible, dominé par la reine Marie-Louise et par Manuel Godoï, prince de la Paix, favori de cette princesse, ne fut pas à la hauteur du rôle que lui imposaient les graves événements de son temps. Vaincu par la France, à laquelle il avait déclaré la guerre après la mort de Louis XVI, il se vit entraîné par le traité de Bâle (1795) dans une lutte avec l'Angleterre qui eut pour conséquences le désastre de Trafalgar (1805) et la perte des plus belles colonies de l'Espagne. Mais en 1808, son fils Ferdinand le força, par le coup d'État d'Aranjuez, à une abdication que, le 5 mai de la même année, l'empereur Napoléon fit modifier en sa faveur. Le roi d'Espagne et son fils, attirés à Bayonne, y restèrent prisonniers, et l'empereur donna la couronne d'Espagne à son frère Joseph, dont le règne ne fut qu'une guerre de six années, terminée moins heureusement pour la France que la guerre de la succession d'Espagne.

Saragosse, Belchite, Baylen, Burgos, Sommo-

Sierra, Talavera, Médellin, Ocana, Arapiles et Vitoria, tels furent les noms des principales actions de cette lutte héroïque, où les Espagnols aidés des Anglais, et les Français tour à tour vainqueurs et vaincus, étaient commandés, les premiers par Del Parque, Palafox, Ballesteros, Mina, Wellington ; les seconds par Murat, Moncey, Junot, Mortier, Lannes, Suchet, Victor, Sébastiani, Soult, Ney, Bellune, Marmont, Clauzel, et par l'empereur lui-même, dans une de ces rapides et brillantes campagnes où la victoire semblait comme enchaînée au char du César français.

La chute de Napoléon mit fin à la guerre de l'indépendance espagnole, et le fils de Charles IV rentra, le 22 mars 1814, en Espagne, où il régna jusqu'en 1833, époque de sa mort, sous le nom de Ferdinand VII. Le *pronunciamiento* de Riego, qui éclata en 1820, rappela d'une façon pénible au roi Ferdinand les souvenirs des Cortès de Léon et de la constitution de l'an XII que le parti constitutionnel reprochait à ce prince d'avoir trop facilement oubliés. Une armée française, commandée par le duc d'Angoulême, franchit les Pyrénées en 1823, et, marchant de victoire en victoire, traversa l'Espagne de Pampelune à Cadix. Cette intervention, qui n'était pas, comme la précédente, une atteinte à l'indépendance nationale, se termina, à l'honneur de la France, par le rétablissement de l'autorité royale, menacée par les partisans du gouvernement des Cortès.

Ferdinand, prévoyant sans doute la guerre civile

qui devait ensanglanter ses funérailles, légua par testament la couronne à sa fille Isabelle, en désignant pour régente la reine Christine, mère de la jeune princesse.

Les sept premières années du nouveau règne furent marquées par une lutte entre le gouvernement établi et le parti de don Carlos, frère de Ferdinand, qui prétendait avoir des droits à la couronne d'Espagne. La reine Christine abdiqua en 1840 la régence, qui fut confiée au général Espartero, le vainqueur de Luchana et le pacificateur de Vergara. Enfin la reine Isabelle II fut proclamée majeure en 1843, et depuis cette époque, la tranquillité ne fut troublée en Espagne qu'à de rares intervalles par des *pronunciamientos* qui n'eurent pour cause et pour résultat que de simples modifications ministérielles.

A côté de ces désordres, assurément regrettables, se placent des faits d'une haute signification, tels que la brillante expédition du Maroc, qui sont la preuve incontestable de l'état de prospérité dans lequel se trouve aujourd'hui l'Espagne. L'impulsion donnée à l'industrie nationale par le gouvernement de la reine ouvre une ère nouvelle pour ce beau pays, que l'or de l'Amérique avait autrefois appauvri. Des chemins de fer sillonnent en tous sens la Péninsule, des canaux sont creusés dans ses riches vallées, des travaux publics sont entrepris dans ses villes, des institutions de crédit sont établies dans la capitale, et tout concourt aujourd'hui, sous l'intelligente direction du pouvoir, au développement d'une prospérité durable et qui vaut mieux pour l'Espagne que la prospérité factice qu'elle a due autrefois aux conquêtes de la maison d'Autriche. Il est assurément plus sage pour une nation de commencer par faire la conquête de son propre sol, avant de songer à étendre au loin ses frontières. Cette politique, digne de la civilisation moderne, est la seule qui convienne aux véritables intérêts du peuple espagnol ; c'est par elle que l'Espagne, redevenue l'égale des grandes puissances, peut dès à présent revendiquer et soutenir le rang qu'elle avait jadis, et que lui ont fait perdre un instant ses luttes intestines et une politique d'inaction à laquelle ses hommes d'État ont renoncé pour toujours.

Arthur de GRANDEFFE.

PREMIÈRE LIGNE.

BAYONNE A MADRID.

SOMMAIRE. — Irun. — Saint-Sébastien. — Tolosa. — Alsazua. — Vitoria. — Miranda. — Bribiesca. — Quintanapalla. — Burgos. — Celada del Camino. — Villodrigo. — Torquemada. — Baños — Dueñas. — Valladolid. — Medina del Campo. — Arevalo. — Avila. — L'Escurial ou San-Lorenzo. — Las Rosas et Pardo. — Madrid.

Irun.

En venant de Bayonne, la première ville que rencontre le voyageur s'appelle Irun. Cette ville, qui compte 5,500 habitants, est située à une demi-lieue de la Bidassoa, rivière célèbre par le traité des Pyrénées, signé, en 1659, dans l'île des Faisans, île formée par deux bras de cette rivière. Comme souvenir historique, ce lieu conserve encore celui du passage des troupes françaises en 1823. La Bidassoa sert de frontière à la France et à l'Espagne. Irun appartient à la province de Guipuscoa, l'une des trois provinces basques, et est située à 12 kilomètres à l'est de Saint-Sébastien. Cette ville, qui date du temps des Romains, ne possède en fait de monuments dignes d'attention qu'une maison de ville d'assez bon style et une église paroissiale assez belle; on voit dans la sacristie de cette église une fontaine remarquable, dont le bassin est en marbre et dont les conduits d'eau sont en bronze. Irun a en outre un hôpital, une douane, une poste aux lettres et aux chevaux, un bureau de malles-poste, des auberges (*posadas*) de deuxième ordre, et des auberges (*paradores*) de troisième ordre. La ville est divisée en quatre quartiers, nommés Bidassoa, Meaca, Cigoyen et Lapice. L'industrie locale consiste en fabrique de ferrures, tanneries, tuileries, et en exportation de bois de construction pour le port de Pasajès, qui n'est pas éloigné de cette ville. Les produits agricoles sont le blé, le maïs, les châtaignes, les fruits et beaucoup de pommes dont on fait du cidre. Le premier village français qu'on rencontre en allant d'Irun à la frontière est Béhovie; plus loin, et du côté de Bayonne, on trouve aussi Urugne et la petite ville de Saint-Jean-de-Luz (de lumière), et enfin Bayonne. Dans le sens opposé, en rentrant en Espagne, nous arrivons à Saint-Sébastien, l'une des importantes stations de notre ligne.

Saint-Sébastien,

Autrefois appelé Izurun, le chef-lieu de la province de Guipuscoa. Cette ville, située entre le 43e degré de latitude et le 1er de longitude, au pied du mont Urgul, est bâtie sur un îlot qui communique au continent par une langue de terre de 400 mètres de longueur. On y compte environ 15,000 habitants. Son port, quoique petit et d'une entrée difficile, est très-sûr. On y voit un château fort et une enceinte fortifiée assez importante. Cette ville fut brûlée et détruite en 1813 par les troupes alliées. On l'a reconstruite depuis dans le style des villes modernes. Il faut remarquer la place située au centre de la ville, et dont les maisons sont supportées par des colonnades qui servent d'abri aux piétons pendant les jours de pluie. C'est là que s'est réfugié le commerce.

A Saint-Sébastien, il y a un établissement nouvellement construit pour le service de la douane, un consulat, une école de marine, et un tribunal de commerce. On y compte deux paroisses, un hôpital, un couvent de nonnes; il y avait deux couvents de moines dont on conserve les édifices abandonnés. Les habitants de Saint-Sébastien font un grand commerce d'importation des produits américains, tels que sucre, cacao, etc., et de ceux des manufactures anglaises et françaises. Quant à l'exportation, elle est limitée à celle des fers de toutes classes, et particulièrement à ceux de la province de Guipuscoa. Le port, à son entrée, contient assez d'eau pour les navires de guerre, mais il est d'une petite capacité, et sa profondeur n'est pas partout la même. Quant à la plage, elle est le rendez-vous pendant la saison d'été d'une foule d'étrangers qui y viennent prendre les bains de mer.

Le château fort s'appelle *Castillo de la Mota*. Dans le fort principal il y a une caserne, un arsenal d'artillerie et des logements pour les principaux employés du gouvernement. A la droite du chemin qui conduit au château, se trouvent le tombeau du général Gurrea, mort dans la dernière guerre civile, ceux de quelques Anglais, entre autres le mausolée d'une dame de haut rang, qui est un véritable monument. Saint-Sébastien possède un beau théâtre, un bel établissement de bains, et un grand nombre d'hôtels et de cafés.

Nous conseillons aux voyageurs de ne pas quitter Saint-Sébastien sans visiter le vallon de Loyola, distant de la ville d'un quart de lieue, et le pont de bois construit sur la rivière Urumea; et ce ne serait pas perdre son temps que de visiter aussi Fontarabie, Pasajès, Lezo et quelques villages voisins où l'on peut aller par mer dans des barques conduites par les belles indigènes. On peut choisir entre ce trajet, où l'on jouit de l'admirable perspective du golfe de Gascogne, borné à l'horizon par la chaîne des Pyrénées, et celui des montagnes, où l'on rencontre à chaque pas de nouveaux paysages plus variés les uns que les autres.

Si l'arrivée à Saint-Sébastien par le chemin de Lasarte offre un point de vue pittoresque, le départ pour Irun et Bayonne ne lui cède en rien. Le voyageur admire tout d'abord, en parcourant cette route, la belle promenade de Saint-Sébastien, l'hôpital de la Miséricorde et le nouveau pont de Santa Clara, jeté sur la rivière d'Astigarraga. On monte ensuite une petite côte couronnée par le faubourg de la Herrera; à la descente du faubourg se présente de nouveau à la vue un de ces paysages si communs dans les provinces basques, mais qu'on ne se lasse jamais d'admirer. Ce paysage se compose du vallon de Pasajès dans toute son étendue; sur la gauche, se déroule en panorama le village et le port du même nom. Un peu plus loin, sur une hauteur, s'élève l'ancien couvent des capucins de Renteria, puis le petit village de Lezo avec son fameux sanctuaire du Saint-Christ, dont on attribue la fondation à saint Léon, martyr et évêque de Bayonne.

Autrefois, pour aller à Pasajès, il fallait, bon gré mal gré, payer le tribut aux fameuses batelières de l'endroit; mais depuis peu on a construit une chaussée qui permet d'aller au village en voiture.

Telle est, en quelques mots, la description de Saint-Sébastien. Le voyageur y découvrira par ses yeux mille autres objets qui nous échappent, et qui justifieront près de lui la renommée européenne de cette gracieuse cité.

Tolosa.

Tolosa, ville de la province de Guipuscoa, dont elle fut deux fois la capitale, fait partie du diocèse de Pampelune, et est la résidence du capitaine général des provinces basques. Cette ville est située dans une vallée étroite qui sépare les monts Ernio et Loazu; deux rivières, l'Oria et l'Aragès, baignent ses murailles. Elle compte 7,700 habitants; on y voit deux paroisses, un ancien couvent de moines, un monastère de religieuses, un tribunal de première instance, un hôpital, un bureau de poste et plusieurs hôtels de différentes classes. On y trouve aussi une poste aux chevaux et un bureau de diligences et de malles-poste.

La ville se divise en six rues principales traversées par trois autres rues qui les coupent diagonalement; les maisons sont bien construites. Des trois places publiques, la principale est réservée aux différents jeux qui récréent la population les jours de fête. Il faut remarquer les églises de cette ville; la paroisse de Santa Maria, église gothique, quoique irrégulière dans son style, attire l'attention par son beau portail et ses trois tours. Il y avait autrefois dans cette église une galerie très-remarquable par son élévation. Un incendie la détruisit, ainsi que la sacristie et les archives de la ville et du clergé de la province. En 1806 on commença à reconstruire cette partie de l'édifice; mais les travaux furent interrompus en

1808 par l'invasion française. En 1814 on a rétabli les colonnes qui séparaient le chœur de la nef, où l'on remarque deux colonnes d'ordre ionique de 40 pieds d'élévation, et un magnifique tabernacle. Le manque d'argent a de nouveau interrompu cette restauration si nécessaire.

Il faut encore remarquer dans cette ville l'édifice construit en 1726 pour servir d'arsenal aux armes blanches fabriquées à cette époque en Navarre, les nouvelles fabriques de drap et de papier situées en dehors de la ville, et la maison d'asile appelée *Casa de la Misericordia*, où l'on recueille, pour les y faire travailler, les pauvres de la localité. — L'industrie des habitants comprend plusieurs arts et métiers, tels que chapellerie, ébénisterie, papeterie, quincaillerie, fabrication de couvertures de laine, de draps gros et fins, moutures de farine, fabrication d'instruments de fer et de cuivre. On y trouve aussi une fabrique nationale de baïonnettes et d'armes de guerre.

Parmi les personnages célèbres qui naquirent à Tolosa on remarque les deux Gonzalès de Andia, qui se distinguèrent, le premier sous les ordres d'Édouard IV, roi d'Angleterre, le second à la défense de Saint-Sébastien et de Fontarabie contre les Français en 1521; les deux Yurreamendi, dont l'un servit comme chef militaire sous les ordres du premier comte de Navarre; le second accompagna les rois catholiques au siège de Grenade; Alberto Perez de Régil, chef de partisans, qui battit les Français dans les montagnes de Belate et Elizondo, en 1812; Juan Perez Anciondo, maréchal de camp à la bataille de Noaïn en 1521; l'amiral Pedro Arambu; le comte de Villafuerte; don Alonso Idiaquez, secrétaire de Charles-Quint; Martin Gastelu, exécuteur testamentaire du même monarque; le bachelier Martinez Zaldivia, auteur d'un manuscrit sur les antiquités de Guipuscoa; frère François de Saint-Julien, général de l'ordre monastique des trinitaires déchaussés, et auteur d'un ouvrage intitulé *Tribunal regular*; Miguel Elizalde, capitaine de vaisseau qui assista à la bataille de Lépante, et écrivit un traité sur l'arithmétique et la géométrie; Martin de Anchieta, auteur de la relation de l'entrevue qui eut lieu entre les reines d'Espagne, Antoinette d'Autriche et Isabelle de Bourbon sur la Bidassoa en 1616; don José Lapaza, traducteur de l'*Histoire du fameux comte de Saxe*; enfin don Diego Lazoano, auteur d'un *Essai sur la noblesse des provinces basques*.

La ville est entourée de dix faubourgs dont voici les noms : Santa Lucia, San Esteban, San Blas, Osarain, Munita, Yzareun, Urquizo, Montesino, Bedayo et Aldaba. La campagne, fertilisée par de nombreuses sources, produit en abondance blé, maïs, châtaignes, noix, lin, légumes de toutes espèces, pommes et cidre. On y voit des pâturages avec de nombreux troupeaux de bêtes à laine et à cornes. La chasse y est variée; on pêche dans les rivières des truites, des anguilles et d'autres poissons.

Pendant l'été, l'affluence des voyageurs est très-grande dans cette localité. Nous ne quitterons pas Tolosa sans mentionner dans les environs, Vergara, ville de 4,000 habitants, célèbre par ses danses et par la convention militaire qui mit fin à la dernière guerre civile.

Alsazua,

Bourg de 1,116 âmes appartenant à la province de Navarre et au diocèse de Pampelune, et situé au centre de la vallée de Borunda, sur la rive gauche de la rivière du même nom.

Parmi les édifices de la localité, où l'on compte deux cent trente-deux maisons assez bien bâties, on remarque la *Casa consistoriale*, la prison, l'école, l'église de l'Assomption. En dehors des murs, on cite une chapelle appelée *el santuario del Santo Cristo*. C'est un ermitage fort ancien et qui est l'objet d'une grande vénération dans le pays. Sur la montagne où s'élève l'ermitage de Saint-Pierre, apôtre, on montre une pierre qui marque l'endroit où, le 17 janvier 860, Garcia Ximénès fut élu premier roi de Navarre, en vertu d'une bulle du pape Grégoire II. Ce fait est contesté par quelques érudits.

Le climat du lieu est assez sain; on y trouve beaucoup de fontaines, et les eaux de la vallée de Borunda répandent une grande fertilité dans la contrée. Le terrain est accidenté.

C'est à Alsazua qu'eut lieu l'entrevue de Juan Ortiz de Balmaseda, représentant du roi de Castille, et de don Diego Lopez de Salcedo, pour la province d'Alava, dont on conclut la pacification en 1294. Le même Juan Ortiz fut chargé de résister à don Diego Lopez de Haro, seigneur aragonais, qui se disposait à entrer en Biscaye. En 1833, Alsazua fut le théâtre d'un combat entre les troupes de la reine et les carlistes. Ces derniers y passèrent par les armes vingt-huit soldats ennemis qu'ils avaient fait prisonniers. Les officiers O'Donnell et Clarigo périrent de la même manière en refusant de violer le serment qu'ils avaient fait à la reine.

Le pays est très-boisé et assez bien cultivé; il produit du blé, de l'orge, du maïs, du chanvre, des châtaignes, des légumes et des fruits. On y élève des moutons, des chèvres, des bêtes à cornes et des mulets; on trouve à Alsazua un moulin à farine; on y fabrique des tissus, et on y fait une grande exportation de bois qui sert aux constructions navales. Après avoir admiré le pic du Montorobe, le pont du torrent Ursalto et l'ermitage de San Miguel, nous arrivons à Vitoria.

Vitoria.

Cette ville fortifiée est la capitale de la province d'Alava, et fait partie de l'évêché de Calahorra. Elle est située sur les flancs d'une colline qui s'élève du milieu d'une grande plaine, en hiver, la température y est froide, particulièrement sous l'influence des vents du nord; il y a alors d'épais brouillards aux premières heures du jour; mais en revanche, en été, on y jouit d'un climat très-agréable, les chaleurs n'étant ni fortes ni durables.

A Vitoria résident les autorités supérieures de la province tant civiles que militaires. On y trouve un tribunal de première instance. La ville compte 18,800 habitants. On y voit quatre paroisses, trois anciens couvents de moines, trois couvents de religieuses, une académie, six chapelles, un hospice, plusieurs quartiers militaires, un théâtre, un collége, plusieurs hôtels et auberges, une poste aux lettres, un bureau de diligences et de malles-poste.

Les maisons de la partie ancienne de cette ville, dont la construction remonte à des temps reculés, présentent un aspect des moins gracieux; mais la partie moderne est beaucoup mieux construite et renferme quelques édifices dignes d'appeler l'attention. Citons entre autres: la place Neuve, commencée en 1781 et terminée en 1791, par les soins de l'architecte Olagaibel; elle est tout en pierre de taille et présente un carré de 220 pieds, ayant à sa façade une galerie de dix-neuf arcades, et un portique de 15 pieds de largeur. Sur cette place, il y a trente-quatre maisons, parmi lesquelles il faut remarquer, pour son architecture, la maison consistoriale. L'hospice bâti en 1638 par les soins de frère Lorenzo Jordanes, religieux franciscain et l'un des meilleurs architectes de son temps, est une œuvre d'art. La façade, qui regarde l'église de San Ildefonso, est moitié de style dorique et moitié de style ionique. Le théâtre est aussi digne de remarque par sa jolie façade et sa bonne distribution intérieure.

Au centre de la ville, on trouve une belle promenade appelée *Florida*, nom qu'elle mérite par ses beaux arbres, ses plates-bandes variées, séparées par des bancs et des statues de pierre. En dehors de la ville, il y a encore la belle promenade du Prado, où se donne pendant les jours de fête le curieux spectacle des danses nationales organisées par les naturels du pays.

L'industrie des habitants de Vitoria consiste en la fabrication de coutils très-renommés, de chandelles de suif, de chaises, d'instruments de fer, de batterie de cuisine. On y trouve aussi un atelier de carrosserie. Il y a marché les mardi, jeudi et samedi de chaque semaine. Ce fut le roi de Navarre don Sanche le Sage qui, après avoir augmenté, fortifié et entouré de murailles le bourg de Vitoria, lui donna le nom de ville. Envahie par les Sarrasins, elle fut conquise en 1209 par le roi de Castille don Alonso VIII, qui la réunit à ses États. Le 21 juillet 1813 fut livrée, sous ses murs, la célèbre bataille du même nom, qui décida la retraite des armées françaises.

Vitoria fut la patrie de don Pedro Lopez de Ayala, grand chancelier de Castille; de frère Antonio Guevara, évêque de Mondoñedo, célèbre par son érudition; de frère Juan de Vitoria, auteur de l'œuvre intitulée *Cometorologia*; de don Luis de Salazar, ancien ministre de la marine.

Les environs de la ville sont remarquables par l'abondance des eaux et le grand nombre des jardins; le sol produit du blé, de l'orge, de l'avoine, du maïs, des fèves et d'excellents fruits. On y voit de nombreux troupeaux, et la chasse y est agréable.

Vitoria possède de nombreux cafés et un très-beau Casino, où les étrangers sont admis sur la présentation d'une carte, comme dans toutes les villes d'Espagne.

Miranda.

Cette ville, appelée aussi Miranda de Ebro, appartient également à la province d'Alaya et à l'évêché de Calahorra. Elle est située sur un terrain accidenté de chaque côté de l'Èbre, que l'on traverse sur un pont en pierre de six arches. Miranda compte 3,000 habitants. On y voit trois églises, deux couvents, dont l'un est abandonné; un tribunal de première instance, une poste aux chevaux, d'où part la malle-poste, et une poste aux lettres. Le 1er mars de chaque année, on y célèbre une très-belle foire.

La ville est dominée par un château placé sur une hauteur en dehors des murs. Ce château sert de quartier à la garnison. La campagne environnante, fertilisée par des eaux abondantes, produit toute espèce de grains, du vin, des fruits, et d'excellents pâturages. La chasse et la pêche y sont très-agréables. Il y a à Miranda une douane où l'on visite les bagages des voyageurs; cette cérémonie, peu divertissante, est due aux franchises dont jouissent certains produits dans les provinces basques.

Bribiesca,

Qui fait partie de la province de Burgos et de l'archevêché du même nom. Elle est située sur les bords de la rivière Oca, que l'on passe sur un beau pont de pierre, servant en même temps d'aqueduc d'irrigation. La ville compte 4,000 habitants. On y trouve une académie, deux couvents, un tribunal de première instance, une poste aux lettres, de bons hôtels, une poste aux chevaux, un bureau de diligences et de malles-poste. Les maisons n'ont rien de remarquable; les rues sont régulières, et la grande place attire l'attention par une assez belle fontaine.

Cette ville, à cause de la régularité de son plan qui est un carré parfait, ouvert par quatre portes, servit de modèle pour la construction de la ville de Santa Fé, élevée au milieu de la plaine de Grenade, après l'expulsion des Maures, par l'ordre de ces époux conquérants connus en Espagne sous le nom de *rois catholiques*. Cette ville est encore célèbre par la réunion des Cortès en 1388, où le roi don Juan Ier décida que le fils aîné du roi de Castille, héritier présomptif de la couronne, prendrait dès lors le titre de prince des Asturies. Aux environs de Bribiesca, on trouve deux lacs d'eau minérale. Le sol produit du blé, du vin et beaucoup de fruits. Les pâturages y sont excellents et peuplés par un nombreux bétail; enfin, la chasse et la pêche y sont abondantes.

Quintanapalla.

Ce village, qui fait partie de la province de Burgos, compte 200 habitants. On y remarque une belle église paroissiale; la campagne environnante produit du blé, de l'orge, des légumes, du lin et des fèves. On élève beaucoup de bétail dans les montagnes voisines. C'est en ce point que se séparent les vallées du Duero et de l'Èbre. La route royale qui traverse Quintanapalla est remarquable par une côte énorme, située à un quart de lieue du bourg, et connue sous le nom de *Côte de l'enfer* ou de la *sorcière*. Cette montée a un quart de lieue de long. C'est à Quintanapalla qu'en 1682 le roi Charles II célébra son mariage avec Louise d'Orléans.

Burgos.

Cette ville, chef-lieu de la province du même nom, est la résidence du capitaine général et de l'archevêque du diocèse. La ville est située sur le penchant d'une cordillère, sur la rive droite de l'Arlanzon qui baigne ses murs et la sépare du faubourg appelé *la Vega*. On passe ce fleuve sur trois ponts de pierre. Burgos compte 27,000 habitants. On y trouve un tribunal de première instance, la résidence du commandant général d'artillerie du quatrième district, une cathédrale, quatorze paroisses, neuf monastères abandonnés et dix couvents de nonnes; trois palais, deux colléges, une bibliothèque et un musée; cinq hôpitaux, un asile d'enfants trouvés; deux quartiers pour les troupes et un château fort; des bureaux pour les contributions publiques, la poste et la loterie; un théâtre, une maison de bains; trois cafés et une station de diligences et de malles-poste.

La ville est traversée par la rivière Pico, qui se divise en plusieurs ruisseaux appelés *esguevas* qui servent à arroser les rues de la ville. Burgos est entourée d'une enceinte fort ancienne; parmi ses nombreuses portes, on en remarque surtout une qui donne sur l'un des trois ponts déjà cités, et qui fut élevée en l'honneur des premiers fondateurs du royaume de Castille. On trouve dans Burgos de nombreuses fontaines, et la place principale, de forme irrégulière, est entourée d'arcades soutenues par des colonnes élevées; au centre on voit la statue du roi Charles III. C'est sur cette place que se trouve l'hôtel de ville où l'on conserve les cendres du Cid et de son épouse doña Ximena.

La cathédrale de Burgos est l'une des plus belles que l'on connaisse dans le genre gothique; elle est signalée pour la beauté de son style, son étendue et la perfection avec laquelle ont été exécutées toutes les parties qui la composent, et particulièrement les bas-reliefs de son portail. Ce fut le roi Ferdinand III le Saint qui, l'an 1221, en posa la première pierre. Elle est formée de trois vaisseaux, les deux collatéraux étant trop disproportionnés par la hauteur et la largeur avec le vaisseau principal. La flèche de son clocher, renversée en 1539 par un violent orage, et restaurée en 1556, est une des merveilles que l'on admire le plus parmi les ouvrages d'art si nombreux sur le sol de l'Espagne. Cette église, construite en pierres de taille blanches, parfaitement travaillées, a 300 pieds castillans de long sans compter les chapelles, sur 250 pieds de large. Les fenêtres sont couvertes de nombreux et importants vitraux. La plus belle de ses six portes est celle de Santa Maria, qui, avec deux autres plus petites, forme la façade principale de l'église. Cette façade est embellie par un beau frontispice, et deux tours construites avec la même pierre et ornées de tout ce que l'art peut produire de plus fini en figures, fleurs, rosaces, reliefs et corniches. Le chœur est immense : on y voit deux rangs de fauteuils en bois sculpté, dont le travail est des plus remarquables, surtout pour les plus élevés, et pour le siége du prélat, qui a coûté 1,000 ducats. De chaque côté du chœur, se trouvent deux magnifiques orgues que l'on doit au fameux maestro Juan de Argete. La chapelle principale est remarquable par son étendue et sa magnificence. Dans chacune des nombreuses chapelles se célèbrent chaque jour les divins offices, sans trouble comme sans dérangement, quoique dans plusieurs d'entre elles l'office soit accompagné par la musique des orgues. Plusieurs personnes royales furent ensevelies dans ce lieu saint, entre autres le fils du roi don Alonso le Sage ; don Sancho, fils de don Alonso XI, et sa femme doña Béatrix, fille du roi don Pedro, appelé le *Justiciero*. On voit aussi de nombreux et somptueux mausolées élevés en l'honneur des archevêques et abbés du chapitre.

Si l'on veut avoir plus de détails sur ce magnifique édifice, il faut consulter le *Voyage en Espagne* de don Antonio Pons (p. 19, t. XII), et le *Voyage en Espagne* de M. Théophile Gautier (p. 42, édition Charpentier, 1845).

Nous indiquerons parmi les beaux tableaux qu'on y admire,

dans la petite sacristie, un *Christ en croix*, de Murillo, et une *Nativité*, de Jordaëns; dans la grande sacristie, un *Christ en croix*, de Domenico Teotocopuli, dit le *Greco*; dans la salle de Jean Cuchiller, le coffre du Cid; dans une autre pièce de la même sacristie, une *Nativité*, de Murillo. Dans le cloître, on remarque un des plus grands bas-reliefs qu'il y ait au monde. Philippe de Bourgogne, qui en est l'auteur, y a représenté la passion du Christ divisée en quatre scènes : celle du jardin des Oliviers, l'ascension au Calvaire, le crucifiement entre les deux larrons et la descente au tombeau. Dans la chapelle dite du Connétable, on voit les tombes de don Pedro Fernandez Velasco, connétable de Castille, et de sa femme. Dans la sacristie voisine de la chapelle se trouve une *Madeleine* attribuée à Léonard de Vinci; le retable de la chapelle du duc d'Abrantès, qui représente la généalogie du Christ, est dû à Rodrigo del Haya, sculpteur du xvie siècle. On visitera avec intérêt la belle chapelle de Sainte-Thècle. Dans une des autres chapelles, une *Vierge à l'enfant* est attribuée par M. Théophile Gautier à Sébastien del Piombo. Le même auteur attribue à André del Sarto une *Sainte Famille* que l'on voit plus loin. Ne passons pas sous silence les tableaux gothiques sur bois de Cornelis van Eick, ni ceux de Fra Diego de Leyva, entre autres le *Martyre de sainte Casilda*, qui eut les deux seins coupés. Il y a encore dans cette église un Christ révéré qu'on ne voit qu'à la lumière des cierges. Ce Christ, imité d'un corps humain, porte de véritables cheveux, et passe pour être fait d'une peau humaine rembourrée avec soin. La légende raconte que ce Christ saigne tous les vendredis.

Indépendamment de la cathédrale de Burgos, il faut encore visiter l'église de Saint-Paul, grand et bel édifice d'architecture gothique; les maisons consistoriales, le palais des Velascos, et l'arc de triomphe érigé en l'honneur du premier comte de Castille, Fernand Gonzalès; l'emplacement de la maison du Cid et celle qui sert de demeure au chef politique de la province; enfin la promenade qui longe l'Arlenzon, située près de la porte Sainte-Marie, et où l'on remarque quatre statues de rois ou comtes de Castille. Cette promenade s'appelle *el Espolon*. La ville de Burgos fut longtemps la capitale des rois et des comtes de Castille. Son château est encore regardé comme pouvant servir de bonne défense à la ville.

L'industrie des habitants consiste en la fabrication de toiles, de draps, de couvertures, de bas de laine, de chapeaux ; on y voit une excellente fabrique de papier. Le fromage de Burgos est renommé. Il y a foire tous les ans, le 29 juin.

Cette ville a vu naître dans ses murs saint Julien, évêque de Cuença, et son trésorier, saint Lesmes, ainsi que le vénérable Bernardin de Obregon ; don Pedro le Cruel ; don Enrique III, *el Doliente* ; doña Leonor d'Aragon, première femme du roi don Juan ; le comte Fernand Gonzalès ; les juges de Castille Nuño Rasura et Calvo ; don Pablo de Santa Maria, évêque, auteur de plusieurs ouvrages, tuteur du roi don Juan II et gouverneur du royaume ; don Diego de Siloé, célèbre architecte, qui traça les plans des cathédrales de Grenade et Malaga, en 1529 ; Fernand Ruiz, autre architecte, auquel on doit la flèche de l'église de Cordoue, qui était autrefois une mosquée ; les peintres Diego Polo, oncle et neveu ; Philippe Villarni ou de Bourgogne, fameux sculpteur et architecte, son frère Grégoire Villarni, et frère Angel Maurique, évêque de Badajoz, mathématicien et architecte. Enfin Burgos dispute à Valence l'honneur d'avoir été la patrie du fameux don Rodrigo Diaz de Vivar, appelé le *Cid Campeador*.

Les environs de Burgos sont remarquables par les bois qui couronnent les sinuosités du terrain ; à une demi-lieue au sud, on rencontre l'ancien monastère des chartreux de Miraflorès, fondé par le roi don Juan II. Il y a dans l'église de ce couvent deux magnifiques tombeaux : dans l'un on conserve les cendres de ce roi et de son épouse doña Isabelle, et dans l'autre celles de l'infant don Alfonso. Dans le chœur, on admire une très-belle *silleria* ou boiserie d'un travail très-fini. Dans une autre direction, à un quart de lieue de la ville, est situé l'hôpital des étrangers, appelé Hôpital du roi, et auprès, le fameux monastère de Santa Maria de las Huelgas, dont l'abbesse avait juridiction ecclésiastique avec délégation apostolique.

La campagne des environs de Burgos produit en abondance du blé, de l'orge, des légumes, du lin, du chanvre, des fruits ; on y voit toute sorte de bestiaux.

Celada del Camino,

Bourg de 500 habitants, situé dans une plaine fertile, et qui confine avec Estepar et Buniel, villages de 300 âmes, puis avec les bourgs de Quintanilleja et San Mames. A une demi-lieue de ce dernier, on trouve une fabrique de papier et le couvent de religieuses de las Huelgas, ainsi que l'Hôpital du roi.

Villodrigo.

Bourg de 200 habitants, situé sur la rive de l'Arlanza. On y trouve une église paroissiale, deux *posadas*, et beaucoup de maisons en ruines. C'est un pays à grains.

Torquemada,

Bourg de 2,500 âmes, appartenant à la province de Palencia; il est situé sur les bords du Pisuerga, qu'on y traverse sur un très-beau pont de vingt-cinq arches à la sortie du bourg. Torquemada fut la patrie de l'infante doña Catalina, fille de Philippe le Beau et de Jeanne la Folle; ce fut aussi la patrie du cardinal Torquemada. On y trouve une église paroissiale, un hôpital en ruines, un moulin à cinq roues sur le Pisuerga, une fabrique d'eau-de-vie et d'outres pour porter le vin. Le pays produit des fruits, des légumes, du blé, de l'orge; on y fait du vin, et on y élève des bêtes à laine. Il y a beaucoup d'arbres, de jardins et quelques promenades.

Baños,

Village de 300 âmes appartenant à la province de Palencia, situé dans une plaine, entre les rivières de Carrion et de Pisuerga. Ce bourg a dû être autrefois une grande ville, à en juger par les sépulcres et les fondations de maisons qu'on trouve dans la campagne environnante. On prétend qu'il tire son nom de l'établissement de bains qu'avait fait en ce lieu le roi goth Recesvinto. Baños possède une église, et, à deux portées de fusil hors de ses murs, une autre église fort ancienne et dédiée à saint Jean-Baptiste; elle est formée de trois nefs soutenues par des colonnes de marbre dépoli. Sur les parois extérieures, on trouve des pierres avec des inscriptions arabes. Le pays produit des grains, de l'orge, des légumes et du vin.

Dueñas,

Ville de 4,500 âmes, située au pied d'une colline dominée par un château en ruines. Dans l'immense plaine qui entoure ses murs, les rivières Carrion et Pisuerga viennent mêler leurs eaux à celle des rivières Arlanza et Arlanzon déjà unies. Entre ces deux cours d'eau se trouve situé un ancien monastère de bernardins avec de fort belles plantations d'arbres et de beaux jardins ornés de fontaines. Cette ville fut la patrie de doña Isabelle, épouse de don Alfonso de Portugal. On croit qu'elle fut fondée par les Celtes. Du temps des Romains, on l'appelait Eldana. Elle fut abandonnée à l'époque de l'invasion arabe, et rebâtie plus tard, sous don Alonso III, en 904. On y trouve un hôpital, un ancien couvent, une église, sept chapelles et quelques maisons assez belles. Dueñas est à huit heures de marche de Valladolid. Les produits agricoles y sont en abondance; on y récolte surtout des grains, du vin, des légumes et des fruits. L'industrie locale consiste en fabrication de toiles, de cuirs, et on y trouve cinq moulins à farine. A droite de Dueñas on voit le pont suspendu de l'Union, achevé en 1845, et au bas de la colline, à la porte de la ville, un autre pont sur lequel on traverse le canal de Castille.

Près du pont San Nidro, on rencontre le couvent du même nom, qui fut autrefois habité par des moines bénédictins.

Dueñas est encore remarquable pour nous en ce que c'est une tête de ligne pour l'embranchement de Palencia à Santander, qui se détache de notre grande ligne n° 1. Nous réunirons cet embranchement à la ligne de Madrid à Santander, dont il fait aussi partie; c'est donc à cette ligne qu'il faut chercher ce qui concerne Palencia, ville fort importante et chef-lieu de la province.

Valladolid.

Cette ville est, avec Burgos et Saint-Sébastien, l'une des plus importantes stations du chemin de fer de Bayonne à Madrid. Il importe de s'y arrêter et de faire une fidèle description de cette ancienne capitale des rois de Castille. Valladolid, en latin *Valli soletum*, est située sur la rivière d'Esgueva dont un bras la traverse. Une autre rivière, celle de Pisuerga, baigne ses murailles. Valladolid est un chef-lieu de province et dépend de l'archevêché de Tolède. On y compte 42,000 habitants. On y voit quinze paroisses, quatre hôpitaux, une université, un collége, une académie de géographie, une école de mathématiques, une école de dessin, plusieurs sociétés patriotiques et philanthropiques, entre autres la société des *Amis du pays;* un théâtre, un palais royal, un quartier de cavalerie, trois casernes d'infanterie et plusieurs établissements pour l'éducation de la jeunesse.

Située dans une immense plaine, Valladolid jouit d'un climat tempéré; cependant l'hiver y est froid et rendu humide par de fréquents brouillards. On entre dans la ville par quatre portes principales, dont la plus belle est la porte *del Carmen* ou de Madrid; elle est remarquable par de belles arcades en pierre : une balustrade en fer, qui la couronne, est ornée d'une statue de Charles III. En entrant par cette porte, on rencontre l'immense place du *Campo Grande*, tout entourée de beaux édifices, où l'on a établi dernièrement une très-belle promenade. Cette place renferme treize églises dans son enceinte; mais il y a trop d'inégalité dans les édifices qui l'entourent. Une autre place non moins belle est la *Plaza Mayor*, au centre de la ville; elle est très-étendue, et offre aux yeux, à chaque maison, trois rangs de balcons qui peuvent ensemble supporter, dit-on, vingt mille personnes. Elle « est ornée de portiques spacieux soutenus par plus de quatre cents grosses colonnes, chacune d'une seule pièce, et par un nombre égal de pilastres. On y a étalé la plus grande magnificence, mais sans goût ni élégance. Non loin de cette place est un lieu appelé *Ochavo*, espèce d'étoile octogone où se réunissent six grandes rues à des distances régulières (1). »

Valladolid a quatorze ponts sur l'Esgueva et un pont de dix arches sur la Pisuerga, plus solide que beau. Il existe ici plusieurs promenades : le *Prado de la Magdalena*, dans l'intérieur de la ville, et l'avenue de l'*Espolon*, fréquentée surtout par les voitures. Enfin l'un des trottoirs de la *Plaza Mayor* est le rendez-vous des piétons pendant l'hiver.

Parmi les édifices remarquables de cette ville, il faut citer le magnifique portail gothique de l'église de Saint-Paul, œuvre du XVe siècle, dont le cardinal Torquemada, confesseur des rois catholiques, fit tous les frais. Cette église faisait autrefois partie d'un monastère de dominicains fondé en 1286 par la reine doña Maria, épouse de don Sancho *el Bravo*. La façade est ornée de figures de diverses grandeurs en nombre prodigieux, et d'ouvrages de différents genres dont la distribution semble due uniquement au caprice de l'architecte. L'intérieur de cet édifice sert aujourd'hui d'asile aux condamnés soumis à la peine du *presidio*. On trouve dans cette église un Christ sculpté de Grégoire Hernandez et un beau mausolée en marbre et en bronze avec les statues de François de Sandoval, duc de Lerma; ce mausolée est dû à Pompée de Léoni; une *Apparition du Christ*, de Lazare Baldi; le maître-autel est l'œuvre de Jean de Herrera. On y voit quelques beaux tableaux : un *Christ à la crèche*, une *Adoration des mages*, un *Saint Paul sur la route de Damas* peints par Barthélemy Cardenas.

La cathédrale, construite sur l'ordre de Philippe II, est restée inachevée. La façade principale, de 120 pieds de haut, a un portail de quatre colonnes doriques et un clocher de la même hauteur. On remarque les statues de saint Pierre et de saint

---

(1) M. de Laborde, *Itinéraire de l'Espagne*, tome I, page 352.

Paul dans l'intervalle des colonnes. La tour qui servait de clocher s'écroula malheureusement en 1841. Dans l'intérieur de cette église l'attention est attirée par la magnificence des siéges sculptés du chœur, autrefois propriété du couvent de Saint-Paul et œuvre de Herrera. Cette *silleria* est presque semblable à celle que fit le même Herrera pour l'Escurial, et on assure qu'elle n'a pas moins coûté au cardinal-duc de Lerma de 25 à 30,000 ducats; elle est en ébène, en cèdre et en noyer. On remarque beaucoup, parmi les bijoux du trésor de cette église, une *custodia* en argent qui figure à la procession du *Corpus*; elle est l'œuvre de Jean Arfé Villafrañe, et date de 1590. Dans une chapelle de cette église, a été placé le tombeau du comte don Pedro Ansurez, seigneur de Valladolid.

San Benito, ancien monastère, est un des monuments les plus importants de cette ville. La vaste extension et l'épaisseur de ses murailles répondent parfaitement à sa destination actuelle. On en a fait une forteresse avec de grands fossés, de bonnes murailles et des ponts-levis. Valladolid compte dans ses colléges de nombreux étrangers, et surtout des jeunes gens d'Écosse et d'Irlande, qui viennent y apprendre la théologie pour suivre la carrière du sacerdoce. Le plus beau collége de Valladolid est celui de *Santa Cruz*, fondé en 1492 par le cardinal Mendoza. On en a fait un musée et une bibliothèque qui contient quatorze mille volumes.

On trouve de très-beaux tableaux dans le musée; quelques-uns sont de Rubens.

Il faut encore se faire montrer sur la place Saint-Paul la maison où est né Philippe II.

Après les monuments de l'ancienne ville, passons à ceux dont les progrès de la civilisation moderne ont embelli Valladolid.

Le canal de Campos fixe d'abord l'attention. Sa construction a coûté la vie à plus d'un des forçats employés à ce travail. Il est terminé sur une section de 13 lieues, et contribue puissamment au développement du commerce de la Castille. Plusieurs magasins importants sont établis autour du port; on remarque une fonderie et un moulin à eau. Dans le premier de ces établissements, qui appartient à des étrangers, on travaille avec succès toute espèce de fer et d'acier. Il y a aussi une fabrique neuve de papier, basée sur le système de Jappell. Enfin on trouve beaucoup d'autres fabriques pour les cuirs, les gants, les chapeaux, et les boutons perfectionnés.

La campagne des environs de Valladolid produit beaucoup de grains de toute espèce, et des bois de construction et de chauffage. La chaux y est abondante. Les vins en sont renommés. On y pêche beaucoup d'anguilles.

Le nom de Valladolid paraît venir d'un Maure appelé *Olid,* qui fonda cette ville, appelée dès lors le *val de Olid.* Nous donnons cette étymologie pour ce qu'elle vaut; pourtant si le mot *valle* est latin, la terminaison *olid* est essentiellement arabe.

C'est à Valladolid que mourut, en 1506, Christophe Colomb. Ses cendres sont aujourd'hui à la Havane.

Cette ville fut le théâtre d'événements importants et la patrie des hommes les plus marquants : elle vit naître les rois Henri IV, Philippe II, Philippe III, Philippe IV, le fameux médecin Louis Mercado, le savant Ferdinand Nuñez, dit *Pincianus,* dont les œuvres furent publiées à Francfort, en 1654 : helléniste distingué, il donna aussi des commentaires estimés sur Pline, Sénèque et Pomponius Mela; il fut un des principaux collaborateurs de la polyglotte du cardinal Ximénès. Enfin Antonio Périda et Gil de Ména, deux peintres célèbres. C'est à Valladolid que fut exécuté, en 1453, don Alvaro de Luna, le favori de Jean II.

Medina del Campo,

Ville de 4,230 habitants, de la province et du diocèse de Valladolid. C'est l'ancienne *Metymna campestris,* jadis résidence royale; on y voit encore en dehors de la ville les ruines du château de ses rois. Autrefois les habitants jouissaient de grands priviléges; ils ne payaient pas d'impôts, et pouvaient prétendre, sans faveur et de droit, à tous les emplois, soit ecclésiastiques, soit laïques. Cette ville est grande et était autrefois très-peuplée. Le torrent Lapardriel la divise en deux parties.

Il y a à Medina une fort belle place ornée d'une superbe fontaine avec la statue de Neptune. On y compte un nombre de paroisses et de couvents disproportionné avec le chiffre de sa population. On y remarque l'ancienne maison des jésuites, l'hôpital général, et les abattoirs. Il y a encore dans cette ville un hôtel des postes et plusieurs *posadas*. Dans les environs on trouve quelques salines en pleine exploitation.

Arevalo.

Ville de 3,000 âmes, située sur une hauteur entourée d'une vaste plaine au confluent de l'Adaja et de l'Arevaliclo, que l'on traverse sur quatre ponts assez bien construits. Cette ville appartient à la province et au diocèse d'Avila. On y compte huit paroisses, cinq couvents, deux hôpitaux, dont l'un sert aux étrangers, une maison de poste et onze *posadas*. Le nom de cette ville est d'origine arabe. Elle fut autrefois fortifiée et conserve encore ses vieilles murailles et son vieux château. Dans l'église Saint-Nicolas on trouve le corps de saint Victorien, patron de la ville. On cite encore l'église de Saint-Michel, remarquable par deux beaux arcs en pierres de taille. La ville de Madrid possédait autrefois à Arevalo un grenier à blé qui servit depuis de caserne; il tombe en ruines aujourd'hui; c'est l'édifice appelé la *Panera del rey*. L'industrie locale consiste en toiles, et en fabriques de tonneaux pour le vin; l'agriculture produit en grande abondance du blé que l'on vend au marché chaque mardi. On élève aussi des bestiaux dans les nombreux pâturages du pays; on y récolte du vin de qualité inférieure, et enfin un bois de sapins ou pinar, assez étendu, fournit à la ville beaucoup de bois de construction et de chauffage.

Avila.

Ville de 7,000 âmes, chef-lieu de la province et de l'évêché du même nom. Elle est située sur un plateau entouré de montagnes, sur la rive de l'Adaja ; elle s'appelait autrefois Abula. C'est dans cette ville que, le 5 juin 1465, la statue du roi Henri IV fut dégradée par les partisans de don Alonso, son frère. Sa cathédrale est célèbre par la résistance qu'y fit l'évêque don Sanche contre les bandes armées envoyées pour saisir la personne du roi mineur Alonso XI ; cette église servit d'abri au roi sous la protection loyale et courageuse de l'évêque jusqu'à la réunion des Cortès du royaume. Cette ville s'appela encore *Avila de los caballeros,* à cause de la nombreuse noblesse qui l'habita.

Elle est entourée de murailles très-bonnes qui pourraient servir pour sa défense ; on mit neuf ans à les construire. Ce fut le roi don Alonso VI qui chargea de ce travail le comte Ramon, mari de doña Urraca (1). Ces murailles sont un des monuments les plus curieux qu'on ait conservés de cette époque. Les rues de la ville sont assez bien pavées et d'un bel aspect, quoique mal alignées. Les maisons paraissent plus anciennes qu'elles ne le sont, à cause de la pierre noire qui a servi à leur construction. Cette circonstance, jointe à la présence dans cette ville des quatre-vingt-huit tours et tourelles des fortifications, des tours de l'Alcazar et de celles de la cathédrale avec sa coupole, lui donnent un aspect véritablement pittoresque.

MONUMENTS. — Outre ses belles promenades ornées de beaux arbres et de quelques fontaines, Avila compte encore de nombreux édifices ; parmi les principaux il faut citer : la cathédrale, monument d'une grande majesté, le palais épiscopal, d'assez bonne architecture, le séminaire, l'hôpital, l'université, établie dans le couvent des dominicains, le monastère des carmélites, où s'élève une chapelle sur le lieu même où naquit sainte Thérèse.

PERSONNAGES CÉLÈBRES. — Avila fut la patrie de sainte Thérèse, cette grande figure qui domine de si haut toute l'histoire religieuse de l'Espagne. Sainte Thérèse de Cepes naquit à Avila en 1515. Dans son enfance, poussée par une foi ardente, elle s'échappa avec son frère de la maison paternelle pour aller chez les Maures conquérir la palme du martyre. Em-

(1) *Urraca* signifie la pie, en espagnol.

pêchée dans ce projet par la rencontre d'un parent fâcheux, elle sentit ralentir sa ferveur et devint mondaine, mais, revenue à Dieu en 1534, elle se fit carmélite et fut la grande réformatrice de son ordre. Sa piété se ressentit des maladies qui vinrent l'éprouver ; mais en 1560 elle atteignit la perfection de la vie intérieure, et fonda en 1562, à Avila, une maison mère pour l'ordre des carmélites. Elle mourut au couvent d'Albe en 1582. Grégoire XV la canonisa en 1621. Ses œuvres respirent la foi la plus ardente et l'exaltation sainte d'une nature féminine animée uniquement de l'amour divin. Elle écrivit des lettres, des poésies, des traités ascétiques, des histoires, des mémoires, le *Chemin de la perfection*, le *Château de l'âme*, les *Pensées sur l'amour de Dieu*; le tout dans le style le plus élevé et comme sous l'inspiration d'une extase continuelle.

Avila fut encore la patrie de Gonsalez et Sancho d'Avila, du célèbre et fécond écrivain don Alonso de Madrigal, connu encore sous les noms de l'*Abulence* ou *Butostado*; il fut évêque d'Avila, et sur son tombeau, qu'on trouve dans cette ville, on lit l'inscription suivante : *Hic stupor est mundi, qui scibile discutit omne*. Enfin, Avila vit encore naître l'historien don Juan Arias d'Avila, évêque de Ségovie, et l'écrivain don Juan Velay Acuna. Si l'on veut plus de détails sur cette ville il faut lire l'histoire du bénédictin Luis Aris ; la seconde partie de cet ouvrage contient un récit fait par l'évêque don Pelayo, qui est incontestablement la plus ancienne des Nouvelles espagnoles.

INDUSTRIE, PRODUCTION. — L'industrie locale est presque abandonnée ; on conserve pourtant dans la fabrique royale d'excellentes machines à eau pour filer, carder et battre le lin. Le sol produit du grain, des légumes, des fruits, des farineux, du vin de mauvaise qualité ; on y trouve des pâturages où l'on fait des élèves. En somme, Avila a beaucoup perdu de son ancienne splendeur.

Il ne faut pas quitter cette ville sans remarquer dans plusieurs endroits de l'intérieur et de l'extérieur ces têtes grossièrement dessinées et qui représentent des taureaux ou des éléphants, masses presque informes qu'on retrouve dans plusieurs villes d'Espagne; c'est peut-être une tradition locale qui se rapporte soit à la religion, soit aux combats de taureaux.

Avila, outre le chemin de fer, a pour communiquer avec Madrid deux routes dont l'une passe par l'Escurial. Le chemin de fer conduit aussi à cette station qui est l'une des plus belles résidences des monarques espagnols; en voici la description :

L'Escurial ou San Lorenzo.

La station de San Lorenzo contient 1,500 habitants, et n'est remarquable que parce qu'elle est située à une demi-lieue du fameux palais de ce nom. Le palais de l'Escurial, qui a plutôt les apparences d'un monastère, fut bâti sous Philippe II, d'après les plans et par les soins des deux architectes espagnols, Juan Bautista de Toledo, qui le commença, et Juan de Herrera qui le termina. Philippe II conçut cette magnifique entreprise pour obéir à une volonté de l'empereur Charles-Quint, son père, qui l'avait chargé d'élever un mausolée pour lui et sa femme l'impératrice doña Isabel. Quant au choix de saint Laurent pour patron du monastère, et à la forme d'un gril donnée à cet édifice, on en trouve l'explication toute naturelle dans la victoire de Saint-Quentin remportée sur les Français par les armées de Philippe II en 1557, le jour de la Saint-Laurent.

L'édifice forme un rectangle allongé. Il est construit de pierres granitiques; le style en est d'ordre dorique. Ce merveilleux monument renfermait autrefois de nombreuses richesses et servait de musée aux plus belles peintures, mais on l'a dépouillé en grande partie. L'Escurial, sans être une merveille, est un édifice beau, noble, majestueux, imposant par sa masse, remarquable par la grandeur et la régularité de son exécution, et digne en tous points d'être la demeure du terrible Philippe II. Huit tours distribuées symétriquement produisent, avec le dôme de l'église, un ensemble admirable. Des quatre façades, la principale a 637 pieds de large et 51 d'élévation jusqu'à la corniche. Elle est flanquée à chacun de ses deux angles d'une tour d'environ 180 pieds d'élévation. On y compte plus de deux cents fenêtres; elle a trois portes : celle du milieu a deux corps d'architecture, ornée de huit colonnes doriques au corps inférieur et de quatre colonnes ioniques au corps supérieur. La façade opposée à la précédente, du côté de l'est, a la même étendue; elle est précédée par une grande place élevée sur des voûtes faites en terrasse, et bordée d'une balustrade à hauteur d'appui. Cette façade, en elle-même, n'a rien de remarquable.

Les façades du nord et du sud sont de la même étendue; celle-ci a cinq rangs de fenêtres; la première en a beaucoup moins. Cet édifice comprend un couvent de moines de l'ordre de Saint-Jérôme et le palais des rois. Dans le couvent, il faut remarquer les salles capitulaires, l'ancienne église, les réfectoires, les cloîtres et la bibliothèque. Les deux salles capitulaires et l'appartement du prieur renferment beaucoup de bons tableaux; on en trouve aussi en grand nombre dans la sacristie de l'ancienne église, et entre autres quelques tableaux sur bois de l'école allemande. Le plafond du grand escalier est décoré d'une peinture à fresque de Luca Giordano.

Dans les cloîtres on trouve les voûtes et les plafonds ornés de peintures attribuées à Pellegrino Tibaldi, Luca Carduccio, Romolo Cincinnato. Le réfectoire principal est très-vaste; il a 103 pieds de longueur sur 32 de largeur. Parmi les beaux tableaux qui couvrent ses murs on signale une superbe *Cène* du Titien. Le petit cloître n'a rien de remarquable. Le grand cloître carré est formé par deux rangs de portiques superposés. Sur les murs du cloître inférieur on admirait autrefois les peintures de divers grands maîtres : Carvajal, Michel Berroso, Pellegrino Tibaldi, Romolo Cincinnato. Aujourd'hui la plupart de ces tableaux figurent au musée de Madrid, où ils ont été placés par les soins de la reine Christine, dans le salon d'Isabelle II. Cependant nous continuerons à décrire les beautés de l'Escurial telles qu'elles existaient avant 1830, première année de la régence, et en suivant le remarquable ouvrage du comte de Laborde. Un bel escalier conduit de ce cloître au cloître supérieur; on y admire des peintures à fresque allégoriques, entre autres la fondation du monastère et la bataille de Saint-Quentin; elles sont dues à **Luc Cambiaso**, à **Luc Jordan** et autres. Les peintures du cloître supérieur sont les plus remarquables : Mudo, Alexandre Alori, Frédéric Barrochi, Luc Jordan, Michel Coxler, Charles Cagliava, l'Espagnolet et le Titien y travaillèrent. Ce double cloître, construit en granit, possède quatre belles façades qui s'ouvrent sur une cour carrée qu'elles entourent de quatre-vingt-huit arcs soutenus par quatre-vingt-seize colonnes d'ordre dorique au premier corps et d'ordre ionique au second; elles se terminent par une corniche qui supporte une balustrade avec des parapets et des globes posés sur des piédestaux (1). Une espèce de temple de forme octogone et terminé par un dôme s'élève au milieu de cette cour; il est aussi de granit avec de beaux marbres jaspés à l'intérieur. Ses huit faces sont ornées les unes de colonnes en saillie, les autres de statues de grandeur naturelle. Cet édifice, vu isolément, est d'un bel effet; M. de Laborde prétend, dans l'ouvrage déjà cité, que ce petit temple d'égale élévation avec le cloître l'encombre et le dépare. Les bibliothèques de l'Escurial sont très-remarquables; elles contenaient environ 30,000 volumes, dont quelques-uns fort rares. Ces livres, comme les tableaux, sont allés à Madrid sous la régence pour orner la bibliothèque royale.

Il y avait à l'Escurial deux bibliothèques; l'une renfermait une belle collection de livres arabes, hébreux et chinois; M. de Laborde assure y avoir vu 4,300 manuscrits, dont 567 en grec, 67 en hébreu, 1,805 en arabe et 1,820 en latin. On y remarquait aussi une collection de médailles fort curieuse. Dans l'autre bibliothèque existe une armoire qui contient beaucoup de dessins et de vieux manuscrits, parmi lesquels celui des quatre Évangiles, qui date de plus de sept cents ans et est orné de belles miniatures, ainsi qu'une liturgie en grec qu'on croit avoir été écrite par saint Basile. Empruntons encore à M. de Laborde ce détail : « Cette seconde bibliothèque est ornée de colonnes doriques cannelées; la voûte, les lunettes, la frise, sont couvertes de peintures allégoriques aux sciences, aux arts, aux savants et aux littérateurs de divers ordres et de divers genres. Dans le milieu, sur une table, est placé un petit

---

(1) M. de Laborde, tome IV, page 141, *Itinéraire descriptif de l'Espagne*.

temple octogone où l'on voit Charlemagne environné de princes de la maison palatine du Rhin ; le tout en argent avec des ornements en filigrane, en or, en lapis-lazuli, et des agates, des diamants et autres pierres précieuses. La partie de l'Escurial qu'on appelle le palais n'était remarquable que par les peintures de ses deux galeries. La galerie de l'Infante renfermait plusieurs tableaux d'histoire du Basan, deux petits tableaux de Jerôme del Bosco, un tableau de la création du monde par le même. La galerie principale est pleine de peintures à fresque des deux fils du Bergamasco, Granello et Fabrice. On appelle cette galerie la salle des Batailles, à cause de la bataille d'Higurela gagnée par le roi Jean II sur les Maures, de celle de Saint-Quentin et de deux expéditions aux Açores qui y sont représentées. En dehors du grand édifice, il en existe un autre qu'on appelle *la Campana* ; il communique au premier par deux galeries superposées et ornées de colonnes, les unes d'ordre dorique, les autres d'ordre ionique. »

Un magnifique escalier conduit du cloître à l'église ; cet escalier est une des choses les plus remarquables de ce palais. La façade principale de l'église, formée par cinq arcades soutenues par des colonnes d'ordre dorique, et dont la partie supérieure est ornée de statues en marbre, est placée entre deux tours élevées qui servent de clocher à l'église. Cette église, faite comme une croix grecque, d'ordre dorique, et dont la partie supérieure est surmontée d'un dôme, a, d'après M. de Laborde, 313 pieds de longueur et 198 de largeur ; on y voit quarante-huit autels avec des tableaux de Navarette, de Zuccheri, de Cincinnato, de Cambiaso, d'Urbino, de Sanchez Coello, de Carvajal. Sur le bénitier on admire une statue de saint Laurent, en marbre, qu'on prétend avoir été trouvée autrefois à Rome. Le chœur, placé en face du maître-autel, prend presque toute la partie intérieure de l'église, ce qui rompt l'harmonie des proportions ; cette manière de placer le chœur et de l'agrandir démesurément est assez en usage dans les églises d'Espagne : on y remarque des peintures de Luc Cambiaso, un pupitre de cèdre, d'ébène et d'acajou, et deux cents siéges faits des mêmes bois et ornés de colonnes cannelées ; celui du prieur est entouré de douze colonnettes avec un frontispice où est sculpté le Christ en croix. Ce beau travail est dû à Sébastien del Piombo.

Dans le sanctuaire on voit deux superbes mausolées, ornés, le premier, des statues de Charles-Quint, de l'impératrice Élisabeth, sa femme, de l'impératrice Marie, sa fille, et des reines de France et de Hongrie, ses sœurs; l'autre, des statues de Philippe II et des reines Anne, Marie et Élisabeth, ses trois femmes. Ces statues, de bronze doré, sont l'œuvre de Pompée Léoni. Trois portes, enrichies de pierres précieuses, conduisent dans le même sanctuaire à trois chapelles où la famille royale entend la messe; deux de ces chapelles ont un autel; on y voit encore deux beaux tableaux, dont un *Christ portant la croix*, du Titien. Mais c'était surtout dans la sacristie et dans la pièce voisine que l'on trouvait les plus remarquables peintures: on y voyait des œuvres d'André Schiarone, de Castel Franco, de Giorgone, d'Annibal Carrache, de Raphaël, de Sébastien del Piombo, du Corrége, de Guido Reni, de l'Espagnolet, de Rubens, de Van Dyck, du Tintoret, de Paul Véronèse et du Titien.

La plupart de ces tableaux ont été transportés au musée de Madrid.

La sacristie forme un beau vaisseau de 93 pieds de long sur 28 de large; on y voit l'autel de la Santa-Forma, orné de beaux marbres, de jaspe et de bronze doré, où l'on conserve un tabernacle d'argent doré, avec plusieurs figures allégoriques et beaucoup de pierres précieuses; il fut donné au chapitre de l'Escurial par l'empereur Léopold. On admire aussi le trésor de l'église, qui, dit-on, possède entre autres richesses une statue massive de saint Laurent, une autre de la ville de Messine avec une couronne et un collier de pierres précieuses; un crucifix orné d'une topaze, de deux rubis et d'un brillant.

Au-dessous de l'église il en existe une autre presque aussi grande, qu'on appelle le *Panthéon*, sépulture de la famille royale. Les statues, le marbre, le bronze doré, y sont prodigués. Une première pièce contient les cendres des infants et des infantes; une seconde, celles des rois et des reines des différentes dynasties de la monarchie espagnole. Presque tous ces tombeaux renferment la dépouille mortelle de princes de la maison d'Autriche; les seuls Bourbons qui y aient été enterrés sont Louis Ier et Charles III.

Les jardins de l'Escurial, à cause de l'inégalité du terrain et des murailles en forme de terrasses qui les renferment, paraissent être des jardins suspendus en l'air.

L'Escurial est abrité par de hautes montagnes, qui forment la ligne de séparation de la Nouvelle et de la Vieille-Castille; la vue dont on jouit du haut de ces montagnes est des plus belles; on voit toute la campagne de Madrid, et cette ville, placée au point le plus éloigné de l'horizon, termine le tableau. Ces montagnes sont nues, arides, sans végétation, et couvertes de neige pendant huit mois de l'année. Elles contribuent à donner à ce séjour un aspect de tristesse qui fait ressembler l'Escurial bien plus à un couvent qu'à un palais. Un aqueduc et de nombreux réservoirs alimentent avec l'eau des montagnes voisines quatre-vingt-douze fontaines distribuées dans le palais, le couvent et les jardins.

Deux belles avenues conduisent de l'Escurial au village de ce nom et à une maison de campagne appelée *la Fresneria,* située à une demi-lieue. Un autre chemin souterrain, appelé *la Mina,* permet d'aller du palais au village à l'abri du mauvais temps. Les personnes qui désireraient avoir des détails plus complets sur ce magnifique édifice feront bien de consulter le livre de don José Quévédo, intitulé: *Histoire et description de l'Escurial,* et aussi l'ouvrage remarquable, orné de belles gravures, que vient de publier, sous le même titre, don Antonio Rotondo.

Las Rosas el Pardo,

Village de la province de Madrid et de l'archevêché de Tolède; sa population est de 300 habitants. Il n'est remarquable que par le voisinage d'un rendez-vous de chasse royal connu sous le nom du *Pardo*.

Une route superbe conduit de Madrid à ce village, situé sur la rive gauche du Mansanarès. Une grande forêt entoure l'antique maison de chasse. Ce pavillon, qui existait avant l'établissement des rois à Madrid, fut rebâti par Charles Ier, embelli par Philippe II, et très-augmenté sous le règne de Charles III. C'est un grand bâtiment avec quatre tours à chaque angle ; le tout formant un carré composé de quatre corps de logis communiquant par des galeries. On voit, dans l'intérieur, de belles tapisseries et des peintures à fresque de Gaspard Becerra. Dans la chapelle, il y a trois beaux tableaux, un *Ecce Homo*, une *Conception* et une *Vierge de douleurs*, qui sont de François Bayen, de Mariano Moëlla et de Moralès.

Toute cette contrée est très-boisée. Auprès du Pardo se trouvent plusieurs résidences royales, la *Casa del Campo*, maison de plaisance digne d'être visitée, et située, comme la précédente, au milieu de la forêt; puis la *Torre de la Parada*, à une demi-lieue du Pardo, simple maison où l'on admirait autrefois de belles peintures de l'école espagnole et flamande ; enfin la *Zarzuela*, située aussi dans la forêt, à 2 lieues au nord de Madrid ; cette dernière habitation était surtout renommée par ses jardins.

On rencontre encore dans les environs deux villages remarquables par la richesse de leurs églises, richesse que l'on doit attribuer naturellement au voisinage des habitations royales citées plus haut. Le premier s'appelle Mejorada ; il est à 2 lieues de Madrid ; le second a nom Loëches, il est situé entre Madrid et Alcala de Hénarès. On y voit un couvent de dominicains. Tous les tableaux de l'église du couvent sont de Rubens, excepté ceux des autels latéraux; dans la sacristie on trouvait une *Apparition du Christ à la Vierge* et une *Présentation au Temple*, de Paul Véronèse, un *Saint Dominique* du Tintoret et une *Fuite en Égypte* du Titien : ces peintures, selon M. de Laborde, méritaient qu'on fît le voyage de Madrid à Loëches. Il y avait ainsi dans chaque maison royale et dans chaque palais une collection de beaux tableaux de maîtres. Une partie de ces tableaux disparut, comme on sait, à l'époque de l'invasion française de 1808 ; mais le gouvernement espagnol a fait aussi de nombreux emprunts à ces différentes collections pour embellir celle du musée de Madrid : il ne faut donc pas s'étonner de ne pas rencontrer tous les tableaux indiqués plus haut aux lieux où on les admirait autrefois; au surplus, nous allons avoir l'occasion de les retrouver en arrivant à Madrid.

Madrid.

Cette ville, dont on fait venir le nom, suivant les uns, de la parole arabe *Magerit*, suivant les autres du mot latin *Maioritum* renferme dans ses murs 281,170 habitants et est la capitale de toutes les Espagnes ; elle doit ce dernier titre à Philippe II qui le lui donna en 1560. La fondation de Madrid remonte aux temps les plus reculés ; cette ville existait déjà en 939, sous le règne de don Ramire II, de Léon ; elle était alors ville musulmane, et servait de bastion avancé à Tolède, capitale des rois maures. Elle fut conquise en 1083, à la même époque que cette dernière ville, par don Alphonse VI. Pourtant en 1601 la cour se transporta à Valladolid ; elle n'y resta pas longtemps et retourna cinq ans après à Madrid ; depuis lors cette ville s'agrandit toujours et reçut à chaque règne de nouveaux embellissements.

Madrid a donné le jour à plusieurs hommes célèbres : à saint Isidore le laboureur, patron de la ville, saint Damaso, Melchiadès, etc. ; aux rois Philippe III, Charles II, Louis Ier, Ferdinand VI, Charles III, aux deux Jeannes, à Marie d'Autriche, à don Juan d'Autriche, etc. ; à quelques personnages politiques importants ; aux écrivains dont les noms suivent : don Pedro Calderon de la Barca, don Francisco Quevedo-Villegas, fray Gabriel Tellez (Tirso de Molina), don Nicolas Fernandez de Moratin et don Mariano Jose de Larra ; enfin, aux artistes Claude Coello, François Rici, Jean Pantoja de la Cruz, Jean-Baptiste de Toledo, Jean de Torrija, Alonzo del Arco, Juan de Villanueva, et autres.

Madrid est située sous le 40° 25' 17" de latitude nord, sur un terrain inégal formé de collines de sable, au milieu d'un plateau borné au N. N. E. par les montagnes de Somo-Sierra et au N. O. par celles de Guadarrama. Le Mansanarès baigne ses murs de l'ouest au sud et se joint au canal pour former la limite S. S. O. La ville est élevée au-dessus du niveau de la mer de 2,500 pieds; sa circonférence est de 12 kilomètres. L'aridité du sol et le manque d'arbres rendent son climat très-chaud en été et très-froid en hiver; la température varie de — 5° à + 40°, et le proverbe suivant explique encore mieux cette variation ; les habitants de Madrid ont l'habitude de dire: *Tenemos aqui tres meses de infierno y nueve de invierno;* « Nous avons ici trois mois d'enfer et neuf mois d'hiver. »

Madrid est à la fois la capitale de la monarchie et le point central du territoire espagnol, le chef-lieu de la province de Madrid et du district ou capitainerie générale de la Nouvelle-Castille; on y compte seize paroisses et dix districts municipaux. Madrid appartient au diocèse de Tolède. On y trouve encore vingt-trois couvents de religieuses de différents ordres.

MONUMENTS. — Le Palais-Royal, situé dans la partie occidentale de la ville, sur une hauteur qui domine la vallée du Mansanarès. On attribue sa fondation à Alphonse VI de Léon, dans le XIe siècle; les Maures le détruisirent en 1109; il fut restauré par Henri II, successeur de Pierre le Cruel, et considérablement agrandi par les rois Philippe II, Philippe III et Philippe IV; un incendie le détruisit en 1734, et la construction qu'on admire aujourd'hui fut commencée en 1737, sous le règne de Philippe V, et achevée sous Ferdinand VI.

Ce palais forme un carré de quatre façades égales, ayant 400 pieds de développement horizontal sur 80 d'élévation, avec des pavillons formant saillie aux quatre angles et au milieu de la façade principale. Construit en pierres de taille, il n'appartient, à proprement parler, à aucun ordre; pourtant, les demi-colonnes et les pilastres qui soutiennent la corniche et les colonnes des pavillons, qui sont distribuées comme suit: six à la façade nord, huit à celle du milieu et quatre dans les intervalles, appartiennent à l'ordre dorique; leurs chapiteaux sont de l'ordre ionique. Les deux façades du nord et du midi ont seules des portes; cette dernière en a cinq, dont trois grandes ornées chacune de quatre colonnes; par ces portes on arrive à un grand vestibule qui conduit par un portique à l'escalier d'honneur; le tout supporté par une forêt de colonnes et de pilastres.

Une vaste cour est au centre du palais; elle est formée par un beau portique soutenu par des colonnes et surmonté d'une galerie qui fait ceinture à l'intérieur du palais. L'escalier de marbre blanc tacheté de noir, dont nous avons déjà parlé, est orné de deux lions en marbre sur leurs piédestaux; le corps de l'escalier est surchargé de colonnettes irrégulières dont les chapiteaux supportent des colliers de la Toison-d'Or, des châteaux, les armes de Castille et celles de Léon, le tout en relief. Cet escalier conduit à la salle des gardes, où l'on arrive par une porte dont le frontispice est en marbre jaspé. Ce palais est d'une grande solidité. Aucun bois n'entre dans sa construction, afin d'éviter, sans doute, un nouvel incendie.

Les voûtes et les plafonds des salles intérieures sont couverts de peintures allégoriques de Corrado Giacuinto, Dominique Tiepolo, Antoine Mengs, Philippe de Castro, les Velasquez, François Bayeu, Guillaume Langlois et Mariano Maella. Dans les appartements, on admire des tableaux du Titien, de Rubens, du Tintoret, de Basan, d'Orrente, de Labrador, de Velasquez, de Murillo, de Jordan, de Van Dyck, de Téniers, du Guide, de Wouwermans, de Véronèse, du Poussin, du Corrége, de Léonard de Vinci, etc. (1). On remarque entre tous ces chefs-d'œuvre une *Adoration des mages*, de Rubens, et une *Ascension au Calvaire*, de Raphaël; une *Vénus avec l'Amour*, du Titien, un *Chœur de nymphes*, du Poussin. Une des plus belles salles du palais est celle connue sous le nom de *Sala de los Reynos*; elle est destinée à la réception des ambassadeurs. Cette salle est ornée d'immenses glaces, de quelques sculptures imitées de l'antique, de figures d'enfants soutenant des médaillons où l'on a représenté les divers éléments, et de peintures qui reproduisent les diverses provinces de l'Espagne et ses colonies. On

(1) M. de Laborde, *Itinéraire de l'Espagne*, tome IV, page 157.

remarque aussi une statue équestre de Philippe II en bronze doré.

Il faut également visiter la chapelle du palais; on y conserve un très-beau tabernacle d'or et d'argent enrichi de pierres précieuses. Le palais contient encore plusieurs meubles rares appartenant à la couronne; un trône magnifique, orné de perles et de pierreries, fait sous Philippe II; plusieurs pendules d'argent, dont l'une, qui a 10 pieds d'élévation, servit de modèle pour l'ornementation d'un autel dans l'une des chapelles du Vatican, et différents autres objets qu'il serait trop long d'énumérer.

A côté du palais sont situées les écuries royales et l'armurerie, où l'on conserve des armures très-curieuses par leur ancienneté et les faits historiques qu'elles rappellent, puis une belle place récemment terminée et qu'on appelle la *plaza del Oriente*. Sur cette place s'élève le Théâtre royal, de construction nouvelle, et l'un des plus beaux de l'Europe. Ce théâtre sert à la représentation des opéras italiens; les plus grands artistes de l'Italie y viennent faire les délices du public madrilègne.

Ce monument est complétement isolé des maisons environnantes, contrairement à l'usage de certains théâtres de Paris. La distribution intérieure est très-commode et la salle est très-vaste. Les loges, occupées presque toutes par des abonnés, comme aux Italiens de Paris, sont ornées avec la plus grande recherche et tapissées en soie rouge capitonnée.

En suivant la *calle Mayor*, l'une des plus belles rues de Madrid, on trouve la maison de *los Consejos*, ancien palais des ducs d'Uceda. A côté des écuries royales, on voit encore l'ancienne maison des ministres, et, plus loin, le palais du Sénat. En face de ce dernier est situé le gracieux palais de la reine Christine, saccagé pendant les émeutes de 1854. Ces quatre dernières habitations, que, pour ne pas déplaire aux Espagnols, nous avons nommées des palais, ne méritent en aucune façon cette dénomination et sont fort modestes.

En arrivant à la puerta del Sol, place plus fameuse par la renommée de son nom que par la régularité de sa distribution (1), et qui était, selon la tradition, occupée du temps des Maures par la porte Orientale de Madrid (porte du Soleil), nous visiterons la *casa de Correos*, où se trouve à présent le ministère de la gobernacion (intérieur), la *casa de Cordero*; puis, prenant la rue San Geronimo, nous passerons devant le palais des Cortès, dont la construction rappelle en petit la façade du palais Bourbon sur le quai d'Orsay; le palais de Villa-Hermosa; la douane, dans la rue d'Alcala; le palais de Buenavista, à l'extrémité de cette rue, occupé aujourd'hui par le ministre de la guerre; du côté opposé, dans la même rue, on remarquera la maison municipale, en face de laquelle est située celle de Lujanes, dont la tour servit de prison à François 1er; enfin, sur la place Santa Cruz, la maison appelée *la Audiencia*, espèce de palais de justice.

On pourra visiter une quantité d'autres édifices, parmi lesquels nous nous contenterons de nommer la maison de l'Inquisition, dans la *calle del Torijo*; la *casa del Saladero*, devenue prison et située à côté de la porte de Santa Barbara. C'est là qu'on met trois jours *en capilla* les condamnés à mort; enfin plusieurs palais appartenant aux grands d'Espagne. Nous devons surtout appeler l'attention sur le palais le *Buen Retiro*, le Musée de peinture et le Musée d'artillerie, la Bibliothèque, l'Université, l'église d'Atocha, l'École de médecine, et les promenades de Madrid et des environs, ainsi que sur quelques rues et places principales, parmi lesquelles on remarque la *plaza Mayor* ou de la *Constitucion*, espèce d'enceinte entourée par quatre galeries, qui rappellent celles de la rue de Rivoli. Cette place est souvent à Madrid le point de départ des manifestations populaires; c'est en quelque sorte le forum du peuple. Il existe, au surplus, une place semblable, portant le même nom, dans toutes les villes d'Espagne.

Citons encore les rues de Fuen Carral, de la Hortaleza, Mayor, Atocha, San Geronimo, de Toledo, d'Alcala, qui ressemble bien

---

(1) Depuis que ces lignes ont été écrites, grâce aux progrès de la civilisation, qui se font sentir en Espagne comme partout, la *puerta del Sol* est devenue une des merveilles du nouveau Madrid.

plus à une vaste place qu'à une rue, et dont la situation à l'entrée de Madrid, au point d'intersection des magnifiques promenades du Prado et de la Fuente Castellana, est admirablement disposée pour faire de cette entrée une des plus belles qu'on remarque dans les capitales de l'Europe; la place de la Cevada, grand' marché aux grains, ainsi que son nom l'indique; les rues de la Montera, de Arenal, de Carretas; enfin la statue de Cervantes, sur la place du Congrès; le monument du *dos de Mayo*, triste souvenir des luttes sanglantes de l'Espagne et de la France; les marchés du Carmen, de los Afligidos, et le Rastro, qui rappelle le Temple de Paris.

Nous allons visiter en détail plusieurs des monuments et palais qui précèdent, en commençant par le Buen Retiro. — Ce palais d'été des rois d'Espagne est situé au milieu d'immenses jardins, sur une petite éminence, à l'une des extrémités de Madrid; on y arrive par la promenade du Prado. Le palais, placé à l'entrée des jardins, est un carré régulier flanqué de quatre tours. Plusieurs autres édifices ont été ajoutés à ce dernier sans ordre comme sans goût. Cet ensemble n'offre donc rien de remarquable.

Il en serait de même de l'intérieur du palais, si l'on n'y trouvait quelques tableaux de bons maîtres, tels que Zurbaran, La Corte, Orrente, Jordan, Ricci, Giorgiani, Rivera, le Titien, Pierre et Corneille Vos, Rubens, Carreno, Basan et le Poussin, et quelques autres tableaux dont les sujets sont tirés de l'histoire d'Espagne, peints par Castillo, Carducho, Caxès, Mayno, Leinardo, La Corte, Pereda. Un salon, surtout, où l'histoire de la Toison-d'Or se trouve représentée en plusieurs tableaux de Jordan, est digne de fixer l'attention.

Mais ce qu'il y a de plus remarquable en ce lieu, ce sont les jardins qui environnent le palais, dont le plus grand, connu sous le nom de jardin de Saint-Paul, est orné d'une magnifique fontaine et d'une statue équestre de Philippe II, en bronze, avec un piédestal de marbre.

On y trouve aussi un lac, une glacière, quelques bonnes statues, des kiosques, des parterres; un enclos appelé *los Reynos*, avec un portique de six colonnes, des jardins potagers, des vergers, des allées couvertes, une ménagerie de différents animaux ; une église, connue sous le nom de Notre-Dame des Angoisses *(de las Angustias)*, où l'on voit quelques bonnes peintures de Luc Jordan et un beau groupe de bronze placé sur le maître-autel ; une manufacture de porcelaine ; une maison située en face de l'étang, avec des peintures à fresque dans la grande salle, qui sont de Witell et de Colonna, et deux belles statues de Philippe II et de la reine de Hongrie doña Maria ; enfin, une autre fontaine dont la cuvette est une coquille supportée par un triton, et un buste de Charles Ier, placé au milieu d'une série d'autres bustes, à l'instar de ce que l'on voit à Rome au jardin du Pincio : le tout se développant sur une vaste étendue de plusieurs hectares, bornée à l'est par les Invalides et l'église d'Atocha ; au sud, par le Musée, le Prado et la caserne de l'artillerie ; à l'ouest, par la rue d'Alcala, la porte du même nom et la *plaza de Toros*.

Le Buen Retiro est la plus agréable promenade de la capitale. Au printemps, les femmes les plus élégantes s'y rendent à pied de grand matin, et un usage veut qu'elles y restent sans mantille. C'est aussi un but de promenade dans la journée pendant l'hiver. On compte encore aux portes de Madrid les promenades appelées Chambéry, où l'on va par la porte Sainte-Barbe ; *la Florida*, sur la rive droite du Mansanarès, en dehors de la porte Saint-Vincent ; *las Delicias*, qui n'est qu'une prolongation de la promenade du Prado, la plus fréquentée de la ville.

Autrefois le Prado était situé sur un terrain inégal. Charles III le fit aplanir, planter d'arbres et orner de plusieurs fontaines. Le Prado commence au couvent d'Atocha, passe devant la porte d'Alcala, et s'étend jusqu'à celle de Recoletos sur une longueur de 2 kilomètres ; il se compose de trois allées ; celle du milieu est destinée aux voitures et les deux autres aux piétons. Une partie de cette promenade, où l'on voit les élégants s'asseoir et former des cercles nombreux à certaines époques de l'année, est connue plus particulièrement sous le nom de *Salon*. Un autre but de promenade est encore l'ermitage de San Isidro, patron de Madrid, situé sur l'autre rive du Mansanarès. La fête du saint est l'occasion tous les ans de réunions populaires, espèces de foires, où l'on jouit du coup d'œil le plus pittoresque et du spectacle de divertissements les plus variés, interrompus quelquefois par des scènes tragiques dont la jalousie ou le vin sont la cause.

Parmi les monuments qu'il nous reste à visiter, nous devons une mention particulière au Musée de peinture situé sur le Prado, près du Buen Retiro; il renferme deux mille tableaux du plus grand mérite. C'est peut-être un des plus beaux musées de l'Europe; il se compose de plusieurs galeries divisées en écoles espagnole, italienne, flamande, française, etc.

Sur un des côtés de la première galerie s'ouvre une porte qui donne accès à une espèce de rotonde ouverte par le milieu, comme l'est dans une plus grande proportion celle du Panthéon à Rome, et qu'on appelle le salon d'Isabelle II; c'est là que sont réunis les tableaux des plus grands maîtres : Velasquez, Murillo, el Sarto, Rubens, Raphaël, Tintoret, etc; toute cette magnifique collection a été formée en réunissant la plupart des beaux tableaux des couvents d'Espagne et des établissements royaux. On en a emprunté beaucoup à la galerie de l'Escurial; ils ornent le salon d'Isabelle II, et on lit sur chacun d'eux cette inscription : *Venu de l'Escurial.*

Du reste, le voyageur devra ou se faire accompagner par un guide, ou se procurer un catalogue, s'il veut apprécier convenablement les richesses de cette collection unique au monde.

Il faut visiter encore l'Académie de San Fernando dans la rue d'Alcala, où l'on trouve une galerie de bons tableaux et de belles sculptures; le Cabinet d'histoire naturelle situé dans le même édifice; le Musée d'artillerie au Buen Retiro, où l'on montre des objets curieux par les faits de l'histoire qui s'y rattachent, comme, par exemple, l'épée de François Ier; le Musée maritime, rue de los Procuradores; celui d'anatomie de la Faculté de médecine; la Bibliothèque située près de la place del Oriente, remarquable par ses vieux manuscrits, dont plusieurs ont été empruntés aussi aux bibliothèques de l'Escurial, et sa collection de médailles et de monnaies, qui est assez complète; le Jardin botanique, l'Observatoire, l'Université, et, si l'on veut, quelques-uns des dix-neuf hôpitaux que renferme la ville, ou quelques-unes de ses dix prisons; enfin, en dehors de la porte Santa Barbara, le nouvel hôpital construit dernièrement, le Campo de Guardias, lieu destiné aux exécutions capitales, le Campo del Moro, les Jardins et la montagne del Principe Pio.

THÉATRES ET PLAISIRS. — Madrid contient sept théâtres : *le Prince* qui est sans contredit le meilleur; on y représente les chefs-d'œuvre de la littérature espagnole; *le Théâtre royal*, dont nous avons déjà parlé et qui est destiné aux Italiens; *la Cruz*, théâtre dramatique; *el Circo*, espèce d'Opéra-Comique, *Jovellanos*, *Novedades* et *Variedades*. Il y a aussi de petits théâtres à l'instar des *Burattini* de Rome; on y voit soit des marionnettes espiègles et malicieuses, soit des mystères de la religion. Mais le plus grand divertissement de Madrid est sans contredit celui connu sous le nom de Courses de taureaux : on en donne une par semaine à certaines époques de l'année. L'édifice réservé à ce spectacle est situé en dehors de la porte d'Alcala, il est construit en planches; on a l'intention de le construire en pierre. Une description de ces sortes de jeux serait trop longue pour un Guide; que le voyageur s'y transporte lui-même ayant en main le *Voyage en Espagne* de M. Théophile Gautier, cet écrivain qui, dans les choses et dans les hommes, semble ne chercher et ne voir que le côté artistique. Il y a encore à Madrid un Hippodrome, un Cirque de combats de coqs fort couru des amateurs, un Diorama, un Néorama, un Cosmorama, des Casinos, etc.

En se faisant présenter dans quelques maisons, on peut encore avoir l'agrément des *tertulias* quotidiennes, où la plus gracieuse hospitalité est rendue plus agréable encore par cette intimité franche et cordiale qu'on ne rencontre point dans le nord de l'Europe.

HOTELS. — Madrid possède plusieurs hôtels très-confortables dans lesquels on prend en général des pensionnaires et on donne le couvert pour 6 réaux le matin et pour 10 au diner.

Mais il y a une manière plus économique et plus commode de vivre à Madrid, — c'est ce qu'on appelle les *Casas de Huespedes* : on y donne pour un prix fixe par jour le lit, le manger, l'entretien, et, par-dessus le marché, la *tertulia* de la maîtresse du logis. Les prix varient de 8 à 20 réaux par jour, mais il faut mettre 5 francs pour être convenablement; si l'on veut plus de confort, on peut doubler, tripler et quadrupler cette somme. Pour faire une grande dépense, on sera toujours mieux dans une maison de Huespedes que dans un hôtel, tant pour les soins qu'on y reçoit, que pour les renseignements de toute espèce que l'on peut s'y procurer.

On trouve encore à Madrid un grand nombre de restaurants et de cafés très-bien tenus, des cabinets de lecture, galerie de San Felipe et rues del Desengaño, de Cadix, de la Montera, de la Vitoria; des maisons de bains, deux dans la rue del Caballero de Gracia; celle de l'Orient, sur la place d'Isabelle II; celle de San Isidro, calle Mayor; celle de Santa Barbara, dans la calle de Hortaleza; celle de la calle de Capellanes et du quartier de Guardias, où le service est assez bien fait ; enfin l'établissement des bains russes de la rue Mayor. Les voitures de place sont aux mêmes prix qu'à Paris. Il y a beaucoup d'établissements industriels; on compte soixante-sept imprimeries, des fabriques, des manufactures en tous genres.

Le climat de Madrid est l'un des plus rudes que l'on connaisse; le proverbe suivant en fait foi :

En Madrid el aire es tan subtil, que mata a un hombre y no apaga a un candil.

Aussi les maladies de l'endroit sont-elles : force maux de gorge, fluxions de poitrine, mais peu de phthisies, car ces dernières ne résistent pas à un long séjour dans cette ville; au surplus, l'élévation de Madrid au-dessus du niveau de la mer fait qu'on y jouit d'un air pur et sain : les seuls inconvénients sont les vents trop fréquents et trop froids qui viennent des montagnes voisines, le manque d'eau et la vivacité de l'air qui justifie le proverbe précédent.

Madrid, étant à la fois le siége de la province du même nom et du gouvernement central, possède un gouverneur de province et un capitaine général. L'administration de la province est tout à fait en dehors des attributions ministérielles. La garnison de Madrid se compose de cinq à six mille hommes; il y avait autrefois une garde nationale d'une trentaine de mille hommes, qui a été supprimée après 1854.

PREMIÈRE SECTION.

MIRANDA A SARAGOSSE.

SOMMAIRE. — Miranda. — Haro. — Logroño. — Monteagudo. — Calahorra. — Alfaro. — Tudela. — Alagon. — Saragosse.

Miranda.

Population, 3,000 habitants. Cette ville, située sur l'Èbre, a déjà été décrite à notre première ligne.

Haro.

Ville de 6,600 habitants, appartenant à la province de Logroño et à l'évêché de Calahorra ; elle est située dans une plaine, au pied d'une chaîne de montagnes, sur la rive gauche de l'Èbre, au confluent du Tiron et de l'Aguilera avec ce fleuve; le paysage est délicieux, planté de vignes, arrosé par plusieurs cours d'eau et parsemé de prés, de vallons et de collines. Le pays produit beaucoup de vins communs, du blé, des légumes et toutes espèces de fruits. L'industrie locale consiste en la fabrication de chapeaux, de cuirs, d'eaux-de-vie et de liqueurs; on y trouve des mines de cuivre; il y a une foire célèbre le 8 septembre et un marché très-couru tous les mardis, où l'on vend beaucoup de poissons apportés par les pêcheurs de la côte Cantabrique. Haro fut la patrie de frère Manuel Risco, continuateur de l'ouvrage intitulé *l'Espagne religieuse;* et de frère Diego de Leyba, chartreux du monastère de Miraflorès à Burgos, peintre distingué.

Logroño,

Capitale de province appartenant à la capitainerie générale de Burgos et à l'évêché de Calahorra; cette ville, située entre le 1° 25′ de longitude orientale et le 42° 25′ de latitude, en se réglant sur le méridien de Madrid, contient une population de 11,300 habitants. Elle occupe la rive droite de l'Èbre, que l'on y traverse sur un pont. La campagne environnante est très-fertile, on y voit beaucoup de bois et de jardins; la végétation y est aussi variée qu'abondante : le sol produit du vin, de l'huile, du grain, toutes espèces de céréales et de fruits. Il y a à Logroño un chef militaire dépendant du capitaine général de Burgos, une députation provinciale, un gouverneur civil et une recette générale. Il y a un théâtre qui date de Philippe V, une maison de bienfaisance, un hôpital, un collége d'enseignement secondaire, un séminaire, une académie et une société des *Amis du pays*. Parmi les curiosités que cette ville renferme, il faut citer l'église principale et le fameux pont construit sur l'Èbre en 1770 par D. Juan Hortega; il a 700 pieds de long, douze arches, et trois tours en ruine, qui servaient autrefois à sa défense. Les rues de cette ville sont assez propres; on les arrose au moyen des eaux de l'Ireguas, qui y sont amenées par des aqueducs; on y rencontre un grand nombre de fontaines, une promenade appelée *los Muros* et une belle place connue sous le nom de place du *Cos*. Autrefois Logroño avait un château fort qui était entouré de murs, avec cinq portes principales, et un fossé pouvant se remplir d'eau. Cette ville est très-ancienne; on attribue sa fondation à Brigo IV, et elle avait déjà une grande importance à l'époque de la domination romaine. C'est à Logroño que se retire habituellement, pour y faire sa résidence, le célèbre duc de la Victoire (le général Espartero). Cette ville fut aussi la patrie du cardinal Saenz, du peintre Navarette el Mudo, du poëte Lopez de Zarate et du jésuite Ariaga. L'industrie locale consiste en la fabrication de chaises, de chapeaux, de cartes à jouer et d'eaux-de-vie. Les Latins connaissaient Logroño sous les noms de *Juliobrigo* (nom qui rappelle celui de son fondateur) et de *Lucronium*. En quittant cette ville, on rencontre l'insignifiante station de Monteagudo.

Monteagudo.

Village de 200 âmes, situé sur les confins de l'ancien Aragon, à un quart de lieue de la rive gauche du Queylès. Le village est dominé par une hauteur que couronne un château, dont les marquis de San Adrian ont fait un beau palais. A quelque distance de la ville on trouve un ermitage dédié à Notre-Dame du Chemin, et célèbre depuis l'an 1272; on y loge les pèlerins. Il y a aussi dans les environs un autre ermitage, dédié à Notre-Dame de Montserrat. Le pays, fort bien arrosé, produit toutes espèces de fruits; il y a aussi beaucoup de vignobles et un grand nombre de plants d'oliviers et de mûriers, dont on ne tire pas tout le parti convenable.

Calahorra.

Ville de 6,000 habitants, appartenant à la province de Logroño, située sur le Cidacos, à 32 kilomètres de Logroño, et qui possède un évêché.

NOTICE HISTORIQUE. — L'origine de cette ville, dont le nom était sous les Romains *Calagurris*, se perd dans la nuit des temps. Pendant les siéges de Sertorius et de Pompée, à l'époque romaine, cette ville fit une résistance si acharnée qu'elle aima mieux supporter tous les genres de misère que de se rendre; on y vit même des mères manger leurs enfants. Devenue colonie romaine, elle fut toujours estimée pour sa grande fidélité; César y recruta sa garde. La ville alors s'élevait sur un petit plateau séparé par deux vallées; ce plateau était très-fortifié, ainsi que l'indiquent des restes de murs et trois grosses tours.

Le siége épiscopal de Calahorra est de fondation très-ancienne. Lorsque cette ville fut occupée par les Maures, au VIIIe siècle, ses évêques se réfugièrent dans les Asturies, où ils restèrent jusqu'à la moitié du IXe siècle, époque de leur translation à Alava. Au commencement du Xe, les rois de Navarre reconstituèrent cet évêché, qui fut rétabli également par le roi de Castille, Alphonse VI. C'est à Calahorra que Henri II de Castille fut proclamé roi, en 1366. Il devait son trône aux armes du célèbre et intrépide Bertrand du Guesclin.

HOMMES CÉLÈBRES. — Cette ville fut la patrie de Quintilien et de Pedro Gardia Carrero, célèbre médecin de Philippe III.

ANTIQUITÉS ROMAINES. — On aperçoit, sur une des vieilles tours de la place principale, une image représentant une matrone qui dévore un bras humain. Cette peinture, quoique se rapportant aux faits de l'histoire romaine, est récente, et n'a aucun mérite; il reste, en fait de monuments romains, des vestiges assez importants du lieu destiné aux *naumachies* ou combats navals. On retrouve aussi les beaux aqueducs qui amenaient l'eau nécessaire pour ces spectacles, et qui alimentaient en même temps les fontaines et les bains nombreux de la ville. On a cru que cette eau venait des montagnes de Navarre, mais on la prenait probablement dans l'Èbre, comme semblent l'indiquer les restes de deux ponts que l'on voit à quelques lieues de Logroño.

MONUMENTS. — La cathédrale fut bâtie sur les bords du Cidacos, sur le lieu du supplice de ses patrons, saint Emeterius et saint Celedonius; il y a encore deux églises paroissiales, le palais épiscopal, deux anciens couvents, l'un de franciscains et l'autre de carmélites, situé hors des murs; un séminaire, une maison de miséricorde pour les enfants trouvés, un hôpital, une douane, un hospice pour les laboureurs pauvres, âgés de plus de soixante ans, et six *posadas*.

INDUSTRIE. — Draps de moyenne qualité, cuirs, eaux-de-vie, moulins à farine et moulins à olives; foire annuelle le 31 août.

AGRICULTURE. — Grains, légumes, chanvre, lin, fruits; cerises aussi renommées que celles de Toro; choux-fleurs, qu'on exporte jusqu'à Bayonne; vins et huiles.

Alfaro.

Dont le nom semble venir de l'arabe, est située sur la rive de l'Alhama et au pied d'une colline; c'était autrefois une ville importante, elle contenait plus de 10,000 habitants; aujourd'hui elle est presque abandonnée : près de sept cents familles l'ont quittée depuis 1799; elle n'a plus que mille maisons, habitées par 5,043 âmes. On y trouve d'ailleurs six places assez belles, dont la plus grande est occupée par l'hôtel de ville, édifice terminé en 1841 ; une prison, un collége de jeunes gens, une pension de jeunes filles, une église collégiale dédiée à saint Michel, monument d'ordre dorique, qui compte plus de deux siècles d'existence. Les stalles du chœur sont d'un très-beau travail. Il y a trois autres églises, quatre chapelles et deux couvents de moines à Alfaro.

NOTICE HISTORIQUE. — En l'année 1288, le roi D. Sanche de Navarre ayant assemblé les Cortès dans cette ville et appelé l'archevêque de Tolède, D. Gonzalo, l'évêque D. Juan Alfonso, les évêques de Calahorra, Osma et Tuy, qu'il réunit au comte D. Lope de Haro et à l'infant D. Juan, son gendre, ainsi qu'aux prélats et seigneurs députés par les différentes provinces du royaume, il se passa à ces Cortès un fait historique digne d'être cité : le roi demanda à D. Lope de lui livrer ses châteaux et ses terres. Celui-ci ayant entendu cette question appela ses gens et tira l'épée contre le roi ; l'infant D. Juan en fit autant ; mais un des gardes coupa d'un coup de sabre la main de don Lope, et un autre lui ôta la vie, en le frappant, à la tête, d'un coup de massue. L'infant D. Juan fut obligé de céder au nombre de ses adversaires, après en avoir blessé plusieurs ; il alla se jeter aux pieds de la reine doña Maria, qui obtint du roi D. Sanche qu'on laisserait la vie sauve à l'infant, et qu'on se contenterait de lui appliquer la peine de la prison. Ce fut encore à Alfaro que l'archevêque de Tarragone reçut l'infante de Castille, doña Leonor, qu'accompagnait le roi de Castille, son frère, pour la conduire auprès de son fiancé, le roi d'Aragon D. Alonso.

PRODUCTIONS. — Le sol produit du blé, de l'orge ; on y voit des vignes, des plants d'oliviers ; la chasse y est abondante. Il y a trois fabriques de draps, huit moulins à farine, deux moulins à huile et quatre tanneries. Une foire se tient tous les ans le 9 août à Alfaro, en vertu d'un privilége accordé par le roi D. Pedro Ier.

Tudela.

Cette ville appartient à la province de Navarre et renferme 9,200 habitants. On ignore l'époque de sa fondation ; elle est située entre le 42° 2′ latitude nord, et le 2° 10′ longitude est, d'après le méridien de Madrid, à l'angle formé par l'Èbre, qui la baigne à l'est, et le Queylès au sud. Au nord se trouve une montagne boisée, qu'on appelle *los montes de Ciezo*. Les rues de la ville sont étroites et irrégulières, mais on y jouit de beaux points de vue et de promenades agréables au bord de l'Èbre; ce fleuve y est traversé par un fort beau pont de pierre de dix-sept arches, et de plus de 400 mètres de long; ce pont était autrefois défendu par trois tours, dont la première fut démolie en 1797 et les deux autres en 1813, par ordre du général Espoz-y-Mina, lors de la retraite des Français; auprès de la ville on voit s'élever du milieu de l'Èbre une île appelée *la Mejana*, célèbre par ses fruits, les meilleurs de la Navarre. La fertilité du sol est très-grande en ce lieu, qui sert aux divertissements et aux plaisirs des habitants de Tudela. On y fait des promenades à l'instar de celles des Parisiens dans les îles de la Seine; on y mange peut-être la matelotte traditionnelle, ce qui est facile, car le poisson y est très-abondant, surtout les anguilles.

L'industrie du pays consiste en la fabrication de cuirs, savons, tissus de laine, huiles, briques, tuiles, etc. Cette ville, connue des Romains sous le nom de *Tutela* ou *Tullonium*, fut prise aux Maures en 1115 par le roi Alfonse; le général espagnol Castaños y fut battu le 23 novembre 1808 par le duc de Montebello. Tudela fut la patrie du rabbin Benjamin Ben-Jonah de Tudèle, célèbre voyageur, mort en 1173, après avoir laissé la relation de ses voyages, qui fut imprimée en hébreu à Constantinople, l'an 1543. Cet ouvrage est un recueil de cérémonies et usages pratiqués dans toutes les synagogues du monde.

Alagon.

Bourg de 1,932 âmes, appartenant à la province de Saragosse, et situé à 4 lieues de cette capitale, dans une vaste plaine, entre la rive droite de l'Èbre et la rive gauche du Jalon, non loin du confluent de ces deux fleuves, et près du canal d'Aragon.

NOTICE HISTORIQUE. — Ce lieu fut choisi autrefois comme résidence par les préteurs romains; il est cité par Ptolémée: on le nommait *Alăboña*, d'où *Alabon*, et, par une transformation fréquente entre les lettres b et g, *Alagon*. En 1119, ce village fut conquis par D. Alonso le Batailleur; il fut aussi le théâtre de la réconciliation du comte de Barcelone, du roi D. Alonso de Castille et du roi d'Aragon, depuis longtemps en guerre; cette entrevue eut lieu en 1136; elle eut pour résultat un nouveau partage du pays. En 1224, l'infant D. Fernando et les seigneurs D. Miguel de Moncada et D. Pedro Arones, réunis à Alagon, essayèrent de s'emparer de la personne du roi D. Jaime. Le roi D. Alonso y établit momentanément sa résidence en 1286, et le roi D. Jaime II y convoqua les Cortès; en 1516, Alagon servit de prison au comte d'Aranda; en 1523, les Cortès d'Aragon, chassées de Saragosse par une épidémie, s'y réunirent. Enfin, pendant la guerre de l'Indépendance, le général Palafox fut battu par les Français, sous les murs de ce village, qu'il défendait avec cinq cents hommes, quatre-vingts cavaliers et deux pièces d'artillerie.

ÉDIFICES. — Alagon contient des maisons assez bien bâties; on y remarque un hôpital, une école primaire, établie dans l'ancien collége des jésuites, une église paroissiale et l'église de Saint-Antoine de Padoue, patron de l'endroit : c'est un édifice assez beau, qui fut autrefois la propriété des jésuites; les Français le détruisirent en partie; la chapelle de Notre-Dame de Castille, l'église de Saint-Jean, qui tient à un couvent de récollets; on cite encore un abattoir, plusieurs établissements de commerce, deux *posadas* et sept *tabernas*.

CLIMAT, SITUATION, ENVIRONS. — On jouit à Alagon d'un ciel pur; et on y aurait un climat sain, sans la présence du chanvre et du lin qui, trempés dans les eaux du voisinage, occasionnent, en été et en automne, pour les habitants, des fièvres tierces, endémiques, malignes et putrides. En dehors du bourg s'élève un petit mont appelé la Jarca, où sont établies les aires pour battre le blé; on trouve en ce lieu une promenade embellie encore par les beaux points de vue qu'on y découvre. Le terrain est assez fertile et de bonne qualité, mais mal cultivé.

PRODUCTIONS. — Le pays est arrosé par les eaux du Jalon, bien distribuées au moyen de canaux d'irrigation; elles mettent en mouvement trois moulins à farine et un moulin à huile. Le pays est boisé, on y fait un grand commerce de racines ; on y élève beaucoup de bestiaux. Le sol produit du blé, de l'orge, du lin, des légumes, des fruits, des pommes de terre ; on y fait de l'huile, du vin ; on y élève des chèvres, des moutons, des bêtes à cornes, des chevaux, des mulets et des ânes. Il s'y fait, le 1er septembre, une grande exposition de fruits accompagnée d'une foire. Les produits locaux s'élèvent à 6,752,000 réaux, les impositions à 438,700 réaux, et les contributions directes à 85,566 réaux. A une distance de 8 kilomètres on trouve

Saragosse.

Ville de 63,446 habitants, capitale de la province du même nom et de l'ancien royaume d'Aragon. Nous en donnons plus loin la description (2e ligne, de Perpignan à Madrid).

DEUXIÈME SECTION.

MIRANDA A PAMPELUNE.

SOMMAIRE. — Miranda. — Vitoria. — Alsazua. — Pampelune.

Miranda.

Miranda appartient à la province d'Aleva et à l'archevêché de Calahorra. Cette ville compte 3,000 habitants. On en trouvera la description à la 1re ligne.

Vitoria.

Cette ville importante et fortifiée est la capitale de la province d'Alava (voir la 1re ligne).

Alsazua.

Bourg d'environ 1,100 âmes, situé au centre de la vallée que traverse la rivière de Borunda. Nous l'avons également rencontrée sur la route de Bayonne à Madrid.

Pampelune.

Capitale de la province de Navarre, située par le 12° 49' 57" de latitude nord et le 2° 0' 11" longitude est, au méridien de Madrid. Cette place forte, arrosée par l'Arga, dont les eaux mettent en mouvement six moulins à farine et une fabrique de papier, autrefois fabrique de poudre, n'est pas éloignée du versant des Pyrénées; de hautes montagnes lui servent d'abri à une distance de quelques kilomètres; la plus élevée, le pic de Relatè, en est distante de près de 18 kilomètres. Toutes ces montagnes forment un immense amphithéâtre de 30 kilomètres de tour, dont Pampelune occupe le centre, et qu'on appelle *la Cuenca de Pamplona*. Cette ville est la résidence du capitaine général de la Navarre, des tribunaux et autres autorités de la province (autrefois vice-royauté), et de l'évêque suffragant dépendant de l'archevêque de Burgos; il y a un chapitre de chanoines, une cathédrale, quatre paroisses, et une église dans la citadelle. La ville compte 22,700 habitants sans la garnison; il y a une maison de ville, un hospice, un établissement pour les enfants trouvés, le palais des vice-rois, celui de l'évêque, une chambre des députés, des archives et une prison royale; un hôtel des monnaies, un théâtre, un lycée, un quartier de cavalerie, une caserne, un séminaire, une académie, un collége de médecine et de pharmacie, deux jeux de paume et un grand hôtel où descendent les diligences. Une vaste esplanade qui sépare la citadelle de la ville augmente considérablement l'étendue de cette dernière; les fortifications sont très-irrégulières; la ville a six portes et vingt-neuf rues principales.

Pampelune, dont l'éclairage fut organisé en 1799, est aujourd'hui une des belles villes d'Espagne; on y voit trois places, celle du Château, qui sert aux courses de taureaux; celle de la Fruta, en face de la maison de ville, où se tient la Bourse; et la Casa de Abajo, qui sert de marché. La ville est ornée de plusieurs beaux édifices et de belles fontaines, où l'eau est amenée, par un aqueduc construit nouvellement, des montagnes de Subiza, distantes de plus de 12 kilomètres; des travaux d'art ont été faits à cette occasion, entre autres un pont d'une longueur de 2,300 pieds, sur 70 de hauteur, ayant quatre-vingt-dix-sept arches de 35 pieds de diamètre sur 65 d'élévation.

Dans l'intérieur de la ville, on remarque la promenade de la Taconera, qui est le point de réunion de tous les élégants de l'endroit. En dehors des fortifications on voit trois autres promenades, sur les trois routes principales qui conduisent de Pampelune, la première à Madrid, les autres en France, par Guipuscoa et la Rioja.

La ville possédait autrefois neuf couvents, sept de moines et deux de nonnes, dont il est bon de visiter les édifices abandonnés; dans la cathédrale, il ne faut pas négliger la salle appelée *la Preciosa*, où se tenaient autrefois les Cortès du royaume, ni le tombeau du célèbre comte de Gages. La citadelle et les fortifications furent construites sous Philippe II, sur le modèle de celles d'Anvers; elles consistent en cinq bastions pleins, avec des angles rentrants, de larges fossés et deux cavaliers sur les fronts qui donnent sur la campagne. Le commerce de Pampelune se réduit à la vente de soieries et de laines, qui viennent de France et d'Angleterre; il n'y a dans la ville qu'une seule fabrique de gros draps, et une autre de draps fins, à l'hôpital. On y remarque encore deux établissements pour laver les laines, deux fabriques de cire, une de cordes de guitares.

L'agriculture est plus avancée dans ce pays que le commerce : on y cultive les jardins, la vigne, et on y fait du blé qui produit huit pour un; on y récolte aussi beaucoup de fèves. Le climat est froid et humide, à cause des pluies abondantes.

Cette ville porte le titre de très-noble, très-loyale et très-héroïque, suivant un usage assez commun en Espagne. Pampelune est un grand centre de communication avec toutes les villes d'Espagne et de l'étranger. Les Latins l'appelaient *Pompeiopolis* ou *Pompelo*; on attribue sa fondation ou sa restauration à Pompée, dont elle prit le nom. Cette ville a été prise quatre fois par les Français : en 778 par Charlemagne, en 1521 par André de Foix, enfin en 1808 et 1823 : elle fut le théâtre de luttes sanglantes pendant la dernière guerre civile. Ignace de Loyola fut blessé à la cuisse au siège de cette ville en 1521. Elle fut autrefois la capitale des deux Navarres, elle est aujourd'hui le chef-lieu de la province du même nom.

TROISIÈME SECTION.

MIRANDA A BILBAO.

SOMMAIRE. — Miranda. — Orduña. — Bilbao.

Miranda.

C'est à Miranda que le chemin de fer de Saragosse à Bilbao traverse la ligne de Bayonne à Madrid pour se diriger vers la capitale de la Biscaye. Nous en avons donné la description.

Orduña

Était autrefois la seule ville de la Biscaye ayant le droit de cité; depuis la dernière guerre civile, on a concédé ce titre à Bilbao, qui en est devenue la capitale. Orduña est située dans une belle campagne presque au sud de cette dernière et appartient à l'évêché de Calahorra. Auprès de ses murs passe le Nervion, appelé aussi Nervia, qui prend sa source à une demi-lieue, au pic de Nervina, et va se jeter dans la mer à Bilbao. Orduña compte 3,500 habitants, deux paroisses et cinq églises; il y avait autrefois un couvent de moines et un de nonnes. La ville est entourée d'anciennes murailles avec bastions, tours, et six portes; au reste les maisons y sont belles; on y voit quelques boutiques et une grande place fort vaste ornée de galeries. Le sol produit du blé, de l'orge, du maïs, des légumes de toute espèce, du vin et des fruits abondants. Orduña fut pendant la dernière guerre civile le théâtre de scènes sanglantes; cette ville paraît avoir pris son nom de celui du roi de Léon Ordoño, dont la dynastie s'éteignit en 1037. D'Orduña à Bilbao, sur une distance de 30 kilomètres, le chemin que l'on suit par le grand nombre des habitations, maisons de campagne et jardins qui le bordent, ressemble plutôt à une rue de ville qu'à une route. On passe à 2 kilomètres, sur un pont, le Nervion au village Saracho, et laissant derrière soi Amurrio, Lugando, Llodio, Barrio de Areta, Arrancadiaga, Arrigorriaga, San Miguel de Basauri, petits villages fort jolis, las Ventas del Espiritu Santo et los Nogales, on entre enfin dans

Bilbao.

Fort belle ville, port de mer, capitale de la Biscaye, située sur une hauteur au bord du Nervion, qui se jette dans la mer au village de Portugalète, distant de Bilbao de 8 kilomètres. Bilbao, placée entre les 43° 11' latitude nord et 0° 41' longitude est au méridien de Madrid, contient 16,300 habitants. Cette ville est entourée de montagnes fort élevées, ce qui rend le climat quelque peu humide; elle est remarquable par la propreté de ses rues, leur élégance, la régularité de ses maisons, et par un usage singulier qui n'y permet la circulation d'aucune voiture. Il y a à Bilbao quatre paroisses, et autrefois on y comptait six couvents de nonnes et trois de moines. C'est la résidence des autorités et de l'administration de la province; le commandant général, le gouverneur civil, l'administrateur des rentes, les préposés à la *désamortisation* et à la vente des biens nationaux, les directeurs de la poste et des loteries de la province y habitent. Il y a aussi une banque, un consulat, un hôpital et une maison de Miséricorde.

Le pays environnant offre au voyageur les points de vue les plus pittoresques. Le sol produit du blé, du maïs, des châtaignes, des noix, du vin, des fruits et des légumes en abondance.

L'industrie locale consiste en fabrication de ferrures, cuirs, papiers, savon, ancres, chapeaux et tabac. On y voit aussi des chantiers pour la construction des bateaux marchands. Il y a à Bilbao des écoles gratuites de dessin, d'architecture, de marine, de mathématiques, de français, d'anglais, de latin et de belles-lettres.

Parmi les monuments remarquables, on cite la boucherie centrale, au milieu de la ville; le Rastro (marché à l'instar du Temple de Paris), qui est en face de la boucherie; un moulin assez curieux hors des murs de la ville; l'hôpital, commencé en 1818 et qu'on n'a pu encore terminer; le théâtre, dont l'extérieur est plus régulier que l'intérieur n'est commode; le pont suspendu sur le Nervion, œuvre de l'architecte don Antonio

Goycoechea, terminé en 1827; le nouveau pont fixe en fer construit en 1847, le premier de ce genre en Espagne; la promenade publique; la belle fabrique de la maison de Miséricorde, celle de Santa Ana de Bolueta, près du pont Neuf, dont l'organisation est empruntée aux fabriques de l'Angleterre; les deux nouvelles fabriques de cristaux et de tissus de coton; la douane, édifice simple et élégant; enfin quelques beaux cafés et quelques boutiques disposés comme en France.

Bilbao a ses deux ports, Ola Veaga et Portugalète. On y remarque encore une belle place, un beau quai, la maison de ville et un entrepôt général du commerce des laines de l'Espagne avec l'étranger. Cette ville, appelée par les Latins *Amanes Portus* ou *Flavio Briga*, doit sa fondation, qui date de 1300, à don Diego Lopez de Haro; elle fut prise et reprise en 1808 et 1809, pendant la guerre de l'Indépendance, et en 1837 pendant la guerre civile, où elle soutint trois siéges mémorables qui lui ont valu le titre de *Ciudad invicta* (cité invaincue), contre les troupes de don Carlos, commandées en dernier lieu par le célèbre Zumalacarregui. On montre encore les ruines de la maison où ce général reçut dans la jambe le boulet qui lui donna la mort, pendant que, penché sur son balcon, il considérait la position des combattants. Il n'y a à Bilbao aucun hôtel digne de ce nom, mais seulement deux ou trois auberges où le bon accueil qu'on y reçoit ne remplace pas tout à fait le confortable qui y manque; on n'a que la ressource des maisons de Huespedes, qui sont ici bonnes et nombreuses.

Dans les ports de Bilbao on trouve des vapeurs et des bateaux voiliers pour tous les points de l'Espagne et de l'étranger. Portugalète, le principal port, est pendant l'été le rendez-vous d'une foule de baigneurs. Celui-ci est habité par une population de 1,200 âmes. Le port de Berméo, situé à 24 kilomètres de Bilbao, est, après les deux précédents, le dernier de la Biscaye; on y compte 6,000 habitants. Les étrangers sont bien accueillis à Bilbao, nous dit M. de Laborde, mais ils éprouvent des difficultés pour y fixer leur résidence: les habitants, jaloux de leurs droits et de leurs priviléges, ne veulent admettre que ceux qui sont nés parmi eux; pour accorder le droit de bourgeoisie, c'est-à-dire la naturalisation, ils exigent qu'on ne descende ni des Maures ni des Juifs, qu'on soit issu d'une famille noble ou qui n'ait jamais exercé un art vil et mécanique. Des commissaires se transportent au lieu de naissance du postulant et y compulsent ses titres. Ces formalités sont longues et dispendieuses, et pourtant, sans elles, un étranger ne peut à Bilbao louer une maison, établir un commerce, exercer une profession ou un art que sous le nom d'un des domiciliés. Ces rigoureux usages, qui existaient encore en 1828, se sont singulièrement adoucis sous le règne actuel.

QUATRIÈME SECTION.

AREVALO A SÉGOVIE.

SOMMAIRE. — Arevalo. — Ségovie.

Arevalo.

Cette ville, qui compte 3,000 habitants, fait partie de la province et de l'évêché d'Avila. Nous en avons donné la description.

Ségovie.

Cette ville est située presque sur les confins de la Vieille et de la Nouvelle-Castille, sur un rocher immense entre deux vallées, dont la première est arrosée par le Clamores, affluent de l'Eresma, qui coule au fond de la seconde. Sur cette rivière il y a cinq ponts. On lui donne aussi le nom d'Areva. Les historiens espagnols attribuent à Hercule la fondation de Ségovie. Cette ville a la forme d'un navire dont la poupe regarde l'orient et la proue l'occident (1). Capitale de la pro-

---

(1) M. de Laborde, *Itinéraire de l'Espagne*, tome I, page 36.

vince du même nom, résidence d'un gouverneur civil et d'un évêque, elle compte 10,500 habitants. On y voit un ancien hôtel de la monnaie construit au XVe siècle et restauré par Philippe II, où l'on frappe encore des monnaies de cuivre : les machines nécessaires à la fabrication des monnaies reçoivent l'impulsion d'une machine hydraulique communiquant avec l'Eresma. Dans l'ancien couvent des capucins on trouve la sépulture des comtes de Cobatillas, et on y voyait des tableaux de Jean Carreno; on fera remarquer une fois de plus au voyageur que tous les bons tableaux des couvents d'Espagne ont été transportés soit à Madrid, soit ailleurs, depuis la vente des biens des monastères; on ne retrouvera donc aux lieux indiqués par les Guides que les tableaux des églises, cathédrales, paroisses, ermitages, chapelles et autres, et ceux des collections particulières. Dans l'église des jéronimites, située de l'autre côté de l'Eresma, on admire deux beaux mausolées en marbre.

La cathédrale, édifice gothique et grec-romain à trois nefs, est fort belle; sa construction date du XVIe siècle; le maître-autel est en marbre orné d'une statue en argent représentant la Vierge, et de statues de marbre œuvres de Manuel Pacheco; Une tour accompagne cet édifice; elle a 324 pieds de hauteur; dans l'intérieur de la lanterne se trouve une cloche remarquable par son poids. Les marbres dont nous venons de parler viennent de Tarifa et de Tolosa.

L'Alcazar, ancien palais des rois, est un des monuments les plus curieux de Ségovie; c'est là qu'Alphonse le Sage fit ses grands travaux astronomiques. La cour principale et le grand escalier du palais sont de la fin du XVIe siècle. Ce monument sert d'école militaire pour les cadets d'artillerie. Dans une des chapelles on voit un tableau de l'*Adoration des mages*, œuvre de Barthélemy Carducho. Les appartements sont grands, et quoique leur décoration appartienne à plusieurs époques, cette variété n'ôte rien à la beauté des mosaïques et des dorures. On y trouve aussi des statues des anciens rois d'Oviedo, de Léon, de Castille, depuis Froyla, en 760, jusqu'à la reine Jeanne, morte en 1555; il y a aussi celle de Fernand Gonzalès, proclamé premier comte de Castille en 923, et celle de Rodrigue

Diaz de Bivar, le Cid Campeador. Ces statues, au nombre de cinquante-deux, sont en bois peint et de grandeur naturelle (1).

La ville possède huit paroisses, une caserne, un séminaire, une société économique et un hospice. Une muraille très-ancienne et très-détériorée en forme l'enceinte; elle est percée de six grandes portes et de deux petites. Les rues sont étroites et tortueuses; la grande place est très-vaste, quoique irrégulière. On y trouve deux promenades assez belles, l'une pour l'hiver et l'autre pour l'été.

On remarque encore à Ségovie un bel aqueduc qui depuis deux mille ans y porte les eaux qu'il va prendre à 12 kilomètres dans les montagnes de Fonfria, à la source du Rio-Frio; il fait un circuit à travers les montagnes de Los Hoyos, près de la Venta de Santillana, jusqu'à la maison que l'on voit sur le chemin de Saint-Ildefonse; c'est là que commence cette suite admirable d'arcs qui portent les eaux à la hauteur de la ville de Ségovie jusqu'à la petite place de l'église Saint-Sébastien. Cet aqueduc a cent neuf arches, dont trente modernes. Sa plus grande hauteur est de 102 pieds; dans cette partie on voit deux arches superposées; les piliers supérieurs ont 6 pieds d'épaisseur sur 4 1/2 de largeur; ceux du bas ont 11 ou 12 pieds de largeur et quelques-uns 7 1/2; ils diminuent tous jusqu'à la hauteur de 17 pieds, où ils se joignent aux autres; les distances sont pareillement inégales entre les piliers. Les arcs supérieurs sont égaux entre eux contrairement aux arcs inférieurs, ce qui ferait croire que l'aqueduc a été commencé à une époque où l'on bâtissait avec moins d'exactitude qu'à celle où il fut terminé. La hauteur des arcs inférieurs varie suivant les mouvements du terrain; la longueur totale est de 2,530 pieds: on la divise en quatre parties depuis le couvent de Saint-Gabriel jusqu'à la muraille de la ville. La pierre employée à la construction de cet aqueduc est du granit gris appelé *piedra berroqueña*, la même que celle de l'Escurial; il n'y a dans tout l'ouvrage ni mortier, ni ciment (2);

---

(1) M. de Laborde, tome I, page 369.
(2) M. de Laborde, tome I, page 371.

les pierres sont superposées avec beaucoup d'aplomb. Des excavations faites jusqu'au niveau des fondations pour construire des boutiques et des caves font voir avec quels soins ce monument a été bâti ; on doit regretter la perte de quelques statues et de quelques inscriptions qui fixaient l'époque de sa fondation. M. de Laborde, auquel nous empruntons ces détails, l'attribue aux empereurs Trajan ou Adrien ; quant à la restauration de l'ouvrage, elle est due aux religieux jéronimites, et date du règne d'Isabelle la Catholique. Plusieurs écrivains de talent ont attribué la fondation de cet aqueduc aux Égyptiens, mais cet ouvrage est évidemment de construction romaine.

Le climat de Ségovie est froid et variable. Le sol produit du blé, de l'orge, du vin, des fruits ; on y élève beaucoup de bétail et surtout des moutons. Dans la dernière guerre civile, Ségovie tomba deux fois au pouvoir des carlistes, qui l'abandonnèrent définitivement le 16 août 1837. Elle fut aussi occupée par les Français de 1808 à 1814. L'industrie consiste en fabrication de drap, en lainages, toiles, orfévrerie, verrerie. On trouve aux environs des mines d'or, de plomb ; des carrières de marbre, de granit, de jaspe et de pierres calcaires. Ségovie fut la patrie du poëte Alphonse de Ledesma au XVIIe siècle ; du savant Dominique Soto, dominicain, mort à Salamanca en 1560, auteur des Traités *de Justitia* et *de Jure, de Naturâ* et *Gratiâ*, et de commentaires sur l'Épître romaine ; enfin de François de Ribera, jésuite, mort à Salamanca en 1591, commentateur des *Prophètes*. Les voitures de Ségovie conduisent de nombreux voyageurs à la résidence royale connue sous le nom de

La Granja ou Saint-Ildefonse.

Ce palais, résidence d'été de la famille royale, fut fondé par Philippe V, qui acheta des moines de Saint-Jérôme de Ségovie l'emplacement actuel, où était autrefois une grange, d'où est venu le nom du palais. Les travaux de construction furent confiés à des artistes français nommés Dumandré, Pittué, Marchand, Boutelou ; Firmin et Thierry sculptèrent les fontaines et les statues. Le village du même nom, qui entoure le palais, et qui est situé à 2 lieues de Ségovie sur le versant occidental des monts Carpetans, contient une population de 2,000 âmes. Ce qu'il y a de plus remarquable à la Granja, ce sont les magnifiques jardins qu'on y admire. Avant de les décrire parlons des monuments :

Le palais n'a de remarquable qu'une belle façade. « Elle est formée, dit M. de Laborde, par huit colonnes de l'ordre composite, accostées de chaque côté de pilastres et de demi-colonnes; elles sont surmontées d'une attique avec quatre cariatides et deux médaillons : le tout est terminé par une balustrade ornée de quelques trophées. » On voyait dans les appartements du haut plus de mille tableaux de grands maîtres; les plus beaux ont été transportés à Madrid à l'époque de la fondation du musée. Les appartements du bas renferment un musée de sculpture; on y a réuni soixante statues antiques et beaucoup de bustes, d'urnes et de dieux termes : le nombre de ces chefs-d'œuvre de l'antiquité s'élève à deux cents.

Dans la première pièce, on rencontre deux grandes statues de Jules César et d'Auguste en bronze doré et en agate; un Pâris, une Vénus et une urne avec des bas-reliefs.

Dans la seconde pièce, on voit une Vénus, un Narcisse, un Bacchus, une Flore, un bel Apollon, un Méléagre et une Daphné en marbre blanc.

Dans la troisième pièce, il y a deux colonnes spirales en marbre rouge, un Antinoüs, un Hercule, un Ptolémée, un Jupiter, une Arachné, une Flore, toutes statues moins belles que les précédentes : huit bustes d'empereurs et de dieux, un beau faune avec une peau de tigre, un petit faune portant une chèvre, deux Vénus et deux statues fort belles où les uns croient voir Castor et Pollux, et les autres deux prêtres d'Isis, ou encore les déesses se sacrifiant pour la patrie; enfin une remarquable Vénus de l'Albane, tableau fort estimé.

Dans la quatrième pièce, on trouve huit muses assez mutilées, Pomone et Minerve, le buste d'Alexandre et celui d'Antinoüs.

Dans la cinquième pièce, on admire huit colonnes de marbre violet et jaune provenant de Cuenca, en Nouvelle-Castille; puis des pilastres, des bandes, des feuilles sculptées en marbre espagnol, et plus particulièrement en marbre vert de Grenade.

Dans la sixième pièce, il y a une collection de paysages de Jean François de Bologne, représentant les uns l'Artois et les autres la Flandre; deux allégories en mosaïque, une grande statue de Cléopâtre, une sibylle, un Jupiter, un Pâris, un Faune et deux petits taureaux.

La septième pièce contient quelques tableaux de petite dimension, des bustes, des bas-reliefs, un enfant couché, une urne antique avec un bas-relief représentant la naissance de Minerve.

Dans la huitième pièce, on admire une belle tête de Guido Reni, et une *Suzanne* du Tintoret.

Dans la neuvième pièce, il y a une petite statue de Sénèque fort estimée.

Dans la dixième pièce, à côté de deux statues colossales de Jupiter et d'Apollon, on remarque deux statues de pontifes que l'on croit être un Jules César et un Auguste.

Dans la onzième pièce, on cite un tableau copié de Jules Romain et représentant les amours de Mars et de Vénus, une belle tête d'Homère sculptée, trois statues antiques, Léda, Diane et Vénus, et un Ganymède avec un aigle.

Dans la douzième pièce, on voit deux grands lions, une urne de porphyre, les bustes de Philippe V et de Louis 1er, ceux de leurs femmes et celui du père de Philippe V. Une galerie voisine de ces pièces contient la belle collection de la reine de Suède Christine; elle se compose de statues, de têtes, de colonnes, de bas-reliefs, d'urnes antiques en bronze, en marbre et en porphyre.

La petite ville de Saint-Ildefonse possède encore, en fait de monuments, une église paroissiale, une collégiale et un hôpital; on y trouve aussi plusieurs manufactures. Le chapitre de la collégiale, composé d'un abbé et de douze chanoines, jouissait autrefois de grands privilèges dans le territoire de leur abbaye, qui comprenait neuf villages et six paroisses.

Dans l'église du chapitre, on trouve le mausolée de Philippe V, monument en marbre avec des ornements en bronze, où on lit l'inscription suivante placée sur le piédestal d'une pyramide surmontée d'un vase :

Philippo V principi maximo, optimo parenti Ferdinandus VI posuit.

Parmi les manufactures dont nous avons parlé, l'une sert à la fabrication d'ouvrages de fer et d'acier; une autre aux toiles de lin et de chanvre, elle a vingt métiers et deux machines; enfin on compte une verrerie d'où sortent des bouteilles et des verres blancs ciselés. Ces deux établissements sont estimés et dignes d'être une manufacture de glaces. Il faut aussi visiter l'intérieur de la collégiale; on y voit des dorures et des peintures assez belles, œuvres de Bayen et Maëlla; le maître-autel fut apporté de Naples. On y admire quatre colonnes de marbre rouge de Capra avec des ornements on jaspe. Le reste de l'autel est en porphyre et en lapis-lazuli.

Enfin les jardins font le principal ornement de ce palais; ils sont divisés en jardins hauts et bas : dans les premiers, on voit trois belles allées d'arbres plantés régulièrement; dans les seconds, des carrés de fleurs et d'arbres fruitiers. Le nombre des fontaines s'élève à vingt-six, avec des jets d'eau imités de ceux de Versailles; on fait jouer les eaux en été tous les premiers dimanches du mois, ce qui attire beaucoup de promeneurs de Ségovie, de Madrid et des lieux environnants. Parmi ces fontaines, il faut remarquer celle de Neptune, ornée d'un très-beau groupe, puis un grand bassin avec trois cascades où l'on arrive par un bel escalier de pierre : la première cascade est décorée de deux dragons, la seconde d'une tête de monstre marin, la troisième d'un groupe de figures, dont l'une est un Apollon écrasant le serpent Python, qui jette de l'eau par sa gueule à une hauteur de 11 mètres, etc., etc. Une rampe en forme d'escalier conduit à un parterre orné de vases, de statues de marbre assez belles, de carrés de fleurs de toute espèce avec un bassin représentant Andromède secourue par Persée contre le monstre bien connu de la Fable. En face du palais se trouve un autre parterre avec un bassin et des groupes où l'on voit Amphitrite traînée par des dauphins, des zéphyrs, des naïades, les allégories du Tage, du Guadiana, et celles de l'Asie, de l'Europe, du Printemps, etc. Cette seconde cascade n'est pas moins belle que la précédente. On remarque encore le bassin d'*Éole*, la fontaine du *Panier*, la fontaine de *Latone* et des *Grenouilles*, la place de *las Ochocallès*, où s'ouvrent huit belles allées avec autant de bassins et de jets d'eau, la fontaine des bains de Diane, enfin le beau parterre où se trouve la fontaine de la *Fama* (Renommée). Un rocher de plomb colorié en marbre s'élève au milieu d'un grand bassin ovale : « Il porte, dit M. de Laborde, à son sommet, la Renommée à cheval sur Pégase; elle lance à une hauteur de 40 mètres, une colonne d'eau de 6 centimètres de diamètre, qui retombe en nappes fines, présentant les plus belles couleurs au contact des rayons solaires; aux pieds de Pégase on voit quatre guerriers armés d'arcs, de flèches et de boucliers ; les quatre fleuves principaux de l'Espagne : le Tage, l'Èbre, le Guadalquivir et le Duero, appuyés sur des grottes, jettent par leurs urnes un immense volume d'eau qui tombe dans le bassin, tandis que des dauphins en grand nombre en jettent par la bouche et par les narines (1). »

On trouve auprès de la Granja des mines assez riches en granit et autres pierres fort belles; il faudra visiter également dans les environs le jardin de Robledo, propriété de la couronne, le palais de Rio Frio (fleuve froid), fort remarquable par son architecture; ce palais est en mauvais état. Enfin, en retournant à Ségovie, après 4 kilomètres de chemin, il sera bon de s'arrêter à la gracieuse maison de campagne de *Quitapesares*, que l'on rencontre sur la droite. Cette habitation, dont le nom traduit littéralement signifie *Quitte-Ennui*, a été bâtie par la reine-mère. La Granja fut le lieu de résidence du roi Ferdinand VII pendant sa longue maladie; c'est encore là qu'éclata en 1836 la révolution qui rétablit en Espagne la constitution de 1812.

(1) M. de Laborde, *Itinéraire de l'Espagne*, tome IV, page 162.

DEUXIÈME LIGNE.

PERPIGNAN A MADRID.

SOMMAIRE. — La Junquera. — Figueras. — Girona. — Hostalrich. — Arenys de Mar. — Mataro. — Vilasar de Mar. — Premia. — Lucata. — Masnou. — Montgat. — Badalona. — Barcelone. — Moncada. — Sardañola. — Sabadell. — Tarrasa. — Manresa. — Cervera. — Lérida. — Saragosse. — Alagon. — Epila. — La Almunia. — Ricla. — Calatayud. — Cetina. — Arcos. — Medinaceli. — Siguënza. — Jadraque. — Guadalajara. — Alcala de Henarès. — Madrid.

La Junquera.

En quittant Perpignan, on rencontre le village de *Volo* (El-boulou), qu'on laisse sur la droite; plus loin se trouve *Masdeu*, ancienne maison des Templiers; là on passe le Tech, puis on gravit le sommet des Pyrénées par le col du Perthus (ancien *Portus* des Romains), passage défendu par le château de Bellegarde; de ce château on traverse la ligne frontière qui sépare la France de l'Espagne, et on entre à Junquera (*Campus Junquarius*), bourg d'un millier d'habitants, appartenant à la province de Girone, et situé sur les confins de la France et de l'Espagne, près de la rive du Llobregat, qu'on y traverse sur un beau pont de pierre. Ce fut la patrie d'Antoine d'Aguilara, habile médecin du XVIe siècle. Le pays produit du blé, quelques grains, de l'huile, du vin, et on y élève des bestiaux. Si on quitte ce village pour se rendre à Figuières, où l'on arrive après quatre heures de marche, on traverse plusieurs fois le Llobregat, on rencontre le village de Hostalnou à 8 kilomètres de distance, puis la rivière de Muga qu'on passe à Pont-de-Molins; enfin, sur une étendue de 4 kilomètres jusqu'au port de Figuières, on parcourt la plaine d'Ampurdan, remarquable par ses nombreuses plantations.

Figueras.

Ville et place forte située sur une hauteur couverte d'oliviers et d'arbres fruitiers. Ses rues sont larges; on y voit une grande place carrée entourée de galeries couvertes. Il faut visiter l'église principale, l'hôpital, la citadelle, appelée sous le dernier règne du nom de San Fernando, l'une des places les plus fortes de l'Europe. Les édifices sont à l'épreuve de la bombe, et un système de mines très-compliqué a été établi. Dans l'intérieur de la citadelle, il y a deux casernes pouvant contenir seize mille hommes. Figuières, dont la population est de 7,500 habitants, est située à 44 kilomètres sud-est de Perpignan et à 12 kilomètres de la Junquera, dernier village espagnol, où commencent les Pyrénées, non loin du pont de Tech, qui sépare les frontières de France et d'Espagne.

La forteresse de Figuières fut prise par les Français en 1808, 1811 et 1823. On raconte que l'on voit encore sur le mur de la grande salle du conseil des taches d'encre qu'y fit un officier espagnol en jetant avec colère la plume qu'on lui offrait pour signer la capitulation. Figuières a peu de commerce; on y trouve deux auberges assez bonnes.

Girona.

Capitale de la province du même nom, ville de garnison et place forte, évêché, située à 80 kilomètres nord-est de Barcelone.

Cette ville a une belle cathédrale, un hospice, l'un des meilleurs d'Espagne, un théâtre, un collége, un séminaire, une école de dessin et une bibliothèque. Elle ne contient aujourd'hui que 15,000 habitants; fut à une époque reculée beaucoup plus peuplée; mais les rois d'Aragon, qui donnaient à leur fils aîné le titre de prince de Girone, se réfugiant de préférence dans cette place pendant leurs guerres avec les rois voisins, en firent le théâtre de luttes continuelles, et leur prédilection pour cette ville fut ainsi la cause de sa décadence.

Autrefois elle était très-commerçante, on y voyait beaucoup d'animation et elle avait le privilége de battre monnaie ; mais la gloire coûte cher, et Girone se rendit célèbre dans la guerre de l'Indépendance, par un siége de sept mois et six jours qu'elle soutint contre les Français. Les assiégés lancèrent alors sur l'ennemi plus de cent soixante mille boulets et vingt mille bombes ou grenades. Ils repoussèrent trois assauts, et les Français, qui perdirent dans cette occasion près de quinze mille hommes, ne s'emparèrent, en 1809, que d'une place dépeuplée par la famine et la peste. Elle avait été prise déjà autrefois par les armées françaises, en 1666 et 1694, et enfin en 1710 par Philippe V. Cette ville, dont le nom est en latin *Girunda*, est située au pied d'une montagne escarpée ; le Ter traverse et baigne ses murs. Les fortifications de la ville sont soutenues par plusieurs forts placés sur les montagnes environnantes, et qu'on appelle les forts du Connétable, du Capucin et de la Reine. Elle fut assiégée en 787 par Louis d'Aquitaine, fils de Charlemagne, auquel les chrétiens livrèrent la place après avoir massacré la garnison mauresque (1). En 1462, la reine d'Aragon et son fils, poursuivis par le comte de Pallas, général des Catalans révoltés, s'y réfugièrent, et furent délivrés par le sire d'Albret à la tête d'une armée française, au moment où le comte de Pallas, qui avait pris la ville, allait forcer le château. Les habitants de Girone, manquant au serment fait à Philippe V, ouvrirent en 1705 les portes de la ville à l'archiduc Charles, qu'ils proclamèrent roi sous le nom de Charles III. Ils défendirent ce prétendant pendant l'espace de six années, et ne furent réduits qu'en 1711 par les Français, sous les ordres du duc de Noailles (2).

Girone est la patrie d'Antic Roca, philosophe du XIVe siècle, qui composa un dictionnaire latin et catalan, et de Raphaël Mox, célèbre médecin du XVIIe siècle.

On trouve dans cette ville, des filatures de coton, de toiles communes ; on y fait commerce de bas, de lainages, de savon et de papier.

---

(1) M. de Laborde, *Itinéraire*, tome II, page 16.
(2) *Idem*.

Outre la cathédrale, on y voit un chapitre de collégiale et cinq paroisses; il y avait autrefois neuf couvents de moines; le quart de la population de cette ville se composait de prêtres, religieux, religieuses, clercs et étudiants. Il a été tenu à Girone deux conciles, en 517 et en 1068. Les plus beaux édifices sont la cathédrale et la collégiale. La première, bâtie sur la montagne, présente une façade fort remarquable placée au-dessus de trois terrasses à balustrades en granit; un superbe escalier, d'une largeur égale à la base de l'édifice, et qui compte quatre-vingt-six marches, contribue à embellir cette façade, ainsi que deux tours hexagonales dont elle est flanquée; les trois ordres dorique, corinthien et composite y sont mêlés sans régularité et sans goût. On voit dans cette église le tombeau du comte de Barcelone, dit Tête d'étoupe, et de la comtesse Ermesinde, morte en 1058. Le trésor de la cathédrale est fort riche en ornements, reliques, pierreries, etc., etc.

La collégiale, ou église de San Feliz, est composée de trois nefs coupées par des piliers avec une belle croisée au milieu; à sa façade on voit une tour très-élevée et très-ancienne, le tout est de style gothique; une chapelle bâtie à la fin du XVIIIe siècle renferme le corps de saint Narcisse; l'évêque Lorenzana en fit les frais; on lui doit aussi une communauté de béguines instituée pour l'instruction gratuite des filles pauvres et un pensionnat de demoiselles (1).

A 1 kilomètre de Girone, on rencontre un couvent de bénédictines où l'on ne reçoit que des jeunes filles qui peuvent faire preuve de noblesse. Ce couvent est l'un des principaux de la Catalogne. Enfin, dans le couvent des capucins de Girone, on admire une salle de bains arabes fort ancienne et d'une grande élégance. L'université de Girone, fondée en 1521 par Philippe II, fut remplacée en 1715, sous Philippe V, par les jésuites. Après leur expulsion, un seul collége réunit les différentes chaires de grammaire, de rhétorique, de philosophie et de théologie; on y compta jusqu'à neuf cents élèves. La bibliothèque est due aux pères jésuites.

---

(1) M. de Laborde, *Itinéraire de l'Espagne*, tome II, page 20.

Hostalrich,

Ville de 4,000 habitants, située à 50 kilomètres sud-ouest de Girone, et faisant partie de la province de Barcelone. Place forte avec un château fort. Les Français s'en rendirent maîtres en 1809, et battirent en 1810, sous ses murs, le général O'Donnel.

Arenys de Mar,

Ville de la province du diocèse de Girone, et située à 35 kilomètres de Barcelone, contenant 4,800 habitants. Cette gracieuse cité voit ses murs baignés par la Méditerranée. Sa principale industrie est la pêche. On y voit aussi une école de pilotage; les femmes et les enfants y travaillent des blondes et des dentelles fort estimées. On y voit quelques fabriques d'étoffes, de toile, de sel de Saturne, de savon et d'eau-de-vie, plusieurs métiers de bas de coton, et quelques tanneries. On remarque surtout trois chantiers fort anciens où l'on construit des bateaux de toutes grandeurs. Dans les environs, on admire des sites très-pittoresques, entre autres les ermitages du Calvaire et du Remède, visités chaque année par les étrangers et les baigneurs. Il ne faut pas oublier de s'arrêter en passant devant le bel hôpital bâti hors de la ville par les soins de M. Xifré, riche négociant catalan.

Mataro.

Cette ville, fort ancienne, compte 16,600 habitants. C'est un port de mer assez bon, avec un chantier pour la construction des bateaux. A l'époque de l'invasion des Maures, elle fut saccagée au point d'être réduite à une seule maison; peut-être est-ce l'explication du nom Mataro, qui semble venir de *matar* (tuer) en espagnol. La ville se divise en vieille et en nouvelle ville. La première, comme toujours, est placée sur une éminence, et la seconde, qui lui fait suite et est beaucoup plus importante, s'étend jusqu'à la mer. On y voit une cathédrale, deux couvents de nonnes et un collége. Parmi les rues de la vieille ville on remarque *la Riera*, espèce de promenade. La ville neuve est beaucoup plus soignée, et ses maisons, mieux construites, sont ornées pour la plupart de peintures à fresque, comme dans beaucoup d'autres villes d'Espagne. La population de cette ville augmente tous les jours; elle fut l'une des premières favorisée d'un chemin de fer. Mataro possède une garnison et un gouverneur. Au nombre des édifices publics, on cite l'église paroissiale et celle des frères de l'école Pie. On trouve deux bons tableaux de Vila-Domat dans la chapelle de Notre-Dame des Douleurs. L'un de ces tableaux représente saint Jacques combattant à cheval contre les Maures.

En fait d'antiquités, on admire dans la ville deux mosaïques, et quelques tombeaux dont l'un paraît dater de l'établissement des Grecs dans le pays. Il y a aussi une source thermale. L'industrie locale consiste en fabrication de velours, soieries, bas, blondes, dentelles et verreries. Plusieurs de ces fabriques fonctionnent par la vapeur; l'exploitation de la verrerie est fort ancienne et très-estimée. Il faut encore citer les fabriques de munitions de chasse, de savon, de suif, d'eau-de-vie, etc.; elles sont fort importantes si l'on en juge par celles des blondes, où travaillent plus de cinq cents ouvrières.

Vilasar de Mar.

Ville de 3,000 habitants. On y trouve un bon chantier pour la construction de bateaux de 200 à 300 tonneaux, quelques moulins à farine, et une église paroissiale de fort bon goût, quoique petite. A peine est-on sorti de Vilasar, qu'on traverse sur un pont le torrent de Cabrils; le chemin de fer est tellement encaissé dans cette partie de son parcours que l'on pourrait presque toucher de la main d'un côté les maisons de la ville, tandis que de l'autre les vagues de la mer baignent le pied du remblai; une double palissade entoure la voie jusqu'à la sortie de Vilasar; puis, le chemin continue à être ouvert de tous côtés et d'un accès libre comme une grande route. Il en est ainsi dans toute l'Espagne, et l'on a le droit de s'étonner que cet usage, maintenu par la négligence ou le manque de précautions, n'occasionne pas plus d'accidents. A droite, sur une hauteur, vous voyez en entrant dans la campagne les ruines du château de San Vicens de Bursiac. La tradition veut que des trésors se trouvent cachés dans les souterrains creusés sous ses ruines ; on y a fait souvent des fouilles infructueuses ; ce château est un reste de la féodalité. On sait que le comté de Barcelone fut organisé de bonne heure d'une façon différente du reste de l'Espagne ; et s'il a jamais existé dans la Péninsule une véritable féodalité comme celle de France et d'Allemagne, c'est en Catalogne, en Navarre, dans les provinces basques et dans le royaume de Léon qu'il faut en chercher les traces ; tous les autres souvenirs que rappellent les diverses fortifications, tels que tours, châteaux forts, etc., épars sur le sol ibérique, sont presque tous d'origine mauresque ou romaine, et ne datent nullement des temps féodaux.

La ligne que nous parcourons passe ensuite le torrent de Cabrera, nom du joli village situé au pied du château déjà cité ; plus loin, à gauche, on voit quelques maisons du lieu appelé Sainte-Hélène, et par l'espèce de gorge laissée dans le lit du torrent Argentona, on découvre au loin les cimes élevées du Monseny (1) ; ensuite on passe le torrent qui précède sur un pont de 300 mètres de long, et on entre dans la plaine de Mataro. Le village d'Argentona, situé à 2 kilomètres au nord, possède des sources d'eaux carbonatées ; en arrivant plus près de Mataro, on découvre une quantité de maisons de campagne qui sont d'anciennes tours servant à la défense du pays ; ce qui explique le nom de *Torres* donné aux villas des environs de Barcelone. Enfin, après avoir passé le moulin de Llauder et traversé quelques jardins, on arrive à Mataro. En suivant cette ligne, nous nous retrouvons au torrent de Cabrils et nous nous arrêtons à Premia

Premia,

Bourg de peu d'importance, où l'on trouve 1,500 habitants et quelques fabriques. La principale industrie locale est le cabo-

---

(1) Mllado, *Guide en Espagne*, page 808.

tage. Le sol produit du vin, du blé, de l'orge et des légumes. A cette station, notre ligne se croise avec le chemin de fer de Barcelone à Mataro. Il y a sur la route un sanctuaire appelé *la Vierge de Sisa*, qui attire un grand concours de pèlerins le jour du 1er mai.

Lucata.

Village qui n'est remarquable que par les chantiers de gros bateaux qu'on y voit.

Masnou.

Antique village où existaient autrefois trois tours mauresques dont on trouve à peine vestige aujourd'hui. La population est de 3,000 habitants, parmi lesquels beaucoup de marins. La navigation est, avec la fabrication du vin, la principale industrie du lieu. Nous rencontrons sur la route l'ermitage *del Salvador*, situé sur une hauteur, le torrent de Taya, la vieille église et quelques maisons du village de ce nom, la montagne de San Mateo et quelques vignobles. La station de Masnou est remarquable par ses points de vue pittoresques ; on y voit d'un côté la Méditerranée, puis, se détachant sur ce fond azur, les tours de Montgat et plus loin les montagnes de Tibidabo et de Garaf, et à l'autre extrémité le château de Monjuich, qui domine Barcelone. A Masnou on trouve une auberge appelée *la Ocata*, du nom du quartier où elle est située. Il faut visiter la maison consistoriale, dont la façade est très-belle, et les chantiers de construction pour les bateaux.

Montgat,

Où l'on passe un tunnel de 160 et quelques mètres de long. Montgat est dans une position assez pittoresque : on voit d'un côté la mer, de l'autre les montagnes, et au milieu du cadre, le chemin de fer, la route royale, un pont, un tunnel, deux tours qui servent de télégraphes, des barques de pêcheurs et de temps en temps un train qui passe, ou quelques bateaux à vapeur allant à Barcelone ou à Marseille. Montgat est situé dans la vallée de Tiana. On y trouve une fonderie de fer appelée *la Metalurgica Catalana*. La façade d'entrée du tunnel est assez belle.

Badalona.

Dernière station avant Barcelone. Cette ville, de 10,000 âmes, passe pour fort ancienne. On croit qu'elle fut connue des Romains sous le nom de Bétulon. On y trouve quelques fabriques à vapeur de tissus de coton, de toile à la mécanique, de vernis pour chaussures, de boutons, de vitriol. Ajoutez à cela la pêche et la construction de bateaux de toutes grandeurs jusqu'à 60 tonneaux de capacité, et vous aurez le détail de l'industrie locale. Le sol produit du blé, de l'orge et du maïs. Autrefois on y récoltait beaucoup de vins. Les environs donnent des fèves, des pommes de terre, de la moutarde d'excellente qualité, des betteraves, quelques fruits et des légumes. Au sortir de Montgat on passe les deux torrents de Cañado et de Matamoros ; sur le flanc de la montagne voisine sont disséminés quelques maisons et plusieurs fours à chaux (il y en a beaucoup dans le pays). Enfin nous entrons par le chemin de fer du Centre (1), voisin de celui du Nord, à Barcelone.

Barcelone.

Capitale de la province de ce nom, seconde ville d'Espagne, ayant une population de 183,500 habitants. Cette ville, qui a fait de grands progrès dans ces derniers temps, fut fondée, dit-on, par Amilcar Barca, général carthaginois ; son nom, en latin *Barcino*, indique assez cette origine. Elle passa successivement sous la domination des Romains, des Goths, des Maures et des Français, qui l'enlevèrent à ces derniers dans le IXe siècle. Elle forma ensuite le comté de Barcelone, réuni d'abord à la couronne d'Aragon, et plus tard, dans le XVIe siè-

---

(1) Ces désignations ne sont employées qu'à Barcelone.

cle, à la monarchie espagnole. Barcelone est un port de mer assez grand, quoique barré. La ville est située à 500 kilomètres nord-est de Madrid par 0' 12" longitude ouest et 41° 23' latitude nord. Le comté de Barcelone releva de la France jusqu'en 1258 ; il fut créé par Charlemagne et réuni au royaume d'Aquitaine ; en 888 il fut donné, à titre de fief héréditaire, au comte Geoffroy le Velu, dont le descendant, Raymond Bérenger, maître du reste de la Catalogne et du midi de la France jusqu'à la Provence inclusivement, monta sur le trône d'Aragon en 1137. Ce fut en 1258 que ce comté fut déclaré indépendant de la France. La dynastie des comtes de Barcelone devenus rois d'Aragon s'éteignit en 1412. L'étendue de ce comté était considérable. Il allait de l'Èbre aux Pyrénées et même au delà, car on y comprit pendant un certain temps le Roussillon.

Les Arabes s'emparèrent de Barcelone en 986, les Français en 1697, 1714, 1808 ; enfin, cette ville fut célèbre par les insurrections si terribles de 1842, 1843 et 1854. C'est le séjour du capitaine général de la Catalogne, d'un intendant, d'un évêque suffragant de l'archevêque de Tarragone, d'un gouverneur civil de la province. On y voit une audience, une junte de commerce, une banque, cinq casernes, une administration principale des postes et des loteries, deux bons théâtres dont l'un s'appelle *le Lyceo* (1), enfin deux magnifiques promenades dont la plus belle s'appelle *la Rambla*, autrefois lit du torrent Riera den Malla, qui baignait les murs de Barcelone et sépare aujourd'hui la vieille ville de la nouvelle ; cette promenade, plantée de beaux arbres, et plus large que les boulevards de Paris, se prolonge jusqu'en dehors de la ville dans la campagne, par la magnifique avenue qui conduit à la jolie ville de Gracia, où l'on va aussi en chemin de fer. L'autre promenade s'appelle *la Plana* ; elle commence au jardin du capitaine général et finit à la porte Neuve. Les rues de Barcelone sont excessivement étroites et mal pavées ; la population est trop nombreuse pour l'étendue de la ville, autrefois enfermée dans un cercle très-étroit.

(1) Incendié en 1861.

En 1854, c'est-à-dire à la révolution qui amena la chute du ministère Sartorius, les habitants de Barcelone démolirent les murailles de leur ville, et depuis cette époque de nombreuses maisons bâties en dehors des portes lui ont donné une extension telle que dans peu d'années Barcelone se confondra avec les nombreux villages situés aux environs, et deviendra une des plus belles villes de l'Europe. Le mouvement commercial qui se fait dans la Méditerranée, les progrès nombreux et rapides de l'industrie catalane, l'accroissement successif de sa population, des travaux importants projetés pour son port, les différentes lignes de chemins de fer qui s'y rencontrent : ligne du Nord pour Perpignan, ligne de Saragosse, ligne de Valence, petites lignes additionnelles de Mataro, de Gracia, de Granollers, de Martorell; l'immense développement de la campagne environnante qui, comme à Rome, quoique sur une échelle moins grande, est embrassée par une chaîne de montagnes qui forme jusqu'à la mer un vaste demi-cercle de 4 à 5 lieues de rayon, tout semble appeler cette ville à un avenir des plus brillants. Barcelone est véritablement aujourd'hui la capitale de l'Espagne industrielle, comme Madrid est la capitale de l'Espagne administrative. Plusieurs milliers d'étrangers, presque tous Français ou Italiens, y ont fait des établissements permanents, qui contribuent puissamment à l'activité de l'industrie catalane. Barcelone est aussi une place forte; sa citadelle, que l'on considère comme l'une des meilleures de l'Espagne, porte le nom de château Montjuich; elle domine d'une hauteur très-élevée toute la ville et les environs. C'est la seule éminence que l'on trouve dans ce vaste fer à cheval que nous venons de décrire; inaccessible de tous côtés elle s'élève au bord de la mer et au sud-est de Barcelone; c'est le roi Philippe V qui fit construire ce château. On y monte par un petit sentier fort rapide et par une route créée pour les besoins de la garnison. Cette forteresse a un gouverneur particulier, des magasins et tous les établissements nécessaires en cas de siége. Elle peut tenir en respect une flotte qui approcherait des côtes ; mais elle semble plutôt faite pour maintenir les turbulents habitants de Barcelone; c'est à quoi elle a servi dans les fréquentes insurrections qui ont ensanglanté cette ville. Il y a une autre citadelle beaucoup moins importante située à l'autre extrémité de Barcelone, et connue sous le nom d'Atarazana. Les ouvrages de défense y sont multiples et surchargés de cavaliers, de demi-lunes et de batteries à triples étages; pourtant cette place est dominée par les maisons de la ville, et ne pourrait servir qu'à défendre l'entrée du port si elle n'en était déjà trop éloignée. Elle communique cependant par un chemin couvert à un fort détaché situé à l'extrémité du faubourg de Barcelonette, et qui, avec quelques autres forts faisant ceinture autour du quai, forme un système assez complet de défense pour la ville et le port.

En fait d'édifices à visiter, nous avons le palais de la Reine, ceux de la Bourse, de la Douane, où l'on va par le beau quai appelé *Muraille de la mer;* parmi les maisons dont la plupart sont peintes et ont des façades embellies par de nombreux balcons, on remarque celle de Dufay, rue de Rigomir, celle de Santa-Colonna, aujourd'hui propriété du duc de Medinaceli; il y a encore six hôpitaux, une maison de charité et un hospice. L'hôpital de Saint-Sever est destiné aux prêtres, un autre aux pèlerins, un troisième aux orphelins et un quatrième aux incurables. L'hôpital général est très-vaste; dans l'hospice on fait travailler un millier de pauvres : les femmes à la dentelle, les hommes au chanvre, à la laine, au coton. On voyait autrefois à Barcelone, entre la rue de la Boqueria et la place de la Trinidad, sur le lieu appelé *l'Arenaria*, les ruines d'un amphithéâtre romain, dont il ne reste plus trace aujourd'hui. On trouve dans l'escalier du collége des Carmes, à la Rambla, un pied de femme en marbre, chaussé d'une sandale, et dont la forme est remarquable (le tout est colossal); un reste de mosaïque au parvis de l'église Saint-Michel, un arc très-élevé rue des Capellans, et qui faisait partie autrefois d'un aqueduc romain; un bassin de marbre blanc fort beau et fort ancien dans la maison de l'archidiacre, près de la cathédrale; derrière ce monument chrétien, dans la rue du Paradis, on voit six grosses colonnes cannelées de marbre blanc sur des piédestaux très-simples et de très-bon goût; les chapiteaux sont d'ordre corinthien; ces vestiges paraissent avoir appartenu à un temple romain. Une maison située au coin de la rue de la Boqueria contient plusieurs pièces soutenues par des colonnes irrégulières avec des cintres, le tout en style mauresque. Sur la place de la Cucurulla, la maison des Pinos est ornée de médaillons antiques, de têtes d'empereurs; sur l'une d'elles on lit l inscription : *Augustus Pater*; on y voit une statue mutilée de Bacchus et des bas-reliefs. Cette maison, qu'on avait rebâtie sous le dernier règne, presque détruite pendant le siége de 1713-1714, avait été laissée dans cet état par les Pinos, qui en étaient propriétaires, comme souvenir de leur fidélité à la maison d'Autriche et de leur haine pour Philippe V. Barcelone contient encore quelques édifices publics dignes d'attirer l'attention, à savoir : la cathédrale, qui date du xiiie siècle et dont la façade n'est point terminée; cette église est composée de trois nefs séparées par douze colonnes gothiques en faisceaux; des tribunes obscures ornées de colonnes plus petites surmontent les arcs que l'on voit au-dessus des piliers dont nous venons de parler; les nefs latérales se rejoignent derrière le sanctuaire. Entre la grande porte et le chœur s'élève un dôme de style gothique; il est orné de huit tribunes à colonnes et à balustrades. Près de la porte de la sacristie, deux urnes en bois contiennent les cendres des époux fondateurs de l'église, le comte de Barcelone Raymond Bérenger et la comtesse Almodis. Dans une chapelle souterraine on garde les reliques de sainte Eulalie, patronne de la ville; la châsse est fort belle. Un cloître, placé à côté de la cathédrale, était autrefois destiné à élever des oies. Cette fondation, très-ancienne, viendrait-elle des Romains (1)?

Le couvent de la Merci, dont le cloître est très-beau; on y admire un portique à quatre faces avec seize arcades que supportent vingt colonnes d'ordre dorique en marbre gris; des pilastres de même marbre décorent les murs intérieurs; on y voit aussi comme une tapisserie de carreaux de faïence : il y avait autrefois dix-neuf grands tableaux relatifs à la fondation de l'ordre. Le couvent de San Francisco possède une grande et belle église gothique, qui sert de sépulture à plusieurs princes et princesses d'Aragon. Dans le couvent des dominicains, il faut visiter l'église de Sainte-Catherine, bâtie en pierres de taille et d'une seule nef; le vestibule, situé à l'entrée des cloîtres, renferme le mausolée en marbre blanc d'un général de l'ordre, Thomas Ripoll, mort à Rome en 1733. L'un des cloîtres est

(1) M. de Laborde, tome II, page 45.

fort, beau; il est gothique; ses faces opposées sont ornées d'urnes, de mausolées et de statues en marbre; ses murailles étaient en quelque sorte le musée de l'Inquisition, car on y voyait de nombreux tableaux représentant des bûchers, des diables emportant les corps des suppliciés, des exécutions de toute espèce, chacun avec une inscription indiquant le supplice, la profession, l'âge, la patrie, le nom du patient. La plus ancienne date était 1488 et la plus moderne 1728; un tableau exécuté en 1745 est la représentation de tous les supplices infligés par l'Inquisition, et dont les instruments étaient autrefois disposés dans un même lieu, ainsi que l'inscription placée sur la porte du cloître. L'église de Sainte-Marie de la Mer, qui date du XVe siècle, est par sa régularité l'une des plus belles de la ville; on y voit cinq tableaux de Vila-Domat, représentant la Passion. L'hôtel de ville à l'intérieur est orné de colonnes gothiques avec des sculptures d'une grande finesse; la façade qui donne sur le jardin est assez belle. L'hôtel de la députation, ancienne chambre des états de la Catalogne, sert aujourd'hui à l'audience royale : cet édifice rappelle les beaux palais de l'Italie, et quoique d'un style moins pur qu'eux, il est très-remarquable; c'est là qu'est le dépôt des chartes et archives de la couronne d'Aragon. Parmi ces parchemins, dont quelques-uns remontent au VIIIe siècle, on trouve des contrats de mariage, des testaments faits par les rois d'Aragon et les comtes de Barcelone, des concessions, des privilèges, ainsi que des traités de paix; ces archives sont en bon état. Le palais des comtes de Barcelone et des rois d'Aragon est situé près de la cathédrale; sous Ferdinand VII on y avait installé l'Inquisition, son tribunal et ses prisons.

Ce palais, aujourd'hui inhabité, est réservé pour la reine; il est remarquable par la noble simplicité de sa construction, la bonne distribution et la grandeur de ses salles, mais est plus gracieux qu'imposant. Le style de sa construction n'a rien de sévère, il semble que ce soit un lieu de plaisir, et à première vue, le voyageur croit voir la demeure d'un de ces rois efféminés de l'Orient; cet édifice n'a pourtant pas le style mauresque; mais on y trouve comme un vague souvenir de cette architecture si répandue en Espagne. Le palais du général, construit en 1444 pour servir de halle aux draps, devint en 1514 l'arsenal de la couronne; il fut confisqué en 1652 par le roi Philippe IV, qui en fit la demeure des vice-rois de Catalogne. « C'est, dit le comte de Laborde, un grand édifice régulier et carré, surmonté de créneaux et couvert en dehors par de mauvaises peintures à fresque. » La Douane, construction moderne, fut bâtie par les soins de Roncali et finie en 1792. La Bourse (*Lonja*) est un monument beau quoique irrégulier ; sa façade principale a trois portiques, dix colonnes d'ordre dorique, une galerie à terrasse et un beau vestibule ; le second corps a quatre pilastres d'ordre ionique, séparés par trois fenêtres ornées de six colonnettes ; cette façade, en pierre de taille, se termine par un attique orné de sculptures. La salle de spectacle, appelée le *Lyceo* (1), est l'une des plus belles d'Espagne ; à la façade du vestibule, on voit trois arcades avec quatre colonnes ioniques ; le second corps est orné de quatre colonnes d'ordre corinthien. Malgré tout ce luxe de colonnes, cette façade a une assez pauvre apparence ; l'intérieur du théâtre est plus remarquable par sa grandeur et sa bonne disposition. — Terminons cette nomenclature en mentionnant l'École de chirurgie, avec sa belle galerie et son vaste amphithéâtre qui n'est pas assez élevé et est trop orné de bronzes et de dorures ; la *casa de los estudios*, ancienne université ; les deux bibliothèques publiques, dont l'une, à l'École de chirurgie, est destinée aux ouvrages de médecine, et l'autre, plus considérable quoiqu'incomplète, contient beaucoup de livres de théologie, d'histoire et de jurisprudence ; le cabinet d'histoire naturelle de D. Jacques Salvador ; les quatre académies de belles-lettres, de médecine pratique, de chirurgie et de pharmacie.

Barcelone est la patrie de : Pierre Bossan, poëte du XVIe siècle, de l'historien Pujades, de Jacques Salvador le naturaliste, du peintre Vila-Domat. Barcelone est surtout remarquable par son activité industrielle ; il serait trop long d'énumérer toutes les fabriques qu'on y voit et les établissements de toutes espèces où l'on emploie des milliers de bras. On y travaille la toile peinte, les indiennes, la soierie, les rubans, les galons de soie, la dentelle, les blondes, les crépines d'or et d'argent, les chapeaux, les papiers peints, les étoffes de coton, les flanelles, les draps, les couvertures et étoffes demi-coton, les

(1) Brûlée en 1861.

soies, unies, rayées, de même nuance ou de plusieurs couleurs; les souliers, qui sont une des principales branches de l'industrie de Barcelone. M. de Laborde dit qu'on en exporte tous les ans sept cent mille paires. Il s'est formé dans ces derniers temps beaucoup d'établissements industriels avec des machines à vapeur. Le port a un grand mouvement. Le sol des environs, quoique assez cultivé, est peu fertile; enfin, Barcelone est une ville industrielle et opulente. On y trouve beaucoup de riches habitations et des maisons d'un certain luxe. Un quartier placé en dehors de la ville, et qu'on appelle *Barcelonette*, est remarquable par l'uniformité et le peu d'élévation de ses maisons et par la régularité de ses rues : c'est le faubourg des pauvres; on dirait une ville de *gitanos*.

Il faut encore visiter les environs de Barcelone, les belles promenades qu'on y voit du côté de Montjuich et de Gracia. La partie située vers Mataro est moins belle ; le terrain y est sablonneux, et l'on n'y voit point d'arbres. Si l'on va de ce côté, on fera bien d'entrer dans le cimetière de Barcelone, qui est à un quart de lieue de la ville, et qui est remarquable, comme tous ceux d'Espagne, par cette particularité que les morts n'y sont point enterrés, mais logés dans des casiers superposés et qui forment galerie autour du cimetière; ces casiers sont en briques et en maçonnerie, et chaque place est indiquée par une inscription avec le nom du défunt. Il y a jusqu'à dix compartiments ainsi superposés. Ces cases sont hermétiquement fermées, et les gens du pays prétendent que cette singulière coutume est venue d'une pensée de salubrité publique. Il n'en est pas moins curieux de voir les visiteurs venir prier près de ces tombes, et lever la tête plus ou moins vers le ciel, suivant l'étage qu'habitent leurs parents.

Les routes de terre que nous parcourrons plus tard nous conduiront aux localités plus ou moins importantes, desservies par les voitures. (Voir les annexes de notre Guide.)

Plus tard encore, dans notre voyage maritime, la vapeur nous transportera et nous déposera aux points principaux du littoral; nous visiterons les îles espagnoles de la Méditerranée;

Nous pousserons même nos excursions jusque sur les côtes africaines.

Mais pour le moment, continuons à nous diriger vers Saragosse.

Des bateaux à vapeur conduisent à Mayorque et des diligences dans toutes les directions.

Moncada.

Bourg de 5 à 600 habitants, situé près de la rivière *Besos* (baisers). Ce bourg est aussi la première station de Barcelone à Granollers; le chemin de Saragosse tourne à gauche en ce point, et, prenant par la vallée, laisse sur la droite la montagne de Matamoros où eut lieu une sanglante bataille entre les Catalans et les Maures. Moncada s'appelle aussi *Moncada y Reixach*. On y voit une paroisse et quelques maisons. Le pays produit du blé, du chanvre, des légumes et du vin.

Sardañola.

Qu'on aurait mieux fait d'appeler aussi station de Ripollet, attendu que ce dernier village est situé à droite et sur le bord même de la voie, tandis qu'il faut un quart d'heure pour aller à Sardañola. Ces deux points n'offrent d'ailleurs rien de remarquable. En sortant de Sardañola, on voit à gauche la tour de l'église du village, et un peu plus loin la sombre masse du château Saint-Martial qui domine le pays. On traverse ensuite des bois, puis des champs très-cultivés, et la voie, après avoir décrit une courbe très-marquée, traverse la station de Sabadell.

Sabadell.

C'est une ville de plus de 14,000 âmes; elle est l'une des plus riches de la province; on y trouve beaucoup de fabriques, et la ville est éclairée au gaz. Il y a un beau théâtre qui communique avec un *casino* (espèce de cercle très-répandu en Espagne), où l'on a déployé un grand luxe et une grande recherche. Il y a encore une maison de charité, de très-beaux cafés, deux autres casinos moins beaux que le précédent, dont l'un possède pourtant une bibliothèque. Enfin les habitants de Sabadell montrent avec orgueil leurs établissements industriels, dont quelques-uns sont presque des monuments; il y en a au surplus une centaine, dont quatre-vingts pour le travail de la laine et vingt pour le coton. Ces fabriques occupent en temps ordinaire plus de neuf mille personnes. Près de la ville on voit les ruines du vieux château de Rahona, dont parlent les chroniques du XIIIe siècle. Le sol du pays, baigné par le Ripoll, produit du blé, de l'orge, du maïs, des légumes et toute espèce de fruits. La partie du chemin qui mène à Tarrasa est très-pittoresque : on rencontre sur la gauche le village de la Créu-Alta, qui se compose de plus de cent cinquante maisons et fut autrefois célèbre par son couvent de nonnes. A l'horizon et au-dessus de ce village, se détache, dans l'azur du ciel, la cime du mont Serrat. Sur la droite coule le torrent du Malconsell (mauvais conseil). Auprès du village de San Esteban de Castellar, plus loin encore dans la même direction, on voit le mont San Lorenzo, et sur son flanc le petit village de la Marieta; les deux côtés du chemin sont bordés de riches et gracieuses maisons de campagne, puis on traverse une vaste plaine qu'arrose l'Arenas, et enfin, après avoir passé sur un remblai, on arrive à Tarrasa.

Tarrasa.

Ville municipale, chef-lieu de juridiction judiciaire dans la province de Barcelone, et appartenant au même diocèse; elle contient 8,800 âmes; on y voit de beaux édifices, d'agréables jardins, des places et des rues régulières. Elle possède, comme industrie, des fabriques de drap très-renommées; on y travaille aussi les tissus de coton, et il y a des moulins à farine. Son commerce consiste, pour l'importation, en grains, laines, cotons et autres articles coloniaux; pour l'exportation, en vins, bois de construction et de chauffage, et produits manufacturés.

Le sol produit des céréales, et le pays est très-boisé; il y a à Tárrasa deux foires, l'une en janvier, et l'autre le 29 septembre. Outre les produits agricoles et industriels dont nous avons parlé, on y trafique beaucoup de mulets, d'ânes et de chevaux.

Manresa.

Ville, chef-lieu judiciaire de la province de Barcelone, appartenant au diocèse de Vich, sur la rive gauche du Cardoner, non loin du Llobregat, par les 41° 44′ 7″ de latitude nord et les 0° 30′ 10″ de longitude est. Cette ville reçoit les eaux du Llobregat, qui suit les montagnes en longeant la vallée de Manresa, avec une élévation de 1,700 pieds au-dessus du niveau de la mer. Le sol produit du reste toutes sortes de céréales et est planté d'oliviers. Malgré les malheurs qu'éprouva cette ville, incendiée au commencement du dernier siècle, et théâtre de luttes continuelles pendant la guerre de l'Indépendance, sa population atteint cependant le chiffre de 15,000 âmes, et son industrie est très-florissante. On y trouve une quantité de fabriques de tissus de toute espèce, quelques-unes de chocolat, d'eau-de-vie, de sel de Saturne et de papier, enfin des fabriques de draps sur les rives des cours d'eau qui baignent ses murs.

Cervera.

D'une population de 5,200 habitants; on y voit quatre places, et ses rues sont bien pavées, quoique quelques-unes un peu trop rapides et pénibles à monter. Le terroir est fertile et bien cultivé et produit en abondance du vin, de l'huile, des grains, des amandes, du chanvre et de très-bons légumes; le vin est surtout très-renommé. Philippe V lui concéda le titre de ville pour la récompenser de sa fidélité et de son adhésion à la cause des Bourbons; il l'embellit en lui donnant une université. La bibliothèque n'a pas reçu l'augmentation nécessaire à cette création; on y voit cependant un Virgile très-rare, deux *Vindelino* imprimés à Venise en 1470, et ornés d'images très-fines.

A trois quarts de lieue de Cervera se trouve le petit village d'Hostalets et la station de poste de Panadella, tristement célèbre par l'exécution de deux cent soixante-seize prisonniers, que le chef carliste Tristany fit à la colonne Oliver, des troupes de la reine, dans la dernière guerre civile.

Lérida.

En latin *Ilerda*, ancienne capitale du pays des Ilergètes, dont les deux derniers princes, Mandonius et Indibilis, périrent, le premier, livré aux Romains par ses propres soldats; le second, dans une bataille qu'il perdit contre eux. Scipion défit près de cette ville, en 276 avant Jésus-Christ, le général carthaginois Hannon, et César fit mettre bas les armes, presque sans combat, par une manœuvre des plus habiles, aux légions commandées par Afranius et Pétrius, lieutenants du grand Pompée. Cette ville fut longtemps la résidence des rois d'Aragon; elle fut prise par les Français, sous Louis XIII, mais le grand Condé l'assiégea inutilement en 1647. Le duc d'Orléans s'en empara en 1707, pour le compte de Philippe V, et les Français la prirent encore en 1810. Les Romains y avaient établi une colonie appelée *Municipium Ilerdense;* sous les Goths, il se tint dans ses murs un concile célèbre en 528; d'abord assujettie sous les Maures aux califes de Damas et aux rois de Cordoue, elle eut ensuite ses propres princes. En 1149, Raymond Bérenger, dernier comte de Barcelone, en fit la conquête sur les Maures, et la réunit à la Catalogne. — Lérida, place forte de première classe, siége épiscopal, est située sur la rive droite de la Segre. Elle compte 19,600 habitants. Les édifices remarquables sont la cathédrale et le château d'eau. Il manque, autour de la cathédrale, une place spacieuse pour favoriser le développement de son architecture. Du haut de la colline où est située la ville, on aperçoit les restes de l'ancien palais des rois d'Aragon; là se trouvait aussi l'ancienne cathédrale où l'on voyait les tombeaux d'Alphonse IV, mort en 1325; celui de Nicolas Moratell, célèbre savant du XVIe siècle, enfin quelques inscriptions romaines; le tout a été transporté dans la nouvelle cathédrale. Il y a dans la ville une maison de charité appelée *Casa de Beneficencia*, un hôpital militaire, un hospice, deux écoles gratuites pour les enfants, un séminaire, deux établissements d'instruction primaire, une école normale et un lycée où l'on apprend le français, l'anglais et le dessin.

Les produits du pays sont des fruits, des grains et des légumes; le commerce des grains y est très-actif avec la province d'Huesca. On y trouve une fabrique de verreries; il y a quelques bonnes auberges, deux stations de diligences où on loge aussi des voyageurs. Enfin la ville possède un beau pont jeté sur la Segre.

Saragosse (Zaragoza).

Cette ville importante, capitale de la province du même nom et de l'ancien royaume d'Aragon, résidence d'un capitaine-général et d'un archevêque, située sur la rive droite de l'Èbre avec un faubourg sur l'autre rive, contient une population de 63,446 habitants.

On croit que Saragosse fut fondée par les Phéniciens; les Romains la connaissaient sous le nom de *Cesarea Augusta*, et plus anciennement sous celui de *Salduba*; les Goths s'en emparèrent en 470, et les Arabes, après la bataille de Xérès; en 1017, elle devint la capitale d'un état maure indépendant; en 1118, elle fut reprise sur les Maures par Alphonse le Batailleur, roi d'Aragon. L'archiduc Charles battit Philippe V sous ses murs; enfin, cette ville soutint contre les Français en 1808 et en 1809 deux siéges célèbres qui justifièrent le titre de *Cité toujours héroïque* donné à cette ville, et valurent à Palafox, général espagnol, son défenseur, le titre de duc de Saragosse. Ces deux siéges se succédèrent dans l'espace de huit mois, et la ville ne se rendit en février 1809 qu'après avoir perdu 30,000 habitants; elle n'était plus que ruines et décombres; on trouve encore aujourd'hui les traces de cette lutte acharnée. Dans cette occasion, Saragosse vit détruire le bel édifice de sa députation provinciale, consumé par les flammes pendant le second siége, avec les archives du royaume, dont la perte fut irréparable. Quand on a vu Saragosse, on comprend difficilement que cette ville ait pu opposer à l'ennemi une résistance aussi grande; le courage et l'opiniâtreté proverbiale de ses habitants ont remplacé les remparts et les fortifications qui y manquent. Cependant cette ville, située entre l'Èbre et une petite rivière canalisée, serait facilement fortifiée. Si l'on veut voir les traces des siéges dont nous venons de parler, il faut suivre les murs de la ville, en passant devant les portes del Carmen, de San Engracia, del Sol et de la Puerta Quemada (brûlée) dont le nom explique assez les souvenirs.

PROMENADES. — Il y en a cinq: l'avenue qui s'étend depuis les bords du Galego jusqu'aux portes de la ville; une autre promenade appelée Macañaz longe les bords de l'Èbre et conduit à Suslivol; la promenade de Santa Engracia suit les bords de la Huerva, dans la direction du mont Ternero. On y voit beaucoup de maisons de campagne, appelées *torrès*; un boulevard planté d'arbres fait le tour de la ville et est terminé des deux côtés par les quais de l'Èbre, qui sont assez beaux, assez vastes, mais trop nus et peu fréquentés. Enfin, une autre promenade courte, mais belle, plantée de beaux arbres, avec cinq allées; celle du milieu sert aux carrosses et aux équipages; une autre est le lieu de rendez-vous des élégants, vers le soir, aux heures voisines du dîner; cette promenade est située aux portes de la ville, on y arrive en quittant le *Coso*, une des principales rues de Saragosse, qui servait autrefois de promenade publique à l'instar du *Corso* de Rome. A cet endroit, on rencontre une magnifique rue ou Mail, qui est le commencement de cette promenade; c'est là qu'on trouve le principal établissement de bains de la ville; le quartier de la garde civile (gendarmerie), et le couvent de Jérusalem, édifice peu remarquable, si ce n'est qu'il servit de retraite ou de prison à la maîtresse du Trouvère, qui a inspiré le bel opéra de Verdi. Voici comment on m'a raconté à Saragosse même cette légende:

« Le Trobador (Trovatore) était le fils aîné de la maison des
» comtes de Luna; il tomba malade étant encore enfant. Son

» père attribua cette maladie à l'influence d'une gitana qui
» s'était arrêtée devant son château. Il la fit brûler vive, d'après
» les mœurs du temps. La fille de la gitana, pour venger la
» mort de sa mère, enleva l'enfant et jura de le brûler ; elle
» se trompa et jeta dans une chaudière bouillante son propre
» fils. Cette erreur sauva la vie du jeune comte, qui, plus tard,
» devint habile capitaine, et entra au service d'une maison
» qui prétendait au trône d'Aragon. Le Trobador, ainsi appelé
» parce qu'il chantait à ravir, combattit pour défendre ses
» maîtres contre sa propre famille, qui soutenait le parti
» opposé, dont son frère cadet était devenu le chef. Cepen-
» dant le Trobador devint amoureux d'une demoiselle noble,
» fiancée à ce même frère, le comte de Luna. La jeune fille,
» qui aimait aussi le Trobador, fut enfermée dans le couvent
» de Jérusalem. Le Trobador l'enleva, mais, poursuivi par le
» comte de Luna, il fut vaincu, pris et décapité. Sa maîtresse,
» enfermée de nouveau dans le même couvent, y finit ses
» jours. La gitana, voulant avoir une vengeance plus complète,
» fit connaître alors à la famille de Luna le vrai nom du
» Trobador. Après la mort des deux fiancés, comme par une
» sorte de réparation, on les enterra tous deux à Santa Fe,
» à deux heures de Saragosse. »

MONUMENTS. — Les plus remarquables après les églises dont nous parlerons tout à l'heure, sont la *Casa de Misericordia*, hospice pour les enfants trouvés, dont l'organisation est excellente et irréprochable : il date du xviie siècle ; l'hôpital général, incendié en 1808, pendant le siége, qui passe pour un des plus grands de la chrétienté ; la Lonja, bel édifice composé d'un grand salon avec lanterne et double galerie d'arcs et une quantité de colonnes doriques : c'est la Bourse de la ville. Sur les portes et dans l'escalier, qui est d'un grand mérite, comme sur les plafonds, on voit de fort belles peintures ; cet édifice est grand et forme un carré assez régulier. C'est aussi le lieu de réunion du corps municipal.

En face, on voit l'hôtel de la Députation, ancien palais des États d'Aragon, construit au milieu du xve siècle. L'extérieur est orné de moulures, de dorures et d'animaux en relief de toute espèce; on y voit plusieurs salles assez vastes; celle de l'Audience royale est embellie par des peintures de batailles; dans une autre, on trouve beaucoup de portraits, et dans la grande salle, ceux des princes qui ont régné en Aragon. L'Université est un édifice qui fut détruit pendant le siége; sa cour principale est un rectangle, et est entourée d'une galerie de cloîtres avec des colonnes; citons encore le Théâtre et la tour Neuve qui a trois cents ans d'existence; c'est pour les habitants de Saragosse un voisin fort incommode, car elle menace ruines. On l'éleva afin d'y placer l'horloge de la ville; elle a deux cloches, l'une pour les heures et l'autre pour les fractions d'heure. Située au milieu de la place Saint-Philippe, elle y est isolée, et on y monte par un escalier de deux cent quatre-vingt-quatre marches. Elle est aussi inclinée que la fameuse tour de Pise; elle est bâtie en briques. Le pont de pierres, jeté sur l'Èbre, fort rapide en cet endroit, compte sept arches, dont la principale, située au centre, a 48 mètres de diamètre.

ÉGLISES ET COUVENTS. — Saragosse possède deux cathédrales; l'une est l'église métropolitaine appelée la Séo, située sur la place du palais archiépiscopal, et l'autre est l'église de Notre-Dame del Pilar, patronne de la ville et en grande vénération dans le pays.

La Séo. — Le portail moderne de cette cathédrale est décoré par des colonnes corinthiennes et les statues du Christ, de saint Pierre et de saint Paul, œuvres d'Emmanuel Gira. Ce portail est beau quoique manquant d'élévation; une tour très-haute l'accompagne. Elle est en briques et a quatre corps d'architecture. C'est le clocher de la cathédrale. Ses statues, qui sont fort belles, ont été faites par Joachim Arali; celles du Temps et de la Vigilance supportent le cadran de l'horloge, et dans la partie supérieure on voit représentées les vertus cardinales. L'église est grande, mais elle manque de profondeur; ses cinq nefs sont séparées par des piliers en pierres de taille; elle est de style gothique. Le chœur, dont le sol est exhaussé d'environ 12 pieds, est placé dans la nef du milieu; il est orné de colonnes de marbre qui séparent des chapelles, de statues et de bas-reliefs. Au milieu on trouve un riche tombeau d'un grand inquisiteur.

Les chapelles latérales sont dignes d'être visitées. Dans celle de Saint-Marc, on admire les peintures de Raviela ; dans celle de Saint-Bernard on voit des sculptures en albâtre et les statues de la sainte Vierge, de saint Bernard et du Christ à différentes époques de sa vie ; cette chapelle est due à Ferdinand d'Aragon, archevêque de Saragosse et petit-fils naturel de Ferdinand V le Catholique.

Dans le sanctuaire de l'église, on trouve le mausolée de l'infant don Miguel, fils de Ferdinand V, et celui d'Alphonse d'Aragon, archevêque de Saragosse, fils naturel du même prince. Il y a aussi les tombeaux de Jean d'Aragon, autre archevêque ; de Balthazar Charles, fils de Philippe IV ; de l'infante doña Maria, fille de Jacques le Conquérant, et de plusieurs archevêques de Saragosse, réunis dans la chapelle de Notre-Dame la Blanche ; dans celle de Notre-Dame des Neiges est enseveli Pierre Manrique, autre archevêque dont on voit la statue et l'urne sépulcrale ; les mausolées en marbre de Ferdinand d'Aragon et de sa mère, Anne Gorrea, sont dus à Mariano Viscayno ; ils sont dans la chapelle de Saint-Bernard : celui du prélat a quatre colonnes avec d'assez beaux bas-reliefs.

Dans la sacristie de l'église il y a un tableau du Samaritain pansant un blessé (on l'attribue au Guerchin) et quelques autres tableaux peu remarquables. Il faut visiter aussi le trésor de la cathédrale : on y trouve plusieurs bustes de saints donnés par l'antipape Pierre de Luna, ancien archevêque de Saragosse ; un tabernacle d'argent, travail gothique assez remarquable ; enfin la croix d'or enrichie de pierres précieuses sur laquelle les rois d'Aragon prêtaient le serment constitutionnel, en montant sur le trône, entre les mains de ces fiers barons qui leur disaient : « Nous, barons d'Aragon, si tu jures d'observer les lois et constitutions du royaume, te faisons roi ; sinon, non. »

L'église de la Séo a l'inconvénient, outre son défaut de profondeur, de manquer de dégagement ; il lui faudrait une façade et un portail plus élevés, avec une place assez vaste pour en faciliter l'accès.

Notre-Dame del Pilar. — Beau vaisseau de 500 pieds de

long, à trois nefs séparées par des piliers qui supportent sept arcs de chaque côté; le chœur, placé au fond, est fermé par une grille de bronze très-riche, datant du XVIᵉ siècle, et ayant coûté 23,000 sous aragonais, ce qui équivaudrait à 5,411 francs.

La statue de la Vierge, couverte d'un manteau orné de pierres précieuses, est posée sur une colonne assez élevée qu'on attribue à saint Jacques l'apôtre. Une tradition veut que la ville sera détruite quand la statue disparaîtra de Notre-Dame del Pilar, et comme cette statue en métal précieux a un certain prix, plusieurs fois il fut question, lors de la prise de Saragosse, de l'envoyer à Paris comme on fit pour les statues de Notre-Dame de Lorette; mais on jugea prudent de n'en rien faire, car cet enlèvement eût été dans le pays le signal d'une insurrection formidable. A la moindre nouvelle de cette nature on verrait arriver de tous les coins de la province les Aragonais armés pour la défense de leur patronne, à laquelle ils attribuent toutes sortes de miracles. On raconte, entre autres choses, qu'il y a cinquante ans, trois voleurs s'étant introduits dans l'église de Notre-Dame del Pilar essayèrent de monter jusqu'à la statue pour dérober les diamants de son manteau; un miracle empêcha ce sacrilége, et le lendemain on trouva trois cadavres étendus au pied de la colonne de Saint-Jacques.

Dans le chœur on voit cent quinze stalles en roble de Flandre avec sculptures et bas-reliefs : cette boiserie du XVIᵉ siècle coûta 62,000 sous aragonais (14,500 fr.) (1); le maître-autel gothique est en albâtre : c'est une réunion de sculptures variées, œuvres de Damien Formant, de Valence; il est si ancien qu'il paraît être en marbre noir. On voulait le faire gratter, mais on demanda pour ce travail, qui pouvait compromettre les sculptures, des sommes fabuleuses. Une pièce souterraine placée sous la chapelle de la Vierge et incrustée de marbre noir, sert de sépulture aux chanoines. Dans la sacristie de la chapelle Saint-Laurent, on trouve trois bons tableaux dont un de Ribera; dans la chapelle Saint-Joachim est placé le mau-

---

(1) M. de Laborde, *Itinéraire*, tome I, page 432.

solée de Joseph Carillo de Albornoz, duc de Montemar, mort en 1747. Cet ouvrage en marbre, dû à Lambert Martinez et à Étienne de la Peña, fut érigé par les ordres du roi Charles III : c'est un obélisque sur un piédestal avec des statues et une inscription. Au milieu de l'église, sous la grande coupole, on trouve un pavillon d'ordre corinthien isolé comme la Santa Casa à Notre-Dame de Lorette. L'intérieur est de forme ovale ; trois de ses faces sont ouvertes ; la quatrième est formée de trois autels : à celui du centre on admire un beau médaillon de marbre blanc, les voûtes sont ornées par des peintures à fresque d'Antoine Velasquez. On y trouve d'autres médaillons en bas-reliefs, plusieurs statues, figures et groupes d'anges. Les sculptures sont de Manuel Alvarez, de Charles de Salart de Joseph de Ramire, de Jean de Léon et de Léon Lozano. Au-dessus des voûtes s'élèvent quatre petites coupoles peintes à fresque à une époque plus récente par François et Raymond Bayeu, et par François Goya.

Cette église a été ornée avec une magnificence et une profusion peu communes ; on y trouve les marbres les plus beaux. Les bas-reliefs, les corniches, les encadrements, les incrustations de marbres blanc, vert, noir, jaspé, y sont variés à l'infini. L'architecture en est pourtant un peu recherchée et la sculpture trop maniérée. Il y a dans cette église un trésor, autrefois très-beau et très-riche, où l'on voit encore quelques pierres précieuses et quelques reliques : il a été dépouillé pendant la guerre de l'Indépendance.

AUTRES ÉGLISES ET COUVENTS. — Saragosse a dix-sept paroisses, on y voyait autrefois quarante-quatre couvents. Parmi les paroisses on remarque l'église de Saint-Paul, la plus grande de la ville, qui a une belle façade, un maître-autel fort estimé et le mausolée en marbre de l'évêque Diégo de Monréal ; l'église de San Cayetano, fort belle quoique petite ; ses trois nefs d'assez bon style sont enrichies par des décorations en or et en marbre. L'église des Cordeliers est remarquable par son vaisseau, qui malgré son élévation et sa longueur n'est soutenu par aucun pilier. Dans l'église de Sainte-Lucie on trouve une collection de portraits des archevêques de Saragosse. Il y avait au maître-autel de l'église des Facetas une sainte Famille assez belle. Dans l'église des Convalescents, on trouve plusieurs tableaux d'Hyacinthe Brandi, une *Samaritaine*, un *Christ en croix*, un *Saint Jean*, une *Madeleine* et un *Saint Jérôme*. Dans l'église des Augustins déchaussés, on remarque à la croisée une *Sainte Vierge* et un *Christ au Jourdain* d'Antoine Orfelin ; la chapelle de Los Remedios, qui fait partie de cette église, contient plusieurs tableaux de Barthélemy Vicente, et la sacristie une *Nativité* et un *Crucifiement* imités du Titien. Dans la chapelle de Notre-Dame del Portillo on remarque un autel de marbre, dont un corps d'architecture a quatre colonnes corinthiennes et le second deux composites.

Dans le collége de la Manteria ou Saint-Thomas de Villeneuve, on trouvait, aux quatre coins du cloître, quatre tableaux de Sébastien Martinez ; dans la chapelle Saint-Thomas, des peintures à fresque de Sébastien Muñoz, et dans l'église plusieurs tableaux de Claude Coello avec le portrait du peintre fait par lui-même. Dans le couvent des Dominicains, il y avait deux mausolées très-remarquables.

On voyait dans le palais de l'Inquisition deux statues antiques qu'on a restaurées d'une façon très-maladroite.

Le couvent de Santa Engracia ou des Géronimites, fondé par Ferdinand V et Isabelle la Catholique, est assez beau : le cloître du couvent est très-orné à l'intérieur ; les colonnes en marbre qui le décorent sont les unes droites, les autres torses. M. de Laborde prétend que l'argent ayant manqué lorsque l'on construisit ce couvent, on y employa les débris d'un ancien cloître, pour obéir à Charles-Quint qui, voulant réaliser la fondation de son aïeul, en pressait la construction. On y trouvait aussi quelques tableaux dont plusieurs de Joseph Martinez et d'Antoine Martinez son fils. Le portail de l'église du couvent est composé de deux corps d'architecture en forme de retable surmonté d'une croix et des statues de la Vierge et de saint Jean ; au-dessous des deux médaillons antiques qui ornent la porte, on voit les inscriptions latines : *Numa Pompilius et M. Antonius* ; dans le couvent est enseveli, sans même une indication, l'historiographe célèbre Jérôme Blancas, et dans l'église, on admire le beau mausolée de l'historien Zurita. Cette église communique à une autre église moins élevée que la première et assez riche en marbres et en dorures; on y voit une belle grille de fer par où l'on entre dans l'église souterraine de las Santas Masas, renfermant les reliques de beaucoup de martyrs; la voûte, d'une hauteur de 12 pieds, est composée de six petites nefs et soutenue par trente colonnettes de marbres différents; plusieurs vases de cristal y contiennent le sang et les cendres des martyrs; un puits entouré d'une balustrade et placé au milieu de l'église, renferme les cendres des fidèles brûlés vifs à Saragosse par l'ordre de Dacien; la tête de sainte Engracia est dans une châsse d'argent; un beau collier de pierres précieuses lui sert d'ornement.

HOMMES CÉLÈBRES. — Saragosse fut la patrie de saint Valère, de sainte Engracia, de l'historien Antoine Augustino, de Jérôme Blancas, de Jérôme Zurita, de Prudentius, poëte romain, de Petrus, orateur du IVe siècle, de Diaz de Foncalda, poëte, des peintres contemporains les frères Bayeu, et de François Goya.

BIBLIOTHÈQUES. — Il y en a deux qui sont dues à des particuliers: la première est dans le couvent de Saint-Ildefonse et contient seize cents volumes, tous anciens, donnés par le marquis de la Compuesta; l'autre est dans le séminaire.

GOUVERNEMENT. — Saragosse est la résidence d'un capitaine général, d'un gouverneur civil; c'est le chef-lieu d'une intendance et d'une audiencia. La garnison se compose de deux régiments d'infanterie et d'un de cavalerie. Une forteresse insignifiante et nommée Alzuferia, est placée en dehors de la ville.

TRAVAUX PUBLICS. — Il faut visiter le canal impérial de Tauste, situé à 2 kilomètres de la ville. Ce beau travail, dont l'initiateur fut don Juan Pignatelli, est la richesse de ce pays, soit par la navigation de l'Èbre qu'il rend possible, soit par les irrigations dont il est le point de départ.

PRODUCTIONS. — L'industrie et le commerce ont peu d'activité à Saragosse, malgré le voisinage de l'Èbre et du canal. Le pays environnant est une immense vallée assez fertile et couverte d'arbres nombreux. On voit autour de la ville beaucoup de jardins qui produisent des fruits assez renommés.

ENVIRONS. — On peut visiter le couvent de Saint-Lazare, dont l'église contient quelques bons tableaux; celui de la Cartuja, sur les bords de l'Èbre, à 4 kilomètres de Saragosse, remarquable par ses nombreux jardins, où l'on compte plus de deux mille oliviers et plus de six cents arbres fruitiers. Enfin, en suivant les bords de l'Èbre, on arrive à l'endroit appelé *el Burgo*. C'est là qu'on prétend que fut autrefois située la ville de Saragosse. Il n'en reste aucune trace. Plus loin, on peut visiter la petite ville de Fuente de Ebro, et, en quittant le fleuve, les villages de Mediana et de Belchite, célèbres par la victoire qu'y remportèrent les Français dans la guerre de 1808.

Alagon.

Bourg de 1,932 habitants, de la province de Saragosse et situé entre l'Èbre et le Jalon, près du confluent de ces deux fleuves. Cette localité a déjà été décrite (1re ligne, 1re section).

Epila.

Ville de 4,500 habitants, appartenant à la province d'Aragon et à l'archevêché de Saragosse.

NOTICE HISTORIQUE. — Cette ville fut autrefois célèbre sous les Romains, qui la nommaient Segontia. Son nom actuel vient de *pila* (colonne). C'était en effet le point d'intersection des routes de Saragosse et de Merida, alors l'une des villes les plus florissantes de l'Espagne. Elle fut conquise sur les Maures par don Alonso Ier, surnommé le Batailleur. Une bataille fut livrée sous ses murs par le roi don Pedro IV d'Aragon. Cette ville fut donnée par ce dernier roi, en 1366, à Francisco de Perellos.

Elle fut entourée d'une forte muraille, en 1790, et les habitants détruisirent les remparts pour agrandir la ville. Philippe V lui accorda beaucoup de priviléges.

ÉDIFICES. — Epila contient une église paroissiale principale, trois couvents, un ermitage célèbre, sous le nom de Notre-Dame de Rodenas, deux hôpitaux, le palais du comte d'Aranda, un quartier de cavalerie, deux posadas. L'église paroissiale est dédiée à Notre-Dame du Peuple. Elle fut terminée en 1798, coûta plus de 2,000,000 de réaux, et fut élevée sur l'emplacement de la maison de saint Pierre de Arbues, qui avait déjà été transformée en ermitage.

HOMMES CÉLÈBRES. — Cette ville fut la patrie de saint Pierre de Arbues, du roi don Juan Ier de Castille, de don Jérôme de Urrea, de la famille des comtes d'Aranda, et de don Sylvestre Perez, célèbre architecte, le restaurateur de la ville de Saint-Sébastien, incendiée à la fin de la guerre de l'Indépendance par les Anglais, alors alliés de l'Espagne.

SITUATION. — Epila est placée à l'ouest de Saragosse, sur la rive du Jalon qui fertilise ses environs. On y remarque les villages de Ruede, Limpiaque, Salillas, Belvedel, et Calatrao; enfin la *venta* de la Romera.

PRODUCTIONS. — Le sol produit du blé, beaucoup d'orge, du chanvre, des aulx, des fruits, du vin et un peu d'huile. Le vin de Suñen est célèbre dans la contrée. On y faisait autrefois une grande récolte de soie, mais l'invasion française a détruit tous les mûriers. On élève dans le pays de nombreux bestiaux. On compte jusqu'à trente-six mille têtes de bétail. Il y a trois fabriques de draps, un moulin à farine, deux à huile, une tuilerie, et enfin des eaux minérales, renommées pour e maladies de la peau et les scrofules.

La Almunia.

Ville de 4,500 âmes, appelée aussi la Almunia de doña Godina. Cette ville appartient à la province d'Aragon. On y remarque un hôpital, deux paroisses, dont l'une faisait autrefois partie de l'ancien village de Cabañas, échangé entre le roi don Pedro II et les Templiers pour un certain nombre de vassaux maures et juifs ; un couvent de moines, une maison de poste et quelques bons édifices. On y remarque encore cinq fabriques de savon et d'eau-de-vie, et cinq moulins à huile. Le sol produit du blé, de l'orge, des fèves, du chanvre, de l'huile e du vin. Sa station est située à 9 lieues de Saragosse.

Ricla.

Cette ville compte 3,000 habitants et appartient à la province de Saragosse ; elle s'appelait autrefois Nertobriga, et fut la patrie de l'écrivain arabe Alribli. Elle est située à 7 lieues de Saragosse, à 2 lieues de Epila et à une demi-lieue de la Almunia, au pied d'une petite colline, sur la rive gauche du Jalon.

ÉDIFICES. — On remarque une église paroissiale, un hôpital, une école primaire et une maison d'enfants trouvés. Il faut visiter encore la belle promenade plantée d'arbres qui longe la rive du fleuve.

PRODUCTIONS. — Le pays très-boisé et très-fertile produit du blé, du chanvre, du maïs, des pommes de terre et une grande variété de fruits très-renommés, entre autres, des poires et des pêches qu'on envoie à Madrid ; de l'huile et un vin d'une qualité inférieure. Dans les environs, on trouve des carrières de marbre noir et blanc. L'industrie consiste en trois moulins à farine, un à huile, deux fabriques de papier et deux fabriques d'eau-de-vie. *Los montes* de Ricla, couverts d'une forêt de petits arbustes, tels que le *romero* et le *tomillo*, servent de pâturage à six ou huit mille têtes de bétail.

Calatayud.

Ville située à 24 kilomètres sud-ouest de Saragosse, au confluent du Jalon et de la Jiloca. Elle fut bâtie au VIIIe siècle par le chef maure *Ayud*, d'où lui vient son nom de Calatayud, château d'Ayud. Alphonse d'Aragon s'en empara, et, en 1362, elle tomba au pouvoir des rois de Castille. Ce fut autrefois un municipe romain, connu sous les noms fameux de *Bilbilis* et *Augusta Italica*. Le roi de Séville, déjà nommé, Ayud-Abovalid, fut le fondateur de la nouvelle Calatayud. Cette ville était très-connue des anciens ainsi que le pays où elle est située. Pline, Marc Valère, Martial et autres ont parlé des propriétés singulières que possédaient les eaux du Jalon pour la trempe des armes et des métaux. Calatayud est un chef-lieu de *partido* de la province de Saragosse, et appartient à l'évêché de Tarazone. La population est de 11,000 âmes; le climat est tempéré et le sol, arrosé d'une multitude de cours d'eau, produit en abondance du grain, des légumes, du chanvre, d'excellents fruits et du vin. Les rois d'Aragon donnèrent aux habitants de cette ville, pour récompenser leur fidélité, le droit de se faire représenter aux Cortès du royaume.

ADMINISTRATION. — Il y a à Calatayud un chef militaire, un tribunal de première instance, un ayuntamiento constitutionnel, une administration subalterne des rentes, postes et loteries.

MONUMENTS ET ÉGLISES. — On y voit deux belles églises collégiales, onze paroisses, cinq couvents de nonnes et sept couvents abandonnés où il y avait autrefois des moines; on a démoli celui des Carmélites; un palais épiscopal, un hospice, trois hôpitaux, une place de taureaux, une caserne très-grande, un théâtre et une délicieuse promenade.

HOMMES CÉLÈBRES. — Calatayud, ou du moins le pays où elle est située, fut la patrie du poëte Martial, du critique Gratien, de saint Iñigo et de saint Paterne, ses patrons; du philosophe Jean Gascon, du sculpteur Eugène de Mesa, du peintre François de Vera Cabeza de Vaca (Tête de Vache), et de plusieurs cardinaux et évêques.

ENVIRONS. — On devra faire une excursion aux bains de Para Cuellos, dont les eaux sulfureuses sont assez estimées; l'établissement, fort incommode, peut à peine abriter quinze à vingt personnes; la route qui y conduit est montueuse et pittoresque;

il faut visiter aussi l'ancien couvent des Carmélites déchaussées, dont on a fait un Almadi; le pont du Jalon et l'ancien couvent de la Merced, où se trouve à présent un petit fort; le couvent des Capucines, plusieurs ermitages, et dans une gracieuse vallée, au pied des montagnes de Vicor, le joli village de Frasno, situé dans la direction d'Almunia.

Cetina.

Village situé sur le bord du Jalon qu'il domine et par lequel il est borné au nord. Sa population est de 1,300 habitants; son industrie consiste en fabrication de toiles communes. L'immense vega (plaine) qui l'entoure produit du blé, de l'orge, du lin, du chanvre, sert à élever un nombreux menu bétail, et offre tous les agréments d'une chasse abondante.

Arcos.

Population, 500 habitants. Ce village est situé au pied d'un château en ruines; son industrie consiste en nombreux moulins à farine; le pays produit beaucoup de fruits, des pois, du chanvre et peu de grains; auprès d'Arcos se trouve le dernier village de la Castille appelé Huerta de Ariza, dans une spacieuse vega, arrosée par le Jalon. On aperçoit de loin les usines du Moncayo. Non loin de ce village est située, toujours sur les bords du Jalon, la petite ville d'Ariza, dont le nom en basque signifie *ari* (mouton) et *za* (abondance), ce qui prouve qu'on y élevait autrefois beaucoup de menu bétail; elle ne compte plus que 1,200 habitants.

Medinaceli.

Nom de l'une des plus grandes familles d'Espagne, qui vient de *medina* (ville), et de *celi (celica)*, en latin *Arbobriga* ou *Méthymna-Celia*. Ce nom pourrait aussi venir des deux mots arabes, *médina* (ville) et *celi* (glissante); le terrain très-argileux de cette contrée justifie cette étymologie; Medinaceli appartient à la province de Soria. Elle est située sur le Jalon à 23 kilomètres nord-est de Sigüenza; on y compte 1,800 habitants; il faut visiter le palais des ducs de Medinaceli. C'est là que mourut Almanzor après la bataille de Calatanazor. A propos de la famille des Medinaceli, on raconte ainsi les prétentions de cette antique maison au trône d'Espagne : à la mort de chaque roi, le duc de Medinaceli fait un procès à la couronne devant le tribunal de Madrid, en revendication du trône, comme ayant des droits meilleurs que ceux de la famille régnante; il gagne son procès, et le tribunal le condamne ensuite à payer à la couronne 33,000 réaux, c'est-à-dire près de 9,000 francs, pour insulte et rébellion à la personne royale.

Sigüenza.

Ville de la province de Guadalajara, située sur le Hénarès, à 65 kilomètres nord-est de cette dernière; en latin *Segontia*; elle fut conquise par Alphonse VI sur les Maures en 1106. Sigüenza a 5,000 habitants. Il y avait autrefois une université; c'est la résidence de l'évêque du diocèse. Aux environs de la ville on trouve des sources d'eau salée. Il y a des carrières de sel dans le pays compris entre Sigüenza et Daroca. On en fait un grand commerce comme dans plusieurs autres parties de l'Espagne.

Jadraque.

Petite ville située au pied d'une montagne, sur les bords du Hénarès. Elle contient 1,600 habitants; on y voit une maison consistoriale, une prison, une école primaire, une église paroissiale dédiée à saint Jean-Baptiste, un ancien couvent de capucins dont l'édifice est très-vaste, trois chapelles ou ermitages, dédiés à la Solitude, à Notre-Dame des Anges et à saint Isidore. Il y a à Jadraque deux fontaines très-renommées pour la qualité de leurs eaux. L'histoire d'Espagne mentionne Jadraque, en 1776, comme ayant 15,000 habitants lorsqu'elle fut occupée par le duc de Berwick, dans la guerre de la succession d'Espagne; en 1714 la reine doña Isabel Farnesio y fut reçue par la princesse des Ursins, maîtresse du roi. Cette dernière ayant eu l'imprudence de dire à la reine qu'elle arrivait trop tard, et avait tort de ne pas être vêtue à l'espagnole, la reine ordonna qu'on chassât *cette folle* de sa présence. Le lendemain un officier des gardes accompagna cette princesse exilée jusqu'en France. Pendant la dernière guerre civile, le chef carliste Gomez, en 1836, fit prisonnière, à la sortie de la ville, une brigade des troupes de la reine, forte de deux bataillons, de vingt-cinq chevaux et de deux pièces d'artillerie.

Le pays environnant produit du blé, de l'orge, du vin, des pois et surtout des fruits. On y trouve beaucoup de bois de chauffage, de charbon et de combustible; il y a des moulins à farine et plusieurs établissements pour tisser le lin et le chanvre.

Guadalajara.

Ville assez bien située et sur le Hénarès, à 53 kilomètres nord-est de Madrid; elle compte 6,650 habitants, et garde encore les traces des gros murs dont elle fut jadis entourée. Cette enceinte très-vaste prouve que la ville a dû avoir autrefois plus d'importance qu'aujourd'hui; elle n'est maintenant qu'un chef-lieu de province et d'intendance. Le chemin de fer ouvert de cette ville à Madrid lui a donné une animation, une activité commerciale jusqu'alors inconnue.

Guadalajara (*Arriaca* en latin) fut conquise par les Maures, qui lui donnèrent son nom en 714, puis reprise en 1081 par Alphonse VI.

MONUMENTS. — Le palais des ducs del Infantado est très-considérable, quoique construit sans goût. La première cour est en style gothique; les appartements, surchargés de dorures, renferment quelques peintures assez bonnes de Romulo Cincinato. Le couvent des Cordeliers, aujourd'hui *maëstranza* du corps royal du génie militaire, contient quelques bons tableaux relatifs à la vie de saint François. On y voit aussi le panthéon de la famille del Infantado, monument fort remarquable, imité de la sépulture des rois d'Espagne à l'Escurial; on y descend par un escalier de cinquante-cinq marches; il consiste en un vaste espace séparé par huit piliers, entre lesquels on a placé vingt-sept urnes sépulcrales. Ce Panthéon est trop éloigné des regards du public; il est placé au-dessous du maître-autel de l'église du couvent. Sa construction dura de 1696 à 1728. Il coûta 1,802,707 réaux de vellon ou 450,676 francs. Les marches, les murs et les voûtes ont des incrustations de différents marbres de la plus grande beauté. Il est divisé en deux salles, où l'on compte vingt-six tombeaux de la maison des ducs del Infantado. Il en reste un toujours ouvert. La première pièce est pavée en mosaïque, et les murs sont ornés de marbre aussi beau que le plus beau jaspe; on y voit un petit autel fort estimé, surmonté d'un dôme.

HOMMES CÉLÈBRES. — Guadalajara fut la patrie de Alvarez Gomez, théologien; de Lopez de Haro, généalogiste; d'André Alcazar, fameux médecin en 1570; d'Antoine Trillo et de Mathieu Médina y Mendoza, historiens, le premier de la guerre de Flandres, le second de l'Espagne.

INDUSTRIE. — Il y avait autrefois à Guadalajara deux célèbres fabriques de draps qui occupaient plus de quatre mille ouvriers. Elles furent d'abord dirigées par l'État, qui les céda ensuite à une société de marchands de draps de Madrid pendant dix ans. Aujourd'hui les édifices de ces fabriques, connus sous les noms de San-Fernando et San-Carlos, sont affectés au service du corps des ingénieurs militaires; le premier sert de caserne au génie, et le second est destiné à abriter les troupes de ligne. On y a construit une caserne appelée Cuartel de Santa-Isabel.

PRODUCTIONS. — Le sol produit du blé, de l'orge, de l'avoine; on y fait du vin et de l'huile.

Alcala de Henarès.

Chef-lieu de *partido* de la province de Madrid, appartenant au diocèse de Tolède et peuplé de 8,800 habitants. Cette ville, appelée *Complutum* par les Romains, fut autrefois célèbre par l'université qu'y avait fondé le cardinal-ministre Ximénès de Cisneros. On y voit les ruines d'un vieux château et un lieu voisin appelé Alcala-la-Vieja, occupé probablement jadis par l'ancienne ville. L'archevêque Raimond, successeur du Français Bernard, archevêque de Tolède, qui avait été moine de Cluny et avait conquis Alcala sur les Maures en 1118, transporta la ville à l'endroit où elle est située aujourd'hui. Le Hénarès arrose le pays environnant.

MONUMENTS. — Le palais des archevêques de Tolède, autrefois seigneurs de la ville d'Alcala. Cet édifice, qui contient trois cent soixante-six pièces, est d'une bonne architecture, mais il n'a pas été fini. On y voit deux façades et une suite de cours entourées de portiques avec des arcs soutenus par des colonnes; le tout chargé d'ornements très-variés.

Le collége de Saint-Ildefonse, le plus bel édifice d'Alcala, affecté à l'université jusqu'en 1836, époque de la translation de cette université à Madrid. On voyait autrefois dans l'église du collége le beau mausolée en marbre du cardinal Ximénès; ce monument a été transféré à Madrid dans ces derniers temps. Il y a dans ce collége trois belles cours avec des arcades à colonnes ioniques et doriques; l'une d'elles est nommée la cour trilingue. On enseignait autrefois dans cette université les trois langues latine, grecque et hébraïque; tel est le souvenir que rappelle ce nom.

L'église coll giale (*colegiata*), du genre gothique, rebâtie par les ordres de Ximénès. Dans les chapelles on trouve un *Saint Jérôme* et plusieurs tableaux relatifs à la Passion, peints par Eugène Cajes; une *Conception* de l'école de Carducho, et une autre *Conception* d'Alphonse del Arco.

Le collége du roi, avec une cour entourée de colonnes et une assez belle façade. On y voit deux inscriptions romaines, et dans la chapelle un beau Christ peint par el Mudo.

L'église de Santa-Maria, la plus ancienne d'Alcala, et où fut baptisé Cervantes.

Le collége de Malaga, le couvent des Bernardins et celui des Irlandaises, dont les façades méritent d'être citées.

Dans l'église des Bernardins on trouve quelques bonnes peintures d'Ange Nardi, et dans celle de Saint-Nicolas le Tolentin quelques peintures de François Solis, avec une belle *Conception* par Vincent Carducho, gardée dans la sacristie de l'église.

PROMENADES. — On en compte trois : deux en dehors de la ville, celle du Val et celle du Chorrillo, et la troisième sur la grande place de Cervantes.

ÉDIFICES PUBLICS. — Il y a à Alcala un théâtre assez petit; une place de taureaux; trois hôpitaux; plusieurs couvents et colléges.

INDUSTRIE. — On y trouve une fabrique d'ouvrages de lin, deux grandes tanneries, une savonnerie, et quatre moulins sur la rivière Hénarès que l'on passe à deux cents pas de la ville sur un pont de pierre.

AGRICULTURE. — Le pays produit du grain, beaucoup de vin, des fruits et des légumes.

Alcala fut autrefois le lieu de réunion de plusieurs conciles, et des Cortès connues encore aujourd'hui sous le nom de *Cortès d'Alcala*.

Madrid.

Cette ville, la capitale des Espagnes, a été longuement décrite lorsque nous l'avons rencontrée à la limite de notre première ligne.

Six sections principales peuvent se rattacher à la ligne de Perpignan à Madrid : 1° celle de Mataro à Granollers; 2° celle de Barcelone à Santa-Coloma de Farnese par Granollers; 3° celle de Barcelone à Figueras par San-Juan de la Abadesas; 4° celle de Barcelone à Gracia; 5° celle de Saragosse à Pampelune, et 6° celle de Saragosse à Pau.

PREMIÈRE SECTION.

MATARO A GRANOLLERS.

SOMMAIRE. — Matero. — Granollers.

Matero.

Ville ancienne qui compte aujourd'hui 16,600 habitants. Elle fut saccagée par les Maures, lors de leur invasion, et réduite à une seule maison. Nous en avons donné la description (2ᵉ ligne).

Granollers.

Chef-lieu du *partido* judiciaire de la province de Barcelone, et faisant partie du diocèse du même nom. Cette ville, dont la population est de 3,000 âmes, est située dans une vallée assez large, à 3 kilomètres de la rivière Besos ou Mugent, du côté de l'orient, et plus près de la rivière Congost à l'occident. Les rues de la ville sont assez régulières; on y remarque la grande place dite de la Constitution, qui est ornée d'un beau hangar, avec douze colonnes de pierre. On trouve dans la ville un quartier de cavalerie et une caserne d'infanterie, et quelques vieilles maisons dont les fenêtres sont sculptées ou ornées de contrevents fort anciens et également sculptés. On voit encore sur les murs de la ville des traces de la dernière guerre civile.

La campagne environnante est très-fertile et produit en abondance du blé, des légumes et du chanvre; les marchés de

Granollers, qui ont lieu tous les jeudis, sont célèbres dans toute la province, à cause du bétail de toute espèce qu'on y voit; ce marché et les deux foires annuelles du mardi de la Pentecôte et du 29 août attirent un grand concours de gens. Le pays est au surplus très-pittoresque. L'industrie locale consiste en fabrication d'*alpargatas* (espadrilles); on y fait aussi beaucoup d'eau-de-vie.

DEUXIÈME SECTION.

BARCELONE A SANTA COLOMA DE FARNÈSE, PAR GRANOLLERS.

SOMMAIRE. — Barcelone. — Clot. — Horta. — San Andrès de Palomar. — Santa Coloma. — Moncada. — Mollet. — Monmeló. — Granollers. — Santa Coloma de Faruèse.

Barcelone.

Seconde ville d'Espagne, aussi importante par son commerce que par sa population. Nous devons renvoyer à la description que nous en avons donnée (2e ligne).

Clot.

Petite ville de la province et du diocèse de Barcelone, remarquable par son industrie et la richesse agricole du pays environnant; on y compte 7,000 habitants; on y voit cinquante-sept fabriques de différentes classes, la plupart mues par la vapeur. Le sol produit du chanvre, des fèves, du maïs, des pois, de l'orge et toute espèce de légumes.

Horta.

Le village connu sous ce nom contient 1,800 habitants, et est remarquable seulement par les maisons de campagne que l'on y trouve ; on cite entre autres celle du marquis d'Alfarras, appelée *el Laberinto.*

San Andrés de Palomar.

C'est une ville du diocèse et de la province de Barcelone, située dans une vaste plaine qui entoure cette capitale, et l'une des plus florissantes cités voisines. Elle a un ayuntamiento ; sa population est de 10,300 habitants. Cette ville s'est accrue d'une façon extraordinaire depuis l'établissement des chemins de fer ; ce n'était autrefois qu'un bourg sans importance, aujourd'hui on y fait un grand trafic de marchandises et il y a un grand mouvement de voyageurs. L'industrie locale consiste en fabrication de tissus de fil et de coton ; on y trouve aussi quatorze à quinze fours à pain, qui servent à l'usage de Barcelone. Elle fut fondée, suivant la tradition, par un nommé Palomarès, après l'expulsion des Maures ; on ignore en quelle année. Le sol produit du blé, du chanvre, du maïs, des pommes de terre. On y récolte aussi du vin.

Santa-Coloma.

Cette station est assez éloignée du village de ce nom, dont elle est séparée par le Besos. Ce village, situé dans une position pittoresque, compte à peine deux cents feux et n'a d'autre industrie que quelques établissements où l'on tisse le coton, et un moulin à blé. Un peu plus loin et après avoir passé une rambla assez importante et l'Acequia, appelée *Ciudal*, est la station de Moncada.

Moncada.

Village situé au pied de la montagne du même nom et très-fréquenté, à cause des eaux ferrugineuses de la fontaine appelée dans le pays *Font del ferro.* Cette fontaine fut établie en 1792, par un évêque de Barcelone que les eaux en question avaient guéri d'une maladie. On trouve sur la montagne et près de la source une élégante hôtellerie qui sert aux nombreux buveurs d'eau. Moncada est le point d'intersection des lignes de Barcelone et de Saragosse ; le pays est véritablement pittoresque : on traverse une vallée très-fertile, et un beau pont de 400 pieds de longueur est jeté sur le torrent de Ripollet, non loin de deux autres rieras, celle de Santa-Perpetua et celle de Caldas de Montbuy; on a sur la droite l'ancienne chartreuse de Monte-Alegre. Nous avons déjà rencontré cette station sur la route de Perpignan à Madrid.

Mollet.

Village de cent cinquante feux, qui n'est remarquable que par le voisinage des eaux célèbres connues sous le nom de Caldas de Montbuy, établissement fort couru pendant la saison des eaux, et où l'on se rend facilement, en deux heures, de la station en question.

Monmeló.

Située auprès de deux collines de même hauteur, qui s'élèvent au milieu de la plaine; ce village est peu habité. On y trouve à peine quatre-vingts maisons et une église dédiée à la Vierge. Le terrain est assez boisé ; on y voit quelques peupliers, des chênes verts et beaucoup de sapins. Le sol, de médiocre qualité, produit du blé, du chanvre, du maïs, des légumes et du vin. Au sortir de Monmeló, on passe le torrent du Congost sur un beau pont de fer. Cette partie du pays est très-pittoresque : d'un côté on voit le village de Palou, de l'autre les cimes du Montsey, toujours couvertes de neige.

Granollers.

Ville appartenant au diocèse de Barcelone, chef-lieu du *partido* judiciaire de la province, déjà décrite (2e ligne, 1re section).

Santa Coloma de Farnese.

Ce point n'est remarquable que parce qu'il sert de jonction aux lignes qui partent de Barcelone, et passent par Mataró et Granollers. De Santa Coloma la route continue vers Girone et Figuières, dont nous avons déjà parlé.

TROISIÈME SECTION.

FIGUIÈRES, PAR SAN JUAN DE LAS ABADESAS.

SOMMAIRE. — Vich. — Ripoll. — San Juan de las Abadesas. — Olot. — Figuières. — Rosas.

La partie de la ligne comprise entre Barcelone et Granollers est la même qu'à la deuxième section ; nous ne citerons donc aucune des localités intermédiaires entre ces deux points, et nous commencerons par la première, qu'on rencontre après Granollers.

Vich.

Ville de la province de Barcelone, contenant une population de 13,800 âmes. Pendant la guerre de l'Indépendance, elle tomba au pouvoir des Français, et, le 20 février 1810, il y eut près de ses murs, dans la plaine de Malla, un combat acharné entre les Français et le corps d'armée du général espagnol O' Donnell. En 1823, les Français furent encore vainqueurs sous ses murs. Cette ville est un point de communication entre les villages des montagnes voisines ; de nombreux *arrieros* y font le commerce des fruits, des liqueurs, etc. Du reste, le sol produit beaucoup de céréales et de fruits assez estimés. Il y a à Vich un tribunal ecclésiastique, un évêché, une cathédrale, un séminaire, une administration des rentes, des postes et des loteries, une société d'écrivains publics, trois couvents de nonnes, un hospice, une maison de charité et des casernes.

INDUSTRIE. — L'une des principales ressources du pays est l'exportation d'un saucisson très-renommé, digne rival de celui de Gênes. On fabrique aussi dans cette ville des cuirs, des tissus de lin et de coton, des ouvrages de serrurerie, des chapeaux, des couteaux, des peignes.

CLIMAT. — Le pays est sain, quoique froid pendant l'hiver, à cause du voisinage des Pyrénées; les jours d'automne et d'hiver sont pluvieux; en revanche, le printemps y est très-agréable.

Ripoll.

Ville de 3,000 âmes, de la province de Barcelone, appelée autrefois *Livipullus*; elle est située sur la rive du Ter, qu'on y passe sur un pont de pierre, en suivant le chemin d'Olot à Puycerda.

ÉDIFICES. — Une paroisse, un hôpital, un couvent de bénédictins qui renferme des archives très-curieuses et des tombeaux d'hommes célèbres, avec d'anciennes inscriptions.

PRODUITS. — L'industrie locale consiste dans la fabrication d'armes à feu, de tissus de fil et de bas de coton. Le pays produit du blé et des légumes.

San Juan de las Abadesas.

San Juan est un village de 398 âmes, appartenant à la province de Girone et au diocèse de Vich; il est situé sur la rive gauche du Ter, que l'on y passe sur un beau pont de pierres de taille.

ÉDIFICES. — Ce village est formé de cent cinquante maisons bien distribuées, avec une belle place carrée, ornée d'une fontaine assez remarquable. Il faut visiter l'hôpital, l'école primaire, l'église collégiale des deux Saints-Jean ; cet édifice fut construit en 888, par les soins du comte Vifredo, appelé *le Velloso*. Il dota cette église et y établit un couvent, où sa petite-fille doña Emona prit le voile, comme l'indique l'autographe qui se trouve dans les archives d'Aragon. On remarque beaucoup, dans cette église, une *Descente de croix* fort belle et fort vénérée ; le front du Christ sert de reliquaire à trois hosties consacrées, conservées intactes depuis l'an 1251. Il faut encore visiter l'église de Saint-Jean et Saint-Paul.

CLIMAT ET SITUATION. — Le climat de ce lieu est très-sain : on y jouit d'un bon air. Dans les environs on trouve des carrières de jaspe et des mines de charbon de pierre, qui passent pour les meilleures de l'Europe ; elles sont dans les montagnes de Surroca et d'Ogassa. On trouve aussi, sur la rive gauche du Ter, des eaux sulfureuses qui ont de grandes propriétés thérapeutiques, et dans les environs de Vich, des eaux de ce genre, connues sous le nom de Fuente-Santa de Torello ; on les dit très-bonnes pour les affections cutanées et les maladies de poitrine ; mais il n'y a pas d'établissement de bains. Le terrain est en partie montagneux et en partie plat ; il est arrosé par les eaux du Ter ; le sol est de qualité moyenne et bon pour les pâturages.

PRODUITS. — On trouve dans le Ter d'excellent poisson ; ses eaux font aller deux moulins. Le sol produit du blé, des légumes, des pommes de terre ; on élève dans le pays des chèvres, des moutons et des bêtes à cornes. L'industrie locale consiste en quelques manufactures.

Olot.

Ville de 14,000 habitants, située à quelques kilomètres de la précédente et appartenant à la province et à l'évêché de Girone ; elle est située par les 42° 12′ de latitude et 19° 4′ de longitude, entre la Fluvia, rivière appelée autrefois *Claudiano*, et la montagne volcanique le mont Sacopa. On voit encore, sur la cime de cette montagne, les traces d'un cratère qui figure très-bien une coupe ; on y trouve aussi des morceaux de lave mêlés à quelques cristaux. A l'ouest de cette montagne s'élève le mont Olivet, qui fut aussi un volcan, quoique de date plus ancienne que le précédent ; son cratère est encore mieux formé que celui du mont Sacopa. Enfin une autre montagne appelée le Puig de la Garrinada, située au nord-est de la ville, offre les mêmes phénomènes que les montagnes voisines.

A une lieue au-dessus de la ville on peut visiter la montagne de Sainte-Marguerite de la Côte, autre volcan dont le cratère est très-beau, et qui est aujourd'hui tout planté d'arbres ; on y voit une petite chapelle dédiée à sainte Marguerite. On montre encore à Olot des conduits souterrains, appelés *sopladores*, qui communiquent avec le cratère des volcans voisins, et sont pour la ville des espèces de ventilateurs naturels, qu'on utilise pendant l'été pour rafraîchir les boissons.

ÉDIFICES. — Deux paroisses, deux couvents, un quartier de cavalerie, un hôpital, une administration de loteries, plusieurs fontaines sur les places publiques.

PRODUITS. — Le sol produit du blé, du maïs, des légumes, du chanvre.

INDUSTRIE. — Tissus de fil et de coton, bonnets de laine, savons, papier, tanneries.

ENVIRONS. — A une heure de chemin est le lieu appelé Santa Pau, et à une demi-heure Cogols ; à l'ouest se trouve la route de Vich, à l'est celle de Girone. Il y a marché à Olot tous les lundis et les vendredis.

Figuières.

Population, 7,500 habitants. Ville peu commerçante, mais possédant une citadelle qui la rend l'une des places les plus fortes de l'Europe. Déjà nous l'avons visitée en parcourant la ligne de Perpignan à Madrid.

Rosas.

Ville de 2,500 âmes, appartenant à la province et à l'évêché de Girone, port de mer situé sur la Méditerranée, au fond du golfe de Rosas. Cette ville fut bâtie sur les ruines de l'ancienne Rodas, dont il ne reste plus que le monastère de Saint-Pierre de Roda : c'était une colonie fondée par les Rhodiens. Elle fut démantelée par les Français, dans la retraite qui termina la guerre de l'indépendance espagnole. Le voisinage de Figuières lui a enlevé beaucoup de son importance. L'industrie locale consiste dans le cabotage, et les produits du sol sont du blé, des légumes, du vin et de l'huile.

QUATRIÈME SECTION.

BARCELONE A GRACIA.

SOMMAIRE. — Gracia.

Cette section, quoique ayant fort peu d'importance, peut être ajoutée aux précédentes, à cause de l'aspect pittoresque du pays qu'elle traverse sur une petite distance.

Gracia.

Située au midi de Barcelone et au pied de la chaîne des montagnes qui entourent cette ville, elle mérite, par sa position pittoresque, le nom charmant qu'on lui a donné. Une magnifique promenade plantée d'arbres la relie à Barcelone, dont elle n'est pour ainsi dire qu'un faubourg. Gracia a été, dans la dernière insurrection de 1856, le théâtre d'une résistance opiniâtre de la part des révoltés; on trouve encore, sur les murs de ses maisons si coquettes, les traces de cette lutte acharnée.

CINQUIÈME SECTION.

SARAGOSSE A PAMPELUNE.

SOMMAIRE. — Milagro. — Villafranca. — Marcilla. — Caparroso. — Olite. — Tafalla. — Garinoain. — Las Campanas. — Noain. — Pampelune.

Cette route suit jusqu'à Tudela et Alfaro le parcours déjà indiqué dans notre première ligne, à la première section. Aussi commencerons-nous cette nouvelle description par la station de Milagro.

Milagro.

Bourg de 1,790 âmes, situé sur une hauteur à 12 lieues au sud de Pampelune. Il appartient à la paroisse de Navarre et à l'évêché de Pampelune.

CURIOSITÉS. — A une lieue de Milagro, on voit le précipice de *Peñalen*, tristement célèbre par le meurtre qu'y commirent autrefois les infants don Ramon et doña Ermesenda, sur la personne de leur frère, don Sanche V, roi de Navarre. On aperçoit aussi sur une éminence au bord de l'Aragon, un vieux château fort, donné autrefois par l'empereur Charles-Quint à Louis de Beaumont, comte de Lérin, et devenu la propriété de la maison d'Alba.

MONUMENTS. — Une église paroissiale, un hôpital et les deux basiliques de Notre-Dame du Patrocinio et de Saint-Jean de Jérusalem, situées en dehors du village. Milagro est fort ancien, quoiqu'on ne puisse préciser la date de sa fondation. On sait pourtant que ses habitants prirent part à la bataille de *las Navas*, en faveur du roi don Sanche le Fort, qui leur accorda à cette occasion le droit de mettre des chaînes dans l'écu de leurs armoiries municipales.

PRODUCTIONS. — Le pays, arrosé par l'Èbre, l'Aragon, l'Arga, est très-fertile et assez boisé. Il produit du blé, des légumes, du chanvre, des fruits excellents et surtout des cerises qui ont une grande réputation. On y trouve des vignes et des plants d'oliviers. Le vin y est assez abondant pour être l'objet d'une importante exportation.

Villafranca.

Ville de 3,000 âmes, appelée autrefois Alasvés. Elle est située au pied d'une hauteur qui la borne au N. E. Elle appartient aux mêmes circonscriptions que Milagro, et ses environs sont arrosés par les mêmes cours d'eau.

MONUMENTS. — Une église paroissiale, un couvent, un hôpital, une douane et un entrepôt de tabacs.

PRODUITS AGRICOLES. — Vin ordinaire et vin rancio dont on fait un grand commerce. Huiles, grains, fruits abondants; troupeaux de moutons.

INDUSTRIE. — Toiles.

On y jouit des points de vue les plus pittoresques et des plus agréables promenades, aux bords de l'Èbre, de l'Aragon et de l'Arga, qui forment un demi-cercle autour de la ville.

Marcilla.

Village de 984 âmes, situé près de la rive gauche de l'Aragon. Ce lieu est remarquable par le beau monastère des Bernardins qu'on y voit, et par un ancien couvent appartenant au même ordre. On y trouve encore un palais en ruines, espèce de forteresse avec fossés, galeries souterraines et ponts-levis, où l'on admirait de belles peintures; puis quelques chapelles fort anciennes.

INDUSTRIE, COMMERCE, AGRICULTURE. — Marcilla attire un grand concours des gens des environs tous les ans, pendant la dernière semaine de septembre, par sa belle foire de chevaux et de mulets.

Le sol produit des graines, de l'orge, de l'avoine, des fèves, des olives, du lin, du chanvre. Marcilla possède un moulin à farine et deux à huile.

Caparroso.

Bourg de 1,500 âmes, situé sur une hauteur qui domine la rivière Aragon, qu'on y passe sur un pont de onze arches, détruit par une inondation en 1787, et reconstruit aux frais de la province de Navarre. Caparroso a eu tellement à souffrir des inondations de l'Aragon, que ses habitants ont abandonné l'ancien village situé dans la plaine, pour venir s'établir sur les hauteurs voisines.

CURIOSITÉS. — Au nord du bourg, on voit de grosses murailles, restes d'un ancien château; et près de la route royale, une église dédiée à Notre-Dame del Soto.

INDUSTRIE. — Salpêtre, sparterie, moulins à huile.

PRODUITS. — Blé, betteraves, lin, olives, vin. Bêtes à laine et à cornes. Bois considérables où abondent les loups.

Olite.

Bourg de 2,800 âmes, appelé autrefois Erriveri (terre neuve), appartenant à la province de Navarre, et situé sur la rive gauche du Cidacos, dont les eaux lui furent concédées (ce qui est très-important en Espagne à cause des irrigations) en 1340, par don Philippe III, roi de Navarre, depuis les montagnes d'Alaiz jusqu'à Olite, en vertu d'un privilége spécial donné au détriment des villages voisins et de la ville de Tafalla elle-même.

Des ruines considérables qu'on trouve en dehors des murs

d'Olite montrent que ce bourg fut jadis une ville très-florissante.

CURIOSITÉS. — La plus remarquable est le beau palais construit au commencement du xve siècle par les ordres du roi don Carlos III le Noble. Il est en ruines. Les murailles et les tours sont encore très-solides. On y voit des terrasses ornées de balcons et de quelques colonnes d'un bon travail. Les murs intérieurs des appartements étaient chargés d'arabesques. Des galeries souterraines conduisaient autrefois de ce château à celui de Tafalla. Il fut fort endommagé en 1808, époque où l'on en fit un magasin pour les troupes. On cite encore : les anciennes murailles de la ville avec leurs fossés; deux églises en ruines, situées dans la campagne; la tour gothique de l'église Saint-Pierre; le beau portail avec les douze apôtres en pierre de l'église Sainte-Marie; le vieux couvent et le monument qui le remplace; l'ancienne maison mère de l'ordre de Saint-Antoine, abbé, occupée depuis par des religieuses. Olite fut autrefois le lieu de réunion des Cortès de Navarre.

INDUSTRIE. — Vin et huile.

PRODUITS. — Grains, fruits, lin, légumes, bois, pâturages, moutons très-estimés; il y a foire les 17 janvier et 30 septembre de chaque année, et marché tous les jeudis.

HOMMES CÉLÈBRES. — Olite fut la patrie de Miguel Oronaspe, théologien, qui assista au concile de Trente avec don Diego Ramirez de Sedeño, évêque de Pampelune. Ce père prêcha en Italie sur le mystère de la sainte Trinité, en 1563. Son sermon fut imprimé à Padoue.

Tafalla.

Jolie petite ville de 5,000 âmes, chef-lieu de *partido* de la province de Navarre et de l'évêché de Pampelune. Elle fut autrefois l'une des principales places du pays et une résidence royale. On la nommait anciennement Tubalia et Tubalica; ce nom signifierait-il qu'elle fut fondée par Tubal, ce premier colonisateur que la tradition des temps fabuleux attribue à la péninsule Ibérique? Située non loin du Cidacos, à 33 kilomètres au sud de Pampelune, sur le flanc d'une colline assez élevée, Tafalla compte comme :

CURIOSITÉS. — Un palais en ruines, bâti au XVe siècle par Charles III de Navarre. Il dominait la ville et était fortifié comme elle; cinq églises, quatre chapelles, un hôpital; auprès de la place d'armes, l'antique basilique de Sainte-Lucie; une autre église située sur une éminence, non loin de la ville.

Tafalla a vu dans ses murs plusieurs réunions des Cortès du royaume; celle de 1469 fut marquée par un affreux événement : l'évêque de Pampelune, don Nicolas Echevarri, y fut tué par don Mosen Pierre de Peralta au moment où il allait au couvent de Saint-François, pour rendre hommage à la princesse doña Léonor qui s'y était retirée. L'évêque infortuné fut enterré dans ledit couvent, et une colonne en pierre marque encore l'endroit où il tomba de sa mule, mortellement blessé. On a élevé depuis, dans ce lieu, une chapelle dédiée à sainte Catherine.

INDUSTRIE. — Cuirs, eaux-de-vie, vins, huile.

CLIMAT. — La température est si égale en ce pays, qu'une tradition veut qu'on n'y ait jamais éprouvé aucune des maladies épidémiques qui ont affligé la population de Pampelune.

PRODUITS. — Blé, orge, avoine, maïs, fèves, lin, fruits. Menu bétail, chevaux, bêtes à cornes, chèvres, porcs; chasse abondante aux perdrix, lapins, lièvres, renards et loups. Carrières de pierre, mines de chaux et métaux précieux; foire très-courue, le 3 février de chaque année.

HOMMES CÉLÈBRES. — Cette ville, qui eut autrefois une université, fut la patrie de Christophe de la Vega, jésuite, auteur estimé, qui mourut à Valence en 1662, et de Baldomir de Léon, peintre célèbre.

Garinoain.

Village de 300 âmes, situé sur un joli plateau, dans la province de Navarre. On y voyait autrefois un château fort, dont on conserve encore quelques restes. Garinoain a une église et cinq chapelles. Ses monts sont très-boisés et offrent une chasse agréable; le sol produit des céréales, de l'huile et du vin. Dans les environs, on trouve les villages de Lepuzain, Orisoain, Sansonsain (la terminaison *ain* est, comme on voit, essentiellement goûtée en ce pays), Benegorri, Pueyo et Berasoaïn, qui compte 400 habitants, et est remarquable par les ruines de l'ancien palais de la famille des Radas. Non loin de là se trouve la venta de las Campanas.

Las Campanas.

Station insignifiante de notre ligne.

Noain.

La dernière station avant Pampelune. Noain est dans un lieu aride et escarpé. A un quart de lieue de ce village commence le bel aqueduc qui conduit à Pampelune, sur un parcours de 2 lieues, les eaux des sources de Subiza. Il a 66 pieds d'élévation et quatre-vingt-dix-sept arches. Noain compte 121 habitants. Le sol produit du blé, de l'orge et des fruits.

Pampelune.

Place forte située sur l'Arga, l'une des plus belles villes d'Espagne. Nous en avons déjà parlé lorsque nous l'avons rencontrée sur la 1re ligne, 2e section.

SIXIÈME SECTION.

SARAGOSSE A PAU.

SOMMAIRE. — Saragosse. — Gurrea del Gallégo. — Ayerve. — Jaca (Iacca). — Canfranc.

Saragosse.

La description de cette cité importante a été donnée lorsque nous l'avons rencontrée sur le chemin de Perpignan à Madrid.

Gurrea del Gallégo.

Cette section a près de 100 kilomètres de parcours. Elle suit la route de Huesca jusqu'à Zuera, et après avoir traversé le Gallego. arrive à Gurrea, village de 500 habitants. Ce dernier est situé sur un terrain accidenté, non loin des torrents Soton et Violada,

PRODUITS. — Grains, pommes de terre, bois, nombreux troupeaux.

Ayerve.

Autre village de 150 habitants, peu éloigné du précédent. Il se trouve dans la vallée de Broto, qu'arrose l'Ara. On rencontre ensuite les villages de Zarzamalmello, Anzanigo, et Bernuès, voisin de la source du Bataragur.

Jaca (Iacca).

Ancienne capitale de l'Aragon, place forte, ville de 5,000 âmes, située près de la rive de l'Aragon, par les 42° de latitude nord et 30° 20' de longitude est, au pied d'une chaîne de montagnes qui se détache des Pyrénées. La ville est entourée d'une épaisse muraille, flanquée de tours et de bastions. Elle est très-ancienne. Sur une hauteur voisine, on voit les restes d'un château construit sous Philippe II. Cette ville, dont le nom est arabe, est un chef-lieu de *partido* de la province de Saragosse. Elle n'est qu'à 5 lieues de la frontière. Les Romains s'en emparèrent en 195 avant J.-C., sous le consul M.-P. Caton. Les Français l'occupèrent de 1808 à 1814. C'est, pour ainsi dire, la clef des Pyrénées centrales.

MONUMENTS. — La cathédrale, formée de trois nefs et construite en pierre, avec une tour au grand portail; on y voit une chapelle dédiée à sainte Orosie, qui souffrit le martyre dans cette ville, où l'on conserve ses reliques. Cinq couvents, un palais, un quartier et quelques belles maisons composent l'ensemble des édifices à visiter.

INDUSTRIE. — Laines, bois de construction et mines de métaux précieux.

PRODUITS. — Fruits, blé, légumes, pâturages, troupeaux et bêtes à cornes. Le climat est régulier. Jaca défend l'entrée du col de Canfranc.

Canfranc.

C'est aussi le nom d'un village de 800 âmes, situé à 3 lieues de la frontière. Ce nom a une origine qui peut intéresser les philologues; il signifiait, dans le vieux langage indigène, *chien franc;* c'était un compliment, comme on en faisait dans ce temps-là, à l'adresse des gens du pays remarquables par leur agilité.

CURIOSITÉS. — Sur une hauteur qui domine le village, s'élevait autrefois un château assez bien fortifié.

INDUSTRIE. — Carrières de marbre, mines de cuivre et d'argent.

PRODUITS. — Bois, grains, pâturages et bestiaux. De Canfranc, on arrive, par la venta de San Anton, en France, puis à Pau.

TROISIÈME LIGNE.

MADRID A VALENCE ET ALICANTE.

SOMMAIRE. — Madrid. — Getafe. — Pinto. — Valdemoro. — Cienpozuelos. — Aranjuez. — Castillejo. — Villasequilla. — Haerta de Valdecarabanos. — — Tembleque. — Villacañas. — Quero. — Alcazar de San Juan. — Campo de Criptana. — Zancara. — Socuellamos — Villarobledo. — Minaya. — La Roda. — La Gineta. — Albacete. — Chinchilla. — Villar. — Alpera. — Almansa.

Madrid.

La première station que l'on rencontre en sortant de Madrid, à 14 kilomètres de cette ville, est Getafe; l'embarcadère du chemin de fer de Madrid à Valence et Alicante est à l'endroit où se trouvait autrefois la porte d'Atocha, près la promenade du même nom. L'établissement de la gare est très-incomplet : on y fera probablement des changements par la suite, car ce sera le point central des chemins de fer de l'orient de l'Espagne. En sortant de Madrid, on passe sur un pont viaduc le torrent Abroñigal : c'est le point le plus élevé de toute la route, c'est aussi la bifurcation de la ligne de Saragosse; puis on passe le canal et le Mansanarès sur un pont assez beau.

Getafe.

Petite ville de 3,400 âmes, située à 1 kilomètre de la voie; cette ville appartient au diocèse de Tolède et à la province de Madrid; il y a un ayuntamiento, une bonne église paroissiale où l'on trouve quelques peintures assez estimées; un collège des PP. esculapiens, qui dépend de l'université de Madrid, un hôpital, une assez belle promenade et trois ermitages, situés en dehors de la ville.

9.

L'industrie locale est très-bornée; on y voit cependant quelques fabriques. Le sol produit toute espèce de grains et de légumes; on y récolte de l'huile et du vin. Après cette station, on passe, sur un très-beau pont d'une seule arche, le torrent Cunieblès.

Pinto.

Ville de la province de Madrid, dont elle est éloignée de 21 kilomètres; elle fait partie du diocèse de Tolède. On y voit une église paroissiale, trois chapelles et une promenade qui coupe la ville en deux, et finit à la place de l'Église. La population est de 2,500 âmes. C'est une ville fort ancienne : on y trouve des restes d'une forteresse qui appartient aujourd'hui au duc de Frias; c'est dans cette forteresse que Philippe II fit enfermer, le 26 juillet 1579, la princesse d'Éboli, mère du premier duc de Pastrana. Les produits du pays sont le blé, le vin, l'huile et le menu bétail. En sortant de cette station, on traverse les routes de Torrejon, de Tolède, et la grande route d'Andalousie.

Valdemoro.

Ville de la province de Madrid, dont elle est éloignée de 27 kilomètres. Le nom de ce lieu signifie vallée du Maure; on y compte 2,500 habitants; il y a une église paroissiale dont le maître-autel est orné d'une bonne peinture faite par Bayeu, un ayuntamiento, un couvent de nonnes, un ermitage, deux écoles primaires, deux hôpitaux, une administration des tabacs et des postes, enfin les salines d'Espartinas. On trouve à Valdemoro plusieurs auberges; il y a quatre moulins pour faire de l'huile et une fabrique de savons. Le sol produit du blé, de l'orge; on y fait de l'huile, du vin, et on y élève quelques sujets de la race bovine. A peu de distance de cette station on rencontre le beau viaduc qui traverse les prairies de Valdemoro, puis le plateau d'Espartinas et la vallée de Jarama, et l'on traverse le ruisseau de Saint-Cosme.

Cienpozuelos.

Ville de la province de Madrid, dont elle est distante de 34 kilomètres, ayant un ayuntamiento et faisant partie du diocèse de Tolède. Elle est située sur une colline qui domine la plaine de Jarama; elle contient 2,000 habitants; on y voit un hôpital, un couvent de nonnes, des écoles primaires, une église et deux ermitages. Le nom de ce village signifie en français *Cent petits puits*. Dans les environs de cette petite ville, en un endroit qu'on appelle le Despoblado de San Juan (espèce de désert), se trouvent les salines d'Espartinas. Le sel se tire d'une fontaine dont on utilise les eaux pendant l'été.

Le pays produit du grain, des légumes, quelque bétail; on y fait du vin et de l'huile. La chasse au lapin y est très-abondante. Après Cienpozuelos, on traverse la vallée du Jarama, puis le pont de la Peñuela, d'une seule arche, celui de la Vereda de las Carceles, de trois arches, enfin les deux ponts del Gasco et de Gazquez. On rencontre la route générale d'Andalousie en un endroit appelé la Côte de la Reine. On trouve un beau pont sur le Jarama, et, à peu de distance, un viaduc américain, et on entre dans les belles allées qui entourent Aranjuez; on traverse sur un pont de trois arches le canal d'irrigation appelé Piso Fijo, enfin on arrive au Tage.

Aranjuez.

Cette ville, distante de Madrid de 49 kilomètres, est une résidence royale; située sur la rive gauche du Tage, au-dessus de l'embouchure du Jarama, elle n'était autrefois qu'un manoir de chasse, sous Charles Ier et Charles II. Philippe V et Ferdinand VI y firent de grands changements, et sous Charles IV, on compléta ces embellissements. On prétend que le nom d'Aranjuez vient du latin *ara Jovis*, en mémoire d'un temple de Jupiter situé autrefois dans ce lieu. C'est à Aranjuez qu'eut lieu, en 1808, l'insurrection qui força Charles IV d'abandonner son ministre Manuel Godoï (le prince de la Paix et d'abdiquer la couronne en faveur de Ferdinand VII, son fils.

Aranjuez ne contient que 5,000 habitants; on prétend que, pendant le séjour de la cour, vingt mille personnes y peuvent trouver un abri; ce qu'il y a de certain, c'est qu'en temps ordinaire, la ville est presque déserte.

Parmi les monuments et objets dignes d'attirer l'attention, il faut citer en premier lieu le palais de la reine et ses jardins; c'était autrefois la propriété de l'ordre de Santiago et la résidence du grand maître. Philippe II jeta les fondements du palais actuel, par l'entremise du célèbre architecte Juan de Herrera; Charles III termina ce travail. Les jardins sont principalement dus à Charles IV. Le palais, dévasté pendant la guerre de l'Indépendance, fut restauré sous Ferdinand VII. C'est un édifice composé d'un corps et de deux ailes, avec des pilastres et une balustrade en pierre de taille; il est bâti en brique. L'intérieur est remarquable par les peintures à fresque et les tableaux qui ornent les salles; on admire le plafond de la salle à manger de Charles IV, œuvre de Jacques Amiconi; dans le cabinet ancien *(gabinete antiguo)* on trouve sept tableaux mythologiques de Jordan et quatre paysages de Jean-Baptiste del Mozo; la voûte et les frises de cette pièce sont peintes par Jordan; la salle des majordomes contient six allégories, dont une représentant Orphée entouré d'animaux qu'il dompte en jouant de la lyre; ces tableaux sont encore dus à Jordan. Dans la chapelle du palais, on voit un *Saint Antoine de Padoue*, œuvre de Jaquinto, et une *Assomption* du Titien.

Les jardins du palais. — Il y en a deux principaux appelés, l'un du Prince *(del Principe)* et l'autre de l'Ile *(de la Isla).* Cette île, située auprès du palais, est formée par le Tage et par un canal d'irrigation. On y trouve différents arbustes, des fleurs aromatiques, une immense quantité d'allées ombragées par des arbres très-élevés, et une infinité de fontaines et de statues; on se croirait à Versailles. La plus grande fontaine est celle d'Hercule; sa cuvette principale est entourée de statues en marbre blanc, et celle du milieu supporte un Hercule luttant avec l'hydre; à gauche de cette fontaine, le Tage forme une contre-cascade assez belle. On remarque encore la fontaine des Dauphins, dont les bas-reliefs ont quelque mérite; la fontaine de don Juan d'Autriche est fort simple; celle de Neptune est entourée de six piédestaux qui supportent des groupes de bronze assez beaux, qu'on croit être d'Alexandre Algardi; la fontaine de la Espina ou de las Harpias, représente un jeune homme qui ôte une épine de son pied; le bassin est entouré de quatre colonnes surmontées chacune d'une harpie en marbre blanc. La fontaine de Bacchus représente ce dieu assis sur un tonneau; enfin la fontaine des Tritons est la plus belle et forme un ensemble de 6 à 7 mètres d'élévation. Toutes les sculptures de cette fontaine sont en marbre, avec quelques statues en bronze; un grand bassin soutient trois tritons, au milieu est un piédestal avec une colonne et trois statues de nymphes de grandeur naturelle; sur cette colonne est une cuvette, avec des sirènes qui saisissent le dauphin par les nageoires; enfin une cuvette plus petite est placée au-dessus de la précédente.

Toutes ces fontaines sont situées au milieu de grandes places ornées de bancs de marbre et entourées d'arbres de haute futaie, dont les branches, en s'entrelaçant, forment un ombrage très-agréable pendant les grandes chaleurs. Ce jardin est rempli de bosquets et de berceaux, arrangés avec beaucoup de goût.

L'autre jardin, celui du Prince, qui n'est pas moins beau que le précédent, est tout planté d'arbres et d'arbustes d'Asie et d'Amérique; divisé en quatre grands carrés, il est situé entre la grande allée de la Reine et le Tage, dont il est séparé par un quai, défendu autrefois par deux batteries de vingt pièces de canon. La circonférence de ce jardin est de près de 5 kilomètres. On a essayé d'imiter les jardins français et anglais, et on y cultive des fruits excellents. On y voit des lacs, des ruisseaux, des fontaines et, au milieu de toutes ces richesses, une délicieuse petite maison, appelée *la Casa del Labrador* (la maison du laboureur), qui semble à première vue un pavillon de repos, et dont on a fait un véritable musée, renfermant mille productions très-précieuses, dues aux talents des peintres et des artistes espagnols. Cette maison est comme un diamant dans une corbeille de fleurs.

AUTRES ÉDIFICES. — Il y a encore à Aranjuez deux paroisses, un hôpital, un théâtre, une place de taureaux, plusieurs hôtels, cafés et maisons, et enfin le palais de la reine mère, encore inachevé. La place de Saint-Antoine est la plus belle de la ville ; elle est décorée d'une fontaine en marbre et ornée de deux galeries saillantes, en forme de portiques, qui en occupent le pourtour ; l'église de Saint-Antoine est voisine de cette place ; on remarque un portique couvert par cinq arcades, avec six pilastres, supportant une terrasse et une balustrade en pierre de taille ; derrière ce portique s'élève un dôme, terminé par une lanterne octogone, avec une balustrade semblable à la précédente : cette décoration fait un très-bon effet. De cette place on aperçoit les montagnes qui entourent Aranjuez et semblent former comme le fond de ce beau tableau. L'église des Franciscains a une assez belle façade, avec deux tours à colonnes doriques ; on trouve dans cette église quelques bons tableaux de Jean-Baptiste Tiepolo. Enfin il faut visiter les écuries du roi, qui sont grandes et belles, sur les bords du Jarama.

INDUSTRIE. — Elle consiste en une fabrique de cristaux, une tannerie, un moulin à grains.

PRODUITS. — On y cultive du grain, des légumes et d'excellents fruits ; la vallée du Tage est très-fertile, et la ville d'Aranjuez n'est qu'un immense jardin. Il est fâcheux qu'on y manque d'eau potable. Il y a une foire annuelle les 4, 5 et 6 septembre. Quittons la gare d'Aranjuez en suivant la bifurcation, qui nous ramènera à la ligne de Madrid à Alicante et Valence, et jetons un dernier coup d'œil d'admiration à ce séjour enchanteur, les délices des rois d'Espagne.

Castillejo.

C'est à ce point que part la section du chemin de Tolède ; ce lieu appartient à la province du même nom.

Villasequilla.

Ce village dépend aussi de la province et du diocèse de Tolède, et est situé dans une vallée fertile, mais humide, où l'on souffre fréquemment de fièvres intermittentes; on y compte 900 habitants. Il y a un réservoir d'eau, une école, une église; le sol produit du blé, de l'orge, du chanvre, des vignes; on y élève quelques bestiaux et on y chasse agréablement.

Huerta de Valdecarabanos.

Ce nom pourrait venir de l'explication suivante : le jardin de la vallée des Caravanes. Cette ville de 2,000 habitants, avec ayuntamiento, appartient à la province et au diocèse de Tolède ; elle est située au pied d'une montagne ; on y voit des écoles d'instruction primaire, une église paroissiale, et sur le haut de la sierra, une chapelle réunie à un château fort. Il y a de nombreux canaux d'irrigation. Sa principale industrie locale consiste en travaux de jardinage; le sol produit en outre du blé, de l'orge, du chanvre, des vignes, et sert à élever des bestiaux, de gros et menu bétail.

Tembleque.

Station assez importante, comme point de bifurcation des lignes de Ciudad-Real et d'Andalousie; il y a dans cette station une gare de marchandises et un buffet pour les voyageurs, comme à Aranjuez. Tembleque est située sur un terrain plat et dominée par des montagnes; cette ville, qui contient près de 4,000 habitants, appartient à la province, au diocèse et à la circonscription militaire de Tolède. Deux marais, situés dans le voisinage, en rendent le climat malsain. On y trouve une paroisse, un ancien couvent de moines, et un grand *parador* (auberge pour les gens à pied); il y a un ayuntamiento et une administration subalterne des postes et des loteries; les eaux y sont d'une qualité inférieure, comme toutes celles des villages de la Manche : ce sont toujours des eaux de puits.

En 1801, une effroyable tempête détruisit une partie de la ville de Tembleque, et, en 1809, après la bataille d'Ocaña, les Français se chargèrent d'achever cette destruction. C'est dans les puits de la Manche que les Espanols jetaient les cadavres des soldats ennemis qu'ils avaient surpris loin de l'armée ; on trouve encore aujourd'hui, dans ces puits, une quantité de cuirasses et d'armures de guerre qui remontent à l'époque dont nous parlons. Industrie locale : salpêtre, draps, toiles, laines. Le pays produit du grain, des semences, des vignes, et quelque menu bétail.

Après Tembleque, la plaine continue et le chemin de fer fait un grand coude.

Villacañas.

Ville de la province et du diocèse de Tolède, située sur une colline inclinée de l'est à l'ouest, et comptant près de 5,000 habitants, logés dans sept cents maisons ; il y a en outre une population pauvre qui habite trois cents grottes ou caves, comme, en France, dans les environs de Vendôme. On y voit plusieurs ermitages, parmi lesquels celui de Saint-Roch qui est en grande vénération ; on attribue à ce saint beaucoup de miracles accomplis à l'époque du dernier choléra. Le pays produit du blé, de l'orge, de l'avoine, du safran, de l'anis, des pommes de terre, des pois, des légumes et des vignes ; on y élève du bétail gros et menu, et la chasse y est assez abondante.

Quéro.

Station située à 16 kilomètres de la précédente et à 134 de Madrid ; village de 823 habitants, appartenant à la province et au diocèse de Tolède, situé sur un terrain peu élevé, où l'on voit deux salines, dont l'une appartient au gouvernement. Près de ce village est l'embouchure du Riansarès et la source du Giguëla. Dans l'étang appelé el Taray s'élèvent quatre îles couvertes de joncs, qui servent d'abri à une quantité de loups, de renards, etc. Les eaux de cet étang sont efficaces contre les maladies de peau et les rhumatismes. Le terrain environnant, chargé de sel, est peu productif, et on gagne, dans ce pays, des fièvres intermittentes, ce qui n'est pas un encouragement pour aller chercher le remède des eaux en question. Il y a à Quero une école, une église paroissiale et deux ermitages.

Alcazar de San Juan.

Station avec buffet. La ville qui en est voisine appartient à la province de Ciudad-Real et au diocèse de Tolède, et renferme 5,400 habitants. Il y a un tribunal ecclésiastique, un hôtel du commandant militaire, deux paroisses, dont l'une fort ancienne; un palais en ruines, une caserne et trois anciens couvents. Alcazar, dont le nom vient évidemment du palais dont on voit les restes (car ce mot signifie en arabe quelque chose d'analogue), a la prétention, qu'elle dispute d'ailleurs avec Alcala de Henarez et Madrid, d'avoir été la patrie de l'immortel Cervantes; il n'est pas douteux qu'il habita ce lieu dans sa jeunesse.

Campo de Criptana.

Ville de 6,200 âmes, de la province de Ciudad-Real. L'église paroissiale est un bel édifice gothique, avec une tour très-élevée; elle se compose d'un beau vaisseau et de cinq chapelles, où l'on trouve les précieuses reliques des onze mille vierges. Autrefois il y avait dans la ville un couvent de moines, dont l'église est une paroisse; dans les environs on trouve encore quatre ermitages. A peu de distance de la ville, à l'est, s'élève une colline qui la domine, et sur laquelle on voit une grande quantité de moulins à vent, ce qui a fait appeler ce lieu *la Sierra de los Molinos*; ce sont ces moulins et leurs confrères de la Manche, d'ailleurs fort nombreux, qu'allait combattre don Quichotte, dans ses expéditions de chevalier errant. Auprès de Criptana on trouve les ruines d'un château fort, dans un lieu où fut autrefois la ville de Quitrana, non loin d'une chaussée romaine qui conduit au château de Peñarroya, à 20 kilomètres de distance. En un lieu appelé el Real, près de

Criptana, on trouve des pièces de monnaie romaine et des fragments d'armes de cette époque et de temps plus reculés encore ; on croit que ce fut le théâtre d'une bataille vers l'an 180 avant Jésus-Christ.

L'industrie locale consiste en la fabrication de tissus de laine ; le pays environnant, couvert de fermes et de maisons isolées, produit en abondance du blé et d'excellents fruits ; on y fait de l'huile et de très-bon vin.

Zancara.

Station située à 11 kilomètres de la précédente, à 500 mètres de la rivière de ce nom ; il n'y a rien de remarquable, sinon que le pays environnant est très-dépeuplé.

Socuellamos.

Bourg de 2,300 âmes, avec ayuntamiento ; il est situé non loin du Corcoles, que l'on a canalisé dernièrement, pour servir à l'irrigation des terres. Il y a en ce lieu une église paroissiale, deux écoles, deux ermitages et une espèce d'hôtel de ville très-vaste, qui possédait d'immenses greniers, nécessaires dans un pays où la culture du blé est presque la seule industrie.

Villarobledo.

Ville appartenant à la province d'Albacete et qui compte près de 8,000 habitants ; sa fondation date de l'an 1292. En 1836, les troupes de la reine y remportèrent une victoire sur celles de don Carlos, et, l'année suivante, il y eut une grande émigration des habitants, qui manquaient de tout. Cette ville possède deux écoles d'instruction primaire, une chaire de latinité, une belle église paroissiale, dont la sacristie mérite d'être visitée, deux autres églises, trois couvents de nonnes, un ancien monastère de franciscains à moitié en ruines, deux ermitages et une espèce de grand magasin, qui servait autrefois au domaine royal. Le sol produit des grains en abondance, du safran ; on y trouve du bétail et, chose assez rare dans ce pays, des bois où la chasse est abondante. Quant à l'industrie locale, elle se résume en quelques moulins à farine, des tisseries de laine et plusieurs tuileries, où l'on fabrique ces immenses cruches à eau appelées en Espagne *tinajas*.

Minaya.

Village de la même province que la ville précédente, et faisant partie du diocèse de Cuenca; la population est de 1,900 habitants; on y trouve un ayuntamiento, un magnifique grenier public, une église paroissiale, des écoles primaires, trois *paradores* et une *posada* (auberge pour les rouliers). Il y a à Minaya plusieurs fabriques de sparterie; le sol produit des grains, on y fait du vin et on y élève quelques bêtes à laine. A quelque distance de Minaya est la chaîne de montagnes qui sépare les vallées de la Guadiana et du Jucar, dont le point le plus élevé atteint 720 mètres au-dessus du niveau de la mer. C'est là qu'est la ligne de démarcation entre les eaux qui se jettent dans l'Océan et celles qui coulent vers la Méditerranée.

La Roda.

Ville de 6,150 âmes, placée sur le flanc d'une petite colline au centre d'une immense plaine. Elle renferme une église paroissiale, un ancien hospice de franciscains aujourd'hui transformé en prison, un ancien couvent de trinitaires transportés à Cuenca, et dont l'édifice sert à l'école supérieure et au quartier des gendarmes ou gardes civils. Il y a peu d'industrie, si ce n'est quelques tisseries et plusieurs métiers, et le sol produit des pommes de terre, des vignes et beaucoup de safran; on y élève aussi quelque bétail.

La Gineta.

Bourg de 2,500 âmes. On y voit une église paroissiale, un ermitage, une école, quelques métiers et fabriques de draps.

Le sol produit du grain, du safran et des vignes. Après avoir passé le canal de Saint-Georges sur un pont de fer, on arrive à Albacete.

Albacete.

L'une des plus importantes stations de cette ligne. Capitale de la province du même nom, faisant partie du diocèse de Carthagène, cette ville a été bâtie à l'extrémité du plateau de la Manche, de manière à recevoir les eaux des montagnes de Chinchilla et d'Alcaraz, ce qui avait formé dans le pays des étangs qui rendaient le climat malsain. On a établi, pour remédier à ce mal, le canal d'Albacete; mais on a oublié d'utiliser les eaux de ce canal pour l'arrosement des terres voisines, ce qui aurait pu transformer ce pays en un vaste verger, aussi fleuri, aussi cultivé que le royaume de Valence, ce grand jardin de l'Espagne.

Il y a à Albacete 16,600 habitants, plusieurs églises, une caserne, deux hôpitaux, l'un civil, l'autre militaire, une place de taureaux, une école normale, un institut d'enseignement secondaire, plusieurs auberges, *fondas* et *paradores*.

Cette ville est le rendez-vous de nombreux *arrieros* qui transportent du vin, du grain, de l'huile et toute espèce de marchandises par les routes de Madrid, d'Aragon, de Murcie, de Valence, d'Alicante et d'Andalousie, dont le point d'intersection se trouve en ce lieu. L'industrie principale de la localité est la vente de ces fameux poignards et couteaux de différentes formes qui ont tant de renommée à l'étranger. Tous les ans au mois de septembre a lieu la foire d'Albacete.

En sortant de cette ville le pays cesse d'être plat, et l'on quitte les plaines de la Manche pour entrer dans une contrée accidentée où nous trouvons les ponts de la Cañada et du Carrascal, à 336 et 339 kilomètres de Madrid; celui de la Casa del Angel, à 348 kilomètres de Madrid; celui de las Palomas, à 350 kilomètres de Madrid, et à 356 kilomètres, celui de Sargantana, près d'Almansa dont nous suivons la route.

Chinchilla.

Située à 19 kilomètres de la dernière, cette ville contient 6,000 habitants. Elle a un ayuntamiento; elle est sur une montagne aride de plus de 700 pieds d'élévation, et d'où l'on découvre les chaînes de Chinchilla, de Segura et d'Alcaraz et les immenses plaines de la Manche. Cette ville est entourée d'une muraille construite à l'époque de la dernière guerre civile avec les restes d'un vieux mur flanqué de tours qui, se réunissant aux fortifications de son château, réparé à la même époque, formaient l'enceinte fortifiée. Il y a à Chinchilla plus de six cents maisons, dont quelques-unes assez belles. Les familles pauvres habitent pourtant certaines grottes ou caves comme nous en avons vu précédemment. Sept places, un dépôt de grains, une prison, un hôpital, un ermitage, une église paroissiale où l'on conserve une chaire en bois, qui servit aux prédications de saint Vincent Ferrer, le saint de prédilection du royaume de Valence, forment l'ensemble des choses remarquables que contient cette ville.

Il y a dans l'église de magnifiques réservoirs d'eau, capables, en cas de siége, d'alimenter la ville pendant plusieurs mois. Chinchilla est fort ancienne et souffrit beaucoup à l'époque de la fameuse guerre du siècle passé et aussi du temps de Philippe V. Il y a dans les environs des carrières de jaspe et de différentes pierres recherchées; dans le lieu appelé Cuesta de la Haya de la Reyna, on trouve des petites pierres d'albâtre d'une forme assez curieuse. Le pays produit toute espèce de grains et de légumes, des fruits, du safran et l'on y fait du vin.

Villar.

C'est le point le plus élevé de toute la ligne, situé à 920 mètres au-dessus du niveau de la mer. Le village de ce nom compte à peine cent cinquante feux.

Alpera.

Bourg de 2,400 âmes, avec ayuntamiento, faisant partie de la province d'Albacete et du diocèse de Carthagène. Il est situé entre quatre montagnes assez élevées ; le climat est sain et on n'y a jamais connu d'épidémie. L'église paroissiale contient une relique de santa Marina exposée à la vénération publique le jour de la fête de cette sainte, et un *lignum crucis* donné à don Juan d'Autriche par le pape saint Pie V, et offert à la ville avec les papiers qui constatent son origine par don Pedro Alejandro Villaescusa, naturel du pays et confesseur de don Juan. L'église, quoique simple, est de fort bon goût. Il y avait autrefois à Alpera un palais qui était la résidence de seigneurs jouissant d'une certaine juridiction féodale ; ce palais n'est plus qu'une ruine. Il y a dans les environs des carrières de pierre de taille et dans la ville quelques métiers. Le sol produit des grains, des légumes, des fruits. A 20 kilomètres, on rencontre l'importante station qui sert de point de bifurcation des lignes de Valence et d'Alicante, et qui sera la dernière de notre ligne ; car nous ferons de ces deux lignes bifurquées deux sections de notre grande ligne.

Almansa.

Ville de la province d'Albacete et du diocèse de Carthagène, située au fond d'un vaste amphitéâtre, fermé de toutes parts au moyen d'une chaîne de montagnes, ce qu'on appelle en espagnol le *puerto* (port) d'Almansa. Au milieu de ce *puerto* s'élève un monticule sur lequel on voit les ruines d'un ancien château qui devait être autrefois beaucoup plus fortifié qu'aujourd'hui. Si on le réparait, son élévation même nuirait à sa défense ; il est formé de trois enceintes et n'a qu'une seule entrée. Ce château est bâti sur le roc.

Non loin de là, à 1 kilomètre, on trouve une colonne élevée en mémoire de la fameuse bataille d'Almansa livrée en 1707 par le duc de Berwick pour le compte de Philippe V, à qui elle assura la couronne d'Espagne, contre les troupes portugaises, anglaises et allemandes qui combattaient pour l'archiduc Charles. Cet obélisque a 14 pieds de haut, et il avait autrefois un piédestal surmonté d'un lion. On y avait placé des inscriptions en latin et en espagnol ; elles sont presque illisibles.

Almansa est une ville de 9,300 habitants, fort ancienne ; elle existait déjà du temps des Romains qui l'appelaient *Almantica*, et elle fut détruite pendant les guerres de ces derniers avec les Carthaginois. On l'a rebâtie depuis et avec plus de soin. On y voit une église paroissiale, un ancien couvent de franciscains, un couvent d'augustines et un hôpital. Les rues sont larges, mais la ville avait un aspect misérable et triste avant l'établissement du chemin de fer, qui lui a donné un peu plus d'animation ; l'église paroissiale est remarquable par son portail composé de deux corps d'architecture, dont le premier a quatre colonnes doriques appuyées sur un nombre égal de pilastres avec des niches entre les colonnes et une Annonciation assez bien exécutée sur la porte ; et le second a quatre colonnes ioniques appuyées sur des pilastres de même ordre, avec l'Assomption et les apôtres dans le milieu ; la corniche du second corps supporte des candélabres bien travaillés, qui correspondent avec les colonnes. Le clocher de cette église, comme ceux des autres églises de la ville, est assez élevé et terminé comme les mosquées par une plate-forme.

Il y a autour d'Almansa quelques travaux de fortification pour défendre l'entrée des gorges de montagnes qui commencent en ce point, et un assez vaste étang où s'écoulent toutes les eaux des environs ; il sert aux besoins du pays pour sa défense et pour son irrigation. Les monts environnants sont assez boisés, et on y trouve d'abondants pâturages où l'on nourrit plus de seize mille têtes de bétail. Ces gorges de montagnes ont beaucoup de rapport avec celles de Narni dans les États pontificaux. On remarque comme travaux d'art et d'utilité publique les conduits d'eau des marais de Salar, de San Benito et du pont de la Vega. La principale industrie locale consiste en fabrication de quelques toiles tissées par les gens du pays qui possèdent des métiers à domicile.

Le pays environnant est fertile et produit du grain en abondance; on y fait aussi de l'huile. On remarque quelques jardins dans la partie basse de la ville située presque au pied du château.

PREMIÈRE SECTION.

ALMANSA A ALICANTE.

SOMMAIRE. — Caudete. — Villena. — Saj. — Elda. — Monovar. — Aspe. — Novelda. — Monforte. — Saint-Vincent de Raspeig. — Alicante.

Caudete.

Est la première station de cette section ; c'est une ville de la province d'Albacete et du diocèse d'Orihuela, située à la descente d'une côte. Elle a 5,500 habitants, plusieurs églises dont une principale, trois ermitages et une chapelle dédiée à Notre-Dame de Grâce, patronne de la ville. Dans un lieu voisin, qu'on appelle le Despoblado de Bugarra, existe encore un ancien couvent de capucins, et auprès de ce couvent, un palais assez beau qui servait autrefois de séjour de plaisance aux évêques d'Orihuela. Le pays, arrosé par les eaux qui s'écoulent de la sierra de Santa Barbara, est assez fertile et produit du grain, des légumes et des fruits. Caudete fut ainsi appelée parce qu'en cet endroit se joignait à la route de Madrid celle d'Alicante, en faisant un grand coude vers l'est.

Villena.

Ville située auprès du mont San Cristobal, avec un château fort placé sur une hauteur qui la domine. Elle est très-ancienne. Les Romains l'appelaient *Arbacula* ; elle fait partie aujourd'hui de la province d'Alicante et du diocèse de Carthagène. On y compte 8,200 habitants ; on y voit un grand nombre de fontaines, plusieurs promenades, deux églises paroissiales, deux couvents supprimés, un hôpital, douze chapelles. On remarque la façade de l'Hôtel de ville et celle de l'église Saint-Jacques. On visite le palais des marquis de Villena. Il n'y a point d'auberge dans la ville, mais seulement des *posadas*.

La campagne environnante, arrosée par le Vinalapo, produit du blé, du chanvre, du lin, des légumes, du vin et de l'huile ; aux environs est une saline dont le lac a 8 kilomètres de circonférence. Après avoir passé les ponts de Regajo et de la Algueña à 397 et 406 kilomètres de Madrid, nous arrivons à la jolie petite ville de Saj.

Saj.

Bâtie en amphithéâtre sur la crête d'une montagne, et où l'on aperçoit les ruines d'un ancien château. Cette ville de la province d'Alicante et du diocèse de Carthagène, située sur la rive droite du Vinalapo, est assez bien bâtie. On y voit deux places assez grandes, une prison, un hôpital, une école, une église paroissiale, trois chapelles et deux *posadas*. L'industrie consiste en deux fabriques d'eau-de-vie et deux de gros papiers ; on y compte 2,200 habitants. Les femmes y sont renommées pour leur beauté. Le pays environnant produit du blé, des fruits, des amandes ; on y élève des moutons et des chèvres. A 5 kilomètres de Saj, on passe le Vinalapo et on entre dans le tunnel de la Torreta de Elda, qui a 485 mètres de long. On passe ensuite le pont de los Corrales.

Elda.

Les Maures l'appelaient Idella, c'est-à-dire maison de plaisir. Cette ville de la province d'Alicante et du diocèse d'Orihuela, est située sur la rive gauche du Vinalapo et dominée par un vieux château maure dont les bâtiments pouvaient abriter quatre mille hommes. La population d'Elda est de 3,800 âmes; un aqueduc venu de Pretel y conduit l'eau qui alimente ses fontaines. L'industrie locale consiste en sparterie et en quelques fabriques de papier; on y voit aussi des moulins à farine. Le pays environnant, remarquable par sa fertilité, produit toute espèce de grains, de fruits et de légumes. La fertilité du sol, les nombreux jardins, la douceur du climat et la beauté des femmes font de ce lieu un séjour enchanteur. La station d'Elda est aussi commune à Monovar.

Monovar.

Cette ville est située dans la même province et le même diocèse que la précédente, sur le flanc d'une colline au pied de laquelle coulent le Tarrafa et le Vinalapo. On y voit encore les ruines d'une vieille muraille qui servit de défense à la ville pendant la dernière guerre civile; puis un reste de tour du temps des Maures, d'où l'on aperçoit au loin le château de la Magdalena. Monovar possède quelques églises et édifices dont l'ensemble forme un aspect agréable. La population est de 8,600 habitants. A 2 kilomètres de Monovar on passe le Vinalapo sur un pont qui est le plus important de la ligne, et à 6 kilomètres de la station double d'Elda et de Monovar se trouve une station commune aux villes de : Aspe, Novelda et Monforte, dont nous allons donner cependant une description séparée.

Aspe.

La plus éloignée des trois du chemin de fer, appartient à la province d'Alicante et au diocèse d'Orihuela, et est située au pied d'une colline peu élevée. Le climat est sain; on y compte 7,000 habitants. Les maisons sont bien construites; il y a un hôpital, trois écoles de garçons et trois de filles. L'église paroissiale est d'une belle architecture. Cette ville est fort ancienne; on croit qu'elle est l'*Aspis* de Ptolémée. Il y a des moulins à huile, des fabriques de savon et d'eau-de-vie; le sol produit toute espèce de vins, de légumes et de fruits, et en particulier des figues. On y récolte aussi de l'huile et du vin.

Novelda.

Nouvelle Elda, ville de la même province et du même diocèse, située près du Vinalapo qui est presque toujours à sec en cet endroit. Elle compte 7,900 habitants. Il y a un château fort ancien, sur une montagne qu'on rencontre au nord de la ville, à une heure de distance. Il est appelé tantôt Castillo de la Mola, tantôt Castillo de la Luna ; ce dernier nom lui viendrait, prétendent quelques personnes, d'Alvaro de Luna auquel il aurait servi de prison ; mais rien ne justifie cette supposition. Il n'en reste d'ailleurs que deux grosses tours assez solides et assez bien construites.

Les maisons de la ville sont belles. On y voit une vaste place, une prison, un hôpital, des écoles primaires, une église paroissiale, plusieurs chapelles et ermitages, dont l'un, celui de la Magdalena, fait partie du château dont nous avons parlé. La ville manque d'eau, les habitants sont obligés d'aller en chercher jusqu'à la fontaine de la Reine, sur la montagne de la Mola. La plupart d'entre eux la prennent dans le canal d'irrigation qui traverse la ville. Il y a du reste une particularité que l'on remarque dans les eaux de la province d'Alicante : les laboureurs et les gens de la campagne se plaignent qu'en buvant à certaines sources leurs lèvres se coupent comme sous l'impression d'une forte gelée ou d'un froid très-vif. Le pays environnant produit du grain, de l'anis, de l'huile et du vin. Il y a à Novelda quelques moulins à farine et à huile et huit fabriques d'eau-de-vie.

Monforte.

Ville ayant la même circonscription et une position analogue à la précédente. Elle compte 3,150 habitants. Il y a un dépôt de grains pour les laboureurs, des écoles pour les enfants des deux sexes, un ancien château sur l'emplacement duquel s'élève l'église paroissiale, un couvent de franciscains hors la ville, trois ermitages dédiés à saint Pascal, saint Roch et au sang du Christ. Le premier de ces ermitages est situé sur la montagne où saint Pascal allait prier dans une grotte. L'eau ne manque pas à Monforte comme dans le reste de la province : il y a trois fontaines, et dans la campagne environnante plus de six cents puits. En poursuivant notre chemin nous passerons les *ramblas* de Pla, de Salt de Lillo, de Verdegas, le pont de la Cañada à 443 kilomètres de Madrid.

Saint-Vincent de Raspeig.

Population très-disséminée dans la campagne, mais qui compte 4,500 habitants. Cette ville est insignifiante, quant à ses monuments, qui se composent d'une église paroissiale et de six chapelles. Elle est pourtant dans une situation assez pittoresque. De ce point nous traverserons une plaine presque abandonnée, située entre la mer et une chaîne de montagnes, et à 8 kilomètres nous verrons se détacher au milieu de ce beau panorama la gracieuse cité d'Alicante.

Alicante.

Station fort importante, et dont l'édifice est un monument; ville capitale de la province, port de mer et place forte, située au centre d'une baie, au pied d'une colline fort élevée, à 106 kilomètres sud-ouest de Valence par 2° 42' de longitude, et 32° 19' latitude nord. Appelée sous les Romains *Lucentum*, elle leur fut conquise par les Goths et cédée en 552 aux Grecs; les Goths s'en emparèrent de nouveau en 624. En 715, les Maures en firent la conquête sous Abdalazis, fils de Musa, et Ferdinand II, roi de Castille, la réunit dans le XIIIe siècle au royaume de Murcie. En 1304 elle fit partie du royaume de Valence, sous Jacques II, roi d'Aragon. En 1706, les Anglais s'en emparèrent pour le compte de l'archiduc d'Autriche, et punirent cette ville de sa fidélité à Philippe V. En 1708, ce prince, aidé des habitants, força le gouverneur anglais à rendre la place, et plus tard le château, dont on fit sauter une partie par la mine. On voit encore les traces de ces combats sur les murs du château, espèce de citadelle située sur la colline qui commande Alicante, et qui serait une place très-forte, si elle avait plus d'étendue.

Cette forteresse est complétée par deux forts détachés : celui de

San Fernando à l'entrée de la campagne, derrière la ville et à quelque distance, et celui de Santa Barbara au sud de la ville. Celui de San Fernando est en mauvais état.

La citadelle est assez forte; une montagne s'élève sur la droite, à peu de distance de celle qu'elle couronne, ce qui lui ôte une partie de son importance; d'ailleurs la campagne qui environne Alicante est composée, en se rapprochant de la mer, d'une série de petites collines qui forment ceinture autour de la ville. Alicante a 27,000 habitants et est destinée à un grand avenir, depuis que le chemin de fer en a fait l'un des débouchés les plus importants du commerce d'exportation de l'Espagne. La partie ancienne de la ville a des rues étroites, tortueuses et rapides; dans la partie nouvelle on trouve de belles maisons, de grands magasins et des places assez vastes. Alicante est la résidence des autorités de la province du même nom.

ÉDIFICES. — Une église collégiale qui sert de paroisse, deux autres églises, deux couvents de nonnes, le palais épiscopal, celui appelé *Altamira*, une caserne, un hôpital. Dans la collégiale il y a une bonne bibliothèque. Il faut visiter une collection de médailles et de monnaies antiques, ainsi que la galerie de tableaux du marquis d'Algorfa, qui contient de neuf cents à mille tableaux, œuvres des plus grands maîtres de l'école espagnole. Il y a encore à Alicante un tribunal de première instance, un consulat, une chambre de commerce, une *junta de sanidad* et un lazaret.

HOMMES CÉLÈBRES. — Alicante fut la patrie du poëte arabe Mahomed-ben-Abdelhaman, qui écrivit les annales de l'Espagne et mourut en 1213 à Tremen; de Ferdinand de Loazès, théologien et jurisconsulte, archevêque de Valence en 1567, et de don Carlos Coloma, historien des guerres de Flandres en 1637.

INDUSTRIE, COMMERCE, AGRICULTURE. — La principale industrie du lieu appartient au gouvernement: c'est une fabrique de cigares où l'on occupe trois mille quatre cents ouvrières. Le port, réparé dernièrement et auquel on a ajouté un môle nouveau, est en fort bon état. A l'époque de la splendeur de l'Espagne on y voyait des escadres mouillées dans la baie ; aujourd'hui le port est très-fréquenté par les bâtiments de commerce et les bateaux à vapeur qui se rendent à Marseille.

Les environs d'Alicante sont arides, le sol en est sablonneux et mélangé de marne et d'argile. A l'horizon s'élèvent des montagnes calcaires qui forment le plus bel amphithéâtre. Le pays, à cause de son aridité, n'est guère susceptible de culture, cependant on y trouve quelques vallées fertiles. Au bord de la mer et au nord d'Alicante, un terrain assez étendu et qu'on appelle la Huerta est couvert d'amandiers et de palmiers, ce qui en fait un véritable jardin. Un superbe bassin fermé par deux murailles, sert à recueillir les eaux destinées à l'arrosement de ces terres. L'eau est rare à Alicante et dans toute la province, ce qui fut cause de l'émigration continuelle et importante, partie de ce point à différentes époques pour notre colonie d'Alger.

Le pays produit peu de blé et d'orge ; en revanche on y recueille en grande quantité un vin justement renommé, connu dans toute l'Europe, où l'on en exporte de grandes quantités sous le nom de vin d'Alicante. Il vient souvent des parties les plus éloignées de la province et même de celle de Valence ; mais comme le commerce s'en fait principalement dans le port d'Alicante, les tonneaux ont gardé le nom de la ville qui les expédiait à l'étranger. Les amandes des environs sont très-estimées ; on en fait des gâteaux (*torrones*), espèce de nougat fort goûté.

Cette ville communique avec Madrid par le chemin de fer et avec l'étranger par des bateaux à vapeur qui font des voyages hebdomadaires.

DEUXIÈME SECTION.

ALMANSA A VALENCE.

SOMMAIRE. — Almansa. — Mojente. — Alcudia de Crispins. — San Felipe de Jativa. — Manuel. — Carcajente. — Alcira. — Algémesi. — Benifayo de Espioca. — Silla. — Catarroja. — Masanasa. — Alfafar. — Valence.

Almansa.

Point de bifurcation de notre 3e ligne. Nous avons donné la description de cette localité.

Mojente.

Ville de 3,200 âmes, appartenant à la province de Valence et au *partido* de San Felipe. Elle est située sur le versant du mont Serragrosa, où l'on voit les ruines d'un château mauresque. Quelques archéologues prétendent que ces ruines datent des Romains, et faisaient partie d'une ceinture fortifiée qui joignait Sagonte à Carthagène en passant par Mojente, Saj, etc. Ce qu'il y a de certain, c'est que le nom de Mojente est d'origine arabe.

ÉDIFICES. — Une église paroissiale, deux chapelles, huit oratoires, un couvent et une station de diligences.

CLIMAT ET PRODUCTIONS. — Le climat est doux, et le sol, arrosé par les eaux du Canoles, produit abondamment du grain, des légumes, des figues, du vin et de l'huile. On y récolte encore de la soie et du miel. Le commerce consiste en exportation de draps et de papier d'Alcoy et des environs. On trouve dans les montagnes de bons pâturages et des quartz précieux, ainsi que des fossiles.

Alcudia de Crispins.

Village de 626 âmes, de la province et du diocèse de Valence, situé sur une colline entourée de montagnes, au nord d'une vallée étroite, mais fertile. On y voit le palais des comtes d'Orgaz, seigneurs du pays : c'est une réunion d'édifices et de constructions modernes, avec une tour que l'on appelle la tour d'Alcudia, nom qui date du temps de la conquête des Maures. Elle ressemble aux tours de vigie que les Maures avaient élevées dans tout le pays. On remarque l'église paroissiale et quelques chapelles. Une fontaine située à un quart de lieue, appelée *la Fuente de los Santos*, est la source d'un fleuve. L'industrie locale consiste en métiers, en tuileries, fabrication de poterie, etc. Les produits du sol sont le maïs, les légumes; on y fait de l'huile et on y élève des vers à soie.

San Felipe de Jativa.

Appelée *Setabis*, sous les Romains, *Jijona* puis *Jativa* sous les Maures, et enfin, au XVIIIe siècle, *San Felipe*. Elle fut une des villes d'Espagne les plus fidèles à la maison d'Autriche; elle fit une résistance désespérée aux efforts de Philippe V qui l'assiégea. Les habitants mirent eux-mêmes le feu à leur ville; une cité nouvelle s'éleva alors sur les débris de l'ancienne; elle est située au pied d'une montagne calcaire couronnée d'un château qui tombe en ruines. La population est de 15,700 habitants. Cette ville fait partie de la province et du diocèse de Valence.

ÉDIFICES. — L'hôpital, une église collégiale, ancienne mosquée construite par les Maures, qui se compose de sept vaisseaux; un théâtre fort petit, une place de taureaux, une halle ou *lonja* pour la vente de la soie, neuf couvents supprimés, dont cinq servent pour le culte, et cinquante-trois fontaines d'eau potable et abondante.

Jativa a été célèbre par ses tissus de lin. Don Jaime le Conquérant l'enleva aux Maures en 1244. Le château, dont on voit les restes sur le haut du mont Bernisa, servit autrefois de demeure aux infants de la Cerda, descendants de don Alonso le

Sage; ce fut aussi la prison du comte d'Urgel, prétendant à la couronne d'Aragon, puis celle du marquis d'Oriztan et plus tard du duc de Calabre. Au commencement du règne de Charles-Quint, cette ville ayant pris une part active aux émeutes de l'époque, fut assiégée deux fois; elle capitula le 21 novembre 1592, et le roi fit exécuter ses principaux habitants. Les Cortès de Cadix lui rendirent en 1812 son ancien nom de Jativa, qu'elle perdit en 1814 et en 1823, pour le reprendre en 1820 et en 1830. Ce fut la patrie des papes Calixte III et Alexandre IV, de l'Espagnolet et du célèbre historien maure, Mohammed-Abou-Hamet, surnommé El Almocarral.

L'industrie locale consiste en cuirs, tissus, chapeaux. Il y a un commerce assez actif dans cette jolie ville que le chemin de fer a ressuscitée; elle est entourée de fort belles promenades plantées de grands arbres. Les rues sont régulières, les maisons assez belles.

Le pays produit du blé, du maïs, de l'orge, des légumes; on y fait de l'huile, du vin et de la soie. Du haut du château que l'on peut visiter facilement et où il existe encore une forteresse non habitée, on jouit d'un magnifique panorama. Parcourons donc cette riante vallée qui conduit à Valence à travers des jardins plantés d'orangers, de citronniers, de grenadiers, et dont l'atmosphère est embaumée par le parfum des fleurs de toute espèce.

Manuel.

Village de 1,000 habitants, situé au pied d'une colline. Il a une église paroissiale, deux écoles et deux moulins. La rivière Albaida coule dans la vallée, qui est des plus fertiles.

Carcajente.

Ville de 8,200 âmes, située à 4 kilomètres de la rive droite du Jucar, dans une plaine arrosée par beaucoup de canaux d'irrigation. C'est une des plus belles villes de ces environs. La maison de ville, de moderne construction, est digne d'appeler l'attention; il faut visiter aussi l'église paroissiale et le palais du marquis de la Calzada. Le sol produit du blé, du maïs, des fèves, du riz, des oranges, des grenades, et l'on y fait de la soie. Avec de pareils résultats agricoles, l'industrie locale a une occupation toute trouvée.

Alcira.

Ville des mêmes circonscriptions, située dans une île formée par le Jucar, qu'on traverse sur deux ponts de pierre, sans compter le pont de fer du railway. On y compte 14,000 habitants. Alcira fut connue des Romains et des Carthaginois sous les noms de *Sœtabicula* et de *Sucro*; plus tard, les Arabes lui donnèrent le nom qu'elle porte et qui signifie, dans leur langue, l'Ile. Le roi don Jaime s'en empara et y institua une commune avec de grands priviléges. Sous Charles V, ses habitants maltraitèrent l'armée royale et lui firent éprouver de grandes pertes. Philippe V les priva de leurs *fueros* (priviléges), pour avoir combattu en faveur de la maison d'Autriche. Il y a à Alcira trois églises paroissiales; celle de Sainte-Marie est d'architecture gothique; elle a été fondée par le roi don Jaime. On y voit encore un petit théâtre, une académie, une maison consistoriale, un hôpital, une belle promenade et un grand nombre de jardins plantés d'orangers. La douceur du climat fait produire au sol des fruits abondants et précoces. A 12 kilomètres d'Alcira s'élève une montagne où l'on admire une grotte appelée la Cueva de las Maravillas. De belles stalactites y forment différentes figures, telles que des colonnes, des ruines d'édifices, dont l'illusion est encore augmentée lors que l'on place une lumière à l'entrée de la grotte.

Non loin d'Alcira est un ermitage qui sert de but aux promeneurs; il est situé au haut d'une colline assez élevée d'où l'on aperçoit un couvent fondé, dit-on, par Ignace de Loyola. Alcira est renommée par le caractère belliqueux de ses habitants, qui donnent à la justice du pays beaucoup d'occupation par leurs fréquentes querelles et les meurtres qui en sont la suite.

Algémesi.

Ville de la province et du royaume de Valence, située sur

les bords du Jucar; elle compte 4,500 habitants. On y remarque une église paroissiale, et surtout la tour de la Porte-Carrée, grand morceau d'architecture de 60 mètres de hauteur sur 10 de côté, qui repose, quoique en pierres de taille, et par conséquent d'un grand poids, sur l'unique arcade du portail. Le pays est très-fertile; on y fait de la soie, et on y voit de nombreuses rizières. Dans toute cette contrée le terrain produisant aisément trois récoltes par an, a atteint une grande valeur de prix d'achat.

Benifayo de Espioca.

Village de 1,130 habitants, des mêmes circonscriptions. Son nom est, comme on voit, d'origine arabe. On y trouve une église paroissiale, deux écoles et quelques moulins; un palais des anciens seigneurs du pays avec une grande tour qui en fait un château fort. On trouve aussi quelques restes de monuments mauresques, et, entre autres, les ruines du palais du Maure Muza, sur une petite colline, près de la fontaine du même nom. Le sol, toujours aussi fertile, produit du grain, des légumes, du vin, des fruits. On y élève quelque menu bétail et on y fait de la soie.

Silla.

Ville de 2,600 habitants, de la province et du diocèse de Valence; on y remarque deux écoles et une assez belle église paroissiale. Elle est située tellement près du grand lac de l'Albufera, que souvent ses murs sont baignés par les eaux de ce lac qui est d'une grande étendue et communique à la mer par un petit détroit en forme de chenal. On y pêche abondamment des tanches, des barbues, des anguilles et toutes sortes de poissons de mer; on y chasse une quantité d'oiseaux aquatiques. Les jours de la Saint-Martin et de Sainte-Catherine, l'entrée du lac est laissée libre à la population, qui a le droit d'y chasser et d'y pêcher tout à son aise ces jours-là, ce qui amène sur les bords du lac chaque année un concours de dix à douze mille personnes. Dans le reste de l'année, il y a certains jours réservés aux particuliers qui veulent louer la chasse. De la station de Silla on aperçoit l'Albufera dont l'immense nappe d'eau se développe jusqu'à l'horizon.

L'industrie locale consiste en la fabrication de tresses de joncs que les laboureurs coupent dans le lac, et qui servent à faire des chaises et autres ouvrages de sparterie. Cette industrie rapporte aux habitants de Silla plus de 25,000 francs par an. Le sol produit en outre du riz, du maïs, des fruits, des légumes, et l'on y fait de la soie, du vin et de l'huile.

Catarroja.

Chef-lieu de circonscription judiciaire de la province de Valence. On y compte 3,600 habitants. Il y a une église paroissiale, trois écoles et des moulins. De cette station on découvre encore l'Albuféra, et le sol produit du riz, du maïs, du blé, de l'orge, des fruits, des melons assez renommés et des légumes; on y fait du vin, de l'huile et de la soie.

Masanasa.

Village de 1,900 habitants. On y voit une église paroissiale et quatre moulins.

Alfafar.

Village de 1,448 habitants, à 6 kilomètres de Valence, où l'on remarque une église paroissiale assez belle, une maison de bienfaisance, deux écoles primaires. Le nom de ce village est complétement arabe comme les noms de presque tous ceux de cette province. Lorsque le roi d'Aragon don Jaime fit le siège de Valence, c'est à Alfafar' qu'il établit son armée. Quittons cette station pour entrer dans la capitale de la province.

Valence.

Valence est située à 2 kilomètres de la mer, sur la rive droite du Turia ou Guadalaviar qui coule au pied de ses murailles, dans une plaine découverte et d'une immense étendue. Les environs de cette ville, jusqu'à une distance de plusieurs lieues, forment une réunion si variée de jardins, de champs coupés par des canaux d'irrigation et cultivés avec tant de soin, qu'on leur a donné le nom de Huerta de Valence. C'est un véritable paradis. L'historien Mariana appelle ce beau pays les Champs-Élysées de l'Espagne, et Lucius Siculus, le miracle vivant de la nature. Il est certain que le sol y produit jusqu'à trois récoltes par année, et qu'au mois de mai ce séjour est si enchanteur que l'imagination n'en conçoit pas qui le surpasse en beauté. Il est impossible de faire de cette ville une description satisfaisante; car ce qu'il y a de plus remarquable à Valence, ce n'est pas la tradition historique, ce n'est pas la partie monumentale, ce n'est pas le côté artistique; mais c'est une chose qu'il est difficile de peindre, qu'on ne parvient jamais à représenter fidèlement, et que nous comprenons tous beaucoup mieux par les sens que par le raisonnement; en un mot, c'est la nature.

On dit qu'à Valence toute église est un musée, toute saison un printemps, tout champ un délicieux jardin, et que cet ensemble représente un des séjours de la fameuse vallée du Tempé. Cette ville, appelée par les Romains *Valentia Edetanorum*, fut nommée par les Espagnols *Valencia del Cid*, à cause de la conquête qu'en fit sur les Maures, en 1096, le Cid Campeador. Le voisinage de Sagonte, aujourd'hui Murviedro, empêcha, par la prédilection des Romains pour cette ville, la prospérité naissante de Valence. Valence fut conquise d'abord par les Goths, puis par les Maures, qui s'en emparèrent en 715, sous la conduite d'Abdalasis, fils de Muza. Elle dépendit alors des califes de Bagdad et passa, en 756, sous la domination de ceux de Cordoue. En 1027 elle devint la capitale du royaume maure de Valence, fut conquise plus tard par le Cid, pour le compte du roi de Castille, auquel la fameuse Chimène, la veuve du Cid, la remit en 1099. Chimène demeura dans cette ville, qu'elle défendit elle-même en 1100 contre les Maures qui l'assiégeaient. Elle les força à lever le siège; mais l'année suivante la ville fut prise par les Maures et réunie au califat de Cordoue, dont elle fut séparée en 1144 pour redevenir le chef-lieu d'un royaume maure indépendant. Jacques Ier d'Aragon reprit Valence, où il entra le 9 octobre 1238; il peupla cette ville de Catalans et de Français. Dès lors, elle appartint à la couronne d'Aragon et passa dans le XVIe siècle à celle d'Espagne. Cette ville, dans la guerre de la succession d'Espagne, abandonna Philippe V, qu'elle avait d'abord reconnu; mais après la bataille d'Almansa, elle implora la clémence du vainqueur, et l'armée victorieuse de Philippe V y entra le 3 mai 1706. Un châtiment exemplaire fut infligé aux rebelles : un grand nombre furent exécutés; on substitua à leurs priviléges et à leurs lois les coutumes de la Castille.

DIVISION DE LA VILLE. — Valence est composée de deux parties, la ville proprement dite et les faubourgs. En tenant compte de ces derniers, la population totale est de 106,135 habitants; si l'on ne prend que la partie entourée de murs, elle n'est que de 65,933. La ville est séparée de deux de ses faubourgs par le lit du Turia, fleuve sans eau, quoique son encaissement soit très-large, et que l'on passe à Valence sur trois ponts en pierre. Les murailles qui forment l'enceinte de Valence sont fort anciennes; mais, comme elles ne serviraient guère dans le cas d'un siége, il serait à désirer qu'elles subissent le sort de celles de Barcelone, car elles nuisent au développement de la gracieuse et riche cité, dont elles sont comme la prison. Ces murs sont ouverts par huit portes, parmi lesquelles on distingue les portes anciennes de Serranos, Cuarte et San Jose, mélange d'architecture arabe et gothique, et celle del Réal, de construction moderne. Les maisons de Valence n'ont rien de remarquable comme monuments; pourtant leur ensemble présente un aspect pittoresque. Elles ont un cachet qui rappelle le style mauresque, et les nombreuses terrasses qui leur servent de toits contribuent encore à donner à cette ville le caractère d'une cité orientale. Parmi les places de la ville on remarque : celle de las Barcas, la plus belle de toutes (elle est entourée d'arbres et a la forme d'un carré régulier); les places de la Constitution, de l'Archevêque, auprès de la cathédrale, de San Francisco, du Mercado et de Santo Domingo.

PROMENADES. — On en compte quatre principales : l'Alhaméda, située de l'autre côté du Turia, où l'on va par le pont del

Real, construit en pierres de taille, en 1599, sous le règne de Philippe III. Il compte dix arches et est orné de deux statues de saints de grandeur naturelle, placées dans des pavillons soutenus par trois colonnes corinthiennes en marbre bleu. Cette promenade est parallèle au quai qui longe la ville; elle est plantée de fort beaux arbres. Elle commence au pont de Serranos et se continue jusqu'au Grao, le port de Valence; c'est le rendez-vous des élégants de 4 à 5 heures de l'après-midi en hiver, et de 6 à 8 en été. C'est aussi la promenade des équipages et le principal théâtre des divertissements du carnaval. En passant sur l'autre rive du Turia on trouve le long des quais, près de la porte de Serranos, une promenade plantée d'arbres qui suit les murs de la ville, et borde le quai près de l'enceinte fortifiée; elle est moins fréquentée que la précédente. En dehors de la ville, non loin de la citadelle et de la manufacture de tabacs, une grande allée rejoint celle du Grao par le pont del Mar, en passant près du faubourg de Rusafa et forme, en se bifurquant, sur la rive opposée, une promenade qui longe les quais et traverse le chemin de fer de Valence au Grao. Enfin, dans l'intérieur de la ville, auprès de la place de las Barcas, se trouve le joli jardin public appelé *la Glorieta*, rendez-vous des piétons élégants; la musique militaire y joue des airs fort goûtés pendant les soirées d'été. Cette promenade est très-soignée, et on y voit des fleurs de toute espèce; on y a même placé une espèce de grotte artificielle formée de rochers entassés; mais le jardin est trop petit et manque d'ombrage : c'est un véritable *square*.

FAUBOURGS. — On en compte cinq qui, réunis, auraient plus d'étendue que la ville; ils sont assez beaux, ouverts et aérés; leurs rues sont plus larges que celles de la ville. Voici leurs noms : les faubourgs de Cuarte et de Saint-Vincent situés près des portes du même nom et des routes de Castille et de la Manche; le faubourg del Mar, auprès de la porte et du pont del Mar qui mène au Grao, et de l'autre côté du Turia les faubourgs de la Trinité et de Murviedro.

ÉDIFICES, RUES, MAISONS. — Les rues de Valence sont en général irrégulières, étroites et tortueuses. Depuis quelques années on a établi le gaz dans la ville, mais il n'existe pas encore dans toutes les rues. Les plus belles sont : la calle de Zaragoza qui conduit à la cathédrale; on y trouve quelques boutiques; c'est la seule rue de Valence qui soit pavée; toutes les autres sont formées d'un sol battu qui reremble beaucoup au *macadam* moderne; il se couvre d'une poussière très-fine que les habitants des campagnes environnantes viennent enlever tous les matins après l'avoir balayée, et dont ils se servent pour fumer leurs terres. Ce privilége leur est si précieux qu'il serait difficile, sans s'exposer à une émeute, de le leur enlever en pavant la ville. Il y a encore la calle del Mar qui conduit à la Glorieta, puis la calle de las Barcas, et la calle de San Francisco qui mène à la place de ce nom.

Les édifices publics qu'il faut visiter sont : la maison de ville, bâtie en 1342. Le salon d'entrée a un très-beau plafond; dans le parvis de la chapelle il y a un beau tableau de la Conception et quelques bonnes peintures. On y montre l'épée du roi don Jaime, les clefs de la ville que les Maures lui donnèrent et dont Isabelle II a fait cadeau à la cité, le drapeau de la ville, la bannière des Maures et les archives de cette époque.

La Audiencia, palais de justice dont la dernière construction ou restauration remonte à 1510; les murs sont en pierre et l'ornementation appartient à l'ordre dorique. La partie supérieure forme une galerie à rampes de fer d'où l'on peut voir la ville à vol d'oiseau. Dans l'antichambre du premier étage, on trouve des portraits des rois d'Aragon, depuis Jaime Ier jusqu'à Ferdinand VII, et par une porte d'ordre dorique, faite de jaspe du pays, on entre dans une vaste salle dont les murs sont couverts de carreaux bleus, où sont représentés, peints à l'huile, les députés de la province. Les noms des peintres sont Lariñena, Ribalta, Peralta. La galerie qui entoure le salon est soutenue par des colonnes en relief richement ornées.

La Lonja. — C'est un grand édifice en forme de rectangle situé sur la place du Mercado, et construit en 1482 sous le règne de Ferdinand le Catholique. Il servit autrefois pour les assemblées de commerce, devint plus tard une caserne, et enfin aujourd'hui sert à la vente de la soie. La façade est ornée de décorations gothiques; des créneaux formant couronne royale terminent cette façade dans la partie supérieure; un escalier assez large conduit dans une vaste salle de 80 pieds de long sur 50 de large; elle est construite dans le genre gothique et dans un goût très-délicat. Huit colonnes admirablement travaillées supportent la voûte élevée de cet édifice qui est divisé en trois vaisseaux. A côté on trouve une chapelle et la *Lonja del Accite*. Sur les ruines de l'ancien palais mauresque, on a construit, en 1597, la halle aux grains. L'Almohadin, l'ancienne halle au blé du temps des Maures, est aujourd'hui le palais archiépiscopal; on y voyait autrefois une bibliothèque publique de cinquante mille volumes et une collection fort riche de six mille médailles grecques et romaines, le tout dû aux soins de l'archevêque don Andrès Mayoral.

Pendant le siége de 1812 qui précéda la prise de Valence par les Français sous les ordres du maréchal Suchet, une bombe mit le feu à la bibliothèque, et incendia une grande partie de l'édifice. En 1838 on orna la cour de ce palais d'une belle statue de saint Thomas, due au sculpteur valencien don Jose Estève. La chapelle, dans la restauration que l'on fit de cet édifice, fut ornée de quelques bonnes peintures. Sur la place de la cathédrale s'élève la *Casa del Vestuaria*, édifice construit en 1703, qui sert de justice de paix; on admire sur la voûte du grand salon les peintures de don Vicente Lopez.

La manufacture des tabacs est un bel édifice élevé en 1760 pour servir de douane; la façade est ornée de colonnes doriques au premier corps. Cette manufacture emploie journellement de quatre à cinq mille ouvrières.

La citadelle est située en face de la manufacture des tabacs; c'était un dépôt d'armes que l'on fortifia en 1574. C'est un ouvrage sans valeur au point de vue militaire. Il faut visiter encore les tours de la puerta de Serranos terminées en 1381. C'est dans ce lieu que l'on exécuta, en 1808, les assassins des Français. La prison, bâtie en 1406, n'en est pas éloignée; sa construction est belle et solide. Les tours du portail Nuevo, qui datent de 1514, méritent aussi d'être visitées, ainsi que celle de Santa Catarina, de l'an 1328, où l'on voit un bas-relief qui représente le martyre de sainte Catherine. On remarquera également les tours de Cuarte qui sont moins anciennes que les précédentes.

Valence possède cinq hôpitaux : un pour les prêtres, un pour les étudiants, un pour les pêcheurs, un pour les pèlerins, et enfin l'hôpital général fondé en 1409 pour servir d'abri aux pauvres abandonnés et aux fous. Incendié en 1445, il fut agrandi en 1512 ; c'est aujourd'hui un fort bel édifice, admirablement tenu par les sœurs de Saint-Vincent de Paul. Les infirmeries sont de vastes pièces composées de trois vaisseaux soutenus par des colonnes toscanes et ioniques de fort belle apparence ; l'intérieur est large et bien aéré. Des jardins entourent l'établissement, où l'on voit en outre le logement des sœurs, des bains publics, une clinique, une salle d'anatomie, une pharmacie, un four, etc., etc. Il y a aussi une partie de l'édifice qui sert d'habitation aux fous. Cet hôpital, où l'on assiste plus de huit cent quatre-vingts personnes, sans compter trois cent cinquante fous, confiés aux soins de neuf ecclésiastiques, de quatre médecins, d'un chirurgien-major, de huit praticiens et de cinquante sœurs de charité, est un des premiers hôpitaux de l'Europe ; une junte présidée par l'alcade constitutionnel dirige cet établissement, qui possède une grande quantité d'immeubles dans la ville de Valence. Il faut encore visiter les prisons, entre autres le *presidio ;* dans la partie inférieure de cet établissement, on voit travailler, à trente-neuf métiers différents, neuf cents condamnés sans que le moindre bruit trouble l'ordre et le silence de cette prison. Les prisonniers n'ont d'autre surveillance que celle des chefs de l'établissement et de ceux de leurs compagnons qui, par leur conduite, ont mérité d'être élevés au grade de gardiens. On ne voit pas une seule sentinelle ni une seule arme dans l'établissement, et cependant il ne s'y commet aucune infraction à la discipline. La *casa Galera* aussi est remarquable par la bonne disposition intérieure qu'on y voit et l'ordre qui y règne. Elle sert de prison aux femmes détenues ; on les occupe à filer, à tisser et à faire des ceintures. Les prisons de Valence peuvent être comparées pour leur bonne organisation à celles des États-Unis.

On compte encore à Valence trois casernes, un beau théâtre construit en 1808 et qu'on appelle le Principal : il est assez vaste et ferait honneur aux plus grandes villes. Un autre théâtre, celui de la Princesse, est situé du côté de la place du marché; il est souvent fermé. La piété valencienne s'est accoutumée avec peine à ces plaisirs profanes repoussés par une dévotion mal entendue. En dehors de la ville on trouve une place de Toros construite en bois, et qui appartient à l'hôpital. Quelques maisons particulières sont à citer : on remarque beaucoup la façade de celle du marquis de Dos-Aguas; c'est une agglomération de fort mauvais goût d'ornements de tous genres et de statues colossales. Il y a surtout un groupe où l'on remarque un personnage avec un bras d'une longueur démesurée. On trouve dans cette maison une belle collection d'armures antiques. Une filature située place San Lorenzo fut autrefois la demeure de la famille Borgia; là furent élevés saint François de Borgia et le pape Alexandre VI. L'ancien palais de l'Inquisition n'en est pas éloigné; on y voit quelques restes de bonne architecture et une belle voûte. C'est là qu'en 1808, après l'horrible massacre des Français, on exécuta nuitamment le chanoine Calvo. On trouve plusieurs galeries de peintures assez belles dans la maison des comtes de Parsent et de Ripalda, etc., et quelques bibliothèques particulières dignes d'être visitées. Pour en connaître les détails il faut acheter le *Manuel du voyageur et guide des étrangers à Valence*, de don Vicente Boïx. On cite encore la maison du marquis de la Romana et celle du comte de Casal, près de l'église Saint-Jean du Marché. On voit sur cette dernière les armoiries de l'ancienne famille de Cabanillas; les supports sont deux jeunes filles attachées par les cheveux à une main qui les tient comme suspendues. Une tradition se rattache à ces armes: on raconte que François Ier, passant par Valence après la bataille de Pavie, logea dans cette maison, et qu'ayant voulu danser avec les deux filles de Cabanillas, le propriétaire de la maison, celui-ci saisit ses filles par les cheveux, soit pour les entraîner loin de la vue du prince, soit pour les forcer de danser avec lui : la tradition n'est pas très-nette sur ce point.

On trouve à Valence quelques fragments de statues, quelques

pavés antiques (ces débris ont été réunis dans deux salles du palais archiépiscopal voisines de la bibliothèque) et un obélisque en pierre de taille sur les bords de la rivière.

La Douane est un grand et beau bâtiment terminé en 1760 sous le règne de Charles III et situé sur la place du même nom, en face de la citadelle qui sert de caserne et de dépôt pour l'artillerie à cheval.

Le Réal, ancien palais des rois et ancienne demeure des capitaines généraux, dont il ne reste plus que fort peu de chose, était situé en dehors de la ville, de l'autre côté de Turia, en face du pont del Real, entre un beau quai et la remarquable promenade de l'Alameda. C'était un grand corps d'édifice sans élégance, du commencement du XVe siècle; la situation en est très-belle et on y jouit d'une vue très-agréable. On y voit encore de beaux jardins.

MONUMENTS RELIGIEUX. — L'église cathédrale fut sous les Romains un temple dédié à Diane, sous les Goths l'église de Saint-Sauveur, et sous les Maures une mosquée. Après la prise de Valence par le Cid, elle redevint église sous l'invocation de saint Pierre, et enfin, en 1238, elle fut consacrée à la vierge Marie par le roi don Jaime Ier, devenu maître de Valence; mais le véritable fondateur de cette église fut le dominicain Albalud, troisième évêque de Valence, qui en posa la première pierre en 1262.

Cette église gothique a trois vaisseaux; au milieu du XVIe siècle on cacha sous de nouveaux ornements la sévère majesté de son architecture. Les voûtes des trois nefs sont soutenues par des piliers carrés ornés de pilastres cannelés; celles des nefs latérales sont très-basses, et celle du milieu est au contraire très-élevée. Le chœur est large et a deux rangs de statues séparées par des colonnes corinthiennes; il est fermé par une grille de bronze doré du côté du sanctuaire. L'autre porte, située à l'entrée de l'église, est un travail remarquable en albâtre et en marbre qui date de 1466. On y voit sculptés plusieurs passages de l'histoire sacrée et notamment une Vierge à l'Enfant qui est un très-beau bas-relief. Dans la chapelle principale, on trouve une certaine quantité d'ornements en jaspe qui ne sont pas du meilleur goût. Le maître-autel de cette église était autrefois tout entier en argent; mais comme les peintures qui l'ornent sont d'un grand mérite, le roi Philippe IV en les admirant s'écria « que si l'autel était d'argent, les peintures étaient d'or. » Ce maître-autel, brûlé en 1498, fut remplacé par un autel œuvre d'un Italien; il est orné d'une belle image de la Vierge, avec une couverture fort riche formée d'un tissu d'argent et de soie: il est divisé en compartiments renfermant des tableaux en relief. Les portes sont en bois et couvertes de peintures de l'école de Léonard de Vinci, représentant des sujets tirés de la vie de Jésus-Christ et de la sainte Vierge. Elles sont de grandeur naturelle, et elles furent exécutées en 1506 par Paul d'Areggio et François Neapoli, auxquels on donna, pour prix de ce travail, 3,000 ducats d'or. Ces peintures sont très-remarquables. On montre dans la salle du chapitre le pupitre en pierre où saint Vincent Ferrer enseigna la théologie, avec plusieurs portraits d'archevêques, et en particulier celui de saint Thomas de Villeneuve peint par Joanès.

Les visiteurs remarquent une grosse chaîne qui fermait le port de Marseille, et qui fut prise par les galères valenciennes sous Alonzo V. Au-dessus du baptistère, dans l'église, on voit un autre tableau du même Joanès: il est imité de Raphaël, et représente le baptême du Christ dans le Jourdain.

La chapelle Saint-Sébastien, une des plus belles de l'église, possède deux colonnes de marbre d'ordre corinthien qui servent de cadre à une fort belle peinture de Pierre Orrente représentant le martyre de saint Sébastien; il y a un autre tableau du même peintre représentant le Sauveur, et trois petites peintures dont les sujets sont l'Annonciation, la Visitation et la Crèche. Dans les bas-côtés de la chapelle se trouvent deux magnifiques mausolées où reposent don Diego de Covarrubias, conseiller de Philippe II et de Philippe III, et sa femme doña Maria Diaz de Covarrubias. La chapelle de la communion ou de Saint-Pierre n'est remarquable que par ses peintures: on y admire un Saint-Sauveur de Joanès, un tableau de don

Antonio Palomino représentant le Christ qui donne à saint Pierre les clefs de l'Église, une Conception et plusieurs peintures à fresque du même Palomino; la coupole, les angles et les corniches ont été peintes par don Vicente Vitoria, chanoine de Jativa et élève de Marati.

La chapelle de Saint-François de Borgia contient un beau cadre de Joanès; dans la chapelle Saint-Martin, on voit le mausolée en marbre de don Martin Perez de Ayala, archevêque de Valence et grand théologien, qui figura au concile de Trente. La coupole de la chapelle de Saint-Louis, évêque, a été peinte à fresque par don Jose Vergara; dans la chapelle de Saint-Vincent on trouve quelques bonnes peintures du père Borras, disciple de Joanès; dans la sacristie il y a un *Ecce Homo* qui est une belle peinture de l'école allemande. Derrière le maître-autel il y a une petite chapelle formée de quatre colonnes d'albâtre surmontées de trois arcs qui ornent l'entrée de la chapelle. Un bas-relief représente la résurrection du Sauveur. Au frontispice qui surmonte les arcs et les corniches, on voit de petites figures peintes assez estimées et qu'accompagnent les armes de la famille Borgia. Le tableau principal de l'autel, dans la chapelle de Saint-Thomas, est du peintre Romaguera, et on y voit un Christ sculpté qu'on attribue à Jean-Baptiste Morelli. Le trésor de cette église est fort riche en reliques, en objets précieux et en ornements. On y montre des ouvrages de liturgie et un missel anglais qui appartenait à l'ancienne abbaye de Westminster; dans la chapelle de Saint-Denis, l'attention se porte sur un bouclier où sont attachés les éperons du roi don Jaime le Conquérant lorsqu'il fit son entrée triomphale à Valence, et qu'il donna à son premier écuyer, don Juan de Pertusa.

La cathédrale s'ouvre par quatre portes. La principale a été commencée par Conrad de Rodolfo, auteur de quelques-unes des statues qui la décorent; d'autres groupes sont dus à Hernandez de Vergara. On prétend que sous cette porte furent enterrés beaucoup de prêtres qui moururent de la peste en 1521. La porte des Apôtres donne sur la place de la Seo (on se rappelle que ce nom est celui de la cathédrale de Saragosse; il y a là une analogie qui explique suffisamment la signification de ce mot dans le vieux langage); cette porte est le lieu des réunions du tribunal des *Acequieros*, sorte de juridiction sans appel qui décide les questions du partage des eaux dans les irrigations du pays. Ce tribunal créé par les Maures fut respecté par les chrétiens après la conquête et existe encore aujourd'hui tel qu'il fut institué jadis. Il se compose de sept syndics élus par les laboureurs; ces syndics doivent être eux-mêmes des paysans; il n'est point fait d'écritures, on n'admet que des témoignages verbaux. Le syndic de la localité où habitent les parties ne prend aucune part aux débats. Ce tribunal, sans autre appareil de force armée et sans autre prestige que celui de la coutume et du droit acquis, inflige aux récalcitrants des amendes successives qui sont payées comptant; il tient ses séances tous les jeudis non fériés à midi. A la porte de la cathédrale qui donne sur l'Archevêché, on remarque quatorze têtes sculptées dont sept sont des têtes d'hommes et sept des têtes de femmes; ce morceau de sculpture rappelle un épisode de la conquête de Valence en 1239. Le roi voulant repeupler cette ville envoya ses soldats chercher des filles dans les villages voisins; ils en ramenèrent trois cents. Le roi dota les laides, et en mémoire de ce fait, on a gravé au bas de chaque tête le nom de ces premiers mariés et le nombre de jeunes filles qu'ils ramenèrent avec eux. A côté de la porte principale de la cathédrale s'élève l'énorme tour du Miguelete, masse octogonale dont la circonférence est égale à la hauteur; elle est surmontée d'une terrasse et d'une petite tourelle qui ressemble assez à une guérite. De cette terrasse on jouit amplement du magnifique panorama que présentent la ville et la huerta de Valence.

Chapelle de Notre-Dame de los Desemparados (Notre-Dame des Abandonnés). — Cette chapelle est derrière la cathédrale, à laquelle elle est réunie par une galerie en forme de pont, aussi inutile que ridicule. La façade latérale est mieux décorée et est couronnée par le dôme qui s'élève au milieu de l'édifice. Dans l'intérieur de l'église on trouve des peintures à fresque d'Antoine Palomino.

Parmi les autres églises qu'il faut visiter, nous citerons : l'église de San Salvador, ancienne mosquée où l'on admire un Christ miraculeux et trois beaux tableaux de Jean Conchillos. — L'église de Saint-André, avec un retable et un groupe qui représente le Christ mort, ouvrage de Ribalta, quelques tableaux au maître-autel peints par Orrente, une belle Cène dont on ignore l'auteur, un Saint Joseph de Baüsa, une Résurrection du même et plusieurs tableaux de Vergara, Camaron, Villanueva, Muñoz et Romaguera; autrefois, il y avait dans les murs de cette église des loges où vivaient d'aumône e pauvres femmes, recluses volontaires. — L'église de San Esteban, où fut baptisé saint Vincent Ferrer; la voûte du maître-autel a été peinte par don Vincent Lopez. — L'église de San Juan, ancien ermitage où l'on voit des peintures à fresque d'Antoine Palomino; la chaire est très-élégante, ses marbres ont été travaillés à Gênes par Ponzanelli; les statues sont aussi d'un artiste italien; on admire encore dans cette église la Conception de Joanès, son meilleur tableau; le peintre Ribera y est enterré. — Saint-Martin, où l'on voit une Mère des Douleurs peinte par Ribalta, un Saint Pierre et un Saint Paul de l'école d'Espinosa; les fresques sont de Camaron. — Santa Catalina, autrefois entourée de cellules habitées par des recluses; on en voit encore une au pied de la tour, qui est fort élégante et très-légère; c'était dans cette église qu'avaient lieu les luttes des trouvères qui concouraient dans les combats littéraires en chantant les louanges de la sainte Vierge, et c'est là aussi que fut tué, en juin 1843, don Miguel Antonio Camacho, gouverneur de Valence. — San Bartolomé, église construite du temps de Constantin le Grand; le maître-autel possède un beau cadre de Joanès; on y voit une inscription très-ancienne. — San Pedro et San Nicolas : les voûtes peintes à fresques, ainsi que les murs et les piliers des chapelles, sont dus à Denis Vidal, élève de Palomino; on y trouve aussi une Cène de Joanès, un Saint Pierre et plusieurs autres tableaux d'Espinosa, et quelques peintures de Ribalta, d'Orrente, de Giralto et de March. — Saint-Jean de l'Hôpital, fondé à l'époque de la conquête de Valence pour servir d'hôpital; on conserve dans la chapelle de Sainte-Barbe les restes de l'impératrice Constance, tante de la femme de l'infant don Pedro, chassée de Constantinople par l'empereur Théodore Lascaris. Cette princesse fut accompagnée à

Valence par doña Blanca, mère de l'amiral Roger de l'Auria et de Jean Procida, chef de la fameuse conspiration des Vêpres siciliennes. On remarque dans cette église un tableau de Jose Garcia, disciple de Baldi, qui représente la bataille de Lépante; il y a aussi un Saint Jean, une Sainte Anne et une Vierge à l'Enfant, de Ribalta; enfin, sur la porte du tabernacle du maître-autel on voit une peinture de l'école de Joanès, et sur un autel voisin un Christ étendu avec un groupe sculpté par Jules Capuz. — San Lorenzo, église fondée pour les guerriers catalans à l'époque de la conquête. — Santo Thomas Apostol, dont la porte principale est curieuse et antique. La tour de cette église est très-ancienne; elle ressemble aux clochers de Lombardie. — L'église de Saint-Michel et Saint-Denis, qui existait en 1245, et qui fut quelque temps abandonnée. Elle fut bâtie dans le quartier habité par les Maures. — Enfin l'église de Santa Cruz, aujourd'hui supprimée, où avait été enseveli le peintre Joanès, qui fut transporté depuis à la chapelle de Notre-Dame del Carmen.

Voilà pour les paroisses; voici pour les couvents : Santa Têcla, couvent de religieuses habité depuis 1837 par les sœurs de l'Espérance. On y montre la grotte où saint Vincent souffrit le martyre, une belle statue du saint et un beau bas-relief en jaspe placé sur la grille de cette prison. — Santa Ursula, ancien couvent de femmes repenties et plus tard de religieuses augustines. — La Incarnacion, dans le couvent appelé *el Pie de la Cruz*; on remarque le maître-autel orné de deux bonnes peintures d'Espinosa. — Santa Clara, dont l'église est assez belle quoique d'un mauvais goût. — San Cristobal, beau monastère fondé en 1409; ancienne synagogue. — Sainte-Catherine de Siena, où l'on voit quelques bonnes peintures des disciples de Joanès et de Ribalta. — Santa Anna, aujourd'hui prison de femmes. — San Jose de la Présentacion, couvent d'augustines fondé en 1643. — San Gregorio, fondé en 1600 pour les femmes repenties. Sur la place de Calatrava on voyait autrefois le cloître et l'église du même nom qui appartenaient aux chevaliers de l'ordre. Aujourd'hui l'église est une boutique de charpentier. Près de la porte du Cid existait la chapelle de San Jaime de Uclès, où avait été enseveli le dernier roi maure de Valence appelé Zéit, qui prit après sa conversion le nom chrétien de Vicente Belvis. On cite encore l'église des Templiers, celle de Saint-Jean de Malte, la maison où naquit saint Vincent Ferrer, située place Santo Domingo, avec une inscription. La chapelle de la Confrérie de San Jaime, où l'on conserve une peinture à fresque représentant le roi Jaime Ier et une autre peinture attribuée à Saint-Marc : dans cette chapelle on ne brûle que de la cire verte ; cette couleur est celle de la corporation ; Notre-Dame de Buena Guia ; la chapelle de l'archiconfrérie de la Santissima Sangre del Cristo élevée en 1549, où l'on voit quelques fresques de Vergara ; la Almoïna, maison d'aumônes ; la prison de saint Vincent, martyr ; on y conserve la colonne où le saint fut fouetté ; la confrérie de saint Pierre, martyr ; Notre-Dame de Monserrat ; la Cruz Nueva, ancienne synagogue devenue un magasin. Parmi les couvents supprimés, on cite celui de Santo Domingo, aujourd'hui résidence des capitaines généraux. L'église est gothique ; on admire l'élévation des voûtes et la finesse des colonnes dans les chapelles. Le chœur et les chapelles de la Vierge du Rosaire et de saint Louis Bertrand servent de logement aux artilleurs. Il en est de même du couvent où l'on admire une belle Cène. On a rendu au culte, cependant, les chapelles de Saint-Vincent Ferrer et de los Reyes. Dans cette dernière se trouve un bel escalier double qui conduit vers la partie supérieure de la chapelle. On y voit quelques tombeaux de la famille Mendoza. Dans la chapelle de Saint-Vincent Ferrer, restaurée en 1772, on remarque des tableaux historiques de don Vincent Salvador, des fresques de Vergara et quelques ornements en marbre.

San Francisco, couvent supprimé en 1837 et devenu une vilaine caserne, avait été bâti sur l'ancien palais du dernier roi maure en 1239 ; on y voyait de très-belles peintures de Ribalta, Joanès, Espinosa ; on n'y admire plus qu'une belle tour.

Carmen Calzado, couvent fondé en 1283. Son église, aujourd'hui paroisse de Sainte-Croix, est de bonne architecture, et la façade en est très-belle. La chapelle de la Vierge est très-riche ; elle est entièrement en marbre. On y conserve une boîte en zinc où sont les restes du peintre Joanès. Une partie du couvent a été transformée en un vaste musée provincial.

San Agustin, prison correctionnelle.

La Merced, presque détruit : San Fulgencio, couvent abandonné. La Confrérie de San Felipe Neri, dont l'église est la paroisse de Saint-Thomas, et dont le couvent sert de caserne. On voit dans l'église des peintures de Léonard de Vinci, d'Espinosa, de Vergara, de Huertas et de Ricarti.

Le Temple, ancienne demeure des Templiers, qui passa en 1317 à l'ordre de Montesa, détruit par un tremblement de terre, fut reconstruit en 1761 ; sa façade est solide, son portail beau, et la coupole de l'église élégante. Le maître-autel est orné de jaspes et d'une belle peinture de la Vierge faite par Gutierez.

Le couvent des trinitaires déchaussés est devenu un magasin pour les décors du théâtre.

La Corona, couvent réuni à la maison de bienfaisance.

Le couvent del Pilar sert de caserne et son église est ouverte au culte.

INSTRUCTION PUBLIQUE. — Le collége appelé Escuelas Pias fut fondé en 1738 ; il possède une belle bibliothèque et une église dont le maître-autel est orné de jaspes et de peintures faites par Vergara, Camaron et Planes. C'est là qu'est enterré le Père Scio, savant commentateur de la Bible. Le collége du *Corpus Christi*, fondé en 1586 et terminé en 1604 ; l'église est d'ordre corinthien ; la coupole peinte à fresque à l'intérieur ressemble à celle de l'Escurial ; au maître-autel on admire une belle Cène de Ribalta, et un Saint Vincent Ferrer du même. Le cloître possède quatre grands tableaux attribués à Martin de Vos, un portrait de Larinella et une peinture d'Espinosa ; on trouve aussi dans ce collége quelques peintures d'Albert Durer. On admire la pompe avec laquelle s'y célèbrent les offices divins. La bibliothèque est assez belle ; dans les archives on conserve vingt mille volumes d'actes notariés anciens et modernes, dont un écrivain public autorisé donne des expéditions.

Le Séminaire fut fondé en 1790, et le Collége de la Présentation de Notre-Dame, en 1550. Citons encore le Collége impérial de Saint-Vincent, ainsi appelé à cause de saint Vincent Ferrer qui l'institua et de Charles V qui lui donna de nombreux priviléges; le Collége Andresiano, qui porte le nom de son fondateur, don Andrez Mayoral, archevêque de Valence; quatre-vingt-sept élèves internes et mille quatre cent quatre-vingt-treize externes y assistent aux cours gratuits : c'est un établisement d'enseignement secondaire; le Collége royal de San Pablo est un édifice très-beau fondé en 1640; la casa Enseñanza de niñas, fondée par l'archevêque Mayoral pour les petites filles pauvres; on y compte six cent treize élèves; le Collége de l'Assomption, espèce de Saint-Denis pour les orphelines filles d'anciens soldats. Il faut visiter encore les écoles gratuites des deux sexes qui sont assez nombreuses.

BEAUX-ARTS ET ÉTABLISSEMENTS SCIENTIFIQUES ET LITTÉRAIRES. — La royale Académie de San Carlos ouvre tous les ans ses cours à trois cents élèves. Dans le grand salon d'honneur, on admire de belles peintures de Ribalta, Espinosa, Ribera, Joanès, Murillo, et quelques-unes de l'école flamande.

L'Université, instituée par saint Vincent Ferrer et approuvée, en 1511, par le pape Alexandre VI et le roi Ferdinand le Catholique. Il y a sept chaires de jurisprudence, quatorze de médecine, onze de philosophie, etc. Cette Université fut la première à défendre, en 1530, le dogme de l'Immaculée Conception.

Il faut visiter les cabinets de physique, chimie, histoire naturelle, le jardin botanique situé hors de la ville, à la calle de Cuarte, un des meilleurs d'Espagne, la bibliothèque assez belle, brûlée en 1812 pendant le siège et restaurée en 1836: on y trouve trente-six mille volumes, beaucoup de bibles, de livres des saints Pères, quelques éditions assez rares du XVe siècle et quelques exemplaires du premier ouvrage imprimé à Valence en 1574; une collection de manuscrits, et entre autres une Bible annotée par saint Vincent Ferrer.

L'Académie de médecine et de chirurgie, fondée en 1830 par Ferdinand VII ; l'Institut médical, fondé en 1841 par le professeur don Luis Beltran ; les chaires de chimie et de mécanique appliquée, fondées en 1832 ; la Société économique, qui date de 1776 et fut réformée en 1837 : elle est destinée à encourager le progrès des arts, métiers, sciences, belles-lettres, de l'industrie, du commerce et de l'agriculture dans la province. Le Musée de peinture, créé en 1836, où l'on a réuni une grande partie des tableaux trouvés dans les couvents ; le nombre s'en élève à six ou sept cents. On y trouve beaucoup de peintures originales de Joanès, Ribalta, Espinosa, Ribeira, Orrente, Orras et Lopez ; de bonnes copies de Murillo et d'autres des écoles italienne et flamande, et quelques tableaux dus au Bosco et au Piombo. Ce musée, que l'on visite de 9 à 3 heures, est dans un ancien couvent de l'ordre du Carmen ; le Lycéo Valenciano, établi dans l'édifice de l'ancien Temple en 1838 : c'est une académie de jeunes gens studieux ; elle embrasse toutes les branches de l'enseignement humain ; elle possède un théâtre, des réunions fréquentes, une école de peinture qu'elle encourage, et enfin on y donne tous les ans des bals masqués plus courus encore que les séances ordinaires.

ADMINISTRATION ET GOUVERNEMENT. — Valence étant le chef-lieu de la province du même nom est la résidence d'un chef politique, d'un alcade constitutionnel, d'un capitaine général, d'une députation et d'un conseil provincial, d'un ayuntamiento constitutionnel, d'une intendance des rentes, d'un tribunal de première instance, d'une cour, d'une cour ecclésiastique, d'un tribunal de commerce, d'un bailliage général et d'une garnison qui se compose d'un régiment de cavalerie, de deux ou trois régiments d'infanterie et d'un régiment d'artillerie à cheval. La garde nationale a été supprimée en 1856.

HOMMES CÉLÈBRES. — Valence fut la patrie de saint Vincent Ferrer, de saint François Borgia, de saint Louis Bertrand, du jésuite Benoît Pereyra, du jurisconsulte Pierre Bullugà, le Barthole des Valenciens ; des mathématiciens Jérôme Cortez, Barthelemy Antic et Thomas Tosca ; de Muñoz, astronome du xvıe siècle; de Gaspard Tristan, auteur du livre *Clerico medico* publié en 1604; d'André Piquer, célèbre médecin; des grammairiens Nuñez, Vivez et Seriolanus; d'André Strany, commentateur de Pline et Sénèque; de l'auteur comique Jérôme de Castro; de Jean Martorell, auteur du roman *Tyran Leblanc*; des peintres Pierre Orrente, François Ribalta et Jean Joanès.

DIVERTISSEMENTS ET FÊTES. — Les divertissements ordinaires de Valence sont le théâtre et le Casino, sorte de cercle où se réunissent tous les soirs les hommes de la bonne société, et où l'on donne de beaux bals en hiver. Pour les gens d'une autre classe, il y a le cercle du commerce. Pour le peuple, il y a un tir aux pigeons dans le lit à sec du Turia, des combats de taureaux, des combats de coqs dans un amphithéâtre situé sur le quai de Serranos, prolongement de l'Alaméda.

Il y a encore les promenades, et de nombreux jardins qui font de cette ville un paradis terrestre. Enfin, les fêtes religieuses ont ici un cachet tout particulier : on cite les fêtes de la Maestranza, espèce d'ordre de chevaliers organisés en troupes de réserve; elles ont lieu aux anniversaires de la naissance du roi, de la reine et du prince lieutenant ou *hermano mayor* de la Maestranza; les fêtes des saints que l'on promène dans les rues; la procession du Jeudi-Saint, celle du Vendredi-Saint qui n'est pas moins curieuse; celle de la Fête-Dieu, autrement appelée du *Corpus*, où l'on voit figurer des géants et des nains en carton; la fête de saint Joseph et celle de saint Vincent Ferrer. Toutes ces fêtes ont changé de caractère depuis quelques années; cependant, les processions du *Corpus*, quelques autres et les fêtes des saints protecteurs des quartiers de la ville ont résisté à l'influence des idées nouvelles.

INDUSTRIE, AGRICULTURE, COMMERCE ET CLIMAT. — Il y a à Valence un grand nombre de manufactures; on y fabrique des rênes pour les chevaux, des aigrettes, des cuirs, des toiles, des dentelles, des crépines d'or et d'argent. Les manufactures de soieries sont les seules importantes; elles occupaient jadis près de vingt-cinq mille personnes; on y fabrique des taffetas, des satins, des damas unis, rayés avec dessins, de couleur unie ou de plusieurs couleurs, des damas brochés à fleur, des bas de soie, des galons, des mouchoirs, des ceintures, etc...

C'est à Valence que se font ces carreaux de faïence en terre argileuse que l'on met sur les murs des maisons, et qu'on appelle *azulejos* à cause de leur couleur.

Le commerce de Valence est très-étendu; cependant, le voisinage du port d'Alicante, qui vaut mieux que le sien, fait du tort à cette ville; mais la province est si riche en produits agricoles qu'il y a toujours un grand mouvement entre Valence et Marseille; on exporte les productions du pays, des fruits, des oranges, des citrons, des grenades, des dattes, du riz qui est fort renommé, de la soie, etc. Le commerce d'oranges est le plus considérable. Le climat de ce pays est tempéré : dans les plus fortes chaleurs le thermomètre Réaumur ne marque que 25°, et dans les plus grands froids il ne descend qu'à 5° au-dessus de zéro; ordinairement la variation est moins grande; elle est comprise entre 8° et 23°. L'air de la mer rafraîchit la ville. Le pays environnant est moins sain, surtout sur le bord de la Méditerranée, à cause des nombreuses rizières qu'on y voit; cependant, il y a peu de cas de fièvre. Cela tient-il à l'extrême culture du sol dont aucune parcelle n'est abandonnée par ces Valenciens actifs et laborieux qui semblent avoir conservé toute la tradition de la bonne culture des Maures? Ce sol, qui produit toute espèce de fruits et de grains, en trois récoltes annuelles, est tellement arrosé, que cet excès d'humidité ôte de la saveur à ses produits. Ce détail, joint au caractère léger des habitants du pays, explique le proverbe espagnol :

En Valencia la carne es yerba, la yerba agua, los hombres mugeres, las mugeres nada, ce qui veut dire : « A Valence, la viande est de l'herbe, l'herbe de l'eau, les hommes sont des femmes, et les femmes ne sont rien. »

Les productions de l'horticulture sont très-renommées; et la célèbre maison Roca envoie dans tous les pays de l'Europe des fleurs et des plantes aussi soignées que variées. Les melons de Valence sont très-estimés et d'une espèce toute particulière.

Il y a à Valence des diligences qui desservent tous les environs et conduisent à Saragosse par Teruel. La voiture publique est ici la tartana, espèce de charrette endimanchée, qui ne va qu'au pas et coûte aussi cher que nos voitures dont la mode commence à s'introduire à Valence.

TROISIÈME SECTION.

VALENCE AU GRAO.

SOMMAIRE. — Villanueva del Grao.

Villanueva del Grao.

Ville maritime, port de Valence. On y fait les constructions d'un môle destiné à l'améliorer. Il y a des écoles primaires, une église paroissiale, une prison : le nombre des habitants est de 2,700. Un quartier, situé près de la mer et formé par de petites maisons à un seul étage, sert d'habitation pendant la saison des bains aux élégants de Valence qui viennent s'y installer pour respirer l'air frais de la mer. Pour 3 réaux (75 c.) vous pouvez, en première classe, aller constater le mouvement commercial, qui est très-grand dans ce port. On y voit continuellement des bateaux à vapeur qui viennent de Cadix, de Marseille, des îles Baléares ou de la côte d'Afrique. C'est sur cette plage qu'en 1710 les troupes de l'archiduc Charles débarquèrent pour marcher contre Valence ; elles furent repoussées par Antoine del Valle, lieutenant de Philippe V. Le Grao est situé à 5 kilomètres de Valence.

QUATRIÈME SECTION.

ALBACETE A CARTHAGÈNE.

SOMMAIRE. — Albacete. — Tovarra. — Hellin. — Cieza. — Lorqui. — Molina. — Murcie. — Carthagène.

Albacete.

Population : 16,600 habitants. Capitale de la province de ce nom, dépendance du diocèse de Carthagène.

Cette importante localité a déjà été décrite : Nous l'avons rencontrée sur le parcours de notre 3e ligne.

Tovarra.

Appelée *Tibala* sous les Romains, ville de 8,800 âmes, appartenant à la province d'Albacete et au diocèse de Carthagène. Elle est située entre deux collines, à 15 lieues de Murcie.

ÉDIFICES. — L'église paroissiale, le couvent des franciscains, l'hôpital, l'ancienne église de l'Incarnation sur la montagne de Saint-Sébastien, à l'ouest de Tovarra, et celle de Santa Barbara sur la hauteur de San Cristobal, au nord de la ville. Tovarra n'a qu'une seule rue importante.

PRODUITS. — Légumes, grains, huiles, chanvre, vin, fruits, safran, troupeaux.

INDUSTRIE. — Toiles de lin, laines, sparterie, moulins, fours eaux minérales pour les maladies de peau et les scrofules.

Hellin.

En latin *Ilunum*, ville royale de 11,200 âmes, appartenant aux mêmes circonscriptions que la précédente, chef-lieu de *partido*. Hellin est située par le 38° 30′ 6″ de latitude, sur une colline peu élevée qui domine une plaine fertile, arrosée de l'ouest au sud par le Mundo et le Segura.

CURIOSITÉS. — Vieux château en ruines au point culminant de la montagne; ruines romaines dans les champs de Binaseda situés en dehors de la ville; on y trouve beaucoup de tumulus en marbre, avec des vases funéraires et des inscriptions qui rappellent l'existence d'une cité immense et opulente; mines de soufre les plus riches d'Espagne, à 3 lieues de Hellin; eaux minérales del Azaraque, à 2 lieues de distance; elles ont les mêmes propriétés que les sources si connues sous le nom d'Archena. Les mines de soufre des environs appartiennent à l'État, qui les exploite. On y voit de fort belles grottes.

ÉDIFICES. — Deux paroisses, dont une rurale située au lieu appelé Iso; un couvent, un hôpital et sept chapelles dont une, la chapelle du Rosaire, dépend du château. L'église paroissiale a trois vaisseaux; elle compte 148 pieds de long sur 108 de large et 65 de hauteur; la voûte est soutenue par trois belles colonnes; le tout est en pierre de taille, sauf le parvis qui est en marbre. Les rues de la ville sont bien pavées, et les maisons sont peintes d'après l'usage d'Espagne.

PRODUITS. — Blé, avoine, maïs, vin, huile, chanvre, riz, fruits et bois de sapin; miel, cire, safran; pâturages excellents, nombreux troupeaux; limaçons renommés (*caracoles* en espagnol); terrain fertile, mais trop sec.

INDUSTRIE. — Bonne sparterie, toiles, draps, chapeaux; moulins à farine et à huile, fabrique de chocolat. Marché, le mercredi.

ENVIRONS. — Hellin est située à 16 lieues de Minaya et non loin de Tovarra, Suma, Venta Nueva, Portichuelo, Pozocañada, las Cuevas; enfin à 14 lieues de Murcie, à 9 d'Albacete et 26 de Valence.

Après avoir passé le *puerto*, endroit dangereux pour les maris, au moins par son nom de la *Mala Muger* (mauvaise femme), on arrive à Cieza

Cieza.

En latin *Calina* ou *Cartela*, ville de 10,500 âmes, chef-lieu de *partido* des mêmes circonscriptions que précédemment. Cieza est située dans une espèce de péninsule formée par le Segura. Ce lieu est comme une oasis plantée de mûriers, de citronniers, d'orangers et de grenadiers, sur une étendue de plus de 2 lieues de l'est à l'ouest jusqu'à Albaran.

CURIOSITÉS. — De l'autre côté de la rivière s'élève une montagne où l'on trouve les ruines d'une ville romaine qu'on croit avoir été Carteya. On y voit beaucoup d'inscriptions latines. Carteya appartint aux Romains six cent seize ans, aux Goths trois cent dix ans, et pendant cinq cent vingt-sept ans aux Maures. Le roi don Ferdinand en fit la conquête vers 1241. Le roi Alonso le Sage céda cette ville, son château et le pays environnant à l'ordre militaire de Santiago, dont le grand-maître était, à cette époque (1281), don Pedro Muñoz. Sous les Maures, qui nommèrent cette ville *Cieza*, elle fut transportée au lieu qu'elle occupe aujourd'hui. C'est à Carteya que saint Isicius, disciple de saint Jacques, établit son siége épiscopal et souffrit le martyre.

ÉDIFICES. — Une paroisse, un couvent, deux chapelles et une caserne.

PRODUITS. — Fruits, blé, avoine, maïs.

INDUSTRIE. — Sparterie, soie, toiles. Foire le 16 août.

ENVIRONS. — Cieza est à 7 lieues de Murcie, à une étape de six heures de marche de Jumilla, dont elle est séparée par une série non interrompue d'agréables maisons de campagne, et à 7 lieues de Hellin, où l'on va par la Ventica, le *puerto de*

Mala Muger, Tancari et la Venta de Vinatea. On compte dans le *partido* dont Cieza est le chef-lieu, les bourgs de Albaran, Blanca, Olos, Ricote, Ulea, Villanueva, Lorqui, Pliego, Socobos, Ferez, Letur, qui dépendaient autrefois de l'ordre de Santiago.

Les armes de la ville sont : un pont à deux arches avec un château en chef, et la devise :

Por pasar la puente,
Nos diéron la muerte.

« Pour passer le pont, il fallut nous tuer. »

Lorqui.

En latin *Lorcis*, appelé aussi *Lorca la Chica* (Lorca la petite), bourg de 1,200 âmes, des mêmes circonscriptions, situé dans la vallée du Segura. L'an 542 de Rome, fut livrée sous les murs de cette place la sanglante bataille où les Carthaginois vainquirent les Romains, commandés par les deux Scipion.

Les savants ne sont pas d'accord quant au lieu de cette mémorable action. Les Carthaginois étaient sous les ordres du roi Masinissa. Cneius et Publius Scipion périrent dans le combat.

PRODUITS. — Riz, vin, blé et soie. Sol fertile.

Molina.

Bourg de 3,000 âmes, situé au pied d'une montagne, sur la rive gauche du Segura.

CURIOSITÉS. — Ancien château d'où l'on domine la vallée; église, hôpital et belle posada.

ENVIRONS. — A 12 lieues, la ville de Yecla; à 3, le village de Fortuna, renommé par son bel établissement d'eaux minérales, ouvert au public du 1er avril au 30 juin et du 1er septembre au 31 octobre de chaque année; à une demi-lieue, riches salines exploitées par l'État.

PRODUITS. — Blé, avoine, bonne huile, maïs, pimeurs, melons d'eau renommés, pommes de terre; troupeaux. Climat tempéré et sain, mais trop sec.

INDUSTRIE. — Les habitants, paisibles et laborieux, se livrent, les hommes aux travaux de l'agriculture, et les femmes à la fabrication de toiles qu'elles portent au marché de Murcie. On élève aussi dans le pays des vers à soie.

Murcie.

Ville de 89,000 âmes, sur la rive gauche du Segura. Nous en donnerons la description lorsque nous la rencontrerons sur la route de Valence à Grenade et Malaga (1re annexe de notre Guide.)

De Murcie à Carthagène, on rencontre Los Banos, Lobesillo, Pozo Utrecho, Balsa Pintada, qui n'ont aucune importance.

Carthagène.

Ville de 19,618 habitants dont la fondation remonte à plus de de deux mille ans. Excellent port de mer, place forte, avec un magnifique arsenal. Nous donnerons la description détaillée de cette ville lorsque nous la retrouverons sur notre ligne maritime (6e annexe).

QUATRIÈME LIGNE.

VALENCE A BARCELONE.

SOMMAIRE. — Valence. — Murviedro. — Almenara. — Nules. — Villareal. — Castellon de la Plana. — Oropesa. — Alcala de Chisvert. — Benicarlo. — Vinaroz. — Amposta. — Perello. — Cambrils. — Tarragone. — Torre dem Barra. — Vendrell. — Arbos. — Villafranca de Panades. — Ordal. — Vellirana.

Valence.

Nous avons eu l'occasion de faire la description de cette ville. Nous l'avons décrite avec tous les développements que réclame son importance et que mérite la position toute privilégiée qui a valu à ses environs les noms de Huerta de Valence, de Champs-Élysées de l'Espagne (3e ligne, 2e section).

Murviedro (Sagonte).

On croit que cette ville, si célèbre par sa défense opiniâtre contre Annibal et les Carthaginois, fut fondée par des Grecs venus de l'île de Zante, deux cents ans avant la guerre de Troie. Sagonte fut, avant le siége des Carthaginois, une ville grande et florissante; mais ses habitants ayant préféré la détruire plutôt que de la rendre à l'ennemi, elle ne se releva jamais de ce coup. Sous les Goths, elle prit, dit-on, le nom de *Mur Vetum*, à cause des amas de ruines qui y étaient accumulés depuis six cents ans. C'est aujourd'hui une petite ville qui porte le nom du ruisseau qui la traverse, et que l'on ne va visiter qu'en souvenir de ce qu'elle fut. Murviedro renferme 6,900 habitants. On y voit un château fort qui domine la ville et qui avait jadis une certaine réputation ; mais pendant la guerre de l'Indépendance, il ne put résister à l'armée française. Au surplus il est dominé lui-même par une montagne voisine, située à une demi-portée de canon. Il y a à Murviedro un gouverneur militaire, un tribunal de première instance, un ayuntamiento, plusieurs églises et couvents, parmi lesquels on cite celui de certaines religieuses qui font d'excellentes confitures qu'elles envoient dans toute l'Espagne.

ANTIQUITÉS. — Parmi les ruines romaines conservées à Murviedro, on remarque celles du théâtre et du cirque. Le théâtre est construit sur le penchant d'une colline. M. de Laborde prétend que l'hémicycle comprenait, sur un rayon de 120 pieds, vingt-deux gradins ayant pu contenir sept mille sept cents spectateurs. Une galerie tenait lieu de portique. Cette galerie, à laquelle on arrivait du dehors par la montagne, donnait entrée sur les gradins par les portes. Son aspect a celui d'un étage attique ; toute cette partie de l'édifice est couronnée d'un mur. L'orchestre était plus petit que ceux de Rome, car il était destiné aux sénateurs et aux magistrats, toujours moins nombreux dans une colonie. Le *proscenium* est très-petit également ; il reste peu de chose du *scenium*. On remarque sur une partie du *proscenium* les traces d'une machine dont on se servait pour les représentations. Il y avait neuf escaliers dont six correspondaient aux ouvertures du portique ; les autres menaient aux gradins élevés et aux places réservées. Les degrés sont assez bien conservés ; l'un d'eux communique à une pièce irrégulière située sur le théâtre, qui était peut-être une prison (1).

Le Cirque. — Le cirque était situé sur les bords de la petite rivière de Murviedro. Il en reste un mur et quelques gradins, une porte latérale et une autre porte à une demi-lieue de la ville vers l'occident. Sur une colline qui domine la rivière, on trouve les ruines d'un aqueduc ; il monte jusqu'à la citadelle, où l'on trouve aussi plusieurs citernes dont une est de construction romaine, et est composée de vingt-deux piliers

---

(1) M. de Laborde, *Itinéraire de l'Espagne*, tome II, page 368.

formant arcade avec deux voûtes en plein cintre et une terrasse qui surmonte le tout. De cette terrasse on découvre toute la plaine de Valence bornée d'un côté par la mer et de l'autre par les montagnes. Une autre citerne composée de neuf piliers, et appelée pour cette raison *Nueve Pilares*, semble aussi de construction romaine. On prétend qu'il existe à Murviedro des vestiges d'un amphithéâtre; on trouve les restes d'une arche entre l'emplacement du cirque et la route de Barcelone. Il y a aussi des bains arabes comme ceux de Valence et de la capitale de la Catalogne. Murviedro était célèbre du temps des Romains par ses fabriques de vases de terre. Pline les regardait comme les meilleurs de toute l'Espagne. On en faisait de terre grise recouverte d'un vernis rouge; ils servaient pour la table. D'autres, plus grossiers, étaient employés à des usages communs.

La citadelle, remise en état après la guerre de l'Indépendance, est assise sur trois collines qui dominent la ville, et unies entre elles par des sinuosités de terrain; une des collines est beaucoup plus élevée que les autres. Sur la première, qui regarde la mer, on voit un bastion et une place d'armes; c'est là qu'est l'entrée de la citadelle. Plus loin se trouve un rectangle fermé sur deux côtés par deux bastions. Le mur du chemin de ronde est très-élevé; enfin sur la plus haute colline se voient une place d'armes et un bastion, et devant ce bastion un cavalier en forme de pince. Ce dernier ouvrage est situé fort près de montagnes plus élevées que la citadelle; il est lui-même sur un point qui domine tous les autres; c'est là qu'est le drapeau. Entre Murviedro et Valence, la route est parsemée de petits villages, de couvents et longe le bord de la mer. On rencontre Mesones de Pujol, village qui n'a qu'une seule rue; puis un couvent de chartreux abandonné; le joli village de Puch ou Puig, où l'on voit une petite anse; la Cruz del Puch, d'où l'on aperçoit déjà la citadelle de Murviedro; les villages de Masamagrel, Albalate, Tabernes, Blanques, un couvent de moines de Saint-Michel; enfin le faubourg de Murviedro à Valence.

Almenara.

Nom qui vient du mot arabe *menara*, et qui signifie chandelier à plusieurs branches. Ce village compte 1,300 habitants; il est situé au pied d'une montagne, et est entouré de fortes murailles. On y voit les ruines d'un vieux château. Il y a deux faubourgs, une église paroissiale et un couvent de dominicains abandonné. Aux environs de Murviedro, avant d'arriver à Almenara, on rencontre une quantité de villages : Cuartel, Faura, Beni Fiaro, Benavites, Santa Coloma, Beni Calat. Après Almenara, on rencontre les villages de la Mosa, Chinches, Lloca, Moncofar.

Nules.

Ville de la province de Castellon et du diocèse de Tortosa. Elle est située dans une plaine fertile et agréable, et est arrosée par le Mijarès qui passe aussi à Boriana, station de notre route. Nules compte 4,000 habitants; c'est encore un point fortifié. Le pays produit du blé, du chanvre, du maïs, des pois, du vin, de l'huile et quelques fruits. On trouve dans cette ville les ruines d'un château et quelques antiquités romaines.

Villaréal.

Ville située sur les bords du Mijarès, de 8,200 habitants; ce n'était autrefois qu'une maison de plaisance bâtie en 1272 par Jacques Ier d'Aragon pour ses enfants. On y voit quelques restes de fortifications et d'anciennes murailles, détruites, ainsi que la ville, en 1706 par les troupes de Philippe V, contre lequel cette ville avait pris parti; c'est donc une construction moderne que l'on voit aujourd'hui. Il faut visiter l'église paroissiale de Villareal construite en 1750. Le pays produit toutes espèces de fruits, du blé, du maïs, de l'orge, des pois, des fèves, des légumes et beaucoup d'oranges. A un demi-quart de lieue de la ville, on passe le Mijarès sur un fort beau pont en pierres de taille, construit sous le règne de Charles IV.

Castellon de la Plana.

Appelée *Castalla* du temps des Maures, elle fut conquise en 1233 par Jacques Ier d'Aragon, qui transporta la ville dans la plaine où elle est aujourd'hui. C'est un chef-lieu de province. On y compte 19,950 habitants. On y voit les ruines d'anciennes murailles et quelques tours carrées. Parmi ses rues, qui sont longues et belles, on distingue la calle Mayor et la calle del Medio. On y voit trois églises et deux hôpitaux. La chapelle Ermite del Cristo est ornée de peintures à fresque assez belles. Dans la chapelle de la Sangre, on trouve quatre tableaux de Ribalta sur la Passion. La chapelle du Sépulcre, que la tradition suppose avoir été sculptée par les anges, contient quelques beaux tableaux de Vergara. Il faut encore visiter l'église Majeure, monument gothique, la Tour des cloches, tour octogone, isolée de l'église, et qui a 360 pieds de hauteur, et l'hôtel de ville dont la façade est assez belle. La plaine de Castellon est très-fertile et produit beaucoup de fruits. Castellon communique avec la mer par le Mijarès qui en est éloigné de trois quarts de lieue. On y vend beaucoup de poisson. On rencontre, en sortant de Castellon, le petit village de Benicasin, où l'on voyait une petite église ornée de peintures de Joseph Camaron.

Oropesa.

Village très-ancien, ayant une population de 300 habitants, et où l'on voit des traces de fortifications qui se composaient autrefois de deux tours et d'une place d'armes aujourd'hui en ruines. Pendant la guerre de l'Indépendance, les Français s'emparèrent de ce point qui commande la route de Valence à Barcelone. On remarque encore sur ces vieux murs les traces de leurs boulets. En descendant de la colline où est situé Oropesa, dans la direction de la mer, on voit sur le rivage une grosse tour, appelée *Torre del rey*, où est un poste de douaniers (*carabinieros*); elle est bien conservée et en bon état. Ses murailles ont 2 mètres d'épaisseur; elle arrêta quelque temps nos troupes. Nous avions une batterie à l'ermitage de San Jose et une autre sur un petit monticule qui domine la tour. Toute cette côte est défendue par une ligne de forts dans le genre de cette tour. Cette ligne va de Barcelone à Valence. Du côté de Barcelone, ce sont : le fort de Torre del rey situé à Oropesa, en face des îles de Meson Colomer, groupe de cinq petites îles qui appartiennent à l'Espagne ; ceux de Castillo Peñiscola, Torre Capricorque, Torre Nostra, Torre del Sal, et, du côté de Valence, les forts de Torre de la Renegada, Torre Verver, Torre de la Viuda.

Alcala de Chisvert.

Ville située à l'entrée d'une plaine et comprenant 5,906 habitants. Ses rues, qui serpentent sur une colline, sont étroites, irrégulières et mal pavées. Les maisons sont basses et d'un vilain aspect. La ville manque d'eau. Dans l'église paroissiale on voit quelques vieux tableaux de mérite. Le pays produit du blé, du vin et de l'huile. Non loin d'Alcala l'on trouve, après avoir passé la Magdalena, un octroi. Il y a dans cette ville plusieurs inscriptions et antiquités romaines.

Benicarlo.

Ville située près de la mer, entourée de murailles avec fossés et un vieux château à moitié en ruines. La population est de 7,000 habitants. Au bord de la mer on voit quelques maisons de pêcheurs qu'on appelle le Grao, qui semblent former le port de cette ville comme au Grao de Valence. Le pays est arrosé au moyen de puits à roues. La ville est d'ailleurs en mauvais état et mal bâtie. À Peñiscola, non loin de Benicarlo, on va visiter la fameuse grotte appelée *Bufador del papaluna*, où s'engouffrent les eaux de la mer. Il y a dans cette ville une paroisse, une chapelle, un ancien couvent, un hôpital, deux places, quelques belles rues, de belles promenades plantées d'arbres, une enceinte fortifiée et les ruines d'un vieux château. Le pays produit du blé, du maïs, du lin, du chanvre, des melons, des fruits, des figues, et on y fabrique un vin qui ressemble beaucoup au vin de France, et dont on fait un grand commerce d'exportation à l'étranger. L'industrie locale consiste en tonnellerie et en préparation d'étoffes de soie.

Vinaroz.

A une lieue et demie de Benicarlo, on rencontre Vinaroz, petite ville située sur la rivière de Servol et sur les bords de la mer. On y voit des restes d'anciennes murailles ; c'est là que le duc de Vendôme mourut en 1712. L'église paroissiale est ornée de pilastres en marbre. Vinaroz est une ville ancienne; elle contient 9,800 habitants. L'industrie locale consiste dans la pêche et dans l'exportation des fruits. Il y a au bord de la mer un chantier où l'on construit des barques. Le pays produit du blé, de l'orge, du maïs, des fruits, etc. En sortant de cette ville, on rencontre celle de San Carlos de la Rapita.

Amposta.

Village de 1,600 habitants, appartenant à la province de Tarragone et au diocèse de Tortose. Non loin de ce point est située la montagne de Coll de Balaguer, célèbre par la bataille qui s'y livra pendant la guerre de l'Indépendance espagnole et qui fut contraire aux armes françaises.

En remontant l'Èbre on peut aller visiter l'importante et ancienne ville de Tortose, la *Dertosa* des Romains : elle est située à 116 kilomètres au sud de Barcelone, et à 10 kilomètres nord-est de Madrid, sur la rive gauche de l'Èbre. C'était une ville municipale du temps des Romains; elle fut enlevée aux Maures par les chrétiens, en 1141, et prise par les Français en 1649 et 1811. On y voit de belles fortifications, et, dans les environs, des mines très-riches et de nombreuses sources. La ville possède une belle cathédrale et un palais épiscopal. C'est un chef-lieu de diocèse, et sa population dépasse 14,000 habitants.

Perello.

Village situé sur le flanc d'une montagne élevée, population de 1,100 habitants (La *Traja Capita* des Romains). Au haut de la colline on voit l'ermitage de Notre-Dame de l'Aurore, d'où l'on aperçoit les plages de la mer, l'embouchure de l'Èbre, le canal d'Amposta, le port des Alfaques, la nouvelle ville de San Carlos et des terrains nombreux et bien cultivés, parmi lesquels il y a beaucoup de vignobles. L'industrie locale consiste dans le trafic du poisson frais. On trouve dans les environs des carrières de pierres calcaires. Le pays produit du blé, de l'orge, du vin et de l'huile.

Cambrils.

Bourg situé dans le lieu qu'on appelle *Campo de Tarragona,* entre les deux ruisseaux de Cambrils et d'Hospitalet. Sa population est de 2,600 âmes. C'était une place forte, et on y voit des restes de murailles et de bastions. Son nom actuel lui vient d'Albert Cambrils qui la restaura en 1080. Les Romains le connaissaient sous le nom d'*Oleaster* ou *Oleastrum* (lieu planté d'oliviers); en quittant ce bourg nous rencontrons le village de Villaseca, et nous arrivons à l'importante ville de Tarragone.

Tarragone.

Capitale de province, résidence de l'évêque métropolitain. Elle est située sur une éminence, à 760 pieds au-dessus du niveau de la mer Méditerranée sur laquelle elle a un port. La ville contient 18,000 habitants; elle se divise en ville haute et ville basse. La première est bâtie sur le roc et est séparée de la seconde par une muraille. Tarragone est dans une position assez forte, et son port, très-fréquenté, possède un môle.

APERÇU HISTORIQUE. — Tarragone, appelée par les Romains *Tarraco*, était la capitale de la Tarragonaise, province romaine très-importante; c'était une des villes les plus considérables de l'empire romain. Les Scipions la restaurèrent, l'embellirent et y firent leur résidence habituelle pendant leur guerre contre Carthage. Les uns attribuent la fondation de cette ville à Hercule, les autres à Tarraco, roi d'Égypte, qui aurait abordé en Espagne 730 ans avant Jésus-Christ. César l'éleva au rang de colonie romaine. Sa population atteignit autrefois le chiffre de 2 millions d'habitants; sa décadence commença sous Gallien par la première invasion des barbares du Nord. Les Goths s'en emparèrent en 467 sous le roi Euric; cette ville ayant résisté aux soldats de ce chef, ils la détruisirent en partie. Néanmoins, au commencement du viiie siècle elle put résister encore pendant trois ans aux Maures qui l'assiégèrent plusieurs fois. Enfin, l'ennemi irrité la détruisit complétement par le fer et le feu en 714; elle fut reprise par Louis d'Aquitaine en 805, par les Maures, par Raymond Béranger en 1150, et une seconde fois par les Maures, dont elle fut définitivement délivrée en 1220 par Alphonse le Batailleur, roi d'Aragon. On s'occupa, au commencement du xiie siècle, de la restauration de cette ville, et c'est à saint Oldeguer, son archevêque, qu'elle fut redevable de ce qu'elle est aujourd'hui. Cette ville fut prise en 1640 par Philippe IV, pendant la révolte de la Catalogne; en 1644 les Français l'assiégèrent vainement; en 1705, voulant soutenir le parti autrichien, elle appela les Anglais dans ses murs. Ceux-ci, en 1713, évacuèrent la ville en l'incendiant et en détruisant une partie des fortifications; cette alliance funeste, plus nuisible à Tarragone que les invasions des Barbares, lui porta un dernier coup dont elle ne se releva jamais. Enfin, les Français l'occupèrent en 1808 et en 1811 jusqu'en 1813. Quelques personnes attribuent la fondation de cette ville aux Phéniciens. On y tint une grande quantité de conciles; on croit que Ponce Pilate y exerça la magistrature, et c'est dans son port que don Jaime Ier arma sa flotte pour aller à la conquête de Majorque.

ANTIQUITÉS. — Cette ville est couverte de ruines ainsi que la campagne qui s'étend jusqu'au point appelé aujourd'hui Constanti, situé à une heure de Tarragone. Tout ce territoire faisait autrefois partie de la cité romaine. On remarque beaucoup les immenses blocs de pierre qui forment les murs de cette ville; on est peu d'accord sur l'origine de cette gigantesque fondation. Il faut visiter les ruines du palais d'Auguste, édifice qui devait avoir plus de 2,000 pieds de longueur. Ses murs, qui s'étendaient jusqu'à l'emplacement de la cathédrale actuelle, prouvent qu'il devait occuper tout le terrain qui forme aujourd'hui la ville moderne. On remarque également les ruines d'un amphithéâtre dont il reste quelques voûtes et quelques galeries tournantes; on admire aussi l'aqueduc à deux rangs d'arcades appelé *puente de las ferreras*; on voit au milieu de cet aqueduc un espace vide de 10 à 12 pieds formé par l'écroulement de quelques pierres; on raconte qu'un officier des gardes wallones ayant fait le pari de parcourir cet aqueduc à cheval, arrivé à cet endroit banda les yeux de l'animal, et sans mettre pied à terre, lui fit franchir d'un bond cet espace devant un grand nombre de spectateurs. Cet aqueduc, restauré en 1780 par l'architecte Rovira et aux frais de l'archevêque de Tarragone Santyan y Valdivielso, fut achevé plus tard, et aujourd'hui il sert à l'usage de la ville. Il n'était pas très-régulier; les arcs inférieurs sont au nombre de onze, on en compte vingt-cinq supérieurs; la hauteur est de 92 pieds : 52 pour la partie inférieure et 40 pour la partie supérieure; la longueur totale est de 660 pieds. Il y avait encore à Tarragone un cirque; on en trouve peu de traces. Une pierre que l'on voit à l'archevêché porte une inscription relative à ce cirque. On montre encore à Tarragone : un baptistère fort grand que l'on croit avoir fait partie des bains de quelque empereur; la prison de Pilate, détachée sans nul doute de quelque ancien palais, peut-être de celui des Césars; la chapelle Saint-Paul, que l'on croit avoir été une ancienne mosquée : c'est le plus ancien monument de ce genre à Tarragone. Près du chemin de Barcelone, à une lieue de la ville de Tarragone, on voit les restes d'un tombeau appelé la tour des Scipions. Ce monument a 30 pieds d'élévation; on y a trouvé beaucoup de morceaux d'architecture et de sculpture.

ÉDIFICES. — Il y a en outre à Tarragone un palais archiépiscopal de nouvelle construction, un hôpital civil et militaire, deux maisons d'orphelins, une maison-galère, un presidio correctionnel, quatre couvents de moines, une école normale centrale, l'institut tarragonais, un théâtre, une académie des beaux-arts, où l'on montre une petite statue d'Apollon trouvée parmi les ruines de Tarraco et quelques restes curieux; des écoles d'arithmétique, d'architecture, de mathématiques pures, un musée d'antiquités, une bibliothèque, un séminaire et plusieurs sociétés de commerce.

MONUMENTS RELIGIEUX. — La cathédrale est le seul remarquable; c'est un vaisseau gothique en pierres de taille, de

170 pieds de long sur 127 de large, avec trois nefs et beaucoup de marbres précieux. Cette église, commencée au XIIe siècle, fut terminée au XIIIe ; c'est la plus belle de la Catalogne. On y voit un tombeau en marbre assez beau ; nous avons parlé de son baptistère ; un cloître vaste et bien distribué communique à cette cathédrale ; on y remarque trois chapelles. Dans celle de Sainte-Cécile se trouve le mausolée d'un cardinal-archevêque de Tarragone ; dans celle du Saint-Sacrement, celui de don Antonio Augustin, archevêque de Tarragone et légat du saint-siége, qui fut un célèbre historien ; dans celle de Sainte-Thècle, il y a de fort belles décorations en marbre.

PROMENADES. — La ville actuelle est loin d'être un séjour agréable ; ses rues sont étroites et tortueuses ; on y compte peu de places, et ses promenades méritent à peine ce nom : elles sont situées à la porte Saint-Antoine, où l'on voit un jardin public, à celles de Sainte-Claire et de Saint-François ; il y en a une autre au-dessous des murs de la ville, au pied de la batterie de Cervantès.

CLIMAT. — Le climat de Tarragone est plutôt chaud que froid ; il y règne cependant des vents violents. La campagne, arrosée par le Francoli, produit du blé, du maïs, du chanvre, des pois ; on y fait du vin et de l'huile. Il y a dans le port un grand commerce d'exportation pour l'avoine et l'eau-de-vie ; dans les environs on trouve des carrières de très-beau marbre.

Torre-dem-Barra.

En continuant notre route vers le nord de l'Espagne, après avoir laissé derrière nous le village de Molnas, où se trouvait la tour des Scipions, traversé le Gaya sur un pont de pierre, aperçu le village de Ferran et celui de Tamarit, l'un des plus anciens de l'Espagne, et passé à Altafalla, nous arrivons à Torre, bourg situé à un quart de lieue de la mer. Son nom lui vient d'un arc ou portique qui compte plus de sept cents ans d'antiquité, et qu'on appelle l'arc de Barra ; il est situé à quelque distance du bourg, qui compte 2,200 habitants. On trouve à Torre un hôpital, un entrepôt d'eau-de-vie et une fabrique de savon.

A trois quarts d'heure de marche on rencontre le petit village de la Gurnal.

Vendrell.

Ville de 3,650 habitants, autrefois entourée de murailles. On y admire le beau clocher de son église principale, bâtie en pierres de taille; il est élégant et très-élevé. Cette ville, appelée aussi *Saint-Vincent de Calders*, était connue des anciens sous le nom de *Palfuriana*. On y trouve des magasins remplis de vins et d'eaux-de-vie pour l'exportation; il se fait dans son port un grand mouvement de cabotage. La campagne que nous traversons en ce moment est très-pittoresque; la vue s'étend au loin sur de vastes plaines, bornées à 2 kilomètres par les côtes de la Méditerranée.

Arbos.

Village de 1,200 âmes, peu éloigné d'un autre point qu'on appelle Monjes, sans doute à cause d'un monastère qu'on découvre sur la droite du chemin. Arbos est situé sur les bords de la rivière Foix, sur un point culminant et facile à défendre. Ce bourg fut incendié en 1808 par les Français, irrités de la grande résistance qu'il leur opposa. On y jouit de beaux points de vue. Il s'y fait un certain commerce de bestiaux, et le pays produit des grains, du chanvre, des légumes et beaucoup de vin. L'industrie locale consiste en fabriques d'eaux-de-vie et en manufactures de point d'Angleterre et de blondes, travail confié aux femmes du pays.

Villafranca de Panades.

Ville située dans une plaine belle et fertile, ayant une vaste vue au nord-est et au sud-ouest, bornée au sud par les montagnes de Saint-Michel d'Erdol et par le col de l'Aigle, à l'ouest par les montagnes de Putons, Foix et Fontrubic. Au nord-est se trouve la sierra de Monserrat, à 25 et quelques kilomètres; à l'ouest, les montagnes d'Ordal, à 8 ou 10 kilomètres. Cette ville passe pour l'une des plus anciennes d'Espagne. On prétend qu'elle est située sur l'emplacement de *Carthago Vetus*; elle compte 5,500 habitants.

CURIOSITÉS. — Une église, quatre couvents, huit chapelles, une belle posada à l'entrée de la ville, un pont en pierre non loin de la mer, jeté sur la Rierà de Tel, qui passe au pied des murs de la ville.

INDUSTRIE, CLIMAT. — Son industrie consiste en fabrication d'eau-de-vie, de cordages, d'espadrilles et de souliers. La plaine où elle est située, et qui est entourée des montagnes que nous avons citées, produit avec abondance des grains, des légumes, des fruits et du vin. On y élève des bestiaux. Dans les bois environnants on chasse agréablement la perdrix, le lapin et le lièvre. A 4 ou 5 kilomètres, on rencontre le lieu appelé Cantallop, et à 3 kilomètres, le lieu appelé Ordal.

Ordal.

Son nom lui vient de sa situation : c'est là que commence la fameuse côte du col d'Ordal. Ce lieu fut célèbre par les nombreux combats qui y furent livrés pendant la guerre de l'Indépendance; des restes de fortifications attestent l'importance de cette position. On y admire aussi le beau pont de Lledones, qui compte dix arches; il est remarquable par sa solidité et sa bonne construction.

Vellirana.

Village de 300 habitants, situé au pied d'une montagne, à quatre heures trois quarts de Barcelone. L'industrie consiste en deux moulins à farine; le pays produit des légumes, du blé, de l'huile et du vin.

Molins de Rey.

Nous en verrons la description dans la première section de la quatrième ligne, ainsi que celle des localités situées entre Barcelone et Martorell.

PREMIÈRE SECTION.

BARCELONE A MARTORELL.

SOMMAIRE. — Barcelone. — Sans. — La Bordeta. — Hospitalet. — Cornella. San Feliù de Llobregat. — Molins del Rey. — Papiol. — Martorell.

Barcelone.

Nous en avons déjà donné la description (page 105).

Le voyageur peut aller par ce chemin jusqu'à Tarragone. Les travaux d'art sur cette voie sont : deux tunnels, l'un à Molins de Rey, et l'autre, beaucoup plus long, près de Martorell, et le viaduc de Rubi. Cette ligne prend à Barcelone le nom de chemin de fer du Centre. En quittant Barcelone, on traverse la plaine environnante du côté de Gracia et de Saint-Gervais, dont on aperçoit les jolies maisons de campagne et le palais en ruines, non loin de Sarria dont on voit les beaux jardins, et de Pedralvez, célèbre par son monastère.

Sans.

Ville de 6,700 âmes, appartenant au diocèse et à la province de Barcelone; elle est située près de la mer; c'est presque un faubourg de Barcelone. On trouve dans ce lieu une industrie active. Le terrain est aussi très-fertile, à cause des irrigations qui proviennent du nouveau canal formé par le Llobregat. Dans la rue principale de Sans, on voit quelques bons édifices assez bien construits et d'un aspect agréable. A peu de distance de Sans on rencontre le village de Hostafrancs, où il y a une assez bonne fabrique de porcelaines.

La Bordeta.

Ce n'est, à proprement parler, qu'un faubourg. Il y a quelques années, ce village n'était qu'un groupe de mauvaises bicoques ; les progrès rapides de l'industrie catalane en ont fait un point important. En sortant de la Bordeta nous jouirons d'un point de vue très-pittoresque.

Hospitalet.

Ce village s'appelait autrefois Sainte-Eulalie de Proencana ou Provenzana. On suppose qu'il fut bâti sur l'emplacement de l'antique Labedontia déjà abandonnée du temps d'Avienus, qui nous en a transmis seulement le nom. Hospitalet contient 2,500 habitants. L'industrie locale a peu d'importance. On y trouve une église paroissiale, une maison de ville et une école. En sortant d'Hospitalet, on traverse la plaine pittoresque connue sous le nom del Pla de la Marina et on aperçoit le cap Castell de Fels, qui commence une chaîne de montagnes. On croit que ce fut autrefois l'un des points de réunion des guerriers chrétiens ligués pour combattre les Maures. Il y a là un village où l'on rencontre une église construite par les ordres de Charlemagne, et une image de la Vierge, appelée Notre-Dame de la Salud, donnée par le même empereur qui l'avait reçue du pape Adrien ; puis on passe près de la jolie maison de campagne appelée *Torre de Mercader*, véritable lieu de plaisance, que l'on visite aisément.

Cornella.

Village de 1,000 âmes, auquel ses fabriques donnent une certaine importance. Il n'a de remarquable que son église et ses écoles. En revanche les environs sont pleins de souvenirs. On y trouve l'intéressant village de San Boy, situé sur la gauche de la voie, sur une colline, dont le Llobregat arrose le pied : c'est un village de cinq cents feux, où l'on voit les restes d'un pont de construction romaine. On croit que ce fut l'ancienne Subur mentionnée par Pomponius Mela, à l'époque où la Méditerranée couvrant une partie de la plaine de Barcelone, le port de cette ville était situé de l'autre côté de la colline de Monjuich. Il y a une tradition qui veut que San Boy ait été autrefois port de mer ; on trouve du reste s des ruines romaines quelques anneaux en bronze qu'on suppose avoir servi à amarrer des embarcations. Le village s'appela aussi Saint-Pierre de la Escala et enfin San Boy, nom qui lui vient d'une colonie française.

Le paysage continue à être très-pittoresque, et, toujours du même côté de la voie, nous trouvons les délicieux villages de Hortz (jardins), Viladocans et Saint-Clément, et, plus loin, Saint-Jean Despi et Santa Coloma de Cerbello, situés au pied des montagnes.

San Feliù de Llobregat.

A l'abri du mont Saint-Antoine, se développe ce bourg de 2,000 âmes, qui comptait autrefois à peine quelques feux. On y remarque une église assez ancienne, d'architecture mixte, et un musée appartenant à un commerçant de l'endroit, contenant une belle collection de monnaies. Aux environs, et à une demi-heure de chemin, se trouve la chapelle de la Salud, pélerinage très-fréquenté. Le pays possède outre le Llobregat, le torrent de la Salud, et pour l'irrigation, le canal de la Infanta. Le paysage est ici moins étendu, et l'on aperçoit à l'horizon le mont Ordal.

Molins del Rey,

Dont le nom vient d'anciens moulins situés près de cette ville et qui étaient une propriété royale. La population est de 3,000 âmes. Le territoire est bien arrosé et produit du blé, du chanvre, du vin de bonne qualité et beaucoup de fruits qu'on exporte à Barcelone. On visite dans ce lieu le canal de la Infanta et le pont. Cette ville fut prise et saccagée par les Français en 1808, après le combat de Bruch. On y voit aussi quelques fabriques de blondes et plusieurs moulins à farine. On traverse ensuite, au sortir de cette ville, une plaine arrosée par le Llobregat. On aperçoit à gauche, sur le flanc d'une montagne, le village de Pallega avec le château du même nom.

Papiol.

Village de 1,000 habitants, qui n'est remarquable que par

le vieux château qui le domine. Cet immense édifice conserve encore les traces de son importance passée. Pour l'industrie locale, nous avons une papeterie et une filature. Après avoir passé dans la montagne en quittant Papiol, on trouve le petit village de Saint-André de la Barca, qui compte cent trente feux, puis celui de Bisbal.

Martorell.

Ville de 4,130 habitants, située au pied d'une montagne très-élevée, et qui n'a qu'une seule rue. Un pont jeté sur le Llobregat, appelé le pont du Diable, joint la ville à l'autre rive. Ce pont est très-ancien, il date des Carthaginois ; et si l'on en croit une inscription qui y fut placée en 1768, il aurait été construit par Annibal. A l'extrémité du pont s'élève un arc de triomphe entièrement conservé. On prétend qu'il fut construit par Annibal en mémoire de son père Hamilcar. En 1809, les Français brûlèrent une partie de la ville. Il y a un autre pont en bois sur la Noya. L'industrie locale consiste en moulins à huile, à farine, fabriques de pâtes, de papier, d'eau-de-vie, en tuileries, filatures, blondes et dentelles.

DEUXIÈME SECTION.

MARTORELL A REUS.

SOMMAIRE. — Valls. — Reus.

Sur cette ligne, nous rencontrons d'abord Martorell, que nous venons de décrire.

Valls.

Ville assez importante, chef-lieu de *partido* judiciaire de la province et du diocèse de Tarragone ; elle est située sur une petite colline entourée de deux cours d'eau qui se croisent en formant un Y et vont se jeter dans le Francoli. La population est de 13,600 habitants. Les Français y entrèrent en 1809, le 22 février ; le 25, ils livrèrent un combat sanglant sur les bords du Francoli, aux troupes espagnoles commandées par le général Reding. Les Français, vainqueurs, devinrent maîtres de tout le pays situé autour de Tarragone. L'industrie locale consiste en fabriques d'eau-de-vie, moulins à huile et à farine, papeteries, tanneries, filatures, cordages et espadrilles. Le terrain environnant est fertile et très-arrosé. Le climat est sain et tempéré. Le sol produit de bon vin de Moscatel, des olives, du maïs, des légumes, du chanvre ; on y trouve beaucoup d'arbres, parmi lesquels en abondance, des pins.

Reus,

Cette ville compte 28,150 âmes ; c'est aussi un chef-lieu de *partido* judiciaire. On y voit de très-bons édifices, entre autres la maison consistoriale, la nouvelle prison, la maison de bienfaisance de Saint-Vincent de Paul, une maison de charité, l'hôpital civil, l'ancien couvent de Franciscains, celui des Carmes déchaussés, celui des religieuses de la Conception, l'église paroissiale de Saint-Pierre, de construction gothique ; à cette église est jointe une tour hexagone, également gothique, d'une belle construction, d'où la vue s'étend sur les pays environnants ; enfin, le théâtre, digne de rivaliser avec ceux de Barcelone. Il y a aussi dans cette ville de belles promenades. Aux environs existe une chapelle de Notre-Dame de la Miséricorde, lieu de pèlerinage très-renommé ; elle fut construite en 1592, après la cessation de la peste : c'est un bon édifice, et l'autel où est placée l'image de la Vierge est digne d'appeler l'attention : on y voit de grandes richesses, produits de la dévotion reconnaissante des habitants du pays, qui professent un grand culte pour cette madone. Il y a à Reus quatre mille cent soixante-dix maisons, onze places, cinquante auberges et hôtelleries, posadas, paradores, etc., treize fontaines, plusieurs conduits d'eau souterrains,

L'industrie consiste en filatures de coton et de soie, tanneries, savon, pipes, constructions de tonneaux, de cuves, etc. Le pays produit du grain, de l'orge, des légumes de toute espèce; on y recueille du vin et de l'huile. A 5 ou 6 kilomètres de Reus se trouve le village de Solau, excellent port à l'abri des vents de l'est; il est protégé par un fort et jouit d'un assez grand mouvement commercial.

TROISIÈME SECTION.

REUS A TARRAGONE.

SOMMAIRE. — Reus. — Vilaseca. — Tarragone.

En traversant un pays accidenté où l'horizon est borné par les travaux d'art de la voie, nous quittons

Reus

dont nous venons de parler.

Vilaseca.

Ville de 3,360 habitants, où l'on voit une grosse tour fort ancienne qui sert de prison, un hôpital, une église paroissiale, un ermitage et une chapelle située dans une maison de campagne appelé la Granja. Dans les environs, on trouve quelques étangs et marais dont le voisinage occasionne des fièvres. Cependant ce climat est bien meilleur que celui des points d'Italie où règne la *Malaria*. A Vilaseca, on récolte beaucoup de vin.

Avant d'arriver à Tarragone, à 800 mètres de cette ville, on passe le Francoli sur un beau pont de 120 mètres de long, qui repose sur onze piliers en pierre de taille. Le panorama le plus pittoresque se déroule alors sous les yeux : c'est ce qu'on appelle *le Campo de Tarragona* il est parsemé de gracieux villages qu'on appelle Cambrils, Castellvert, Salon Pujol, Moster, la Selva, Marricart, Canonja, Constaty, etc.

Tarragone.

Capitale de province, dont les deux parties, la ville haute et la ville basse, sont séparées par une muraille. Sa population qui s'éleva jusqu'à 2 millions d'habitants sous la domination romaine, n'est plus aujourd'hui que de 18,000 âmes. Nous avons, du reste, déjà rencontré cette ville sur le chemin de Valence à Barcelone.

QUATRIÈME SECTION.

REUS A MONTBLANCH.

SOMMAIRE. — Reus. — Montblanch.

Reus.

Nous avons décrit cette ville, en parcourant notre section de Martorell.

Montblanch.

Ville de 4,000 âmes, située sur la rive gauche du Francoli et au pied d'une montagne. Elle appartient à la province et au diocèse de Tarragone; c'est un chef-lieu de *partido*. Cette ville est fortifiée; un vieux mur, flanqué de sept tours et de quatre portes, en forme l'enceinte. Elle fut très-florissante sous les rois d'Aragon. Quelques auteurs attribuent sa fondation aux Romains. On y remarque une paroisse, trois couvents, un hôpital et beaucoup de fontaines qui fournissent une eau excellente. Le pays, arrosé par le Francoli et par son affluent l'Auguera, produit des fruits et d'excellents pâturages où l'on élève beaucoup de bestiaux. Il y a marché tous les mardis et vendredis, et foires les 28 août et 21 décembre de chaque année. Le sol produit du blé, des légumes, du vin et de l'huile.

INDUSTRIE. — Fabrique d'eaux-de-vie, tissus de coton et de laine.

En suivant la route de Montblanch à Lilla, village de soixante-dix feux, situé sur le flanc d'une montagne élevée, on passe le Francoli sur un pont très-ancien et construit d'une seule arche.

CINQUIÈME LIGNE.

VALENCE A SARAGOSSE PAR ALMANSA.

SOMMAIRE. — Ayora. — Requena. — Chelva. — Ademuz. — Teruel. — Villarquemada.

Toute la partie de la ligne de Valence à Almansa a déjà été décrite (3e ligne, 2e section).

Ayora.

Ville de 5,000 habitants, appartenant à la province et à l'archevêché de Valence; elle est située au sud de Valence, dans une vallée spacieuse, entourée de montagnes élevées; elle était connue des Romains sous le nom d'Auriola; on y trouve beaucoup d'inscriptions et d'antiquités romaines. On prétend cependant que son nom actuel vient des Maures. Cette ville et celles de Teresa, Cofrentes, Jalence, Jarafuel et Zarza, qui se développent sur une étendue de 3 lieues, formaient une des frontières des États mauresques à l'époque où les Maures furent refoulés dans le royaume de Valence. Les rues sont larges, et l'on cite particulièrement celle de la Marquesa; les maisons sont assez belles. On trouve, à une demi-lieue, des mines de charbon qui paraissent contenir une certaine quantité de poudre d'or. Le pays produit du blé, des grains, du safran, du vin et de l'huile. On y voit de nombreux pacages qui sont la propriété des anciens seigneurs d'Ayora.

Requena.

Ville de 12,000 habitants, appartenant à la province de Cuenca et située à 105 kilomètres au sud-est de Cuenca, sur les bords du Magro ; elle était connue des Romains sous le nom de Lobeton. Elle est fortifiée, et l'on y voit encore un château qui fut pris par les Anglais en 1706, et repris en 1707 par les Français, sous les ordres de Philippe V.

MONUMENTS. — On y voit trois paroisses, deux couvents de moines, supprimés. Dans le couvent des Carmélites, fondé par l'infant de la Cerda, seigneur de Requena, ce prince plaça l'image de la Vierge, connue sous le nom de Notre-Dame de Soterrana ; on trouve encore à Requena un couvent de nonnes, un collége, une chaire de latinité, le vieux château dont nous avons parlé ; enfin, quelques belles maisons, des fontaines et une belle place.

PRODUCTIONS. — La terre de Requena est arrosée par le Gabriel, le Guadalaviar et l'Oliana ; elle produit en abondance du grain, des légumes, du safran ; on y récolte d'excellent vin, et la chasse y est agréable. L'industrie consiste en fabriques de soie et teinturerie. Le pays est peuplé de riches villages, tels que : Mira, Campo, Roble, Fuente Roble, etc. Non loin de Requena se trouve l'impénétrable défilé de Cabrillas, montagnes appelées ainsi, soit à cause du grand nombre de chèvres qui les habitent, soit à cause de leur difficile accès.

Chelva.

Ville de 5,000 habitants, appartenant à la province de Valence et à l'évêché de Ségovie : c'est le chef-lieu de l'ancienne vicomté très-étendue qui comprenait les territoires de Sinarcas, Benagever, Tuejar, Calles, Domiño, Higueruelas et Loriguillas. Au nord de cette ville, au point appelé la Rambla de los Arcos, on trouve les restes d'un aqueduc romain qui allait jusqu'à Liria. La ville de Chelva est située sur une colline, non loin de la rivière du même nom qui va se jeter à quelque distance de là dans le Guadalaviar. On trouve, en fait de monuments, à Chelva, une église paroissiale, un couvent de franciscains, un hôpital et deux posadas. Le sol de cette contrée est fort bien arrosé ; on y voit plus de trois cents fontaines et un système d'irrigation très-bien établi. Le pays produit du blé, de l'avoine, de l'orge, du maïs, de l'huile et du vin. Dans les parties incultes et montagneuses, on élève beaucoup de bêtes à laine et un grand nombre de chèvres.

Ademuz.

Ville de 3,000 âmes, appartenant à la province de Cuenca, située au centre du pays appelé el rincon de Ademuz, et sur les flancs d'une colline assez élevée dont le pied est voisin de la rive droite du Turia. Sur le sommet de cette colline s'élève un château fort où l'on jouit du plus beau point de vue. On rencontre, dans cette ville, plusieurs inscriptions et quelques antiquités romaines. On attribue la fondation de la ville aux Grecs, vers l'an 331 avant J.-C. Elle a pour faubourg les groupes de maisons appelées casas de rio Bajas, casas de rio Altas, Sesga et Olmo.

Ademuz ne contient aucun édifice remarquable, excepté quelques maisons assez bien construites. Le climat est beau quoique rude; le pays est très-arrosé et produit du maïs, des grains, du vin et une grande quantité de noix. Il n'est pas entièrement cultivé. On y élève des bestiaux; on y voit beaucoup d'abeilles. Il y eut autrefois dans cette ville un tremblement de terre affreux qui détruisit l'église et quarante maisons.

Teruel.

Ville de 9,500 habitants, capitale de la province du même nom, qui faisait autrefois partie du royaume d'Aragon. Elle est située à 140 kilomètres de Saragosse, par les 16° 40' de longitude et le 40° 30' de latitude, sur le sommet d'une colline peu élevée, dont le pied est arrosé au sud-ouest par le Guadalaviar. Cette ville fut autrefois fortifiée ; on voit encore les traces de ses anciennes murailles ; sa situation en faisait d'ailleurs un point stratégique.

NOTICE HISTORIQUE. — Teruel s'appelait autrefois Turdetum ou Turbela, sous les Romains. Cette ville fut détruite par les Maures et rebâtie par Alphonse II, en 1171. Pierre le Cruel la saccagea après s'en être emparé en 1365. On ne trouve pas de ruines romaines ni à Teruel, ni dans les environs. Cependant au confluent de l'Alfambra et du Guadalaviar, à quelque distance de Teruel, les cartes antiques signalent une ville romaine appelée Turbula, ce qui a fait croire que Teruel avait été restaurée sur l'emplacement de la cité romaine détruite apparemment pendant la guerre contre Sagonte. Les habitants de Teruel ont toujours montré une grande fidélité à leurs rois, et l'on cite d'eux ce trait qui leur fait honneur : Le roi don Jaime le Conquérant, se trouvant enfermé sans vivres à Murcie avec son armée, les gens de Teruel lui envoyèrent une grande quantité de blé, de farine, d'orge, vingt mille têtes de moutons et deux mille têtes de gros bétail, en ajoutant à cet envoi ces paroles significatives, qui sont bien dignes du caractère espagnol : *Si menester fuere, serviremos con mas* (si c'était nécessaire, nous ferions davantage).

MONUMENTS. — La cathédrale, fondée en 1577, sous le règne de Philippe II et sous le pontificat de Grégoire XIII. Cette église est trop sombre, ce qui nuit à l'effet de son ornementation, d'ailleurs de mauvais goût : les ornements modernes sont beaucoup moins beaux et d'un goût moins pur que tout ce qu'il y a d'antique dans cette basilique. Les anciens ornements sont en bois sculpté. Ce qu'il y a de plus remarquable dans cette église, c'est la partie de la sculpture où l'on retrouve l'école florentine du temps de Michel-Ange. On admire au retable du maître-autel et entre des colonnes dorées, douze petits tableaux représentant la Vie et la Passion du Christ avec des figures en relief. On cite aussi comme morceau de sculpture une Assomption. La plus belle chapelle de la cathédrale est celle des Rois; elle est située du côté de l'Épître. Le retable et les quatre colonnes qu'on y voit sont de bonne architecture; le reste est de l'époque de la décadence. On admire beaucoup à ce retable une Adoration des cinq Rois qui est une bonne copie de celle de Rubens, faite par le peintre Francisco Jimenez, naturel de Tarazona. A propos de cette peinture, on raconte que le peintre Bisquert n'ayant pu obtenir de faire ce travail, en mourut de chagrin.

L'Aqueduc monumental moderne, ouvrage de Pierre Vedel, rappelle les beaux travaux des Romains, quoique cependant on n'y trouve pas cette masse imposante des constructions romaines ; cet aqueduc est célèbre dans le pays, où il passe pour une merveille sous le nom de *los Arcos de Teruel*.

A part les monuments religieux, le plus bel édifice de Teruel est, sans contredit, le collége des Jésuites, aujourd'hui grand séminaire ; il fut bâti en 1700 sur des fondations entièrement voûtées ; sa situation est fort belle : on y domine une grande partie de la campagne qui environne Teruel. Napoléon Ier avait établi son quartier général en ce point. Le séminaire est d'ailleurs fort bien tenu ; on trouve dans l'oratoire une jolie Vierge sculptée et une Mater dolorosa ayant beaucoup d'expression ; il faut aussi visiter la bibliothèque du séminaire et admirer son bel escalier.

Dans la maison de la Députation provinciale, fondée en 1754 par décret royal de Ferdinand VI, il y a des archives assez curieuses et assez complètes qui fournissent de précieux renseignements sur l'histoire de l'Aragon. L'Espagne est d'ailleurs le pays des archives. Il existe non loin de Madrid une petite ville appelée Sinmancas, où l'on conserve tous les papiers nobiliaires et généalogiques de toutes les familles nobles de l'Espagne, depuis le VIIIe siècle jusqu'à nos jours ; certes il est peu de pays où les archives héraldiques aient été aussi scrupuleusement conservées.

Il faut encore visiter l'église de San Pedro, où l'on montre les squelettes des amants de Teruel placés côte à côte et debout dans une espèce de lanterne vitrée située en un coin de l'église. Voici comment la tradition raconte la vie de ces amants célèbres, dont l'histoire véritable se trouve dans les archives de Teruel, ainsi qu'on pourra le vérifier :

HISTOIRE DES AMANTS DE TERUEL.

Vers la fin du XIIe siècle, deux jeunes gens ayant nom don Diego de Marcilla et Isabel de Segura, appartenant à deux familles nobles du pays, quoique différentes par leur position et leur fortune, habitaient dans la rue de los Ricos hombres (des hommes riches). Don Diego, dès ses plus jeunes années, ressentit une grande inclination pour Isabel, fille unique de Pedro Segura, homme jouissant d'une grande fortune. La jeune fille répondit à l'affection que lui manifesta don Diego. Ce dernier, à l'âge de vingt et un ans, prit le parti de demander la main d'Isabel à don Pedro de Segura. Celui-ci rejeta sa demande en lui faisant comprendre clairement que son manque de fortune était la seule cause de ce refus. Marcilla fit part à Isabel de l'insuccès de sa démarche; cette fille vertueuse, voulant se conformer à la volonté de son père et ne pouvant renoncer à la passion qu'elle ressentait pour don Diego, lui promit d'attendre pendant cinq ans, dans l'espoir qu'il arriverait à faire fortune par quelque moyen.

Don Diego partit pour la guerre contre les Maures; pendant son absence, le père d'Isabel ne négligea aucun moyen de lui faire oublier don Diégo. Il empêcha qu'elle ne reçût des nouvelles de son amant, il chercha à distraire sa fille par des fêtes et des réunions, il lui parla souvent d'un mariage avantageux qu'il avait rêvé pour elle. Isabel, qui n'avait reçu aucune des lettres de don Diego, et à qui on avait eu soin de raconter que ce dernier avait péri de la main des Maures, persécutée chaque jour par son père qui la pressait de se marier, consentit enfin, après cinq années de constance, à devenir l'épouse d'un certain Azagra, frère du seigneur d'Albarracin. Le délai de cinq années accordé à don Diego expirait le jour même des noces d'Isabel.

Cependant, Marcilla, qui s'était distingué dans la guerre contre les Maures, et particulièrement à la bataille de las Navas de Tolosa, et qui avait gagné pendant ces cinq années plus de 100,000 sous d'or en combattant sous les rois de Navarre et d'Aragon, n'avait pas oublié que le terme fixé par sa fiancée allait expirer, et il accourait ce jour même à bride abattue vers Teruel, en suivant la route de Saint-Cristobal. La tradition raconte qu'un accident arrivé à son coursier retarda sa marche de quelques heures. Quand il entra à Teruel, les noces d'Isabel étaient terminées; cependant il restait le repas des fiançailles et la fête qui devait finir la soirée. Marcilla apprenant ce qui s'était passé s'introduisit, à la faveur du désordre qui règne toujours au milieu des fêtes, dans la maison et jusque dans la chambre nuptiale de la nouvelle mariée; là il se tint caché jusqu'à l'arrivée des époux. Isabel ayant supplié son mari de respecter un vœu qu'elle avait fait, ce dernier y consentit et s'endormit profondément.

Après un certain laps de temps Marcilla s'approcha du lit nuptial et adressa la parole à Isabel, ce qui la jeta dans un grand trouble; cependant, revenue de sa première émotion, elle rérépondit à ses questions et à ses reproches en lui faisant comprendre qu'elle lui avait gardé jusqu'à ce jour la foi jurée. Don Diégo, convaincu de l'innocence d'Isabel et pénétré en même temps du malheur qui le frappait, ne pouvant résister à sa douleur et poussé par la passion qu'il ressentait pour Isabel, lui demanda, comme dernière faveur, de lui accorder un baiser avant une séparation éternelle; Isabel refusa en donnant pour raison que dès ce jour elle appartenait tout entière à son époux. Les supplications, les prières, les soupirs, tout fut inutile, elle resta ferme dans sa résolution. Don Diégo, qui ne voulait rien obtenir par la force et qu'une immense douleur accablait, lui demanda une dernière fois la même grâce en lui déclarant que si elle refusait il tomberait mort à ses pieds. Isabel fit la même réponse que précédemment; don Diégo, pouvant à peine prononcer son nom bien-aimé, s'affaissa sur lui-même et expira de douleur.

Isabel, effrayée de cet événement, réveilla son époux et lui raconta ce qui s'était passé. Celui-ci (dit toujours la tradition), blâma la conduite d'Isabel en lui disant que c'était une grande cruauté que de causer la mort d'un homme dont on avait été toute sa vie la fiancée, en lui refusant une chose aussi insignifiante qu'un baiser. Cependant ils se levèrent et emportèrent eux-mêmes le corps de l'infortuné Diégo, afin qu'on ne crût pas qu'il était mort de la main d'Azagra; ils le placèrent devant la porte de sa maison où le lendemain matin les passants le portèrent à son malheureux père.

Ce jour-là un convoi funèbre entra dans l'église de San

Pedro : on y vit exposé, le visage découvert, suivant la coutume du temps, le corps du jeune et beau chevalier que la veille on avait vu arriver si joyeux et comme un triomphateur dans la même ville où l'on célébrait en ce jour ses funérailles. La consternation était peinte sur tous les visages, et chacun déplorait un si grand malheur en accompagnant de la voix les chants graves et tristes qui sont les derniers adieux que l'Église fait aux chrétiens, lorsqu'une femme voilée et vêtue d'habits de deuil sortit de la foule et s'approcha du mort auquel elle adressa les paroles suivantes : « Ce baiser que je t'ai refusé hier, je viens te le donner moi-même aujourd'hui. » Après avoir achevé ces paroles elle resta penchée sur le corps de don Diégo, les lèvres attachées à son front glacé. Cette femme, c'était Isabel ; les assistants, étonnés de son immobilité, s'approchèrent d'elle et la trouvèrent inanimée.

Ce trait touchant d'un amour si profond qui avait su résister à l'absence et au temps, et qui cependant avait préféré la résignation et la mort à l'oubli du devoir et de la vertu, excita une telle admiration dans la ville de Teruel, que les familles de ces infortunés amants convinrent de les réunir au moins après leur mort dans un même sépulcre, en mémoire de leur touchante fidélité. Ces corps furent retrouvés parfaitement intacts en 1555, ce qui fit répandre le bruit qu'ils avaient été conservés par miracle, et en fit pour le crédule public des objets de vénération. En 1619 ils furent retrouvés à peu près dans le même état. En 1708 on les enferma dans une armoire à laquelle on substitua en 1814 le monument qui existe aujourd'hui. Quelle que soit la vérité de cette histoire, elle est à la fois curieuse au point de vue physique et au point de vue moral. D'un côté, nous trouvons un phénomène que l'on ne rencontre que chez les momies d'Égypte, de l'autre, une histoire touchante et poétique qui émeut l'âme et élève l'esprit : à ce double point de vue elle doit intéresser le voyageur, et produira certainement sur son imagination la plus vive impression.

Il sera bon de visiter, si l'on peut, la maison qu'habitait Isabel ; elle appartient aujourd'hui au comte de la Floridà, et l'on voit, d'après la date de notre histoire, qu'elle est d'une antiquité respectable. On trouve à la partie supérieure une colonnade qui forme galerie sur la rue, et une couverture garnie à l'intérieur de bois sculpté formant des carrés en reliefs, et servant comme de hangar à cet édifice, qui était une véritable forteresse. On trouvera à Teruel et dans tout l'Aragon des maisons de ce genre ayant la même architecture et la même ancienneté. Les moindres petits villages en possèdent. J'appelle sur ce point l'attention des artistes et des archéologues. Il y a à Teruel, outre les monuments cités plus haut, quatre places, quelques rues assez animées et dix fontaines, dont une assez remarquable. On trouve à quelque distance de Teruel des bains d'eaux minérales renommés pour les rhumatismes et les maladies d'estomac. Enfin le directeur du séminaire m'a raconté qu'à une heure de marche de Teruel, on trouvait dans la plaine des vestiges d'anciennes habitations, et une grande quantité d'ossements humains, ayant dû appartenir à une race de taille plus élevée que la race indigène.

Villarquemada.

Ce bourg, de peu d'importance, aura sa description lorsque nous le rencontrerons sur la route de Valence à Saragosse.

PREMIÈRE SECTION.

UTRILLAS À L'ÈBRE.

SOMMAIRE. — Utrillas. — Montalban. — Albalate. — Hijar. — La Zaïda.

Utrillas.

Village de 200 habitants, appartenant à la province de Teruel et situé à 16 lieues de Saragosse. Il y a dans le pays des mines de plusieurs sortes, entre autres de charbon. L'industrie consiste en toiles et draps ; les produits agricoles en blé, orge, avoine, chanvre et laines.

Montalban.

Ville de 4,000 âmes, appartenant à la province de Teruel, et située au confluent de l'Adovas et du Martin, non loin de la sierra de Segura qui vient jusque-là. Montalban est à 17 lieues de Teruel et à 16 lieues de Saragosse. Il y a une paroisse, un couvent hors des murs et un hôpital; on y fait un grand commerce de draps, de chanvre et de lin. Sa *huerta* est considérable, et dans les environs on élève plus de quatre mille moutons. On y trouve aussi des carrières de marbre, de charbon et d'autres matières, ainsi que deux réservoirs d'eaux thermales. Il y a trois foires annuelles : le 19 mars, le 10 juillet et le 11 décembre. Le pays produit du maïs, du chanvre, des pommes de terre, des fruits, des oranges, des fèves et du vin.

Albalate.

Appelée encore *Albalate del Arzobispo* (Albalate de l'archevêque), est une ville de 4,500 âmes, appartenant à l'ancien Aragon et située entre deux collines, non loin de la rivière du Martin, qu'on y traverse sur un beau pont. On remarque une paroisse, un hôpital, un couvent; et à deux heures de marche de cette ville, les fameux bains d'Arcos, où il y a un sanctuaire, et un ermitage qui sert d'établissement pour les baigneurs. On trouve encore dans ce pays fort cultivé des carrières de marbre noir et de jaspe de diverses couleurs. L'industrie consiste en savon, et le sol produit de l'orge, de l'avoine, des légumes, du maïs, des fruits, tels que figues, etc.; on y fait également de la soie, de l'huile, du vin.

Hijar.

Ville de 3,000 habitants, appartenant à la province de Saragosse, située à 70 kilomètres sud-est de cette capitale, sur le flanc d'une colline et au bord du Martin. Cette ville était connue des Romains sous le nom de Belia : c'est le chef-lieu d'un duché. On y remarque une paroisse, un couvent et plusieurs chapelles ou ermitages, dont trois à l'intérieur de la ville, enfin un hôpital. Le climat est très-tempéré et le meilleur de la province; le sol est très-fertile et assez cultivé autour de la ville. On y célèbre une foire annuelle de vingt jours du 30 avril au 20 mai. L'industrie locale consiste en fabriques de savons et en moulins à huile, spécialité de la province. On remarque dans le blason de cette ville une fleur de lis au milieu de neuf tours d'argent qui ornent son champ d'azur; c'est là, sans doute, un souvenir héraldique des conquêtes françaises.

La Zaïda.

Village de 200 âmes, situé sur les bords de l'Èbre, dans la province de Saragosse, près du lieu appelé Cinco-Olivas, à 10 lieues de Saragosse. Le nom de ce village est d'origine arabe. Le terrain est fertile et bien arrosé; il produit des raisins, des légumes, des fruits de toute espèce, de l'huile et du vin.

DEUXIÈME SECTION.

GARGALLO A L'ÈBRE.

SOMMAIRE. — Gargallo. — Escatron.

Gargallo.

Village de 700 habitants, appartenant à la province de Teruel et au *partido* de Alcañiz. Il est situé sur un terrain très-inégal; on trouve aux environs des mines assez riches. On y remarque une paroisse et un hôpital. Le sol produit du maïs, des pois et un vin assez mauvais.

Escatron.

Bourg de 2,000 habitants, appartenant à la province de Teruel et au *partido* de Alcañiz, et situé au confluent du Martin et de l'Èbre. On y remarque une paroisse et le séminaire de San-Janvier tenu par des missionnaires. Le sol de la contrée est très-fertile et remarquable par la variété des fruits. Lorsque ce pays dépendait du monastère de Rueda, par une bizarre loi des religieux, il était défendu à chaque paysan de planter plus d'un arbre fruitier. Le sol est d'ailleurs préférable pour la plantation des oliviers que pour la culture des vignes.

TROISIÈME SECTION.

VALENCE A SARAGOSSE PAR SEGORBE.

SOMMAIRE. — Valence. — Murviedro. — Gilet. — Torres-Torres. — Segorbe. — Jérica. — Vivel. — Barracas. — Sarrion. — La Puebla de Valverde. — Teruel. — Villarquemada. — Torre-Mocha. — Torre la Carcel. — Singra. — Calamocha. — Luco. — Burbaguena. — Baguena. — Daroca. — Retascon. — Mainar. — Cariñena. — Longares. — Muel. — Botorria. — Maria.

Valence. — Murviedro.

La description de ces deux villes a été donnée; nous les avons rencontrées sur le chemin de Valence à Barcelone.

Gilet.

Pour aller de Valence à Segorbe, c'est le premier point véritablement important de cette route ; au lieu de passer par Murviedro et Gilet on peut aller par Liria ; ce chemin est même plus court, mais il est plus dangereux : c'est le chemin des montagnes. Liria est une ville fort ancienne ; on prétend qu'elle existait déjà avant les premières colonies phéniciennes établies en Espagne. Les Carthaginois l'appelaient *Edera* ; sous les Romains elle fut la capitale des Edetani. On y voit quelques restes romains. Quant à Gilet, c'est un petit village de 700 habitants, situé à 10 kilomètres de Valence, au pied d'une montagne. Le pays produit du blé, du maïs, de l'huile ; on y fabrique des soieries. La route laisse à droite et à gauche une série de villages situés dans un pays très-cultivé et montagneux. On y rencontre des vignes, du blé, puis quelques arbres, tels que le noyer, le mûrier, le frêne ; sur la droite on aperçoit le bourg d'Estivella.

Torres-Torres.

Village d'une population de 800 habitants, situé dans une plaine fertile, au pied d'un ancien château maure, composé de quatre ou cinq mauvaises tours qui couronnent une colline. La principale ressource du pays consiste en laines de nombreux menus bétails, tels que moutons et chèvres. Il y a à Torres-Torres une *posada nueva*. On remarque sur cette route, assez abandonnée d'ailleurs, une série de petites chapelles et d'ermitages.

Segorbe.

Ville de la province de Castellon de la Plana, siége épiscopal ; population de 7,800 habitants. On y voit de belles rues, quelques bons édifices, six grandes places et plusieurs petites, treize fontaines publiques, un séminaire, une ancienne maison des jésuites, un hôpital, un palais épiscopal, une caserne, une prison et une *Casa de misericordia*. Dans la cathédrale, on trouve quelques peintures de l'école de Joanez et de Ribalta, ainsi qu'un Saint Joseph que l'on recouvre d'une toile pour le mieux conserver. Cette cathédrale est jolie, mais petite. Dans l'église des religieuses, il y a quelques peintures assez remarquables : un Christ aux larmes, de Ribalta, une Conception avec une Transfiguration et une Résurrection assez belles. On trouve dans le séminaire le mausolée d'un nommé Pierre Mirallez, homme qui acquit de grandes richesses et eut une vie pleine d'aventures. Segorbe est assise entre deux collines, dont le Murviedro baigne le pied. De la promenade appelée la Glorieta qui, par sa position, a quelques rapports avec le Blossac de Poitiers, on jouit d'une vue très-agréable et très-étendue. Cette promenade est arrosée par un système d'irrigation bien entendu ; ces eaux viennent de la fontaine de l'Espérance située hors de la ville. On voit à Segorbe une espèce de château assez mal bâti et placé sur un des points culminants du lieu. Il y a aussi à Segorbe un mauvais petit théâtre. A un quart de kilomètre de Segorbe, on trouve une Chartreuse où l'on voit de bons tableaux de Vergara, de Camaron, de Denoso, de Joannez et d'Orrente. Il y a à Segorbe quelques fabriques : une de papier et une assez belle de tissus de coton fondée par des Catalans.

Jerica.

Ville située dans une plaine fertile, sur la rive gauche du Palancia ; elle compte 2,900 habitants. Elle est très-ancienne, et fut conquise sur les Maures par don Jaime Ier, en 1235 ; il la donna à son fils naturel Jaime Jerica, et elle fut réunie à la couronne en 1566. On y voit encore un château mauresque divisé en deux parties, un fort et un palais avec une tour qui domine le pays environnant et qui devait appartenir à la mosquée du palais mauresque. La tour, appelée tour de Jerica, est fort élevée, et les voyageurs la visitent ; c'est une propriété communale, et on y a logé une famille qui fait gratis les honneurs de ce monument. La civilisation n'a pas encore pénétré parmi ces gens simples et paisibles. La ville est entourée de murailles flanquées de tours. Jérica fut assez peuplée du temps des Romains ; aujourd'hui c'est une ville sans importance et dont la seule industrie est la culture des champs. On y récolte d'assez bon vin qui ressemble à nos vins de France.

Vivel.

A peu de distance de Jérica, c'est-à-dire à 4 ou 5 kilomètres, on rencontre Vivel, petite ville de 2,000 âmes appelée *Vivarium* sous les Romains : elle a conservé quelques restes de cette époque. Cette ville fait partie de la même province que la précédente; elle est située sur la rive gauche du Palancia, dans une vallée entourée de montagnes de toutes parts, excepté à l'est. On remarque beaucoup la tour de l'église principale : ses murs sont fort épais et elle a 120 pieds de haut; elle est bâtie en pierre de taille grise. Il faut visiter aussi la chapelle del Salvador, où l'on trouve quelques bonnes statues, et aux environs de Vivel, à trois heures de marche, le célèbre pèlerinage de la Cueva santa. Les eaux de Vivel sont bonnes et très-renommées, le climat y est doux et tempéré. On y voit quelques moulins à farine, trois moulins à huile et quatre fabriques d'eau-de-vie. Il y a un marché tous les samedis. Le sol produit du blé, de l'orge, du maïs, des fruits, de l'huile et du vin, et on y élève quelques bestiaux.

Barracas.

Village de 256 habitants, composé de quelques barraques comme son nom l'indique, et situé sur un terrain montueux, sec et peu fertile. On y élève beaucoup de bêtes à laine et des chèvres.

Sarrion.

Gros bourg de 1,400 âmes, qui n'est remarquable que par ses eaux thermales appelées las Fuentes de la Escarcluera. Sarrion, vu de loin par un beau soleil, présente un aspect assez pittoresque; mais les maisons y sont bâties en terre, avec des pierres superposées sans ciment. C'est un des plus misérables villages du pays; on y trouve cependant deux auberges; dans l'une, on montre la place où Napoléon Ier s'est assis au coin du foyer.

La Puebla de Valverde.

Bourg de 1,000 habitants qui n'est guère plus riche que le précédent; il est situé sur une colline exposée à tous les vents. Sa position est assez forte; on y voit quelques maisons assez anciennes, et le pays n'a d'autres ressources que les laines du menu bétail.

Teruel.

Capitale de la province du même nom, renfermant 2,500 habitants, et qui a déjà été décrite (5e ligne).

Villarquemada.

Bourg de 1,200 âmes, d'aussi mauvaise apparence que Sarrion, situé dans une grande plaine auprès d'une rivière. Des étangs peu éloignés de ce bourg rendent le climat malsain. Le pays produit beaucoup de blé et d'orge, du chanvre, des légumes et des fruits. On y élève cinq mille bêtes à laine, beaucoup de bêtes à corne et des chevaux.

Torre Mocha.

Autre village de 500 habitants, situé dans une vallée sur la rive droite du Cella. Le nom de Mocha vient de l'arabe. Le pays a les mêmes produits que les villages qui précèdent; on y compte environ trois mille cinq cents bêtes à laine.

Torre la Carcel (Tour la Prison).

Village assez pauvre, de 500 habitants, dans une plaine située sur la rive droite du Cella; on y trouve une belle hôtellerie appartenant au général Iñan. Un ingénieur en changeant la direction de la route a ruiné ce parador. On prétend que ce changement de route valut plus tard l'exil à son auteur.

Mêmes produits que précédemment; quatre mille cinq cents têtes de bêtes à laine.

Singra.

Village de 200 habitants, situé un peu à droite de la route, dans une jolie position et sur la rive du Jiloca.

On rencontre ensuite Villafranca del Campo, joli village situé en face de la route, au point où l'on trouve la Venta de la Virgen del Campo. Plus loin l'on voit Moreal del Campo et Torrejos, petits villages assez jolis situés à gauche de la route; après avoir passé à Caminréal, endroit assez misérable, où l'on voit pourtant quelques maisons blanchies, on aperçoit à gauche, dans une gracieuse vallée, Fuentes Claras (Claires fontaines), bourg agréable et coquet.

Calamocha.

Dont le nom vient de l'arabe. Dans ce bourg de 2,500 âmes et situé sur les bords du Jiloca, on voit quelques vieilles maisons dans le genre de celles dont nous avons fait la description en parlant de Teruel. Deux d'entre elles sont surtout remarquables; l'une appartient au duc d'Espejo, et l'autre a été vendue dernièrement à la famille Valero. L'église de Calamocha vaut mieux que le village. Le maître-autel est orné d'un dais supporté par quatre colonnes en marbre noir. Il faut encore citer un ancien couvent et quelques établissements industriels, tels que deux fabriques de draps, un lavoir pour les laines et deux moulins à farine. Le pays produit du grain, des légumes, du chanvre, des fruits, du vin en petite quantité, et on y élève des bestiaux. On trouve dans les environs une mine de cuivre.

Luco.

Après avoir suivi un chemin fort abandonné, avoir longé des collines rocheuses d'où se détachent de grosses pierres qui viennent rouler sur la route; après avoir passé un torrent sur un pont fort ancien d'où l'on aperçoit un ermitage situé aux bords du torrent, on arrive à Luco, pauvre village de 600 âmes, dans une position très-pittoresque, au milieu d'une jolie vallée arrosée par de nombreux cours d'eau, entre autres par le Jiloca. On remarque quelques vignobles sur ces côteaux. En face de la posada nueva (nouvelle auberge) de Luco, on voit une maison fort ancienne qui a dû être une vieille gentilhommière; il y en a plusieurs dans ce genre à Luco.

PRODUITS. — Blé, légumes, vin et soie.

Burbaguena.

Village de 950 habitants, situé dans la fertile vallée du Jiloca; il n'est remarquable que par son joli clocher et par la façade de son église, plus ornée que ne le sont d'ordinaire les façades des églises de campagne. Ce village fut conquis sur les Maures par le roi Alphonse Ier en 1121. Le roi don Jaime Ier d'Aragon en fit don à la commune de Daroca. Les produits agricoles sont les mêmes que ceux de cette dernière ville.

Baguena.

Mauvais village de 950 habitants, situé dans la vallée du Jiloca qui est fort riche et fort agréable en cet endroit. On y voit d'anciennes demeures avec des toitures sculptées à l'intérieur, et des volets de fenêtres également sculptés. Il existe à Baguena un couvent de religieuses de Santa-Clara, dont la maison principale était à Daroca. Au-dessus du maître-autel de l'église on voit un Christ qui a quelque mérite comme peinture. Le couvent est bâti dans le style de ces vieilles maisons dont nous avons parlé, qui ont à leur partie supérieure des espèces de galeries ressemblant à une ruche d'abeilles, ce qui est un des caractères de l'architecture mauresque. Il faut encore citer à Baguena l'église paroissiale, dont l'architecture est assez belle, et une autre église remarquable qui est située à la sortie de la ville; le château dont on voit les ruines fut célèbre par les combats acharnés livrés sous ses remparts.

PRODUITS. — Pêches abondantes dans le Jiloca; grains, légumes, chanvre, lin, fruits enommés qu'on exporte à Madrid, vin, pâturages où on élève des bêtes à laine; chasse aux cailles, aux perdrix, aux lièvres et aux lapins.

INDUSTRIE. — Exportation de laines, tissus de laine et de lin, vendus dans le pays.

Enfin, après avoir rencontré le village de Saint-Martin, situé sur la gauche, et celui de Villa-Nueva encore moins important que le précédent, nous arrivons à une ville fort intéressante, tant par sa position pittoresque que par son ancienneté.

Daroca.

Ville de la province de Saragosse, comprenant 3,000 habitants, située sur la rive droite du Jiloca, aux confins de l'ancien royaume d'Aragon. Daroca est une ville fort ancienne: les uns attribuent sa fondation aux Celtibériens; d'un autre côté on a trouvé, dans la partie supérieure de la ville, un fragment de ruines qui prouve qu'elle existait du temps des Grecs; au-dessous de ce lieu, une vaste enceinte de murailles fortifiées indique la situation de la ville mauresque, et plus bas encore, on compte environ cinq cents maisons rangées autour d'une rue principale, c'est là qu'est la ville espagnole moderne. Les Maures perdirent cette ville en 1123; elle fut conquise par Alphonse Ier.

CURIOSITÉS. — Outre un certain nombre de maisons particulières fort anciennes, Daroca est remarquable par plusieurs églises, dont une collégiale, ancienne mosquée; et par un immense tunnel pratiqué dans la montagne voisine pour l'écoulement des eaux qui en descendent. Ce tunnel, qui a environ 1 kilomètre de long, est, dit-on, l'ouvrage des Maures: on l'appelle *la Gran mina*; mais il est en réalité l'œuvre d'un ingénieur français appelé Pierre Vedel, qui le construisit il y a deux cent vingt ans. Enfin, Daroca est célèbre par ses ruines, ses anciennes fortifications qui faisaient de ce point la clef des trois routes de Saragosse, de Madrid et de Valence, et par des monuments auxquels se rattachent des légendes fort curieuses.

En face de la cathédrale, dont on a abattu le minaret qui menaçait ruine, se trouve l'hôtel de ville, monument arabe fort ancien. Plus loin, il faut s'arrêter devant une antique maison dont une partie de la toiture est en bois sculpté, dans le même style que les maisons de Téruel; c'est aujourd'hui une auberge. La cathédrale de Daroca est un édifice carré composé de deux parties, dont l'une est un rectangle terminé par des coupoles (c'était l'ancienne mosquée), et dont l'autre, plus neuve, est devenue l'église chrétienne. Le maître-autel, placé sur un puits, est surmonté d'un dais à colonne de marbre noir comme à Saint-Pierre de Rome. On voit au milieu un groupe fort élégant et fort léger, représentant une Ascension; au-dessus du dais sont placées des figures d'évêques et des écussons avec quatre balcons à balustrade. Dans le chœur, on trouve quelques bonnes peintures et des tapisseries fort anciennes. Dans les chapelles, de bons tableaux, parmi lesquels on remarque une bataille de Maures et de chrétiens, et une scène de moribond de l'École italienne. La voûte de cette église est ornée de petits carrés festonnés. La coupole qui domine le maître-autel est surmontée d'une deuxième coupole que supportent des balustrades et des colonnettes. Le reste de la voûte va se perdre dans le fond de l'église, où l'on remarque des fenêtres mauresques, également festonnées. Sur le maître-autel on voit une belle relique : c'est le chef de saint Faust. La partie arabe de cette cathédrale est en briques, le reste est en pierres de taille. Plus loin se trouvent la prison et plusieurs édifices de la même époque; l'église de San Pedro est aussi une ancienne mosquée : elle est fermée et en mauvais état. On remarque encore dans la grande-rue une maison fort ancienne qui est devenue une auberge, appelée la Posada de las Armas. Le château fort est mauresque; il domine la ville et couronne une colline qui forme autour de Daroca un amphithéâtre à pente très-rapide. Au bas des rochers se trouve l'Ermitage ou la chapelle de Notre-Dame de Nazareth, qui est en grande vénération dans cette ville; c'est là, dit-on, qu'était situé autrefois le temple de la ville grecque; et à la partie la plus élevée du château, on voyait aussi une église paroissiale fort importante, ce qui prouve que la ville s'étendait vers les hauteurs. On trouve encore dans ce pays quelques antiquités romaines. Aux environs existe un village qu'on appelle la Puebla de los Romanos ; on y voit un camp romain. Plus loin on rencontre le village de Lechon, ainsi appelé à cause d'une leçon (*lectio*) que les Romains y donnèrent aux Carthaginois.

LÉGENDES DE DAROCA.

Cette ville, qui figure parmi les merveilles de l'Espagne orientale comme dit le proverbe : *Quien ha visto a los arcos de Teruel, a las minas de Daroca, a la huerta de Valencia, no tienne ya que ver nada* (celui qui a vu les arches de Teruel, les mines de Daroca et la plaine de Valence, n'a plus rien à voir), cette ville fut le théâtre des légendes suivantes :

1° *Légende de la Mauresque enchantée.* — On montre un souterrain appelé la Cueva de la Mora encantada. C'est là que termina ses jours, enfermée à une profondeur de 300 pieds, la belle Dalcira, fille du Maure Alahal-Muley, gouverneur de Daroca. Le peuple, assiégé par les chrétiens, attribuait ses malheurs à cette femme, qui passait pour avoir appris la magie du sorcier Abuk-Arincé ; son père, pour la sauver, prit le parti de l'enfermer ; elle s'enfuit au camp des chrétiens où se trouvait le chevalier Sancho Garces de Marcilla qu'elle aimait. Dans une sortie, elle tomba, avec d'autres femmes qui l'avaient suivie, aux mains des Maures. On enferma ces malheureuses dans un souterrain où on leur jetait leur nourriture. Alahal-Muley fit construire pour sa fille un caveau séparé, c'est celui qu'on montre aujourd'hui. La légende dit que Dalcira quittait toutes les nuits cette prison pour aller rejoindre son amant au camp des chrétiens.

2° *Légende du Ruejo.* — Dans la grande rue de Daroca, on trouve une petite chapelle où l'on conserve avec vénération, au grand étonnement des voyageurs, une meule de moulin : c'est le fameux ruejo de Daroca. — Cette ville située dans un véritable défilé et fort sujette aux inondations, — la dernière (celle du mois de décembre 1854), fut si considérable, que les eaux montèrent jusqu'au premier étage des maisons, — ne possède que deux portes, chacune à l'extrémité de la grande-rue dont la pente est d'ailleurs fort rapide. Un jour, les eaux s'écoulant rapidement des collines voisines, la grande rue était devenue promptement un torrent qui submergea la ville; par malheur, la porte basse qui donne sur la vallée du Jiloca était fermée, ce qui arrêtait dans la ville les eaux venues des montagnes. Tout était perdu sans un miracle, lorsque le ruejo en question se détacha de son moulin pour venir frapper violemment contre cette porte fermée. On dit qu'il s'y reprit jusqu'à trois fois; puis la porte étant brisée et les eaux pouvant s'écouler librement dans la campagne, le ruejo retourna tranquillement à son moulin. Aujourd'hui, il est devenu un saint personnage, ayant sa chapelle, son autel orné de fleurs, et sans doute, bon nombre de solliciteurs qui croient encore à sa puissance.

3º *Légende de los Santos corporales de Daroca.* — On appelle ainsi des hosties renfermées dans un reliquaire d'or qui est placé dans une des chapelles de la cathédrale. Ces hosties sont miraculeuses. Un tableau de la cathédrale rappelle le sujet de la légende dont nous raconterons une des millé versions. Don Berenger de Entenza, oncle du roi don Jaime, étant allé en 1238 combattre les Maures de Valence avec cinq capitaines, ces six guerriers ayant fait des prodiges de valeur, résolurent d'entendre la sainte messe et de communier avant de livrer un dernier combat qu'ils supposaient devoir être plus acharné que les autres. Pendant que le chapelain don José Martinez, de la ville de Daroca, célébrait les saints offices, les Maures ayant surpris le camp des chrétiens, la cérémonie fut interrompue au moment de la communion. Sortis vainqueurs de ce nouveau combat, les six chefs chrétiens s'approchèrent de nouveau de la sainte table; on trouva alors les six hosties que le prêtre avait cachées avec le corporal entre des pierres, marquées de six taches de sang. Chacun voulut avoir cette précieuse relique : mais des six capitaines deux étaient de Teruel, deux de Calatayud et deux de Daroca. Le sort fut trois fois favorable à ces derniers sans terminer la dispute; enfin, on chargea les précieuses hosties sur le dos d'un mulet, et l'on convint qu'elles appartiendraient à celles des trois villes où s'arrêterait ce courrier désintéressé. L'animal creva de fatigue ou d'autre chose devant la porte de Daroca, et la relique appartint à cette ville.

4° *Légende de l'Homme de pierre.* — Les Français détruisirent en 1808 une statue de pierre qui était un personnage fort important dans les légendes du pays. On racontait que c'était un homme qui avait été changé comme autrefois la femme de Loth en statue de sel.

Nous quittons Daroca et le parador de Térésa pour nous acheminer à travers la montagne et en suivant le lit d'un torrent vers

Retascon.

Ce village n'est remarquable que par les mines de sel situées à droite de la route en venant de Daroca, et qui sont la production locale la plus importante. Retascon est d'ailleurs un mauvais petit village de trente à quarante maisons situées dans une gorge et de 150 habitants, d'où l'on sort pour arriver à un plateau où la vue s'étend jusqu'au Moncayo, dont la cime blanche s'élève à l'horizon à 25 lieues de distance. On récolte du blé en abondance dans ce pays, et on y élève des bêtes à laine.

Mainar.

Petit village situé sur la rive gauche de la rivière Huerva, composé de soixante à soixante-dix maisons et comptant 325 âmes. Il est dans une vallée qu'on pourrait prendre pour un plateau, à côté de Villaréal, autre village du même genre. Le pays environnant est très-désert. C'est là qu'était autrefois la frontière de la Nouvelle-Castille. Ce plateau aride est terminé par une plaine immense et fertile qui se déroule au pied des montagnes en un magnifique panorama et qu'on appelle le Puerto 'de

Cariñena.

Bourg de 1,000 habitants, entouré de murailles fort anciennes. On y trouve un hôpital, une église, ancienne mosquée avec son minaret et bâtie en briques (on y a ajouté une tour gothique en pierre de taille), puis la maison de ville située sur là place de la Constitution ; elle est de style mauresque avec deux rangs de galeries superposées. Dans l'église on montre une Vierge vénérée, sur laquelle le fils du sacristain frappe à coups redoublés pour prouver aux visiteurs que la statue est de bonne pierre. Il y a encore à Cariñena quatre portes et deux réservoirs d'eau. L'industrie locale consiste en fabrication de liqueurs et d'eau-de-vie. Le pays est bon pour élever des bestiaux et surtout des bêtes à laine. On y fait de l'huile ; mais le véritable produit local est cet excellent vin de Cariñena très-renommé en Espagne et qui est appelé à un grand avenir à l'étranger ; le pays est donc couvert de vignobles.

Longares.

Village qui contient 1,100 habitants. Au commencement du xviie siècle, on y a trouvé deux mille pièces de monnaie fort anciennes, enfermées dans un vase d'argent du poids de 10 onces, dont on n'a pu déchiffrer les inscriptions. Longares est situé dans la même plaine que Cariñena. Le terrain est fertile quoique très-sec. On y élève des bêtes à laine et surtout on y cultive la vigne. L'église de Longares est une ancienne mosquée ; on voit quelques bons tableaux dans une de ses chapelles, deux autels en bois sculpté, quelques peintures sur bois et une Vierge fort vénérée.

Muel.

Village de 1,100 habitants, situé dans une position assez pittoresque non loin du cours d'eau appelé Huerva. L'église, de style mauresque, est digne d'appeler l'attention. On remarque encore un hôpital, et une chapelle située à une portée de fusil du village. Dans ce pays on voit beaucoup de mouches à miel ; peut-être est-ce là l'origine du nom de ce village, que les anciens appelaient tout autrement : ils le nommaient Sermone.

AGRICULTURE. — Blé, orge, avoine, herbe, citrouilles, maïs, légumes, abricots renommés, vins assez bons, nombreux troupeaux de bêtes à laine.

Boterrita.

C'est un village de 230 habitants, sur la droite de la route, remarquable par son château en ruines situé dans une forte position, ainsi que le village, et dominant la vallée du Huerva. Un peu plus loin, et à droite, on voit le joli petit village de Mozota, et enfin, à trois heures et demie de marche de Saragosse, on rencontre Maria.

Maria.

Ce nom gracieux est porté par un village tout moderne, où l'on ne trouve presque pas d'anciens édifices. Cependant on remarque, en dehors des portes, une vieille maison seigneuriale avec un écusson placé au-dessus du portail. L'horizon s'étend au loin jusqu'aux Pyrénées dont on voit les cimes neigeuses; et dans ce beau tableau se détachent, avec leurs tours en ruines, les villages de Cadrete et Quarte. Maria compte 600 âmes; il est situé sur la rive droite de la rivière Huerva, qui débouche dans l'Èbre. Le pays produit des céréales, du vin et de l'huile. On trouve dans les environs des carrières de pierre calcaire, de quartz et de sable.

Saragosse.

Une des plus importantes cités de l'Espagne, séparée de son faubourg par l'Èbre. En 1808-1809, elle soutint, en huit mois, deux siéges successifs qui lui coûtèrent 30,000 de ses habitants.

Nous avons donné la description de cette ville en parcourant le chemin de Perpignan à Madrid.

SIXIÈME LIGNE.

MADRID A CADIX, GRENADE ET MALAGA.

SOMMAIRE. — Bonillo. — Alcaraz. — Villa Hermosa. — Villanueva de los Infantes. — Villamanrique de Monticl. — Villanueva del Arzobispo. — Ubeda. — Baeza. — Linares. — La Carolina. — Baylen, — Menjibar. — Jaen. — Andujar. — Bujalance. — Cordoue. — Palma del Rio. — Lora del Rio. — Cantillana. — Alcala del Rio. — Santiponce. — Carmona. — Séville. — Alcala de Guadayra. — Utrera. — Lebrija. — Jerez (Xérès). — Puerto de Santa-Maria. — Puerto-Réal. — San-Fernando. — Cadix.

De Madrid à Villarobledo.

Nous avons déjà parcouru et décrit cette partie de notre ligne (pages 153 à 162).

Bonillo.

Ville de 5,000 habitants, située sur une hauteur au niveau des montagnes d'Alcaraz. On y remarque une église paroissiale et un ancien couvent d'Augustins. A 2 lieues de distance se trouve le sanctuaire de Notre-Dame de la Pinella, et une chapelle à la résidence royale de las Salinas. La température du pays est froide, et le climat sain. Le sol produit des céréales, on y fait du vin, et on y élève des bestiaux. L'industrie locale consiste en fabrication de vêtements, et en tissage de chanvre et de lin.

Alcaraz.

Ville de 11,000 âmes appartenant à la province d'Albacete. C'est un chef-lieu de *partido*, dont dépendent trente et un villages. Cette ville est située près de la rivière Guadermena, sur le flanc d'une montagne, par les 15° 43' de longitude, et les

38° 28' 22" de latitude, pris au méridien de Madrid. Le nom actuel de cette ville est d'origine mauresque, et les romains appelaient le lieu qu'elle occupe : *Alcaratium Orcia*. On attribue la fondation de cette ville aux Maures ; elle était autrefois entourée de murailles, et défendue par un château fort dont on voit encore les ruines.

HOMMES CÉLÈBRES. — Alcaraz fut la patrie de doña Oliva Sabuco de Nantes, *bas-bleu* qui écrivit sur la politique, la morale et la médecine ; de Pierre Simon Abril, traducteur des classiques grecs et latins ; de Pierre de Valdevira, sculpteur et grand architecte qui travailla à la cathédrale de Jaen et à l'hôpital de Ubeda en 1540 ; d'André de Valdevira, fils et disciple du dernier, qui fut célèbre en 1570.

CURIOSITÉS. — Les restes de l'ancien aqueduc fort endommagé qui fut un ouvrage des Romains ; quatre églises paroissiales ; six anciens couvents ; les bains connus sous le nom de *los baños del Buytre*, dont les eaux naissent dans la montagne Navalengua, à l'endroit appelé par les gens du pays la Fuente Santa. Ces eaux assez renommées sont situées à 32 kilomètres de la ville. Promenades et fontaines publiques.

CLIMAT, AGRICULTURE. — Climat froid ; grains, fruits abondants, vin en petite quantité, cent quatorze *montes*, plantés de pins et autres arbres propres à la construction des maisons et des vaisseaux ; pâturages, nombreux bestiaux, race de chevaux fins ; chasse et pêche abondantes.

Villa Hermosa.

Ville de 4,000 âmes, appartenant à la province de Ciudad-Réal, et au *partido* de Villanueva de los Infantes, située sur un plateau entouré de montagnes. Elle n'est pas fort ancienne, et date, selon toute vraisemblance, du XIIIᵉ siècle.

CURIOSITÉS. — L'église paroissiale, dédiée à l'Assomption de la Vierge, possède un retablo mayor très-estimé ; l'église elle-même est de bonne architecture. Cette ville a un hôpital. La patronne du lieu s'appelle Notre-Dame de la Carrasca, dont le temple est situé à 10 kilomètres de la ville; il est très-vaste; l'image sainte est placée dans une chapelle fort riche, où l'on remarque des peintures qui représentent la vie de la sainte Vierge; sur la place qui s'étend devant la porte principale de cette église, s'élèvent des maisons destinées au logement des pèlerins. On montre aussi un magnifique réfectoire, également à l'usage des voyageurs. Le pays est d'ailleurs fort agréable, les eaux de la rivière Carrasca le fertilisent. On arrive à l'ermitage par une belle avenue plantée d'arbres.

PRODUCTIONS. — Cette contrée est assez riche; on cultive, dans les environs de Villa Hermosa, du chanvre, des pommes de terre et des légumes, et plus loin toutes espèces de grains; on y récolte aussi du miel excellent.

Villanueva de los Infantes.

Ville de 8,000 habitants, chef-lieu de *partido*, de la province de Ciudad-Réal. Cette ville reçut son nom en témoignage de la reconnaissance des gens du pays pour les bienfaits de l'infant don Henri d'Aragon, et de ses frères les infants don Alonso, don Juan et don Pedro. Ce nom fut approuvé par une décision de l'ordre de Santiago, en 1480.

HOMMES CÉLÈBRES. — Ce fut dans les murs de cette ville que mourut Quevedo, célèbre écrivain, des suites d'une maladie contractée pendant sa détention au couvent de San Marcos de Léon. Villanueva fut la patrie de saint Thomas de Villeneuve, de frère Antoine de San Miguel Y Bayo, membre du concile de Trente; de don Diego de Molina Guelvar, favori de Philippe II; de don Francisco Sanchez, prédicateur ordinaire de Philippe IV; de don Juan de Ortega Montañes y Patiño, évêque de Guatemala, le gouverneur de la nouvelle Espagne; du licencié don Juan Fernandez Buenache, qui conclut la paix dans la ville d'Asti entre les gouvernements d'Espagne, de Savoie et de Modène.

CURIOSITÉS. — On trouve à Villanueva des inscriptions romaines. Cette ville est remarquable par la beauté de ses édifices, et la bonne disposition de ses rues; sa grande place est fort belle. Il faut visiter l'église paroissiale de Saint-André, autrefois ermitage dédié au même saint, lorsque la ville de Villanueva s'appelait Moraleja et était peu peuplée. Cette église se distingue par ses deux tours fort élevées, son portail principal, sa façade, sa chapelle de Saint-Thomas de Villeneuve, et la sacristie. L'architecture de cet édifice est d'un bon style : il se compose d'une seule nef; on y voit quatre chapelles. On conserve dans cette église une relique bien précieuse, un morceau fort beau de la vraie croix, d'une grandeur telle que, dit-on, il n'en existe pas de pareil dans toute l'Espagne, et même à Rome : cette relique est ornée de lames d'argent entourées de pierreries. Il faut encore citer, à l'est de l'église, la maison de ville et la maison consistoriale avec sa galerie restaurée en 1826. On peut nommer encore les abattoirs, et la prison avec sa chapelle. On compte à Villanueva dix fontaines; l'une d'elles, découverte en 1826, approvisionne toute la ville et attire l'attention du voyageur par son ornementation. On trouve en dehors de la ville, et sur la route qui mène à Alambra et à Carrizosa, l'ermitage de Notre-Dame de la Guia, et non loin de cette chapelle, des bains dont les eaux ont d'excellentes propriétés pour la guérison de plusieurs maladies. Il y a aussi en cet endroit des mines de cuivre, et des pierres vertes et bleues assez estimées; enfin, il existe encore à Villanueva cinq anciens couvents, un hôpital et six chapelles situées dans l'intérieur de la ville.

PRODUCTIONS. — Le climat de cette ville, située dans une jolie vallée entourée de collines à une distance de 1,000 mètres, est fort doux et très-sain; le territoire est arrosé de nombreux cours d'eau, et le sol très-fertile produit d'excellents fruits, et du grain en abondance; on élève dans le pays des chèvres, des moutons, des mules assez recherchées, et les meilleurs ânes de toute la Manche. L'industrie locale consiste en la fabrication de chaudières.

Villamanrique de Montiel.

En quittant Villanueva, de l'autre côté de la sierra Morena, et dans la province de Jaen, on trouve Villamanrique de Moniel, ville de 1,200 âmes, sur le versant de la sierra, à une demi-lieue du pont appelé Barranco Hondo, par où les Français entrèrent en Andalousie pendant la guerre de l'indépendance espagnole. On y voit une église paroissiale et quelques vestiges d'anciens édifices qui attestent que ce village a dû avoir autrefois une certaine importance. Son église dédiée à saint André, patron du lieu, est assez belle et bien ornée. A une lieue du bourg, on rencontre, au milieu de la montagne, les ruines du château Montizon, et celles d'une cité assez importante qui exista autrefois non loin de là, sur la rive du Guadalen.

PRODUCTIONS. — Les eaux du pays sont très-bonnes : on cite surtout celles de la fontaine de Perete, dont les effets sont merveilleux pour les baigneurs. Le blé de cette contrée est de fort bonne qualité. Aux environs de Villamanrique, dans un lieu appelé *las negras*, on trouve des mines de cuivre avec un mélange de plomb et d'argent.

Villanueva del Arzobispo,

Ville de 5,000 âmes, appartenant à la province de Jaen, et située dans une plaine sur la rive droite du Guadalquivir. Cette ville est d'une construction fort irrégulière : elle s'étend de l'est à l'ouest sur une longueur de mille pas, et du nord au sud, à peine sur une largeur de deux cents. A une demi-lieue au nord, passe la route royale de Madrid à Cadix ; cette route est coupée par une chaussée assez bien conservée qui date du temps des Romains et des Carthaginois ; c'était, croit-on, l'ancienne *via* de Carthagène à Cadix.

CLIMAT, PRODUCTIONS. — Pendant les années pluvieuses, il y a dans la contrée des fièvres intermittentes endémiques. Le pays est planté d'oliviers, d'arbres à fruits, et les *montes* qu'il comprend, produisent des sapins, pins, noyers, frênes, etc. ; la chasse y est abondante. On y récolte en outre, du blé, de l'orge et autres céréales, et l'on y fait de l'huile ; il y a des pâturages appelés *dehesas* pour les moutons et les chèvres. Le Guadalquivir et le Guadalimar fournissent, outre leurs eaux qui arrosent la campagne, une pêche très-abondante. En suivant la rive droite du Guadalquivir et la vallée située entre ces deux fleuves, nous rencontrons Ubeda.

Ubeda.

Ville de 16,000 âmes, chef-lieu de *partido* de la province de Jaen, située au pied de la colline qui porte son nom, et qu'entourent de hautes montagnes, dans le triangle formé par le Guadalquivir et le Guadalimar.

NOTICE HISTORIQUE. — Après la bataille de las Navas de Tolosa, le roi don Alonso le Bon enleva cette ville aux Maures le 16 juillet 1212. Les vainqueurs voyant qu'ils ne pouvaient la garder, l'abandonnèrent en la démantelant; mais les Maures qui y rentrèrent, pour y rester jusqu'en 1239, relevèrent ses murailles. Elle fut reprise plus tard par le roi Fernando.

CURIOSITÉS. — Les ruines des anciennes murailles et de l'Alcazar. L'église collégiale de Notre-Dame de l'Assomption, élevée sur l'emplacement de la grande mosquée du palais mauresque, dix paroisses, douze couvents, trois hôpitaux, cinq chapelles, six ermitages situés hors des murs, une école, une prison; la place del Mercado avec sa fontaine, la place del Commercio ornée également d'une fontaine, la place des Maisons capitulaires, où l'on voit encore une fontaine; une promenade plantée d'arbres, un grand nombre de maisons de campagne entourées de délicieux jardins.

HOMMES CÉLÈBRES. — Le roi don Sanche IV, qui donna de grands priviléges aux habitants d'Ubeda pour les récompenser d'avoir relevé les murailles de la ville à leurs frais. Ubeda fut la patrie de Rui Lopez d'Avalo, conseiller intime du roi don Juan II, du vénérable Juan Garrido, saint homme appartenant au tiers-ordre de Saint-François : il fut enterré en 1488 dans la chapelle de Los Copados du couvent de Saint-François de cette ville; enfin de Sébastien de Cordoba, auteur de la parodie de Boscan et Garcilaso.

INDUSTRIE. — On trouve à Ubeda plusieurs manufactures

d'étoffes de laine et de toile; on y fait de la faïence, et ces grands vases de terre appelés *tinajas* où l'on conserve l'eau en été.

PRODUCTIONS.—Le sol, bien arrosé, produit du blé, de l'orge, du vin, de l'huile et des fruits, entre autres, beaucoup de figues; le pays est planté de vignes, d'oliviers et d'arbres fruitiers; les monts environnants plantés d'arbres de toute espèce offrent d'excellents pâturages pour élever des bestiaux. On trouve dans les environs six salines assez importantes qui sont exploitées par l'État. La chasse est abondante et agréable; on célèbre à Ubeda une foire annuelle le 29 septembre.

Baeza.

Ville de 11,000 habitants, chef-lieu de *partido* de la province de Jaen, entre le Guadalquivir et le Guadalimar qui passent à une lieue de ses murailles.

CURIOSITÉS. — La cathédrale, ancien siége épiscopal supprimé en 1248; l'église collégiale de Sainte-Marie de l'Alcazar, où sont peintes les armoiries des trente-trois chevaliers fondateurs de cette ville qui accompagnèrent le roi don Fernando à l'époque de la conquête; le bel oratoire de Saint-Philippe de Neri; neuf paroisses, sept couvents, trois hospices, une maison de réclusion pour femmes, le séminaire, les écoles, une société économique, de nombreuses inscriptions romaines et quelques édifices mauresques dont les restes donnent une grande idée de la ville qu'habitaient en ce lieu les enfants de Mahomet. Les rues sont larges et droites.

HOMMES CÉLÈBRES. — Baeza, connue des anciens sous le nom de Beatia, fut la patrie de Gaspard Becerra, sculpteur et peintre du XVIe siècle; de Luis Pacheco de Narvaez, écrivain militaire, et de don Antonio Calderon, archevêque de Grenade et théologien.

PRODUCTIONS. — Cette ville est pauvre; mais le sol bien arrosé est d'une grande fertilité et produit en abondance du blé, de l'orge, des légumes, des fruits, du vin et de l'huile. Les eaux du pays sont bonnes, et dans la ville, qui est située sur un plateau, on jouit d'un air très-pur.

INDUSTRIE. — Étoffes de laine ordinaire; foires annuelles le 18 mai et le 30 novembre.

Linares.

Ville de 7,000 âmes, chef-lieu de *partido* de la province de Jaen, située dans une gracieuse vallée qu'arrosent les quatre rivières: Guadalimar, Guadarrizar, Guadalen et Guadiel.

CURIOSITÉS. — On trouve dans cette ville, connue des anciens sous le nom d'Hœllanes, des inscriptions et des antiquités romaines; une fontaine est encore alimentée par des conduits d'eau qui datent des Romains. On cite encore une église principale, trois couvents et deux hôpitaux. A une lieue de distance, dans la sierra Morena, on va visiter le sanctuaire de Notre-Dame de Linarejos. A la même distance se trouvent l'ermitage et l'église de Sainte-Marie-Madeleine.

PRODUCTIONS. — Le pays produit en abondance du blé, de l'orge, et toute espèce de grains, du vin et de l'huile; on y voit de nombreux arbres fruitiers, d'excellents pâturages, et dans les *montes* beaucoup de bois de construction. On trouve dans les environs de nombreuses mines de plomb et de cuivre rouge.

La Carolina.

Ville de 3,000 âmes, située dans la province de Jaen, sur une petite colline dans la partie de la sierra Morena que traverse la route royale de Madrid à l'Andalousie. Cette ville est la capitale des colonies fondées en 1768 dans la sierra Morena et aux environs, sous le règne de Charles III. Ces colonies, installées dans le but de repeupler ce pays, et encouragées dans leur établissement par de grands priviléges, ne furent pas aussi prospères qu'on l'espérait, et aujourd'hui elles sont tombées en complète décadence. Elles formaient un ensemble de cinquante-huit villes et villages, et s'étendaient dans le pays situé au sud de la sierra Morena sur les deux rives du Guadalquivir et jusqu'aux confins de la province de Cordoba. Les principales étaient, après la Carolina, la Carlota, la Luisiana, et la Aldea de Quintona, situées sur la route de Madrid ; puis, plus loin, Fuente Palmera, et San Sébastian de los Ballesteros. On peut encore citer Santa Helena, Navas de Tolosa, Carboneros et Guarroman, enfin, Arquilos ; ces dernières sont situées sur la rive droite du Guadalquivir et dans le district de la Carolina ; les premières, au nombre de dix-neuf, dépendent de la Carlota, et les autres, au nombre de vingt-sept, de la Carolina. La Carolina et la Carlota étaient les deux résidences de deux alcades *mayores* qui avaient sous leur juridiction toutes ces colonies.

ÉDIFICES DE LA CAROLINA. — Une église paroissiale, le palais de l'intendance.

PRODUCTIONS. — Le pays, coupé de montagnes, est assez bien cultivé ; il produit toute espèce de grains, de la soie et de l'huile. Il est planté d'une grande quantité d'arbres de toute espèce ; on y a formé beaucoup de jardins, et l'on a donné une grande impulsion à l'agriculture, sur ce sol déshérité ; les montagnes environnantes sont le refuge traditionnel de tous les malfaiteurs du royaume. L'industrie principale consiste dans la fabrication de l'alcool que l'on extrait en grande abondance des usines du pays.

En nous rapprochant du point d'intersection des quatre routes de Ciudad-Real, Cordoba, Jaen et Ubeda, nous trouvons Baylen.

Baylen.

Ville de 4,000 âmes, appartenant à la province de Jaen et au *partido* de Linares, située par les 38° 6' 29" de latitude nord et les 0° 3' 30" de longitude ouest pris au méridien de Madrid. Ce lieu est le point d'intersection de trois routes qui viennent couper la route de Madrid à Séville. Baylen est assise sur un plan incliné entouré au nord-est et au sud-ouest de montagnes qui la dominent.

NOTICE HISTORIQUE. — Le nom de Baylen est célèbre dans

les fastes militaires de l'Espagne. D'après une inscription, trouvée sur les murs du palais des comtes de Baylen, on a pensé que cette ville existait déjà en 729, sous le roi Goth Egica. Ce qu'il y a de certain, c'est qu'elle occupe l'emplacement de la Betula des anciens. Le château fort fût bâti par les Maures; il est d'ailleurs peu remarquable comme toutes les fortifications de cette époque. A 5 lieues de Baylen, le 16 juillet 1212, la fameuse bataille de las Navas de Tolosa fut gagnée par le roi Alphonse VIII, sur Mira-Mamolin, chef des bandes sarracènes. Enfin, c'est le 16 juillet 1808 (singulier rapprochement), que fut livrée sous les murs de cette ville, la célèbre bataille de Baylen, qui décida peut-être du sort de l'Espagne, en montrant à l'Europe étonnée que les soldats invaincus du héros qui gouvernait la France n'étaient pas invincibles. Baylen fut les fourches caudines de l'infortuné général français Dupont et de son corps d'armée; il fut forcé de mettre bas les armes, et de livrer à l'ennemi vingt mille prisonniers, sept généraux et quarante-cinq canons. Cette action, qui ne fut pas glorieuse pour nos drapeaux, coûta la vie à trois mille Français. Le vainqueur espagnol etait le général don Francisco Javier Castaños. Telle est l'histoire des gloires de Baylen. Les Espagnols, qui à bon droit en sont très-fiers, ont écrit ce nom dans leurs annales à côté de ceux de : Cadix, Saragosse, Sagonte et Numance.

ÉDIFICES. — Une église principale, un château antique, avec ses grosses tours; le palais des comtes de Benavent, l'hospice des pèlerins.

INDUSTRIE. — Douze verreries, cinq tuileries, trente manufactures de toiles où l'on n'occupe que des femmes, quarante-quatre moulins à olive et une fabrique de savon avec six chaudières.

PRODUCTIONS. — Le sol fertilisé par les eaux du Guadalquivir et du Guadiel, appelé autrefois Guadal, et par les eaux du Rumblar, produit peu de grains, mais beaucoup d'huile; on élève dans le pays un grand nombre de bêtes à laine.

Menjibar.

Village de 1,600 âmes, situé sur la rive gauche du Guadalquivir, sur la route de Madrid à Grenade, à 20 kilomètres de Jaen, capitale de la province dont Menjibar fait partie. En venant de Baylen à Menjibar, on traverse le Guadalquivir sur un pont suspendu de nouvelle construction.

ÉDIFICES. — Une église paroissiale, deux ermitages; la chapelle appelée Oratorio de las Animas; une école et un hôpital. Au milieu de la place principale s'élève une tour gothique qui a 42 mètres de hauteur, et dont les murs en ont 3 d'épaisseur. Il y a dans cette tour un puits qui communique, dit-on, par un souterrain avec le lieu appelé los torres de San Bartolomé.

PRODUCTIONS. — Le sol, arrosé par le Guadalquivir, le Javalquinto et le Guadalbullon, produit des grains, des légumes recueillis dans ses nombreux jardins potagers, du vin et de l'huile. On élève dans le pays des bestiaux.

Jaen.

Ville de 21,000 habitants, chef-lieu de la province du même nom, résidence d'un évêque, d'un commandant général et d'une cour royale. Cette ville est située sur le flanc d'une montagne entourée de sierras très-élevées, et sur la rive gauche de la rivière de son nom, appelée du temps des Maures Guadalbullon. La ville portait à cette époque le nom de *Geen*, qui signifie abondance. Sa forme est irrégulière, et elle est exposée aux vents du nord et de l'est, et à ceux des montagnes par le sud-ouest et le sud. Ces montagnes s'appellent los Cerros de Yabalcuz, de la Pandera y del viento. Ce voisinage ôte beaucoup de jour à la ville pendant l'hiver; mais, en revanche, on y jouit des plus beaux points de vue, et l'horizon s'étend jusqu'aux cimes de Cazorla et de la sierra Morena. Jaen est élevée à environ 350 mètres au-dessus du niveau de la mer.

NOTICE HISTORIQUE. — Les Maures, qui possédèrent longtemps

cette ville, l'entourèrent de murailles qui subsistent encore; ils y construisirent aussi un château fort et plusieurs travaux de défense qui indiquent que Jaen fut pour eux un point stratégique, après leur expulsion de la Castille. Cette ville fut si bien défendue par les Maures, qu'ils obligèrent don Alonso en 1181, et don Fernando en 1224, d'en lever le siége malgré d'inutiles efforts. Cependant ce dernier roi ayant conquis les villes de Baeza, Argona et Andujar, s'empara de Jaen après un siége de plusieurs mois, en 1246. Les Maures revinrent à la charge avec succès, en 1295 et en 1368, puis plus tard, en 1407, sous le règne du roi don Juan II; cette fois, s'ils ne prirent pas la ville, ils y causèrent beaucoup de dégâts. Ces différentes luttes, et les guerres civiles dont Jaen fut le théâtre pendant les XIV et XVe siècles, furent un grand obstacle à sa prospérité; cependant, après la prise de Grenade, les rois catholiques y séjournèrent et accordèrent à ses habitants de grands priviléges qui relevèrent cette ville déchue de son ancienne splendeur.

CURIOSITÉS. — On trouve à Jaen plusieurs inscriptions et antiquités romaines : la cathédrale, ancienne mosquée formant un rectangle de 308 pieds de long sur 158 de large, est un édifice très-remarquable; elle a la forme d'une croix latine; on y entre par quatre portes. La façade principale, quoique un peu surchargée d'ornements, est d'un beau travail et d'une grande hardiesse; elle est ornée de chaque côté par une tour semblable à sa voisine en hauteur et en architecture. La porte du midi est d'ordre dorique et ionique, celle du nord est d'ordre composite; on y voit deux colonnes d'un seul bloc posées sur un piédestal. C'est dans cette cathédrale que fut transporté, comme nous l'avons vu, le siége épiscopal de Baeza. On trouve dans cette église de belles reliques, et entre autres, l'image divine du Christ, retracée par miracle sur le linge avec lequel sainte Véronique essuya la face du Sauveur. Il faut encore visiter dans cette ville la seconde cathédrale, douze églises paroissiales, quatorze couvents, plusieurs hôpitaux, la bibliothèque, et le musée de peinture et de sculpture. On cite deux places principales, quatre moyennes et dix-neuf petites; dix-huit fontaines ornent à l'intérieur les rues bien pavées et assez bien entretenues de cette ville; on en voit quatre hors des murs.

HOMMES CÉLÈBRES. — Cette ville a pour patrons san Eufrasio et santa Catalina (Catherine); elle fut la patrie de Georges Escovedo y Alarcon, auteur de plusieurs traités sur les colonies indiennes de l'Espagne; de don Gonzalo Fernandez de Cordoba, conseiller de Castille, et de Sebastian Martinez, peintre de l'école de Paul de Cespedes.

PRODUCTIONS. — Les terres des environs de Jaen sont de diverses espèces; les moins légères sont situées du côté du Guadalquivir. Le terrain des montagnes est argileux; la campagne est pourtant embellie de quelques jardins et arrosée par une eau très-bonne; les produits du sol sont: le blé, l'orge, et autres céréales, le vin et l'huile. On y élève aussi des bestiaux.

Andujar.

Ville de 14,000 habitants, appartenant à la province et à l'évêché de Jaen; elle est située dans une belle vallée sur la rive droite du Guadalquivir qu'on y passe sur un pont fort ancien de quinze arches.

CURIOSITÉS. — A 4 kilomètres de la ville, on trouve les ruines de l'ancienne *Illirgis*, appelée plus tard *Forum Julium*. On voit aussi à Andujar beaucoup d'inscriptions et d'antiquités romaines. En fait de monuments on cite : cinq églises paroissiales, dix couvents, six chapelles, quatre ermitages, deux maisons de bienfaisance pour les pauvres vieillards des deux sexes, l'hospice de Saint-Jean de Dieu. A deux lieues de la ville se trouve le Sanctuaire de Notre-Dame de la Cabeza, où l'on célèbre tous les ans deux fêtes religieuses, qui attirent un nombre considérable de pèlerins. Le beau pont du Guadalquivir perdit en 1823 deux de ses arches par suite d'une crue rapide des eaux du fleuve. Andujar fut la patrie du savant et vertueux jésuite don Alonzo del Caño.

PRODUITS : — Blé, avoine, fèves, pois, lentilles, légumes, herbes médicales, miel, soie, huile abondante, vin et nombreuses plantations d'arbres.

INDUSTRIE. — Une fabrique de cuirs, de carreaux peints,

une tuilerie, cinq fabriques de savon mou, métiers de toiles, et surtout nombreuses poteries, d'où sortent toute espèce de vases et entre autres ces cruches si commodes pour rafraîchir l'eau pendant l'été, et qu'on nomme *alcarrazas*. Foires annuelles les 26 avril et 28 septembre.

Bujalance.

Ville de 15,000 âmes appartenant à la province et à l'évêché de Cordoue dont elle est un chef-lieu de *partido*. Bujalance est située à 2 lieues du Guadalquivir et à 6 de la capitale. On croit que ce fut la *Calpurniana* des Romains; on y trouve d'ailleurs beaucoup d'inscriptions romaines; Bujalance s'est appelée autrefois Bursalense. On cite une église principale, deux couvents, deux hospices, dont l'un dédié à saint Jean de Dieu, un collége, plusieurs chapelles et ermitages. Les rues sont larges et bien distribuées; on y voit beaucoup de puits avec une eau assez bonne.

PRODUCTIONS. — Kermès, orge, fèves, blé, huile; pâturages et bestiaux.

INDUSTRIE. — Fabrique de draps, cent métiers à toiles, tuileries. Foire le 26 août jusqu'au 12 septembre et marché tous les samedis.

HOMMES CÉLÈBRES. — Le fameux peintre Antoine Palomino, le pharmacien chimiste Jean de Castro, inventeur d'un fameux onguent, l'écrivain commentateur des psaumes, Martin Alonzo Pozo, et l'évêque de Coria don Pedro Serrano Ruiz, de Montejo, savant théologien, naquirent à Bujalance.

Cordoue (Cordoba).

Ville fondée par les Romains sous le nom de *Corduba*, avant la deuxième guerre punique. Elle résista longtemps aux Maures et ne fut prise par eux que par la trahison d'un berger qui les introduisit dans la ville par un égout; le gouverneur et la garnison soutinrent encore un siége de trois mois dans l'église

Saint-Georges qu'ils fortifièrent. Cordoue devint plus tard, sous Abdérame, la capitale d'un califat; elle portait le titre inexpliqué de *Miramolin* (1). Abdérame II embellit considérablement cette ville. A cette époque (dit M. de Laborde, dans son *Itinéraire descriptif de l'Espagne*, tome III, page 219), douze mille villages couvraient les bords du Guadalquivir. Cordoue avait deux cent mille maisons et neuf cents bains publics; la garde du souverain était composée de douze cents cavaliers richement armés; le sérail renfermait en femmes du prince, concubines, esclaves et eunuques, six mille trois cents personnes. Ses États comprenaient quatre-vingts grandes villes, et trois cents villes de second ordre; ses revenus annuels, sans compter des impôts perçus en fruits sur les terres, montaient à 12,050,000 dinars d'or équivalant à 120,450,000 francs : telle était la puissance du brillant Abdérame II. Abdérame avait encore fait construire au pied des montagnes et non loin de Cordoue une ville de plaisance appelée *Zéra*, du nom d'une de ses favorites pour l'usage de qui elle fut bâtie. On trouve dans les écrits des romanciers la description des richesses que renfermait ce séjour dont il ne reste plus trace aujourd'hui. Ce récit est digne des contes les plus merveilleux de l'Orient.

Cordoue, située sur les bords du Guadalquivir qui baigne ses murs, et dans une vallée parsemée de maisons de plaisance, de gracieux villages, de jardins, de vignes, de bois d'oliviers, d'orangers et de citronniers, forme un rectangle entouré de murailles en terre et en cailloux flanquées de tours autrefois crénelées. On distingue facilement la partie qui date des Arabes de celle des Romains. La ville occupe une très-grande étendue de terrain; on y voit beaucoup de jardins et de vergers. On y compte 42,900 habitants. Il y a quatre portes, dix-huit places et dix fontaines.

MONUMENTS. — La cathédrale, ancienne Mezquita de Jano (2), est le monument le plus remarquable de Cordoue. Elle est composée d'un ensemble de vingt-neuf nefs dans sa longueur

---

(1) C'était sans doute le nom d'un chef maure.
(2) Temple de Janus.

et dix-neuf dans sa largeur, supportées par plus de quatre cents colonnes de jaspe et de marbre précieux, le tout sur une longueur de plus de 500 pieds, et sur une largeur de près de 400 ; on y compte cinquante-trois chapelles, dix-neuf autels au centre de l'église, un chœur orné des plus belles sculptures en bois, et une tour en forme de pyramide.

Cette église est unique dans son genre ; elle fut bâtie l'an 170 de l'hégire par le roi Abdérame sur l'emplacement de l'ancienne cathédrale des Goths qui avait succédé elle-même à un temple de Janus. La façade du nord est ornée avec la plus grande délicatesse : la porte principale a six colonnes en fort beau jaspe ; une cour assez vaste est située à l'entrée du temple ; on y voit un bassin en marbre avec un jet d'eau, où les musulmans faisaient leurs ablutions avant d'entrer dans la mosquée. Un portique avec soixante-douze colonnes entoure cette cour qui est plantée de citronniers, d'orangers, de palmiers : c'est, dit M. de Laborde, un véritable jardin en l'air. Les dix-sept portes de la cathédrale, dont cinq seulement servent au public, sont ornées de lames de bronze ciselé. La somme totale des colonnes que l'on voit dans l'église, jointes à celles de la tour et du portique, s'élève au nombre de mille dix-huit. Plusieurs sont d'un jaspe qui ressemble à la turquoise, leurs chapiteaux sont d'ordre corinthien. Sur une de ces colonnes on montre un Christ, qu'un chrétien, esclave chez les Maures, y grava avec ses ongles, faute de meilleur instrument. Les nefs n'ont point de voûte, mais des planchers en bois sans ornement. C'était dans la chapelle Saint-Pierre que les Maures avaient leur tabernacle ; on y entre par une pièce carrée où l'on voit un arc orné de mosaïques ; un dôme s'élève au-dessus de cette chapelle ; il est incrusté de marbre et orné de mosaïques. Les murs de la chapelle sont également couverts de marbre et de ce feuillage en relief qu'on trouve dans l'architecture mauresque et qui ressemble à de la fine dentelle. A côté se trouve une autre pièce moins belle ; une coupole supportée par quatre-vingts colonnettes en beau marbre y fait pénétrer le jour par huit fenêtres garnies de claires-voies en albâtre (*Itinéraire descriptif de l'Espagne*, tome III, page 230.)

Plus loin, on entre dans une pièce octogonale par un arc orné de mosaïques et soutenu par quatre colonnes fort belles. Cette pièce est remarquable par les détails de sculpture ; mais, comme toujours dans le style mauresque, elle est ornée avec élégance et manque de grandeur.

En 1528, le chapitre de la cathédrale obtint du roi la permission de faire construire une grande chapelle composée d'une nef et d'un chœur qui forment comme une seconde église dans l'église. Cette construction, qui défigure l'édifice principal, est cachée par les colonnes nombreuses qui l'entourent. le maître-autel de la cathédrale est assez beau ; on y remarque quatre beaux tableaux d'Antoine Palomino. Dans les chapelles, on trouve un saint Euloge de Vincent Carducho, un saint Étienne de Jean-Louis Lembrano ; dans la chapelle du Sacrario deux belles peintures à fresques, de César Arbasia ; plus loin, dans l'église, on voit un saint Pélage, avant et pendant son martyre ; ces deux tableaux sont d'Antoine del Castillo ; une sainte Barbe, de saint Jean de Penalosa ; une apparition de martyrs d'Antoine Torrado ; une annonciation de Pierre de Cordova.

On remarquera encore dans cette église plusieurs autels : celui de sainte Agnès sculpté par le Français Verdiguier, celui de la Conception exécuté par Pierre de Mémin ; dans la chapelle Saint-Paul, il y a une belle statue de ce saint sculptée par Cespédès. Le grand cloître voisin de l'église est orné de caractères gothiques mêlés d'arabesques ; les Maures venaient de fort loin visiter cette mosquée qu'ils avaient en grande vénération.

AUTRES ÉGLISES. — On compte à Cordoue, outre la cathédrale, quinze paroisses, seize couvents (supprimés) de moines et dix-neuf de religieuses. Parmi ces églises, on cite celle de Saint-François, où l'on voit un bel *Ecce Homo* d'Alphonse Cano, et un saint Pierre d'Alcantara, de Mena, une chapelle dite de los Caneles peinte à fresque par Jean d'Alfaro, et quelques bons tableaux de ce dernier peintre dans le cloître du couvent.

L'église des Capucins renferme un magnifique tableau de Joseph Ribera ; c'est une sainte Vierge en Égypte.

L'Église des Martyrs du couvent des Dominicains possède un saint Pierre martyr, de Cespédès, une sainte Assiscle et une sainte Victoire de Jean Louis Zembrano; ce dernier tableau est fort beau. Dans le réfectoire du couvent, on voit une belle Cène de Cespédès.

Le Collége Saint-Paul est un des plus beaux édifices de Cordoue; son église possède quelques bons tableaux : une Apparition de saint Pierre et de saint Paul, une sainte Rose, un saint Thomas d'Aquin et une Bethsabée; le cloître est formé de deux rangs de portiques superposés et soutenus par quatre-vingts colonnes de marbre; on y voit des peintures d'Antoine del Castillo et de François Zurbaran; la bibliothèque du collége est assez bonne; on y voit un tableau de Luc Jordans représentant le dévouement de Curtius.

Le Palais épiscopal renferme une belle collection de tableaux de l'école espagnole, ils sont de Cano, Cespédès, Carrena et Murillo. Un magnifique jardin orne ce palais.

Le Palais Royal, situé à l'extrémité de la ville, est entouré de fortes murailles; c'est un édifice assez grand; il y a de vastes écuries, où étaient autrefois les plus beaux haras de l'Andalousie. Ce palais ressemble à une citadelle détachée de la ville.

ÉDIFICES PUBLICS. — Sept hôpitaux, un hospice, le palais des ducs d'Almodovar, un séminaire, une académie, une bibliothèque, un musée, une prison, un théâtre, un collége, etc.

HOMMES CÉLÈBRES. — Cordoue fut la patrie du vaillant et habile guerrier Gonzalve de Cordoue, surnommé le grand capitaine, le bras droit de Ferdinand V et plus tard sa victime; de Paul Cespédès, artiste de mérite, de Zambrano, de Castillo Torrado peintres; des Maures Aben Jovar et Averroës, célèbres par leurs écrits, le premier dans la médecine, le second dans la philosophie. Cordoue fut encore la patrie des poëtes Louis de Gongora et Jean de Mena et de sa femme Aïscha, plusieurs fois couronnée pour ses poésies à l'académie de Cordoue. Sous les Romains, cette ville fut la patrie des deux Sénèque, de Marcus, Porcius Latro, des poëtes Sextilius Nena et Lucain.

INDUSTRIE. — Elle consiste dans toute espèce de métiers, surtout dans la bijouterie; on y voit des fabriques de fil, de soie, de savon, de papier, de chapeaux; à l'hospice on travaille les draps, les cordages, les galons, etc.

AGRICULTURE. — Le climat est doux et sain; le sol, d'une grande fertilité, produit du blé, de l'orge, des légumes, des fruits, etc... Les chevaux du pays ont une grande réputation. Enfin on exporte tous les ans plus de huit mille barils remplis d'olives. On passe le Guadalquivir à Cordoue sur un beau pont de seize arches bâti en pierres de taille. Les environs de Cordoue sont très-peuplés, et la campagne y est très-pittoresque: c'est la véritable Andalousie.

Palma del Rio.

Ville de 7,000 âmes, située sur la frontière de la province de Cordoue dont elle fait partie, et au confluent du Guadalquivir et du Genil. On a fait des travaux d'endiguement pour fixer le cours des eaux du Genil, ce qui était nécessaire aux besoins de l'industrie locale qui consiste en moulins à farine et à huile. On trouve à Palma: l'église principale, trois couvents et un hôpital; la plaine qui s'étend au-devant de la ville produit de l'orge et des grains; on y recueille aussi d'excellente huile et des fruits abondants, surtout des oranges; il se fait dans le pays de nombreux élèves en bestiaux. Palma occupe l'emplacement de l'ancienne *Decuma*.

Lora del Rio.

Ville de 6,000 habitants, située sur la rive droite du Guadalquivir, derrière la sierra Moréna et à 43 kilomètres au nord-est de Séville, capitale de la province dont fait partie Lora. On trouve dans cette ville des inscriptions et des antiquités romaines. Elle était d'ailleurs connue des anciens sous le nom d'*Axati*. On y voit une église principale, trois couvents, trois ermitages, un hospice. On y célèbre une foire annuelle le 30 mai. Les eaux du Guadalquivir et celles du Guadalbacar fertilisent d'une façon remarquable cette riche contrée, où l'on élève dans d'excellents pâturages de nombreuses bêtes à cornes et beaucoup de chevaux. Il faut dire pourtant, avec impartialité, que la fameuse race des chevaux andalous est à peu près détruite.

PRODUCTIONS. — Cette contrée où l'on jouit du climat le plus agréable, d'une température des plus douces, où l'on trouve des eaux abondantes, une chasse et une pêche des plus variées, et jusqu'à des mines de plusieurs espèces, produit en outre du blé, de l'orge, des pois, des fèves, de l'huile, des fruits.

INDUSTRIE. — Soie, laines, chapeaux, cuirs; seize moulins à huile et quatre à farine. Le voisinage du chemin de fer appelle ce riche pays à une grande prospérité, qui serait rendue plus complète encore par la canalisation possible du Guadalquivir.

Cantillana.

Ville de 4,000 âmes, située sur la rive gauche du Guadalquivir, dans la vallée du Viar; elle appartient à la province de Séville. A 3 lieues de Cantillana, finit la sierra Morena, au défilé de Monte-Gil, d'où l'on découvre les immenses plaines de l'Andalousie. Il y a dans cette ville, connue sous le nom d'Ilia par les anciens, beaucoup d'inscriptions romaines. En fait de monuments, on ne peut citer que l'église principale. Le pays, pauvre et mal cultivé, produit du vin, de l'huile, des grains, des fruits, et l'on y élève des bestiaux. On y voit beaucoup de palmiers et d'oliviers.

Alcala del Rio.

Bourg de 2,000 âmes, situé sur la rive droite du Guadalquivir, à 2 lieues de Séville; il fait partie de la province de Séville, et du *partido* de San Lucar la Mayor. Ce lieu, que les anciens appelaient Ilia Magna, n'est intéressant que par des inscriptions et des antiquités romaines. La contrée est mieux cultivée que précédemment.

Santiponce (Italica).

Village de 700 âmes, situé du côté de la rive droite du Guadalquivir, dans un délicieux pays, et sur les ruines de l'antique Italica. Cette ville, restaurée par Scipion l'Africain et détruite avant le vi⁰ siècle de l'ère chrétienne, fut réédifiée par Elvigilde, roi goth, de 568 à 586. Sous les Maures, elle perdit jusqu'à son nom. C'est un des plus anciens siéges épiscopaux de l'église universelle; ce fut d'abord un municipe et puis une colonie romaine. Patrie des empereurs Trajan, Adrien et Théodose; elle vit naître aussi dans ses murs le célèbre poëte Silius Italicus. On trouve dans ce lieu beaucoup d'inscriptions et antiquités romaines qui n'ont pas été conservées avec le soin religieux que méritaient ces beaux restes d'une florissante cité de l'antiquité.

CURIOSITÉS. — Si l'on veut avoir la description complète des ruines d'Italica, il faut consulter le tome XII⁰ de la *España Sagrada*, de Florez; nous ne pouvons indiquer aux voyageurs que l'amphithéâtre encore assez bien conservé, et quelques restes bien imparfaits de la belle mosaïque découverte en 1799. On voit encore quelques pierres sépulcrales, des fragments de mosaïques, des médailles, des anciens murs, des bains et des aqueducs. L'église de Santiponce, d'architecture gothique, fait partie d'un couvent de Hiéronimites, sous le nom de San Isidro del Campo. Ce monastère est dans une situation très-heureuse : on découvre à l'horizon Séville et la riche vallée qui l'entoure. A l'entrée du couvent on aperçoit quelques fragments de statues antiques d'un certain mérite.

Carmona.

Chef-lieu de *partido* de la province de Séville. Sa population est de 18,000 habitants; elle est située sur une hauteur, par les 37° 28' 1" de latitude nord, et les 1° 58' 30" de longitude ouest prise au méridien de Madrid; une fertile vallée l'entoure de tous côtés, comme d'une ceinture formée par les nombreuses villes et les villages qui se suivent à l'horizon jusqu'aux rives du Guadalquivir. Ce sont: Guadajoz, Alcolea, Tocina, Lora del Rio, Cantillana, la Campana, Fuentes, Marchena, Paradas, el Arahal, Utrera, Mayrena et el Viso.

NOTICE HISTORIQUE. — Carmona fut prise sur les Maures par le roi don Fernando III; elle était célèbre avant cette conquête par ses magnifiques citernes, ses palais, alcazars et châteaux dont on retrouve à peine aujourd'hui les ruines. On a cru beaucoup à l'ancienneté fort reculée de cette ville; sa fondation fut attribuée par les uns aux Grecs ou aux Égyptiens, par les autres à un certain roi aborigène appelé Brigo, dont le souvenir se perd dans la nuit des temps. Ce qu'il y a de certain, c'est que Carmona était déjà une ville importante à l'époque des Romains; César lui concéda le titre de municipe. Carmona fut la patrie de saint Théodomir, son patron, et du général Freire, devenu célèbre pendant la guerre de l'Indépendance espagnole.

CURIOSITÉS. — On trouve à Carmona des inscriptions et des antiquités romaines; on y voit en outre: sept églises paroissiales, un couvent de l'ordre de saint Jérôme, un couvent de dominicains, deux de carmélites, celui des augustines et ceux des Clarisses de la Conception, de la Mère de Dieu et de sainte Catherine. Il faut visiter ces monuments, dont plusieurs ont perdu leur destination primitive, depuis la suppression des couvents en Espagne. Il y a encore à citer deux hôpitaux et des rues ainsi que des maisons assez généralement bien disposées.

INDUSTRIE. — Cinq fabriques de draps fins, quatre de gros draps, trois de savon, trois de bougies, quatre de chapeaux, quelques tanneries, tuileries et autres établissements; foire annuelle le 25 avril.

Séville.

En latin *Hispanis*, en espagnol *Sévilla*. C'est une des villes les plus anciennes d'Espagne, et sans contredit elle en est l'une des plus curieuses et l'une des plus belles. Sa vue justifie pleinement le proverbe:

> Quien no ha visto a Sevilla,
> No ha visto a maravilla.

Qui n'a pas vu Séville n'a pas vu de merveille.

On attribue sa fondation à Hercule, à Bacchus ou aux

Phéniciens. Elle soutint plusieurs siéges; sous les Goths, elle prit parti en 582 pour le prince Ermenegilde, révolté contre son père-le roi Ledivigilde; elle ne fut soumise à cette époque qu'après un an de siége; mais elle ne résista point aux Maures en 711, et leur ouvrit ses portes sans résistance. En 1027, elle appuya la révolte du gouverneur maure contre le roi de Cordoue, et ses habitants le proclamèrent roi de Séville. En 1144, elle se révolta de nouveau, se sépara du califat de Cordoue, et fonda une nouvelle dynastie maure. Le dernier de ses rois, Aben-Hut, fut assassiné à Almérida. Alors vers 1236, Séville s'érigea en république indépendante; elle résista pendant un an, dans un siége mémorable, à Ferdinand II, roi de Castille, qui s'en empara en 1248. Depuis cette époque elle n'a point cessé de faire partie de la monarchie espagnole.

SITUATION. — Séville est la capitale de la province du même nom; elle est la résidence d'un capitaine général et d'un archevêque : c'est une place d'armes; son port est formé par le Guadalquivir sur la rive gauche duquel elle se trouve située, au centre d'une plaine immense autant que fertile. Le Guadalquivir entoure Séville depuis la porte de la Barqueta jusqu'à la maison de Santelmo. Elle est, par ses dimensions, la seconde ville de l'Espagne; elle n'en est que la troisième par le nombre des habitants qui s'élève, en comprenant ceux des faubourgs, à 112,500 âmes.

Elle a une lieue et demie de circonférence, et quatre et demie si l'on compte les faubourgs situés hors de ses murs, sur les deux rives du fleuve. Elle est entourée d'une muraille romaine, flanquée de soixante-six tours et coupée par quatorze portes et ouvertures. On attribue cet ouvrage à Jules César. Elle se divise en cinq cent soixante-quatre rues généralement étroites, soixante-deux places, et mille deux cent cinquante-cinq maisons dans le style mauresque, avec une cour intérieure entourée de galeries à colonnades et ornées de beaux marbres et d'une fontaine placée au milieu; ces cours servent d'habitation pendant l'été; on les couvre d'une tente et l'on y met tous les objets nécessaires à l'utilité comme à l'agrément de la vie: des meubles, des tableaux, des glaces, des statues, des corbeilles de fleurs, etc..

Séville contient un grand nombre de monuments remarquables; ses édifices sont nombreux: on y voit une magnifique cathédrale, une église collégiale, vingt-neuf paroisses, seize chapelles, trente-cinq couvents de moines (supprimés), vingt-neuf de nonnes, un alcazar royal, une lonja, une fabrique de tabacs, une fonderie de canons, un hôpital militaire, sept hôpitaux civils, deux maisons d'incurables, un établissement d'éducation pour élever et doter les jeunes filles pauvres, une maison de fous, un asile pour les enfants abandonnés. On y trouve encore des administrations principales des rentes, des postes, des loteries, de la guerre; une société économique, une bibliothèque, un musée de peinture et de sculpture, une académie des beaux-arts, une caisse d'amortissement, un mont-de-iété, deux théâtres, un collége, une place de Toros, huit casernes, dont l'une sert au régiment provincial de Séville; cinq prisons, une pour les personnages de distinction; plusieurs maisons de correction: parmi ces dernières, une pour les femmes de mauvaise vie, et une autre pour les femmes d'un rang élevé. Il y a à Séville plus de trente fontaines publiques, sans compter celles des maisons particulières; cent soixante-neuf hôtels, auberges et maisons du même genre; trois belles promenades, l'une à l'extrémité nord de la ville et appelée la Alameda Vieja, la deuxième sur le Guadalquivir, c'est la Alameda Nueva. Cette promenade est le rendez-vous des élégants; enfin, la promenade la Avanica ou bien de el Avanico (de l'éventail), nom qu'elle doit à la disposition de ses allées.

MONUMENTS. — ÉGLISES. — La cathédrale est un magnifique monument gothique bâti au xve siècle; elle est divisée en cinq nefs; la principale a 15 mètres de large et 37 d'élévation; les nefs latérales ont 25 mètres de hauteur sur 7 mètres de largeur; trente-deux piliers de 4 mètres de circonférence supportent les voûtes; quatre-vingt-dix fenêtres s'ouvrent sur l'intérieur de l'église. Il y a des vitraux qui datent du xvie siècle. Ils furent peints par Arnaud de Flandre, et coûtèrent 90,000 ducats.

Le chœur est orné de marbre; le maître-autel s'élève très-haut sur un piédestal de pierre noire. On y voit vingt-quatre pilastres et quarante-quatre niches ornées de tableaux en relief, le tout en bois de cèdre et de différents ordres d'architecture ; le tabernacle est en argent. Au-dessus, est un tableau du même métal. Dans la sacristie voisine du maître-autel, on trouve quatre tableaux anciens et l'urne d'Alphonse le Sage qui est d'argent et garnie de pierres précieuses. Dans la grande sacristie on voit des bas-reliefs, des ornements assez beaux comme sculpture, ciselure et gravure ; de beaux tableaux, beaucoup de châsses et de reliquaires précieux, et un riche trésor avec des calices, des croix, des chandeliers, des bassins, des aiguières en or et en argent.

Parmi les objets curieux de ce trésor, on montre les fameuses tables du roi Alphonse le Sage : elles sont en argent et en or, parsemées de pierres précieuses ; puis une clef en argent doré, celle offerte par les Maures à la prise de Séville au roi Ferdinand ; on y lit ces mots : *Dios abrira, el rey entrara :* Dieu ouvrira, le roi entrera. On montre encore un beau chandelier de bronze qui date de 1554, puis la Custodia, tabernacle en argent d'une valeur de 70,000 francs, qu'on porte dans les processions.

Parmi les chapelles de cette cathédrale, il faut citer celle del Sacrario, qui forme comme une église à part ; son architecture est à la fois ionique et dorique. On y voit beaucoup d'ornements modernes distribués sans goût ; en fait de tableaux, un saint Grégoire à la messe, une Résurrection du Seigneur et les quatre Évangélistes. Dans la chapelle de la Consolation il y a d'assez belles sculptures ; dans celle de Notre-Dame l'Antique, les murs et les voûtes sont ornées de peintures à fresque de Martinez et de Rovira. A l'une des portes latérales on voit deux belles colonnes de marbre vert ancien ; le maître-autel est également en beau marbre ; les statues sont de Pierre Cornejo ; quarante-huit lampes d'argent éclairent cette chapelle qui renferme quelques bons tableaux, et deux mausolées d'archevêques de Séville, l'un appelé Mendoza et l'autre Salcedo. La chapelle des Rois est très-riche en statues ; les mausolées d'Alphonse X, d'Alphonse le Sage, de la reine Béatrix y sont placés. On y garde aussi le corps bien conservé du roi saint

Ferdinand ; il est dans une châsse d'argent avec quatre inscriptions en castillan, en arabe, en latin et en hébreu.

On trouve encore dans cette église de bons tableaux ; elle en possédait autrefois beaucoup de Murillo et plusieurs de Pierre Viellegas, entre autres un Baptême de Jésus, et un Enfant Jésus : ce dernier tableau était, dit M. de Laborde, dans la chapelle de la Visitation. Le même auteur ajoute que plusieurs de ces chefs-d'œuvre ont été offerts par le chapitre au maréchal Soult quand il commandait dans le pays. A Séville on raconte la chose autrement. Quoi qu'il en soit, les tableaux n'y sont plus. On voit cependant dans la chapelle de la Nativité, une crèche de Louis de Vargas ; dans la chapelle de Saint-François, un saint François peint par Herrera, véritable chef-d'œuvre ; puis, dans d'autres chapelles, une sainte Ildefonse de Jean Valdez, un saint Jacques à cheval, par Paul de Las Roelas, et une sainte Ermenegilde, de Jean Martinez. En sortant de la chapelle du Maréchal, on entre dans la salle capitulaire, pièce carrée dont les murs sont couverts de tableaux, de marbres en bas-reliefs et ornés de huit statues en marbre représentant les Vertus, que séparent des pilastres d'ordre ionique. Cette salle est une vaste ellipse ; une tapisserie de velours cramoisi avec galons d'or recouvre ses murs. On voit encore des peintures assez bonnes, attribuées à Paul de Cespédès.

Dans cette église il y avait une bibliothèque donnée par Ferdinand, le fils de Christophe Colomb ; elle était à cette époque de vingt mille volumes ; elle fut augmentée depuis. Il y a dans la même salle quelques bons tableaux. Il faut visiter la tour de la *Giralda*, attenante à la cathédrale, la plus curieuse peut-être de la chrétienté, où l'on plaça en présence du roi Henri III la première horloge qu'il y eût en Espagne. Cette tour fut construite par l'Arabe Geber ; elle se terminait, à 172 pieds de hauteur, par un pavillon carré en briques, surmonté d'un pilier de fer portant quatre globes de fer doré : ces globes étaient d'une telle grosseur que, selon la chronique, on dut élargir la porte par où l'un d'eux entra dans Séville. L'élévation actuelle de la tour, qui fut restaurée en 1568, est de 89 mètres ; elle est carrée sur un côté de 15 mètres de long ;

ses murs ont 2 mètres et quelques centimètres d'épaisseur ; une petite coupole la termine avec une statue de la Foi en bronze, du poids de 34 quintaux : c'est l'œuvre de Barthélemy Morel. On ajoute comme particularité qu'on peut monter à cheval, jusqu'à la hauteur du clocher, les trente-cinq rampes qui serpentent en spirale depuis le bas jusqu'au haut de cet édifice.

AUTRES ÉGLISES. — L'église du Saint-Sauveur est une ancienne mosquée ; elle est d'architecture mauresque avec des arcades et des portiques.

Dans l'église de Sainte-Marie la Blanche, dans celle de Saint-François, à l'hôpital des prêtres et aux couvents de la Merci des Augustins et des Capucins, on trouve un grand nombre de tableaux de Murillo. Dans l'église de Saint-Isidore, on admire au maître-autel un beau tableau de ce saint, peint par Paul de las Roelas. A Saint-Jean de la Palma, on voit un beau Christ en bois. Dans l'église de Sainte-Croix, est un des meilleurs tableaux qu'il y ait à Séville, c'est une Descente de croix, peinte par Campaña. On trouvera encore les beaux tableaux qui faisaient l'ornement des églises et des couvents de Séville, ou du moins ce qu'il en reste, au musée de peinture.

AUTRES MONUMENTS. — L'Alcazar, palais des rois maures, restauré sous Pierre le Cruel, appelé par les gens de Séville, dont il fut l'idole, Pierre le Justicier. Ce palais est d'une grande magnificence ; on y voit des arbres de toute espèce : au centre du palais est une grande cour plantée d'orangers et de citronniers. Il possède de très-beaux jardins avec une quantité de fontaines ; il faut aussi visiter la salle des bains, la salle des ambassadeurs avec sa coupole et ses ornements en stuc et en marbre. On en a fait un musée d'archéologie ; on y voit des inscriptions des anciennes villes de *Ilipa, Basilipo* et *Italica* ; il y a des statues en marbre assez belles. La grande cour, pavée en marbre, est fermée par deux rangs de galeries à cent quatre colonnes en marbre d'ordre corinthien ; on voit partout des arabesques.

Il ne faut pas oublier le palais archiépiscopal et sa bibliothèque ;

l'hôtel de ville, monument antique et assez beau; la maison de Pilate, palais actuel des ducs de Mœdina-Cœli; elle date de l'an 1520. La cour principale est très-belle, les colonnes du portique sont en marbre. Sur la fontaine on voit un buste de Janus et quatre statues attribuées à un sculpteur grec; dans les galeries du jardin, une collection de sculptures antiques, parmi lesquelles le casque d'une statue d'Alexandre et un Marc-Aurèle assez beau. Ce palais est situé près de la porte de la *Carne* (de la Viande); la *Lonja* (Bourse du commerce) est un édifice carré et assez beau; il est d'ordre toscan et isolé sur une place entourée de petites colonnes de marbre unies par des chaînes de fer; dans la cour on voit deux rangs de portiques superposés. Le premier étage est d'ordre dorique, le second est ionique. Cet édifice est devenu un dépôt d'archives.

La manufacture de tabacs est d'une belle architecture et d'une grande étendue. Le bâtiment est entouré d'un fossé, ce qui permettrait d'en faire facilement une caserne. On y compte vingt-huit cours. Terminée en 1770, elle a coûté 9,250,000 francs.

Séville possède encore quelques édifices célèbres qu'il faut au moins mentionner, quoiqu'il en reste peu de chose : par exemple, la tour d'Or, ouvrage des Romains qu'on attribue à Jules César; l'aqueduc de los Caños de Carmona, les Maisons consistoriales, le collége de Saint-Elme, la Douane, l'hôtel des Monnaies, la Audiencia, la Maëstranza et l'hôpital de la Sangre; ces derniers édifices complètent le nombre de ceux qu'il faut visiter à Séville.

FAUBOURGS DE SÉVILLE. — On en compte neuf en dehors de la ville, à savoir : los Humeros, la Cestaria, el Baratillo, Carreteria, la Resolana où se trouve la Maëstranza, et le célèbre hôpital de la Charité, fondé par don Miguel Mañara, appelé par les poëtes don Juan Tenorio. Ce personnage, célèbre par les désordres de sa vie, se convertit, s'enferma dans le couvent de la Charité fondé par lui et y mourut; on voit sur son tombeau l'inscription suivante :

Aqui yace el peor hombre que haya habido en el mundo.
Ici gît le plus mauvais homme qu'il y ait eu dans le monde.

Voici dans quelle circonstance cet homme, d'une grande impiété, changea de vie :

Passant un jour par la porte de Jérès, à Séville, il fit la rencontre d'un cortége d'enterrement et demanda le nom du mort; on lui répondit que c'était don Miguel Mañara; il vit dans cette réponse un avertissement du ciel et songea à s'amender; il fut plus sincère que le don Juan Tenorio dont il est le type, et qui a fourni à Molière le sujet d'une comédie sortant un peu, ainsi que l'Amphitryon, de son genre ordinaire.

Les autres faubourgs s'appellent : San Bernardo, où se trouve la fonderie de canons, la seule d'Espagne, et où l'on va en traversant sur un pont le Tagarate; San Roque, où est l'aqueduc dont nous avons parlé; la Macarena, où l'on voit l'hôpital de la Sangre; enfin Triana, le plus peuplé de tous, est situé sur la droite du Guadalquivir qui est navigable en cet endroit.

HOMMES CÉLÈBRES. — Autrefois, Séville était pour la culture des arts une des premières villes d'Espagne; il s'y forma une école de peinture qui produisit : Zurbaran, Polanco, Fernandez, Velasquez, Herrera, Cano, Martinez et Roldau. Cette ville fut encore la patrie de saint Isidore, qui vivait au VIIe siècle; de Mahomed-Geher, célèbre astronome arabe, et du géographe Azeiat; d'Alphonse de Santa Cruz, mathématicien distingué: il naquit dans le XVIe siècle; de Garcias de Matamoros, savant qui a laissé trois livres latins : 1° un travail intitulé *de Academiis et doctis viris Hispaniæ*; 2° un autre, *de Ratione dicendi*; 3° un dernier, *de Methodo concinandi*; de Jean de la Cueva et de Ferdinand Herrera, poëtes; des trois femmes poëtes : la mauresque Safia, Marie Alfaisali, appelée la Sapho de l'Espagne, et Félicienne Henriquez de Gusman, remarquable par la grâce et la délicatesse de ses poésies; enfin des peintres Vargaz, Herrera le Jeune, Paul de las Roelas, mort en 1620, et de Barthélemy Murillo, mort en 1682; ce dernier naquit non à Séville, mais à Pilas, lieu peu éloigné.

COMMERCE, INDUSTRIE, AGRICULTURE. — Séville a trois marchés principaux : deux dans l'intérieur de la ville et un dans le faubourg de Triana, où l'on trouve toute espèce de comestibles. Si l'on y joint les eaux abondantes et fraîches, le vin excellent, l'huile renommée du pays, on verra qu'on y peut trouver une existence des plus agréables. L'industrie locale consiste en toutes espèces d'arts et de métiers : fabriques de chapeaux, tanneries, fabriques de draps, tissus de laine et de soie, autrefois très-renommées, et qui occupaient à la fin du xv° siècle plus de cent mille ouvriers. En 1659, les fabriques de soieries de Séville ne comptaient déjà plus que soixante-cinq métiers; elles furent rétablies dans le xviii° siècle. Il y a encore à Séville une manufacture de faïence qui rivalise pour sa qualité avec celles de l'Angleterre.

Quant au commerce de Séville, il est absorbé par une rivale mieux située, par Cadix; c'est là qu'on transporte sur le Guadalquivir le vin et l'huile de cette fertile vallée, qui produit toutes espèces de grains, de légumes et de fruits; les herbages sont succulents, le ciel y est toujours beau et le climat doux, quoique très-chaud.

Le pays est un vrai paradis; les mœurs y sont douces et agréables; on s'y occupe plus de plaisirs que de politique; la société y est nombreuse; les femmes y sont gaies, aimables; on y trouve encore ces types originaux et poétiques légués par la tradition et que la civilisation chasse devant elle comme les Européens d'Amérique ont chassé devant eux les Indiens qui l'habitaient.

ENVIRONS DE SÉVILLE. — Près de la porte de Carmona se trouve l'aqueduc romain restauré par les Maures, et dont nous avons parlé; il porte l'eau dans Séville, à l'Alcazar et en différents autres points. Il faut visiter, en dehors de la porte de Macarena, à 1 kilomètre de la ville, le couvent de Buena-Vista; l'église en est gothique. On y admire une statue de saint Jérôme assez belle, exécutée par Pierre Torreggiani, une Conception de Murillo; dans la sacristie et le cloître, il y a quelques tableaux de Valdes et d'Espinal. Dans le faubourg de Triana, l'église paroissiale, qui date du règne d'Alphonse le Sage, est d'architecture gothique. On y voit, au maître-autel, quelques bons tableaux de Campaña. Sur la place voisine du port sont les ruines de l'ancien palais de l'Inquisition. Le nouveau palais qui le remplaça est sur la Alameda Vieja. Lorsque les Français détruisirent l'institution, on en fit une loge de francs-maçons où beaucoup d'ecclésiastiques espagnols se firent initier aux mystères, probablement par curiosité.

Non loin de Triana se trouve encore le couvent de Notre-Dame de las Cuevas. Son église gothique fut transformée en forteresse par le maréchal Soult. On y voit cependant quelques mausolées qui furent respectés, et sur l'un d'eux, deux belles statues de Guzman le Bon et de sa femme; ce Guzman sacrifia son fils à la patrie pendant le siége de Tariffa, entrepris par les Maures. On voyait dans ce monastère de fort beaux tableaux qui auront sans doute été offerts à cette époque au maréchal par les gens du pays. La bibliothèque était assez curieuse. On a sauvé du pillage des manuscrits précieux, tels que : les chroniques de saint Isidore, de Henri IV, et celles des rois d'Espagne, par l'archevêque don Rodrigo; un Tite-Live en espagnol, et un manuscrit sur la chasse écrit par le roi Alphonse XI : il est illustré de peintures fort curieuses.

Il faut encore visiter aux environs de Séville les ruines d'*Italica*, connue sous le nom actuel de Santi-Ponce, village situé à 4 kilomètres de Séville et dont nous avons donné la description page 272.

La campagne environnante est belle, riante, verte, plantée d'oliviers, d'orangers, de citronniers et arrosée par le Guadalquivir, l'ancien *Betis*.

Alcala de Guadayra.

Ville située sur une colline et sur les bords de la Guadayra qui lui donne son nom. La population est de 2,850 habitants. On y compte quatre paroisses, trois couvents supprimés de moines et de religieuses, deux hôpitaux. On y voit les ruines d'un château maure; les flancs de la montagne où il est situé sont remplis de grottes qu'habitaient autrefois des familles mauresques et où vivent aujourd'hui des gitanos. L'industrie locale consiste principalement dans la fabrication du pain, qui est renommé par sa blancheur et son goût exquis. On en transporte journellement à Séville pour 1,000 fanègues, ce qui équivaut à 1,200 francs de farine. Cette industrie est desservie par une fabrique dans le genre de celle d'Aranjuez. On y compte quarante moulins et quarante-cinq fours. J'attribuerais volontiers la qualité du pain de Guadayra à la bonté des eaux de ce lieu. Ce sont les mêmes que transporte à Séville l'aqueduc appelé Caños de Carmona.

Le climat de Guadayra est tellement doux et tempéré que les habitants de Séville viennent en grand nombre y passer une partie de l'été; on y jouit d'ailleurs des plus riants points de vue. Les environs, d'une grande fertilité, produisent d'excellents grains de toutes espèces, et des olives qui passent pour les plus grosses et les meilleures d'Europe.

Utrera.

Ville de 15,000 âmes, située entre deux montagnes, dans une vallée fraîche et boisée. On y compte deux paroisses, un tribunal de première instance, quatre hôpitaux pour hommes et quatre pour femmes. La ville a des rues larges et bien pavées, avec une grande place ornée de deux fontaines. On y voit les ruines d'un vieux château. Il y avait autrefois quatre couvents de moines et trois de nonnes. Des deux paroisses, l'une, celle de Saint-Jacques, a une église gothique dont les voûtes sont soutenues par huit piliers; l'autre, celle de Sainte-Marie, a son église dans le même style et ornée en plus d'une tour assez élégante. Utrera fut la patrie de don Rodrigo Caro, auteur des *Antiquités de Séville*.

L'industrie locale consiste en plusieurs arts et métiers: fabrication de chapeaux, savon, cuivre, moulins à olives. Le sol produit en abondance du grain, de l'orge, du vin, des fruits et des olives. Les chevaux et les taureaux de ses pâturages sont très-renommés. On y élève, du reste, un si grand nombre de taureaux pour les courses, que, lorsque le roi Joseph y passa, le nommé Cabrera, dont il était l'hôte, voulant lui faire une gracieuseté, lui offrit cent taureaux pour le service de son armée (1).

Lebrija.

Ville de la province de Séville et du *partido* de San Lucar, à 42 kilomètres sud-ouest de Séville. On y compte 9,000 habitants. C'est l'ancienne Nebrissa. Elle fut la patrie d'Antoine de Nebrija, le restaurateur des lettres en Espagne ; de Juan Diaz de Solis, qui alla à la découverte du Rio de la Plata, et de Luis Collado, écrivain militaire.

MONUMENTS. — Une église principale, dont la moitié est formée d'une ancienne mosquée, trois couvents, sept chapelles un ermitage, un hôpital, une chaire d'humanités fondée par Antoine de Nebrija, les ruines d'un grand château, quelques maisons assez belles, enfin plusieurs inscriptions et antiquités romaines.

L'industrie locale consiste en forges, poteries et faïence, savon, vitrerie, bougies, tuileries, fours à chaux. On y cultive l'olivier comme dans toute la province, avec le même succès. Cette ville est située sous un très-beau ciel, à 2 lieues de la rive gauche du Guadalquivir, dans une vallée où l'on trouve quelques étangs ou lacs formés par des affluents du Guadalquivir, dont les eaux sont refoulées par le reflux de la mer. Les produits du sol consistent en fèves, pois, légumes, huile et vins assez bons.

Xérès (Jerez).

Que les Espagnols appellent toujours *Jerez de la Frontera* (de la frontière) ; c'est, dit-on, l'ancienne *Asta regia*. Cette ville est à jamais célèbre par la bataille livrée sous ses murs le 11 novembre 711, bataille qui fut l'origine de l'établissement des Maures en Espagne. Un pont en pierre de neuf arches, construit sous Philippe II, conduit à cette ville. On y passe le Guadalete,

Laborde, *Itinéraire de l'Espagne*, t. III, p. 269.

rivière qui arrose les riches campagnes où est située Jerez. Cette ville contient 51,000 habitants; on y trouve sept paroisses, une église privilégiée, onze couvents (supprimés) de moines et sept de nonnes, une collégiale avec une bibliothèque et une collection de médailles donnée par l'évêque de Sigüenza, natif de Jerez; quatre hôpitaux, une maison d'enfants trouvés, un asile d'orphelines et une caserne.

La ville est entourée presque partout d'anciennes murailles; elle est divisée en vieille et nouvelle ville. Il faut visiter les restes de l'Alcazar ou palais maure, qui la domine avec ses vieilles tours et ses murs délabrés, les maisons consistoriale, dont la façade est ornée d'excellentes sculptures, l'église collégiale à cause de sa grandeur, et d'autres églises de style gothique, entre autres celle de Saint-Michel, dont le maître-autel est remarquable par ses statues et par ses bas-reliefs. Il faut visiter aussi, à quelque distance de la ville, dans une position délicieuse et sur les bords du Guadalete, une célèbre Chartreuse qui fait partie des biens nationaux et qui avait des revenus immenses. On y voit encore la statue en bronze de son fondateur, Alvaro Oberto de Valete, noble Gênois établi à Jerez. Les jardins de ce monastère sont de la plus grande beauté. Enfin Jerez possède une assez belle bibliothèque.

INDUSTRIE, COMMERCE ET AGRICULTURE. — La principale industrie du pays consiste en l'exportation de ce vin fameux connu dans le monde sous le nom de Xérès; il est curieux pour le voyageur de visiter les immenses caves où il est renfermé. On exporte tous les ans pour 50,000 francs de ce vin. En revanche les eaux de Jerez sont lourdes, ce qui avait fait imaginer aux Romains de conduire à Jerez et à Cadix, qui n'est pas éloignée, au moyen d'un aqueduc qui passe par le pont Zuazo, l'eau d'une montagne voisine venant d'un réservoir appelé le Tempul. On célèbre à Jerez tous les ans deux foires assez animées, le 1er mai et le 15 août.

Les environs, où l'on jouit d'un meilleur climat, sont parsemés d'un millier de maisons de campagne et de fermes qui donnent à cette contrée l'aspect le plus florissant. C'est là qu'on cultive les vignes qui produisent le vin de Xérès. On y élevait aussi une race de chevaux qui passaient pour les meilleurs de l'Andalousie; depuis 1808 elle est à peu près perdue. En suivant la route vers la mer, des hauteurs de Buena Vista, nous apercevrons Cadix, l'île de Léon et Chiclana se dérouler en un vaste panorama.

Puerto de Santa Maria.

Ville de 20,000 habitants, située sur le penchant d'une colline, à la rive droite du Guadalete, qu'on y traverse sur un pont de bateaux près de la baie de Cadix. La ville est divisée en soixante et une rues; la principale, appelée Calle Larga, est remarquable par son étendue, sa largeur et les édifices qui la bordent. On compte encore neuf places et un môle qui sert d'embarcadère pour les bateaux à vapeur qui font le trajet de Cadix. Sur la route de Sainte-Marie à Jerez, on trouve, près de la mer, deux colonnes de marbre aux armes de Castille avec l'inscription : « *Nec plus ultra.* » Non loin est une vieille tour carrée qui servit, dit-on, de prison à une reine. On voit à Sainte-Marie quelques inscriptions romaines et quelques restes de monuments antiques. Sainte-Marie, l'ancienne *Menestei Portus*, est située sur la baie de Cadix; et, en face de cette ville, une route fort belle, ayant nom Area et faisant le tour de la baie va, par le pont de Zuazo, de l'île de Léon à Puerto-Réal et de cette ville à Sainte-Marie, qui en est éloignée de 8 kilomètres. Il y a à Sainte-Marie deux paroisses, un tribunal de première instance, six chapelles, une maison de charité, un asile d'enfants trouvés, deux couvents pour l'éducation des filles, une prison et une maison de correction, une douane, un vieux château, un quartier de cavalerie, un théâtre, une place de Toros.

L'industrie locale consiste en fabriques de cuirs, savons, chapeaux, liqueurs très-estimées. Il y a dans les environs des salines très-considérables. Il faut visiter, soit par mer, soit par le pont de Zuazo, qui joint l'île de Léon à la Péninsule, le joli village de Chiclana, rendez-vous des habitants de Cadix pendant la belle saison. Le pays est aride; mais les repas, les bals, les fêtes, les concerts et les jeux qu'on y donne en font un séjour enchanteur, où viennent étaler le luxe de leur toilette, les femmes de Cadix, renommées par l'élégance de leurs manières et les grâces de leur esprit. Le mouvement de population des villes de cette contrée est tellement grand que Port Sainte-Marie, qui comprend aujourd'hui 21,278 habitants, n'en avait que 10,000 en 1818 et 1,500 à la fin du XVIIe siècle.

Puerto-Réal,

Ville de 5,000 habitants, située au bord de la mer, comme son nom l'indique. Cette ville a beaucoup souffert pendant la guerre de 1808. Les Français y détruisirent plus de neuf cents maisons. Les rues sont droites et presque parallèles; il y a six places, trois belles fontaines, un beau quai incommode dans les marées basses c'est un port de cabotage. Il y a à Puerto-Réal une paroisse, six chapelles, deux couvents supprimés et deux hôpitaux. Le commerce y est peu actif; on y fabrique des cuirs, de l'huile; on y trouve des fours à chaux, des carrières renommées, des tuileries et deux chantiers : celui de la Caraca, situé à une demi-lieue au sud, et celui du Trocadero, à la même distance à l'ouest; ils servent pour la réparation des bâtiments de guerre et de commerce. Le pays est peu fertile; on y élève beaucoup de chèvres. C'est aux environs de Porto-Réal qu'on passe le Zurragne sur le fameux pont de Zuazo, qui conduit dans l'île de Léon et à la ville de San Fernando.

San-Fernando.

Située dans une plaine entourée d'eau de toutes parts, elle communique au continent par le pont de Zuazo et un nouveau pont construit à Chiclana. C'est un port de cabotage pour l'exportation du sel. Il y a quelques fortifications du côté de la terre. Ces travaux, joints aux nombreuses salines du pays, forment la défense la plus naturelle et la meilleure de la place de Cadix. A une demi-lieue de San Fernando se trouve l'arsenal de Caraca, où l'on construit des vaisseaux de guerre, ce qui occupe plus de mille ouvriers, sans compter les forçats. On y voit de beaux magasins, où l'on garde des ancres, du bois de construction, des armes et autres objets utiles à la marine. San Fernando contient 17,000 habitants; on y voit deux paroisses, deux anciens couvents, un tribunal de première instance, un poste de marine, deux hôpitaux et plusieurs prisons. L'industrie locale consiste en salines, cuirs, savons, fonderies, liqueurs, et le sol produit surtout des fruits. En quittant cette ville on passe plusieurs ponts, et l'on arrive à l'importante ville de Cadix

Cadix (Cadiz),

Capitale de province, place d'armes, port d'une grande importance, qui se trouve situé sur une langue de terre qui forme l'extrémité nord de l'île de Léon. La ville est entourée de murailles qui forment une circonférence d'environ 7,000 mètres. On y voit des forts et des bastions. Fondée par les Tyriens sous le nom de Gadès ou Gadir, elle fut conquise par les Romains 206 ans avant l'ère chrétienne. Les Anglais, qui en veulent surtout aux places maritimes, la saccagèrent en 1596, mais ils échouèrent devant ses murs en 1626 et en 1772; ils la bombardèrent encore en 1797; et en 1800, une horrible épidémie qui éclata dans cette ville n'arrêta pas les menaces des Anglais. En 1809, Cadix devint le dernier refuge du gouvernement espagnol, qui y résista pendant trois ans aux inutiles efforts des troupes françaises. En 1823 les constitutionnels y trouvèrent encore une retraite assurée.

SITUATION. — La baie de Cadix est située entre 36° 31' 33" de latitude et 6° 28' 10" de longitude au méridien de Greenwich. Cette baie a environ 40 kilomètres de circonférence; elle est couverte par des montagnes. La partie sud de la côte est la plus escarpée, et celles du nord et de l'ouest sont défendues par des bancs de sable et des écueils. On y a construit pour le même objet les forts de Sainte-Catherine et de Saint-Sébastien ; ce dernier possède un phare et communique à la ville par une chaussée étroite. Cette baie est encore défendue au centre par les forts de Matagorda et de Puntalès. Cette ville, une des plus riches et sans contredit une des plus agréables de l'Espagne, à cause du caractère aimable et enjoué de ses habitants, a une population de 70,800 âmes. Elle est bâtie sur le roc ; ses rues sont étroites, mais bien entretenues et bien pavées ; les maisons avec leurs *miradors*, leurs balcons et leurs jalousies, ont un aspect tout à fait pittoresque. On n'y voit point de fontaines et l'on est obligé d'y boire de l'eau de citerne ; quand on vient à en manquer, on en fait venir de Port-Sainte-Marie, ce qui est très-coûteux. On voit à Cadix plusieurs places, dont la plus belle et la plus grande est celle de Saint-Antoine, qui est plantée d'arbres.

AUTORITÉS. — Cadix est la résidence d'un évêque, d'un commandant général, d'un chef de département maritime. On y trouve des tribunaux supérieurs militaires, ecclésiastiques, de commerce et de première instance ; des administrations principales des rentes, des postes et de loteries ; plusieurs casernes, entre autres celle du régiment provincial de Cadix.

MONUMENTS. — Cadix, comme toutes les villes de commerce, possède peu d'édifices dignes d'une attention particulière ; les plus remarquables sont cependant l'ancienne cathédrale, formée de trois nefs séparées par des colonnes ; elle contient de beaux tableaux, et à l'autel de l'épître, on voit quelques bonnes sculptures. La nouvelle cathédrale, commencée en 1772, a été conçue d'après un plan vicieux ; on y a dépensé plusieurs millions assez inutilement. L'hospice, d'ordre dorique, avec des cours ornées de colonnes et entourées de galeries, offre un assez bel aspect. La maison de correction, qui sert aussi d'asile aux orphelins, aux vieillards infirmes et aux fous, est, ainsi que la douane, d'une bonne proportion dans sa construction. L'école de commerce, quoique non terminée, est un édifice assez élégant. Les casas consistoriales et la nouvelle prison, qui a une façade de 240 pieds de long, et est remarquable par sa bonne construction et sa distribution intérieure, méritent d'être visitées. L'église des capucins possède au maître-autel un beau tableau de Murillo, une Sainte Catherine, avec un *Ecce Homo* du même peintre. Dans l'église de l'Oratoire, on trouve une Conception de Murillo, un Père Éternel de Torres et une belle statue de Sainte Madeleine assistée d'un ange à son agonie; ce beau travail est de Luis Roldan. Il faut encore visiter les maisons de Gargollo et Asqueti.

AUTRES ÉDIFICES. — Il y a à Cadix cinq paroisses, trois couvents de nonnes et sept de moines (supprimés), une école des beaux-arts, des écoles de médecine, de chirurgie, de mathématiques, de marine, un observatoire astronomique, un séminaire, une bibliothèque, un musée de peinture et de sculpture, deux théâtres, une place de Toros, plusieurs hôtels et cafés.

HOMMES CÉLÈBRES. — Cadix fut la patrie de l'historien Lucius Cornélius Balbus, de Cornélius Balbus, neveu du précédent, qui fit ériger, en mémoire de ses succès contre les Garamantes, le pont de Zuazo et l'aqueduc du Tempul. Elle fut encore la patrie du poëte Cannius et de l'immortel Columelle. Plus tard naquirent dans cette ville les peintres Clément Torres et Henri de las Marinas, ainsi appelé parce qu'il était excellent peintre de marine; don Gaspard Dazo et Brabo de la Laguna, écrivains; don Jose Cadalso, poëte; don Vincent Tofiño, astronome et géographe.

COMMERCE, INDUSTRIE ET CLIMAT. — Le commerce de cette ville essentiellement mercantile est bien tombé depuis l'émancipation des colonies d'Amérique. Aujourd'hui il y a encore dans son port vaste et commode un grand mouvement de cabotage vers l'Amérique. L'importation consiste en draps, toiles, soieries, quincaillerie, épices, morue, etc.; l'exportation, en vins, huiles, sels et fruits secs.

Autrefois Cadix avait le monopole du commerce transatlantique. Ce droit exclusif fut étendu aux autres ports de la Péninsule vers le commencement du siècle, ce qui porta un préjudice notable au commerce de Cadix; cependant, favorisée par sa situation, cette ville communique encore à l'aide de ses nombreux vaisseaux avec les Canaries, Puerto-Rico, la **Havane**, les Philippines, la Hollande, l'Angleterre, le nord de l'Allemagne, les côtes de France sur l'Océan, le Portugal, le midi de la France, l'Italie, le Levant et l'Afrique. Elle reçoit par an pour plus de 12,000,000 de francs de marchandises qui viennent de Marseille. Elle exporte pour plus de 20,000,000 de francs de sel provenant des salines de Puerto-Réal. Enfin, le vin de Xérès est une des branches importantes de son commerce. L'industrie locale consiste seulement en quelques métiers où l'on fabrique de la toile et des rubans. Le climat est très-agréable et rafraîchi par le voisinage de la mer; cependant on y a vu de fréquentes épidémies que l'on doit attribuer aux relations de cette ville avec l'Amérique, et au défaut de surveillance de la commission de santé sur les vaisseaux provenant des régions lointaines. Cadix se distingue des autres villes d'Espagne par des mœurs excessivement faciles : l'hospitalité y est très-grande, l'étranger y est choyé. C'est une ville de plaisirs et de luxe. Les femmes de Cadix, déjà célèbres du temps des Romains par leurs danses libres et lascives, sont encore aujourd'hui renommées pour leur beauté, leur grâce et leurs manières pleines de séduction ; ce sont des sirènes qui fascinent le voyageur du fond de la délicieuse baie qu'elles habitent; mais il faut dire à leur louange qu'elles n'aiment que le plaisir, et sont plus désintéressées que les sirènes de Paris.

PREMIÈRE SECTION.

CORDOUE A BELMEZ Y ESPIEL.

SOMMAIRE. — Cordoue. — Espiel. — Belmez.

Cordoue.

Cette ville doit sa fondation aux Romains. Les Maures s'en emparèrent par trahison ; ils en firent plus tard la capitale d'un califat. Elle possède une cathédrale très-remarquable et par son architecture et par ses dimensions.

Nous devons renvoyer le lecteur à la description que nous avons donnée de cette ville importante, à notre sixième ligne.

Espiel.

Village de 1,200 âmes appartenant à la province de Cordoue et situé à 8 lieues de cette capitale. Sur la route de Cordoue à Espiel, on rencontre la petite auberge de Hoces, le château de Campo-Alto, et la venta de la Estrella. Espiel est situé au milieu d'une sierra aride et escarpée; cependant la campagne environnante est fertile et arrosée d'excellentes eaux.

MONUMENTS. — Une église paroissiale, un hôpital, une posada.

AGRICULTURE. — Blé, orge, vin, beaucoup de chèvres et quelques moutons; récolte abondante de miel; grand trafic de troupeaux de porcs; mines de charbon.

Belmez.

Village de 1,400 âmes appartenant à la province de Cordoue et au *partido* de Pozo Blanco; il est situé à l'est de Cordoue, au nord de la sierra Morena, et au nord-est d'un château assez élevé, bâti sur le flanc de la montagne; non loin de là passe le Guadiato, petite rivière où la pêche est abondante. Le climat est humide et peu sain. On y voit une église paroissiale, un hôpital, une école et quelques chapelles. L'industrie locale consiste en quelques filatures de lin et quelques métiers à toile. Les produits du sol sont le blé, l'orge, l'avoine, le vin, les légumes et des fruits. On fait dans le pays un grand trafic de porcs, moutons, mulets et chèvres.

DEUXIÈME SECTION.

PALMA A GRENADE.

SOMMAIRE. — Palma. — Ecija. — Benaméji. — Loja. — Santa-Fé. — Grenade.

Palma.

Nous avons donné de cette petite ville une description à laquelle nous renvoyons le lecteur (voir à notre 6e ligne).

Ecija.

Ville située entre deux collines sur les bords du Genil, non loin de ces deux colonies allemandes appelées la Carlota (la Charlotte) et la Carolina (la Caroline), établies dans le XVIIIe siècle en Espagne et qui eurent depuis si peu de succès. Ce lieu passe pour le plus chaud de l'Andalousie. On l'appelait autrefois Astigis; il prit sous les Romains le nom de *Colonia Augusta firma*. On y trouve les restes de bains publics et d'un cirque, des débris de colonnes de marbre, d'inscriptions et de plusieurs antiquités. Cette ville compte 28,000 habitants; on y voit six paroisses, cinq chapelles; il y avait autrefois treize couvents de moines et sept de nonnes. En dehors de la ville et sur la rive gauche du Genil, on trouve une belle promenade divisée en trois allées plantées sur une longueur de 800 mètres; elle est ornée de quatre fontaines représentant les quatre saisons de l'année. Il y a encore à Ecija un tribunal de première instance, des administrations de rentes, de postes et de loteries, une caserne, un joli théâtre, un manége, trois cafés et seize posadas et paraderos.

L'industrie locale consiste en fabrication de drap fin et ordinaire, en tissus de lin et soieries; il y a aussi quelques moulins à olives. On y célèbre une foire annuelle le 21 du mois d'août. Les environs, peuplés de plus de deux cent cinquante petites fermes appelées *Cortijos* (dans le midi de l'Espagne), possèdent d'excellents pâturages où l'on élève des bestiaux et produisent du blé, des légumes, du vin et de bonne huile. Non loin d'Ecija se trouve l'ancienne ville de Carmona, capitale des Carmonenses du temps de César.

Benaméji.

Ville de la province de Cordoue et du diocèse de San Marcos de Léon, située à une demi-lieue de distance du gracieux Genil. C'est une ville de 5,000 âmes. On y voit une église principale assez remarquable, un couvent de carmélites, un hospice, deux chapelles et le palais du marquis de Benaméji, dont la façade est assez vilaine et qui offre de belles salles à l'intérieur ; dans l'une d'elles, appelée le salon d'Hercule, on trouve des peintures de quelque mérite. Il faut encore citer le pont de pierre du Genil ; il est d'une seule arche. Le pays produit du grain, des légumes et quelque peu de vin. Les habitants sont actifs et industrieux.

Loja.

Petite ville située en amphithéâtre sur le flanc d'une montagne assez élevée et dominant la vallée du Genil qui serpente au pied de ses murs. Cette situation est véritablement pittoresque et la ville a d'ailleurs conservé, par le type des habitants et l'aspect des maisons, un cachet entièrement mauresque. Loja, chef-lieu de *partido* de la province de Grenade, contient 17,000 habitants. Une belle promenade est située sur les bords du Genil, qui sépare la ville d'un gros bourg qui semble en être comme un faubourg éloigné. Il y a à Loja trois paroisses, quatre couvents, deux hôpitaux, dix fontaines publiques, et dans les maisons particulières plus de deux cents fontaines. L'eau y est aussi bonne qu'abondante. Cette ville fut enlevée aux Maures par les rois catholiques le 29 mai 1486. Malgré cette conquête, elle ressemble plutôt à une ville mauresque qu'à une ville espagnole. On peut voir, sur la place de la Constitution, une maison assez belle qui conserve particulièrement le cachet de l'architecture des Maures. Les rues sont tellement escarpées qu'on n'y peut aller en voiture que par la route royale qui traverse la ville. On voit à Loja beaucoup de gitanos. Les femmes y sont assez belles, mais la population est hostile aux étrangers. L'industrie locale consiste en fabriques de draps et papier. Le sol produit du blé, de l'orge, du maïs, des fèves, de l'huile, peu de vin. Il y a quelques salines assez bonnes. Cette ville a pour devise la phrase poétique : *Loja flor entre espinas* (fleur au milieu d'épines).

Santa-Fé.

Cette ville fut, pendant le siége de Grenade, le quartier général des rois catholiques. Ferdinand V, voulant lui donner le nom de ville d'Isabelle, la reine, par un sentiment de piété, la fit appeler Santa-Fé. C'est dans cette ville que fut signée la capitulation de Boabdil, dernier roi maure de Grenade, et que fut décidée la première expédition de Christophe Colomb allant à la découverte du Nouveau-Monde. Un tremblement de terre détruisit en partie cette ville en 1807 ; elle compte encore 4,200 habitants, une paroisse, un ancien couvent, un hôpital ; on y voit une belle place. Elle est située sur la rive gauche du Genil, au milieu de la délicieuse plaine appelée la vega de Grenade. Cette ville, entourée de murailles, ne présente d'ailleurs rien de remarquable et a fort peu d'animation. A 8 kilomètres de distance se trouvent les eaux thermales de la Mala.

Grenade (Grenada).

Grenade, ville bâtie par les Maures dans le xe siècle sur l'emplacement de l'ancienne Illiberis, resta pendant 778 ans sous la domination de ses fondateurs. Elle fut prise par les rois catholiques, après un siége d'un an, le 2 janvier 1492 ; et son dernier roi maure, Mohammed-Boabdil, appelé *le petit roi*, en sortit pour jamais en versant des pleurs amers sur la perte de sa ville bien-aimée. Grenade à cette époque avait 3 lieues de circonférence. Ses murailles étaient défendues par mille trente tours et soixante mille hommes. La population totale se montait à 400,000 habitants. Grenade, devenue en 1235 la capitale d'un État maure indépendant, fut en Espagne le dernier boulevard de la domination musulmane. Aujourd'hui il nous reste de nombreux vestiges des fortifications de cette époque, et l'on voit encore, parfaitement conservés, le château à la fois palais et forteresse appelé l'Alhambra, l'Alcazaba, le fort de la porte d'Elvira, celui de Torres-Bermijas et quelques autres.

SITUATION. — Grenade, appelée en espagnol Granada, parce qu'elle ressemble, avec ses maisons placées en amphithéâtre sur le flanc des hauteurs que couronnent l'Alhambra et l'Alcazaba, à une grenade entr'ouverte, est située à l'entrée d'une immense plaine d'une fertilité prodigieuse et qu'on appelle la vega de Granada ; cette plaine a 10 ou 12 lieues de diamètre et 27 de circonférence. Du haut de l'Alhambra, on embrasse d'un seul coup d'œil la situation de Grenade, une des plus belles qu'on puisse voir ; on aperçoit cette ville jetée sur les flancs de ses deux collines, sur les rives du Daro qui roule dans ses murs des paillettes d'or. Plus loin, le gracieux Genil serpente autour de ses murailles et va se perdre dans la Vega qu'arrosent également le Dilar, le Monachil et divers canaux. Enfin au-dessus de Grenade, la sierra Nevada s'élève à l'horizon avec ses cimes toujours blanches, et semble un manteau d'hermine servant d'abri à la royale cité. Sous les rayons du beau soleil d'Espagne ce spectacle grandiose et enchanteur justifie le proverbe espagnol :

> Quien no ha visto a Granada
> No ha visto a nada.
>
> (Qui n'a pas vu Grenade n'a rien vu.)

Les sommets de la sierra Nevada sont toujours couverts de neige en toutes saisons, et leur blancheur est encore rehaussée par le voisinage des cimes grises de la sierra Elvira, dont la silhouette se dessine au loin sur la sierra Nevada. Les Maures faisaient leurs délices du séjour de cette ville, où ils avaient déployé tout le luxe raffiné de leur civilisation : palais splendides bâtis pour être des lieux de plaisirs et ornés de tout ce qui pouvait flatter les sens; jardins entretenus avec soin et parsemés de bosquets où l'on pouvait braver les ardeurs du soleil d'été; bains somptueux, nombreuses fontaines, etc. Aussi, peu de villes ont-elles conservé avec les plus beaux monuments, restes de la civilisation mauresque, un cachet aussi frappant et aussi vrai de l'époque mauresque. On est surpris, quand on a vu Grenade, d'y trouver des habitants chrétiens; et si une ville neuve ne s'élevait depuis quelques années au pied de la vieille ville, on les prendrait volontiers pour des étrangers transplantés dans une ville arabe abandonnée par ses habitants.

POPULATION, DIVISION, ÉDIFICES. — La ville actuelle compte 68,000 habitants ; c'est un chef-lieu de province, et la résidence d'un archevêque. On y trouve une audiencia, trois tribunaux de première instance, des tribunaux militaires, ecclésiastiques et de commerce, une commandance générale d'artillerie, une administration principale des contributions, des postes et des loteries, une magnifique cathédrale, vingt-trois paroisses, vingt couvents (supprimés) de moines et dix-huit de nonnes, dix hôpitaux, l'Alhambra et les autres palais maures, l'archevêché et l'université, une société économique, une bibliothèque, un musée, deux prisons, trois casernes, un théâtre, un lycée, deux grandes places, seize petites, deux belles promenades, dont l'une, qui conduit à l'Alhambra, est une vraie charmille impénétrable aux rayons du soleil.

La ville était autrefois divisée en quatre quartiers : Granada, Alhambra, Albayzin, Antequera. La partie de Granada est la mieux conservée; c'était aussi la plus belle. Celle de l'Alhambra était réservée au séjour royal ; elle se composait presque uniquement d'une grande forteresse bâtie sur une montagne appelée la sierra del Sol. L'Albayzin était un faubourg élevé sur la seconde colline avec une forteresse qui dominait la ville, dont elle était séparée par un rempart. Le dernier faubourg était une colonie venue d'Antequera.

MONUMENTS. — *L'Alhambra.* — Sur l'emplacement de l'Alhambra, on trouve : le palais appelé proprement de ce nom, une tour dont il ne reste que les fondements et qui faisait partie d'un autre palais maure; le palais de Charles-Quint, belle construction inachevée du XVIe siècle, qu'on ne s'attendait guère à voir en ce lieu, et la tour de la Vela, où était la cloche qui servait, disait-on, de signal, soit pour les heures de prières publiques, soit pour l'appel aux armes, soit pour les irrigations des champs de la vega. Le palais de Charles-Quint, construit en pierres de taille, est remarquable par la profusion d'ornements qu'on y voit. On a détruit une partie de l'Alhambra pour y placer ce monument, né du caprice d'un grand homme.

L'Alhambra comprenait du temps des Maures trois parties : l'enceinte fortifiée, un poste avancé défendu par la tour de la Vela et la tour des *Calabozos* (des prisons), et le palais que visitent les voyageurs. On doit sa fondation à Alhamar Ier, roi d'Arjona et de Grenade, qui mourut en 1273, et la plupart de ses embellissements à Yussef-Aboul-Hagias, l'un des plus célèbres rois maures de Grenade, dont on trouve le nom dans la plupart des inscriptions qui couvrent les murs de l'Alhambra. On en voit aussi qui parlent d'Aboul-Abdalah, fils du dernier. Le mot Alhambra signifie en arabe quelque chose d'équivalent à flamme ou reflet du feu. L'auteur maure Alkatio prétend que ce palais fut construit la nuit et à la lueur rougeâtre de bûchers de bois odoriférants. Ce mot nous semble plutôt venir du nom du fondateur de ce palais. On a pu l'appeler du temps des Maures Al-Hamra (la demeure d'Alhamar) et par corruption *Alhambra*. Alhamar le Sage commença cette construction par la tour de la Vela; ce fut celle où l'on arbora en 1492 la bannière des rois catholiques vainqueurs des Maures.

Le palais de l'Alhambra est assez bien conservé; on y voit cependant deux salles restaurées du temps de Charles-Quint, où l'on trouve l'inscription : *Plus ultrà*, et les lettres *K* et *I*; cette restauration n'est pas faite tout à fait dans le style du monument. L'Alhambra est plutôt coquet et joli que grandiose; tout y respire le mystère et le sensualisme des musulmans, et l'on n'y retrouve pas la grandeur, la hardiesse et la noble inspiration des architectures grecque et romaine ; c'est une réunion de petites pièces carrées avec des plafonds en bois ornés jadis de dorures, des murs surchargés d'arabesques avec des peintures que le temps a effacées, des fenêtres à double cintre partagées par des colonnettes comme toutes les ouvertures des maisons arabes. On y voit encore des corridors bas et obscurs avec des colonnades à chaque façade, des cours carrées plantées autrefois de délicieux jardins et ornées encore aujourd'hui de gracieux jets d'eau.

On comprend que l'Alhambra fut un séjour de délices, mais on n'y voit rien d'imposant comme les ruines laissées par la grandeur romaine. Cependant l'imagination du voyageur peut rendre à ce palais, qui passe pour l'une des merveilles du monde, son ancienne splendeur, en se représentant cette gracieuse demeure parée comme autrefois de tout le luxe oriental, peuplée de femmes et d'esclaves comme sous les rois maures, et on n'a pas de grands efforts à faire pour se retracer le tableau des plaisirs au milieu desquels ces souverains venaient oublier leurs luttes intestines et l'invasion toujours croissante des chrétiens qui menaçaient leur trône.

L'Alhambra tel qu'il est, et malgré les réparations qu'ont faites des mains inhabiles, excite encore l'admiration du voyageur ; que serait-ce donc si l'on y retrouvait, comme par le passé, les richesses enfouies dans ce lieu par des rois qui dominèrent le pays pendant sept siècles ; la cour brillante de ces monarques amis du plaisir ; ces femmes d'une beauté éclatante, qui étaient comme autant de reines dont ils ornaient leur sérail ; ces parfums, ces fleurs, ces jets d'eau, ces fontaines, répandus partout avec profusion ; ces amours, ces haines, ces jalousies, ces terribles exécutions faites sans jugement et à l'ombre de ces murs : péripéties tantôt gracieuses, tantôt sanglantes, qui se succédaient suivant le caprice du maître, et marquaient les jours, dans ce palais de l'amour et de la mollesse, dans ce temple des passions humaines ?

Voici maintenant comment se divise l'Alhambra : on entre

dans l'Alhambra par une porte ouverte dans une tour carrée : c'est la porte du Jugement. Elle est surmontée d'une clef et d'une main placée au-dessus pour la prendre, le tout sculpté dans le marbre ; ce qui voulait dire, du temps des Maures, qu'il était aussi difficile à leurs ennemis de s'emparer de l'Alhambra qu'il était impossible que cette main sculptée pût saisir la clef placée au-dessous. La première pièce que l'on rencontre après cette porte est la cour *des Araynes* ou *del Estanque* (cour de l'étang), puis la fameuse cour des Lions, ornée d'un beau bassin de marbre blanc d'une seule pièce soutenu par quatorze lions de pierre. Cette dernière cour forme un rectangle de 100 pieds de long sur 50 de large, entourée d'une galerie que supportent cent quarante et une colonnes de marbre. Les murs sont recouverts d'arabesques d'une grande finesse. A l'extrémité de cette cour se trouve la salle de justice, divisée en cinq compartiments, dont une pièce rectangulaire. Les plafonds et les murs sont travaillés avec le même goût et la même délicatesse que pour les pièces précédentes ; mais les citations de l'Alcoran abondent ici plus particulièrement. A gauche se trouve la salle des Deux-Sœurs, ainsi nommée de deux dalles en marbre d'une seule pièce, ayant 14 pieds de long sur 7 1/2 de large. On y voit deux autres cours et un mirador, d'où la vue s'étend au loin sur la campagne. Dans une petite pièce appelée le *mirador de la reina* il y avait de fort belles peintures ; elles sont à moitié effacées par les noms de voyageurs plus dignes d'être Vandales que Français. — Un nommé Grimard, du 11e de ligne, a gravé en 1823, sur le marbre de la fenêtre, son nom inconnu. C'est une mesquine ambition que de vouloir perpétuer son nom par un moyen aussi ridicule.

Ensuite se trouve la salle des Abencerrages, ces Maures généreux qui se battirent pour défendre l'honneur d'une sultane accusée injustement, et dont on croit voir encore le sang dans le bassin de marbre qui orne cette salle. On montre à côté un jardin appelé *Andaraje*, un mirador et une cour entourée de grilles qui servit, dit-on, de prison à la même sultane. On fait remarquer aussi dans l'Alhambra une tour où fut enfermée une infante d'Espagne. Plus loin est la salle des secrets. En parlant à voix basse et se plaçant aux quatre coins de cette salle, le visage tourné du côté du mur, par un effet merveilleux d'acoustique, on est entendu de la personne située à l'extrémité réciproque.

Après avoir visité une salle de bains, on arrive au *Dormitorio* (dortoir), salle carrée avec une fontaine au milieu et deux grandes alcôves assez élevées. Après cette salle est celle du Trésor, dont l'entrée est gardée par deux statues de marbre, et plus loin la mosquée, qui est aujourd'hui une chapelle, d'où l'on passe à la galerie de Gomares, qui sert d'entrée à la magnifique salle des Ambassadeurs, la plus belle de l'Alhambra, où l'on voit un beau *mirador* et neuf divisions ou enfoncements en forme d'alcove. C'est dans cette salle qu'Isabelle la Catholique donna audience à Christophe Colomb pour régler avec lui les dépenses nécessaires à l'exécution de son immortelle entreprise. Il faut encore voir dans l'Alhambra la salle appelée le *Tocador de la reina* (cabinet de toilette de la reine). On y voit une pierre percée de trous par où s'élevait la fumée des parfums brûlés à dessein au-dessous de cette salle.

Le Généralifé, — espèce d'Alcazar mauresque situé au-dessus de l'Alhambra, et qui servait, dit-on, de maison de campagne aux rois maures. On y jouit d'une vue admirable. L'intérieur n'a rien de bien remarquable. On a placé dans deux petites salles une galerie de tableaux des rois d'Espagne. Les jardins de ce palais sont très-beaux ; ils sont plantés de lauriers, que les Maures affectionnaient tout particulièrement ; ils leur attribuaient les vertus d'absorber l'électricité et les gaz de la terre, et de cyprès, dont on fait remonter l'existence à quatre cents ans. On voit aussi dans ces jardins une belle pièce d'eau avec une infinité de jets d'eau. Les Maures alimentaient les fontaines au moyen des eaux du Darro, qu'ils faisaient arriver aussi au sommet le plus élevé de la ville. Habitants de pays chauds, préoccupés sans cesse de la nécessité des ablutions, obligation imposée par leur religion, les Maures atteignirent dans leur système d'irrigation la plus grande perfection, et les traditions laissées par eux en Espagne valent presque autant que les découvertes de la science moderne.

La Cathédrale, — que l'on mit cent soixante ans à bâtir, est un bel édifice d'architecture italienne; mais elle est au-dessous de sa réputation, et le cardinal Mendoza l'a trop vantée en disant que c'était ce qu'il y avait de plus beau en ce genre après Saint-Pierre de Rome. Cette église, qui n'est pas d'une grande étendue, est ornée d'un beau dôme avec douze arcs que soutiennent douze grands piliers; deux rangs de balcons dorés courent au-dessus de ces arcades. Les statues des douze apôtres, en bronze doré, sont placées devant les douze colonnes, et la voûte est couverte de peintures et de dorures. Parmi les chapelles de cette cathédrale il faut visiter la chapelle Royale: on y voit les quatre tombeaux d'Isabelle la Catholique et de Ferdinand V, de leur fille Jeanne la Folle et de son époux Philippe le Beau. Le marbre des deux premiers mausolées est artistement travaillé; les deux autres, faits du temps de Charles-Quint, n'ont pas autant de mérite. On montre, au premier mausolée, une statuette du pape Innocent VIII, remarquable par la ressemblance et l'expression. On trouve dans le reste de la cathédrale quelques sculptures et peintures de Jean de Séville, de Cano et de Moya. Le pourtour du chœur, qui est en marbre, ainsi que les chaires et dessins d'autel, le tout sculpté, est encore digne d'attirer l'attention. Il faut remarquer les vitraux de cette cathédrale et visiter dans la sacristie le trésor de l'église, qui renferme la couronne de Ferdinand V et beaucoup d'ornements précieux servant au culte. Enfin, la chapelle del Sagrario renferme d'assez belles choses.

L'hôpital de Saint-Jean, — dont on admire la façade et la situation sur une place d'une grande étendue. L'édifice est vaste et bien distribué. On voit au portail des colonnes de jaspe, et dans le cloître des colonnes de marbre. Au-dessus du portail, également en marbre, est la statue du fondateur de l'hôpital; à l'intérieur, il existe un bel escalier, des voûtes dorées, et sur les murs des peintures à fresque.

Le couvent de San Geronimo. — L'église de ce couvent, fondée par le fameux Fernand Gonsalez de Cordova, le grand capitaine, renferme le mausolée de ce célèbre guerrier ; il est représenté tout armé et à genoux. Sa statue est un beau marbre.

La Chancellerie — est un édifice situé sur la place de Biva-Rambla ; il y a une belle façade avec trois portes, des colonnes d'albâtre et des balcons dorés. Sur la même place se trouve un vaste édifice, plus remarquable par sa grandeur que par son style, l'Algaria ; il servait de bazar du temps des Maures. On y voit encore aujourd'hui beaucoup de marchands et plus de deux cents boutiques. Il faut encore citer l'édifice de *la Audiencia*, dont la façade est assez belle, et une ancienne mosquée, aujourd'hui église paroissiale, que l'on trouve auprès de la cathédrale. C'est une bizarre construction faite de portiques soutenus par des colonnes de marbre. L'intérieur de la ville offre quelques maisons assez curieuses. Il en est une fort ancienne, appelée le cuarto real de Santo Domingo qui appartient à Don Eulogio Perez del Pulgar : c'est un charmant kiosque arabe, situé à l'extrémité d'une belle allée couverte et d'un jardin orné de jets d'eau ; les murs sont couverts d'arabesques, et il y a un mirador, d'où l'on domine la vega de Grenade.

La Cartuja. — On trouve au sommet des montagnes qui couronnent Grenade un ancien couvent de chartreux ; on y est étonné de la profusion de richesses qu'il contient. La chapelle de la Vierge est ornée de jaspe et de marbres précieux, sculptés avec goût ; et dans la sacristie on admire des portes et des armoires qui sont, comme celles du chœur de l'église, faites d'un travail excessivement curieux en ébène, en nacre, en émail, en argent, en ivoire, en ambre, le tout mélangé d'une façon très-heureuse. Le marbre abonde dans cette église ; on l'a tiré de la sierra Nevada et de la sierra Elvira. Le tabernacle est peut-être un peu trop chargé de dorures. On y voit quelques beaux tableaux relatifs aux persécutions qu'eurent à souffrir les moines chartreux. On attribue les peintures à fresque de la voûte à Antoine Palomino.

PROMENADES ET CLIMAT. — Il y a à Grenade de très-belles promenades, entre autres celle appelée *los Salones*. Le général Sébastiani y fit construire un pont en pierre. Ces promenades sont situées au pied de l'Alhambra. Le climat de Grenade est agréable, quoique humide ; la grande quantité d'ombrages, l'abondance des eaux, la bonne exposition, font qu'on y résiste facilement à la chaleur excessive de l'été. Les eaux de Grenade sont très-actives, et il n'est aucun voyageur nouveau venu dans cette ville qui ne leur paie son tribut. Au reste, ce séjour est véritablement enchanteur et des plus pittoresques. On n'y rencontre pas le confortable dont on jouit à Madrid et à Valence et dans toutes les villes en communication directe avec le reste de l'Europe ; mais on s'y arrête avec admiration comme dans un vaste musée où se trouvent réunis sous la voûte du plus beau ciel, les montagnes les plus élevées, les plus beaux paysages, les restes les mieux conservés de l'architecture mauresque, et le plus beau des monuments qu'ait laissés en Espagne cette civilisation si différente de la nôtre. Il est presque impossible d'exprimer par des paroles les merveilles de tout genre que l'on trouve à Grenade ; on peut lire si l'on veut les pages inspirées par ce séjour à M. Alexandre Dumas père, légitime hommage rendu à l'une des plus belles villes d'Espagne. Notre fécond romancier a voulu par là sans doute se faire pardonner les inexactitudes, les histoires extravagantes, les fausses appréciations et les puérilités qui remplissent son voyage en Espagne.

PERSONNAGES CÉLÈBRES. — Grenade fut la patrie de frère Louis de Grenade, célèbre grammairien ; du jésuite François Suarès ; de Cano ; des peintres Cièza et Bocanegra du XVIIe siècle ; de Moya, disciple de Van-Dyck ; du poëte Don Diego Hurtado de Mendoza. Grenade a vu naître dans ses murs l'impératrice Eugénie.

INDUSTRIE, COMMERCE, AGRICULTURE. — L'industrie locale consiste simplement en quelques arts et métiers, et en une fabrique de poudre ; dans les environs on se livre à l'extraction du lapis-negro, de la pyrite, du marbre, du jaspe, des pierres lithographiques, du plomb et d'autres minerais des carrières et des mines de la sierra Nevada et de la sierra Elvira. La fertile vallée, parsemée d'habitations et arrosée de rivières et de canaux, qui s'étend à plusieurs lieues à partir de Grenade, produit d'excellents fruits, du lin, du chanvre; on y élève des vers à soie; on y fait du vin, entre autres espèces, un petit vin blanc qui a le goût du capri et se vend à peine 2 réaux la bouteille. Le commerce de Grenade est tout entier dans les mains des arrieros qui transportent des grains et autres produits agricoles.

TROISIÈME SECTION.

PALMA A MALAGA.

SOMMAIRE. — Palma. — Ecija. — Antequerra. — Aloră. — Malaga.

Palma. — Ecija.

La description de ces deux villes a été donnée précédemment. (6e ligne, 2e section.)

Antequera.

Ville de la province et de l'évêché de Malaga, située sur une hauteur et dans une position fortifiée par la nature et par une vieille enceinte de murailles et de tours dont on voit encore les restes.

Antequera est une ville fort ancienne; sur son emplacement existaient autrefois quatre municipes romains, ou, selon quelques-uns, la ville d'Anticaria; elle fut conquise sur les Sarrasins en 1410 par l'infant don Fernand; elle résista seule aux Maures depuis cette époque jusqu'en 1487, année de la prise de Malaga par les chrétiens. Antequera fut pendant soixante-dix-sept ans le bastion avancé des chrétiens en lutte avec les Maures ; cette ville livrée à elle-même, n'ayant d'autres ressources que ses habitants, d'autre protection que ses murailles, lutta avec une rare énergie contre les attaques désespérées des Maures, et contribua par sa résistance à la prise de Grenade et à celle de Malaga par les chrétiens. Cette conduite valut aux habitants d'Antequera de grands priviléges qui lui furent concédés par l'infant don Fernand et par doña Catalina, veuve du roi Henri III et régente pour Jean II.

La population d'Antequera est de 27,300 âmes ; elle se divise en haute et basse ville.

Parmi les édifices remarquables, on cite : l'ancienne église collégiale, aujourd'hui paroisse de Sainte-Marie, où l'on conserve quelques sculptures et peintures de prix. Il y a encore plusieurs autres églises dont l'ensemble forme six paroisses; onze couvents (supprimés) de moines et sept de religieuses. Parmi ces églises, on remarque celle du Sauveur, ancienne mosquée ; celle de Saint-Jean, dans la basse ville, où l'on trouve au maître-autel quelques bonnes peintures ; celle de Saint-Sébastien, où l'on voit quatre belles statues de saint Pierre, saint Paul, saint Sébastien, sainte Catherine, et un beau tableau de saint Jérôme, du Guerchin. Il y a encore un hôpital, une maison d'enfants trouvés, un collège et un séminaire. En fait d'antiquités, on signale à l'entrée du château un arc couvert d'inscriptions romaines, qu'on y plaça au XIe siècle ; on l'appelle Arco de los Gigantes, quoiqu'il n'ait rien de gigantesque.

L'industrie locale consiste en soieries, tapisseries et préparation du cuir maroquin. Le pays, arrosé par beaucoup de ruisseaux et de fontaines, et entre autres par les rivières la Villa et Guadalgore, produit des fruits, du blé, de l'orge, de l'huile excellente et du vin assez renommé. On trouve à 8 kilomètres d'Antequera des eaux minérales qui guérissent la maladie de la pierre ; on appelle cette source, pour cette raison, Fuente de la piedra ; elle était déjà célèbre sous les Romains.

Alora.

Ville de 6,000 âmes, de la province de Malaga, à sept

heures et demie de distance de cette capitale, non loin de la rivière de Malaga. Le nom de cette ville est d'origine mauresque; sous les anciens, on l'appelait Iluro. Il y a des inscriptions et des antiquités romaines, puis une église paroissiale, un couvent, deux posadas et une fontaine d'eaux minérales.

AGRICULTURE. — Eaux abondantes, grains, fruits, vin, bétail.

Malaga.

Port et ville de commerce situés sur les bords de la Méditerranée, au sud de Grenade et dans le fond d'une baie abritée par de hautes montagnes. Cette ville exista sous les Romains; on y a trouvé beaucoup de restes de cette époque, entre autres les ruines d'un phare, sur le lieu où les Maures bâtirent le château appelé par eux Gibralfaro. Malaga fut conquise sur les Maures par Ferdinand le Catholique, en 1487; elle succomba après une longue résistance, et sa conquête prépara celle de Grenade.

SITUATION, POPULATION, DIVISION. — Malaga est entourée de toutes parts par de hautes montagnes, excepté au nord-ouest où se déroule une délicieuse vallée de 16 lieues d'étendue, couverte d'une infinité de maisons de campagne, de jardins, parmi lesquels on cite le Retiro des comtes de Villalcazar, remarquable par une galerie de peintures; des jardins avec jets d'eau et de jolies promenades; la maison et le jardin de l'ancien consul de Prusse; la ferme de Grivegné; celles de Saint-André et Dordonez, dont on admire les plantations de limoniers. A l'est de la ville s'élève une colline couronnée par les ruines du château maure de Gibralfaro : ce fort communique avec la Alcazaba, autre château maure, situé plus bas; à l'ouest, on trouve un beau pont et les ruines d'un aqueduc jeté sur le Guadalhorce, et qui conduisait à Malaga les eaux renommées de la sierra de Mijas. Les rues de Malaga sont étroites, mal pavées et tortueuses; les quartiers situés sur le flanc de la montagne de l'Alcazaba sont assez laids; la véritable ville se compose du port avec ses quais et son môle, et de l'Alameda, magnifique promenade, véritablement digne d'une grande capitale et située auprès du port. Cette promenade est ornée de deux fontaines assez belles et d'un grand nombre de statues placées entre les arbres. Malaga compte 94,200 habitants : on y voit une cathédrale, six paroisses, onze couvents de moines (supprimés), dix de religieuses, plusieurs chapelles, deux hospices d'enfants, trois hôpitaux, un séminaire, une école de marine, un théâtre, une place de Toros ; la ville contient plus de sept mille maisons, dont la plupart sont modernes.

AUTORITÉS. — Malaga est la capitale de la province du même nom ; c'est une place d'armes avec garnison ; elle est la résidence d'un commandant général et d'un évêque ; on y trouve des tribunaux militaires, ecclésiastiques, de commerce, de première instance ; des administrations de contributions, de la douane, des postes et des loteries ; un détachement du génie et de l'artillerie avec un parc de la même arme placé dans le château de Gibralfaro.

MONUMENTS. — La cathédrale, édifice d'ordre composite divisé en trois nefs, est une belle construction, mais restée inachevée. La tour de la cathédrale, qui compte plus de 100 mètres d'élévation, rivalise avec la Giralda de Séville, et est d'un meilleur goût : on commença à bâtir cette cathédrale en 1528. Les stalles du chœur sont en bois précieux d'Amérique ; on y voit des sculptures et des bas-reliefs assez beaux : c'est l'œuvre de Pierre de Meria ; on y trouve en beaux tableaux : une Conception de Mathieu Cerezo, une Vierge glorieuse de Cano ; dans la chapelle de Saint-François on conserve deux mausolées d'évêques de Malaga ; l'autel de l'Incarnation est des plus riches, les sculptures sont de Jean Salazar ; auprès l'on voit deux mausolées, l'un d'albâtre, l'autre de marbre : ce dernier est celui de Joseph de Molina, évêque de Malaga ; l'église est pavée en marbre rouge et blanc. Il faut encore visiter, à Malaga, la Douane et le palais épiscopal.

INDUSTRIE. — L'industrie de cette ville est très-active : on y trouve des fabriques de savon, de chapeaux, de cuirs, de carreaux, d'étoffes de laine, de tissus de soie de toute espèce, et l'on fait visiter aux voyageurs le bel établissement où est la fonderie de fer de la maison Herredia ainsi que la manufacture de coton des frères Larrios, appelée la industria Malaguena : on emploie dans cette fabrique plus de quinze cents ouvriers. Pendant les derniers troubles, le peuple voulut brûler cette maison qui lui donne du pain, ou plutôt ce furent des ennemis, jaloux de sa prospérité, qui, n'ayant point réussi dans leur coupable entreprise, en attribuèrent la pensée au peuple qu'on rend toujours responsable de tout.

COMMERCE. — Malaga fait un commerce assez important avec l'étranger; son port sert d'abri aux vaisseaux qui fuient les vents de l'est; il est assez bon et d'ancienne construction; il a coûté fort cher à mettre en état, et il a fallu de grands efforts pour faire disparaître le banc de sable qui se forme à son entrée. On y voit un beau phare tournant à la porte du vieux môle; il est très-élevé.

CLIMAT, AGRICULTURE. — Malaga jouit d'un climat assez doux, excepté quand souffle le vent de terre appelé le *terral*. Un torrent, le Guadalmedina, traverse cette ville; il est ordinairement à sec, mais il cause parfois d'importantes inondations. En 1803 et 1804, la fièvre jaune enleva à Malaga plus de quarante mille personnes; cette épidémie avait été rapportée d'Amérique par quelques navires. En 1813 et 1821, ce fléau sévit encore quoique moins fortement dans cette ville. Le pays, très-fertile, produit toute espèce de grains, de légumes, de fruits, des amandes, du coton, de la cochenille, du sucre et un vin très-renommé et connu de tout l'univers sous le nom de vin de Malaga, et qu'on exporte en grande quantité à l'étranger. Dans les environs de Malaga se trouvent plusieurs petites villes qui méritent d'être visitées à cause de leur situation pittoresque, entre autres la gracieuse Velez-Malaga.

HOMMES CÉLÈBRES. — Malaga fut la patrie de don Jose Velasquez, de Velasco, écrivains; de don Marcelino Alarcon, jurisconsulte; du général don Martin de la Carrera, mort à Murcie en luttant contre les Français.

TRANSPORTS. — Malaga communique avec Grenade et Madrid par une belle route qui passe à Loja, mais qui est fort mal entretenue dans la partie voisine du Colmenar. On y trouve des sites véritablement pittoresques, et au point que nous venons de nommer le pays rappelle les montagnes de la Sabine, situées auprès de Rome.

De Malaga partent plusieurs fois par semaine des bateaux à vapeur qui touchent à Carthagène, Alicante, Valence, Barcelone et Marseille, et d'autres qui vont à Algésiras, à Cadix, à Lisbonne et en Amérique.

Il y a encore à Malaga, comme distraction, un fort beau Casino, où sont admis les étrangers; il est situé sur la grande place. Les habitants de Malaga sont aimables et hospitaliers; là commence la poétique et riante Andalousie. Les femmes y sont fort belles et aiment les plaisirs.

QUATRIEME SECTION.

SÉVILLE A BADAJOZ.

SOMMAIRE. — Séville. — Llerena. — Mérida. — Badajoz.

Séville.

La seconde ville d'Espagne par son étendue, la troisième par sa population (112,500 habitants). Elle est la capitale de la province du même nom, la résidence d'un capitaine-général et d'un archevêque; elle possède une grande quantité de monuments remarquables; elle est l'une des plus belles villes d'Espagne.

Nous renvoyons le lecteur à la description que nous en avons faite en parcourant notre sixième ligne.

Llerena.

Ancienne Régiana, ville et chef-lieu de *partido* de la province de Badajoz, à 70 kilomètres au sud-est de Mérida. Cette ville, entourée de murailles, et dont la population est de 7,000 habitants, est située dans une plaine au pied des sierras de San-Miguel et de San-Bernardo. On trouve des mines d'argent, à un quart de lieue de la ville. Llerena fut la patrie de don Francisco de la Fuente, chanoine de Sainte-Ildefonse et commentateur des œuvres de Tostado.

CURIOSITÉS. — On montre, à un kilomètre de distance, un reste d'ancienne voie romaine qui traversait la sierra Morena. Llerena possède deux églises paroissiales, quatre couvents et un hôpital.

AGRICULTURE. — Nombreux jardins bien arrosés; non loin de la ville se trouve la fameuse Dehesa de San-Martin, où l'on élève de nombreux troupeaux de moutons. On compte encore dans le pays plus de vingt meules de moulins à farine.

Mérida.

C'était la plus grande cité romaine de l'Espagne. Aujourd'hui, elle n'a plus que 5,000 habitants; mais elle conserve de nombreux et beaux témoins de son ancienne opulence.

Nous en donnerons une description plus étendue à notre septième ligne, deuxième section.

Badajoz.

22,000 habitants. Capitale de la province du même nom, située sur la frontière du Portugal.

Une description détaillée en sera donnée à notre septième ligne, deuxième section.

CINQUIÈME SECTION.

UTRERA A MORON.

SOMMAIRE. — Utrera. — Moron.

Utrera.

Ville de 15,000 habitants que nous avons décrite à notre sixième ligne.

Moron.

Ancienne *Arunci*; ville située à 41 kilomètres au sud-est de Séville; elle appartient à la même province et compte 10,000 habitants. On y trouve des antiquités romaines. Ce fut la patrie de don Antonio Ponce de Leon, auteur ecclésiastique et jurisconsulte.

ÉDIFICES. — Une église principale, sept couvents, deux hôpitaux.

SITUATION ET AGRICULTURE. — Cette ville est située au pied d'une montagne qui fait partie de la sierra de Leita; dans cette sierra, on trouve les restes d'une mine d'or et d'argent autrefois en exploitation, et un peu plus bas des veines d'aimant et des pierres précieuses. Moron est entourée d'une délicieuse campagne plantée d'oliviers qui donnent la meilleure huile de l'Andalousie; le sol produit encore des céréales et offre des pâturages assez bons; on y fait des élèves remarquables en bêtes à laine et en chevaux.

SEPTIÈME LIGNE.

MADRID A LISBONNE PAR BADAJOZ.

SOMMAIRE. — Madrid. — Mostoles. — Nava-el-Carnero. — Maqueda. — Talavera-de-la-Reyna. — Plasencia. — Trujillo. — Caceres. — Torremacha. — Albuquerque. — Badajoz. — Elvas. — Campo-Mayor. — Alegrete. — Portalegre. — Gaviaon. — Abrantès. — Chamusca — Santarem. — Virtudes. — Azambaya ou Azombujeira. — Corregado ou Villafranca. — Lisbonne.

Madrid.

Nous devons encore renvoyer le lecteur à la description que nous avons faite de cette ville en suivant notre première ligne.

Mostoles.

Bourg de 1,100 âmes appartenant à la province de Madrid, et situé dans une plaine à 4 kilomètres du Guadarrama.

CURIOSITÉS. — Une église paroissiale et la fameuse chapelle dédiée à Notre-Dame des Saints; c'est là que s'élevait la maison du bienheureux Simon de Rojas. — Le pays produit beaucoup de grains.

Nava-el-Carnero.

Ville de 3,500 âmes appartenant à la province de Madrid, située sur un plateau qui domine les vallées du Guadarrama et de l'Alberche; de ce point, où passe la route royale de l'Estramadure, la vue s'étend jusqu'aux monts de Tolède et aux sierras de Guadarrama. Cette ville fut fondée en 1500, par trois habitants de Ségovie, sur l'emplacement d'un lieu appelé la Perdiguera, situé aujourd'hui à un quart de lieue de la ville. — Nava-el-Carnero fut la patrie de Sébastien Muñoz, habile peintre connu à Madrid vers la fin du XVIIe siècle.

CURIOSITÉS. — Les maisons de la ville, au nombre de sept cent cinquante, sont généralement bien construites et bien distribuées. On cite une église paroissiale, deux chapelles, deux hôpitaux, une école d'humanités et deux écoles primaires. Cette ville est située à 5 lieues de Madrid, à 9 de Tolède et à 13 de Ségovie. Pour y arriver on passe le Manzanarès sur le pont de Ségovie, le Guadarrama sur le pont du même nom, une autre rivière sur le pont d'Alparache, et le Bronigal sur le pont du Saint-Esprit.

AGRICULTURE. — Ce pays est célèbre par l'excellent vin qu'on y récolte ; on envoie aussi à Madrid une grande quantité de raisins du pays, fort goûtés comme plats de dessert ; le sol produit en outre des céréales et des fruits. On y récolte quelque peu d'huile, et on y fait un grand trafic de troupeaux de porcs. Il y a foire annuelle le 8 septembre.

Maqueda.

Village de 500 âmes appartenant à la province de Tolède, à 6 lieues de Tolède, 7 de Talavera et 12 de Madrid ; la plupart de ses maisons sont situées sur une hauteur où l'on voyait autrefois une forteresse importante. Deux ruisseaux arrosent la campagne environnante.

CURIOSITÉS. — On trouve dans cette ville des inscriptions et des antiquités romaines, entre autres, un ancien fort, des arcs qui formaient l'entrée de la maison du gouverneur, deux tours élevées et quelques pans de murs construits en briques. On y voit encore les restes de la fameuse tour de las Infantas ; c'est là que l'infante doña Berenguela venait chercher un abri et des plaisirs lorsqu'elle était tutrice de son neveu Henri Ier de Castille. On montrait dans cette tour une pierre avec une inscription qu'on peut voir aujourd'hui à la porte d'une maison du bourg. Sur une autre pierre antique, également conservée par les gens du pays, on lit une inscription, probablement dédiée au grand Pompée par son fils, à la nouvelle de sa fin tragique ; voici cette inscription : *D. M. S. Caio Valerio Pompeiano patri : Caius Valerius lecinus filius.* Un autre fils de Pompée fut tué à la bataille de Guisando, qui fut livrée à 5 lieues de Maqueda.

CLIMAT ET PRODUITS. — Ce pays abonde en excellentes eaux qui proviennent tant de ruisseaux que de fontaines et de nombreux étangs ; cette circonstance entretient l'humidité du climat et des fièvres qui désolent cette contrée pendant l'automne. Le sol produit en abondance des céréales, des farineux, des légumes et de l'huile.

Talavera-de-la-Reyna.

Ville de la province et du diocèse de Tolède, située dans une plaine fort belle qu'arrose le Tage. Ses rues sont étroites et mal pavées. Elle doit son nom à cette circonstance, que le roi Alphonse XI la donna à son épouse doña Maria comme cadeau de noces. Cette ville fut, le 2 octobre 1833, le théâtre de la première insurrection carliste, qui eut lieu trois jours après la mort de Ferdinand VII. La population de Talavera est de 9,460 habitants.

MONUMENTS. — On y voit une église collégiale gothique à trois nefs qui manque d'élégance ; sept paroisses, une chapelle située hors la ville et consacrée à Notre-Dame del Prado.

PROMENADES. — Ce pays est un séjour très-agréable, Talavera possède une délicieuse promenade appelée la Alameda : c'est un bois peuplé au printemps de rossignols et d'oiseaux, qui deviennent danseurs, suivant l'expression de notre poëte, Charles d'Orléans, et où l'on va chercher un abri contre les ardeurs du soleil. Dans les montagnes qui environnent la ville, on peut faire une chasse abondante.

INDUSTRIE. — Autrefois il y avait à Talavera des manufactures en soieries qui sont tombées dans le plus grand abandon ; le défaut de communication en est la cause. Cependant cette ville a conservé quelques fabriques, entre autres celles de carreaux de faïence dont on se sert communément en Estramadure et dans les deux Castilles.

HOMMES CÉLÈBRES. — Talavera fut la patrie du père Jean Mariana, le meilleur historien de l'Espagne. Dans la bibliothèque du chapitre de Tolède on trouve un manuscrit qui traite des hommes célèbres de Talavera.

Plasencia.

Située dans une vallée étroite qu'arrose le Jerte. On croit que c'est l'ancienne Ambracia des Romains ; ce qui donne de la valeur à cette opinion, c'est la situation de cette ville qui se trouve comme *embrassée* dans une presqu'île formée par les deux rivières du Jerte et d'Ambroz.

MONUMENTS. — L'église des dominicains est remarquable par sa façade. Dans la chapelle Saint-Jean on voit le mausolée de Martin Niéto, l'un des plus beaux de l'Espagne ; la cathédrale est un monument qui réunit plusieurs genres d'architecture : dans le sanctuaire s'élève le beau mausolée de Pons de Léon, évêque de Plasencia (Plasencia est encore aujourd'hui un évêché) ; on y trouve aussi quelques bons morceaux de sculpture, œuvres du statuaire Hernandez, et, dans la salle capitulaire, de beaux tableaux. Dans la maison du marquis de Mirabel, édifice assez curieux, on admire une magnifique collection d'antiques ; enfin on montre dans la ville un très-bel aqueduc qui compte encore plus de quatre-vingts arcs. On jouit à Plasencia de promenades ombragées des plus agréables. En continuant le chemin qui mène à la frontière d'Estramadure, on rencontre la ville de Corias, le Corium des Romains ; on y trouve beaucoup d'inscriptions antiques et des restes assez importants de fortifications romaines ; plus loin on traverse l'ancienne ville de Geclavin et l'importante cité d'Alcantara, ainsi nommée à cause de son magnifique pont. Cette dernière ville appartint longtemps à l'ordre militaire des chevaliers de Calatrava, ils y fondèrent l'ordre d'Alcantara : on y voit encore leur maison et leur église qui renferme quelques tableaux de Moralez. Le pont d'Alcantara, construit en granit, sur le Tage, ayant 211 pieds d'élévation, 576 de longueur, 27 de largeur, est formé de six arches inégales et date des Romains : c'est un des plus beaux monuments de ce genre qui existent en Espagne.

Trujillo.

Ville fort ancienne, autrefois appelée Scabilis, et, sous les Romains, Turris-Julia à cause d'une tour qu'y construisit Jules César : les habitants en attribuent la fondation à Hercule. Les Maures la prirent aux Goths en 713, et la perdirent en 1185, après cinq cent vingt ans d'occupation ; elle leur fut enlevée par Alphonse, roi de Castille ; ce dernier ayant été défait à Sotillo, elle retomba au pouvoir des Maures, qui la perdirent définitivement en 1233.

DIVISION, POPULATION, SITUATION. — La ville est située sur une montagne dont elle occupe la cime et les flancs ; elle se divise en trois parties : le château, la ville et la cité. Le château, ancienne salle de réunion des autorités de la ville, fut entièrement fortifié ; la seconde partie, qui est la ville, quoique de construction postérieure à la précédente, est comme elle entourée de murailles flanquées de tours et a ses maisons crénelées : c'était le quartier de la noblesse. On y trouve beaucoup d'anciennes maisons avec armoiries. La cité ou la troisième partie, est d'une construction beaucoup plus moderne et s'étend jusque dans la plaine. La population de Trujillo est de 7,850 habitants. Cette ville appartient à la province de Caceres et à l'évêché de Plasencia. Ses rues sont étroites et mal pavées et peu en harmonie avec ses édifices, qui sont assez beaux. On y voit une place vaste et d'un bel aspect.

MONUMENTS. — On compte à Trujillo six paroisses : il faut visiter les arcades de la place Mayor ; l'une d'elles, el Arco del Pau, est ornée des armes de la ville et d'un pilier d'ordre corinthien avec la statue de la Justice; l'église de Saint-Martin, située sur la même place, possède un beau portail avec deux colonnes, dorique et attique; on y trouve deux tableaux assez beaux : un saint Pierre et une Adoration des Rois. Sur la même place, on visite la maison des comtes del Puerto qui appelle l'attention par sa belle façade et une cour formée de deux galeries superposées et ornée de quarante-quatre colonnes doriques; l'escalier principal de cette maison est d'une bonne architecture. Dans l'église Saint-Jacques, on voit un maître-autel avec quatre colonnes d'ordre corinthien, des bas-reliefs, une belle statue de saint Jacques, de Grégoire Hernand, et des ornements dignes de l'attention des voyageurs; le tout est fort beau et dans le genre gothique. L'église de Sainte-Marie, du même genre, est située dans la partie la plus élevée de la ville; on y voit le mausolée de Diégo Garcias de Paredes; c'est là qu'existe encore la fameuse Turris-Julia dont le nom forme, par corruption, Trujillo. Dans la maison de ville, on trouve quelques belles peintures, et, entre autres, un tableau représentant Gusman le Beau qui assiste, à Tarifa, au supplice de son fils massacré par les Maures.

CLIMAT, PRODUCTIONS. — Les fontaines et les puits qui approvisionnent la ville sont situés à 1 kilomètre en dehors de ses murailles. Presque tout le pays environnant sert de pâturage; aussi les habitants s'adonnent-ils au trafic des bêtes à laine et des troupeaux de porcs; le climat est tempéré par une certaine fraîcheur.

HOMMES CÉLÈBRES. — Cette ville fut la patrie de Gaspard Méli, théologien; de François Carrasco del Saz, jurisconsulte; de Vargas, historien; de Pierre d'Aragon, auteur des *Discours sur la raison*; de François Pizarre, le conquérant du Pérou; de Diego Garcias de Paredes, guerrier, mort à Bologne au retour de sa campagne contre les Turcs.

Caceres.

Ville capitale de la province du même nom et appartenant au diocèse de Coria. Sa population est de 14,700 habitants,

Elle est située à 49 lieues de Madrid et 14 de Badajoz. Elle fut fondée en 74 avant Jésus-Christ par Grevetus Celius Metellus. Son nom paraît venir d'un temple de Cérès qui existait autrefois en ce lieu : c'est l'étymologie la plus probable. On trouve à Caceres des inscriptions romaines, des antiquités, et, sur la grande place, une statue antique en marbre; on remarque principalement la cour de l'hôpital de la Piété, dont les colonnes sont d'ordre dorique; il faut citer aussi le palais épiscopal, le séminaire, une maison de ville de belle construction et deux prisons, dont l'une est presque un monument. Le climat est très-sain, quoique très-chaud; l'air y est si pur qu'il n'y a jamais de brouillard : le sol, très-fertile, est arrosé par trois cours d'eau qui font mouvoir quantité de moulins et des lavoirs de laines.

Le pays contient beaucoup de pâturages; on y élève de nombreux bestiaux, et, dans le lieu appelé le Mario, on voit une série de jardins et de bosquets sur une étendue de plusieurs kilomètres.

Non loin de Trujillo, qui se trouve sous la même latitude que Caceres et aux confins de l'Estramadure, on fera bien de visiter la petite ville de Guadalupe, célèbre par le monastère du même nom, où l'on montre une Vierge miraculeuse, ouvrage de saint Luc. Cette statue resta pendant six cents ans dans les montagnes, où elle fut cachée à l'époque de la conquête des Maures : on raconte qu'après leur expulsion, un miracle révéla à un chevrier le lieu de son existence; de là le culte de cette madone qui est en grande vénération dans le pays et qui passe pour une des plus riches de la chrétienté. Caceres fut autrefois une colonie romaine appelée Cecilia Germelina.

Torremocha.

Petite ville de 3,000 âmes appartenant à la province de Caceres et située dans une plaine, sur la rive du Salor, qui passe au sud des murailles. On y voit quelques édifices assez bons.

L'industrie locale consiste en draps et toiles; l'agriculture, en terres de labour, grains, lin, vins et huiles.

Albuquerque.

Célèbre par le grand homme qui porta son nom. Cette ville de 7,000 habitants appartient à la province de Badajoz; elle est située sur le flanc d'une montagne élevée, dans un pays fertile arrosé par le Guadarranque, l'Abrilongo, l'Abbaragena et le Gebora. C'est une place d'armes, et on y voit un château fort, deux paroisses, un couvent, sept chapelles et un hospice. Sur la route de Badajoz, on trouve, après avoir passé le Gebora, l'ermitage de Notre-Dame de Botoa. Le climat est humide dans ce pays.

INDUSTRIE. — Deux fabriques de cuirs travaillés, quatorze moulins à huile, quatre fabriques de savons et trois de bougies.

AGRICULTURE. — Blé, orge, huile, vin, bois et fourrages.

Badajoz.

Nous avons déjà rencontré cette ville, et nous devons renvoyer, pour la description, à notre septième ligne, deuxième section. Après cette ville, et à quelques kilomètres, nous rencontrons la frontière du Portugal.

Elvas.

Ville située sur un plateau élevé. Sa population est de 14,000 habitants : elle appartient au royaume de Portugal et à la province de Alentejo.

NOTICE HISTORIQUE. — Elvas fut prise sur les Maures par le roi don Alonso Henriquez, en 1166; les Maures l'ayant reprise, elle leur fut enlevée de nouveau en 1200. Le roi don Sancho II la restaura en 1226, et lui accorda de grands priviléges.

CURIOSITÉS. — L'église de la Sede, bel édifice composé de trois nefs soutenues par des groupes de colonnes terminées par des voûtes assez hardies; le couvent de Saint-Jean-de Dieu et cinq autres monastères; l'hôpital, la maison de la Miséricorde et treize chapelles; l'hôtel de ville, l'arsenal, le théâtre et la douane; l'aqueduc qui conduit, à une distance d'une lieue, les eaux de la source de Moreira. Plusieurs fontaines sont alimentées par cet aqueduc; la plus belle est celle de San-Lorenzo, située dans un carrefour et ornée de quatre colonnes grotesques d'ordre toscan et de petites colonnes, séparées par des conduits d'eau qui sont au nombre de quatre; le tout est surmonté d'une niche qui attend sa statue.

GARNISON. — Elvas, située sur une hauteur, entre les forts de la Lippe et de Santa-Cruce, possède dans l'enceinte de ses murailles plusieurs quartiers de cavalerie et d'infanterie à l'épreuve de la bombe, où l'on peut loger six à huit mille hommes.

AGRICULTURE. — Le pays est très-fertile; il y a en abondance du bois et du charbon pour le chauffage, puis de nombreux jardins. Dans la vallée de Rio-Seco on distingue une foule de maisons de campagne. Du haut du château fort on jouit d'une vue très-étendue sur une contrée véritablement pittoresque. Le sol produit du blé, de l'orge, du vin et de l'huile.

Campo-Mayor.

Ville de 4,500 âmes, située en Portugal, dans la province d'Alentejo; cette ville forme avec celles d'Elvas et Badajoz une espèce de triangle équilatéral. Les rues de Campo-Mayor sont assez irrégulières et mal pavées; les maisons y sont basses et anciennes. On y remarque une paroisse, deux couvents, dont l'un sert d'hôpital militaire et est sous l'invocation de Saint-Jean-de-Dieu : on cite encore la maison de la Miséricorde. La vallée arrosée par le Caya, remarquable par sa pêche délicate, est peuplée d'une infinité de maisons de campagne; le sol donne en abondance du blé, de l'orge et des légumes.

Alegrete.

Village de 1,200 âmes que l'on rencontre après Aronches. Alegrete est situé à 2 lieues au sud-est de Portalegre, sur un plateau entouré de montagnes. On y remarque une paroisse, quatre chapelles et une maison de Miséricorde. Le pays produit de très-bon vin et d'excellente huile, beaucoup de fruits et de légumes. On y élève des bestiaux ; la chasse y est abondante.

Portalegre.

Cette ville et le bourg précédent sont situés sur l'ancienne route de Badajoz à Lisbonne. Portalegre, qui compte 7,000 âmes, appartient à la province d'Alentejo (Portugal); elle est située sur une montagne, et son territoire est arrosé par plusieurs rivières : la partie du nord est surtout remarquable comme paysage; c'est là que se trouve, avec ses arbres, ses vignes et ses jolies maisons de campagne, la délicieuse vallée appelée Ribera-de-Niza.

ÉDIFICES. — L'église principale est ce qu'il y a de plus remarquable ; sa façade est ornée de deux tours et d'une petite porte avec deux colonnes de marbre ; l'intérieur est formé de trois nefs avec des voûtes soutenues par des colonnes gothiques.

On trouve dans la ville quatre autres églises paroissiales, une maison de Miséricorde, dix chapelles, quatre couvents, un beaterio, un hôpital ; il faut visiter aussi le palais de l'évêque et l'hôtel de ville ou de la députation qui sont bien bâtis. Les rues de la ville sont étroites, tortueuses et rapides ; quelques fontaines leur servent d'ornement.

INDUSTRIE. — Fabrique de draps d'assez bonne qualité.

Gaviaon.

Village de 1,100 âmes appartenant à la province d'Alentejo

(Portugal) et situé à une demi-lieue au sud du Tage, sur un plateau qui domine une campagne assez agréable et plantée d'arbres et de jardins.

Abrantès.

Ville de 5,000 âmes appartenant à la province d'Estramadure (Portugal). Elle est située à un quart de lieue au nord de la rive droite du Tage, sur une hauteur et dans un pays assez accidenté, où l'on voit beaucoup de collines plantées de vignes, d'oliviers et d'arbres fruitiers. A l'est de la ville s'étend une fertile vallée où l'on cultive toute espèce de légumes et beaucoup de melons et *sandias* qu'on exporte à Lisbonne; au sud et sur la rive gauche du Tage, est une autre vallée peuplée de maisons de campagne, de petits villages et de grands bosquets.

CURIOSITÉS. — Abrantès, chef-lieu d'un duché créé par Napoléon Ier en faveur du général Junot, est dominé par un vieux château, autrefois le palais des seigneurs du lieu. Cette ville contient quelques bons édifices; deux ou trois places ornées de fontaines séparent ses rues irrégulières. Parmi les monuments, il faut citer : le couvent de Saint-Vincent, l'un des plus beaux du Portugal; quatre paroisses, dont deux collégiales : la première, composée de trois nefs soutenues par des colonnes ioniques; la deuxième, remarquable par les belles proportions de ses colonnes doriques, de sa façade et de son frontispice; la maison de Miséricorde, l'hospice, trois couvents et plusieurs chapelles.

INDUSTRIE. — La seule industrie de l'endroit consiste dans le commerce d'exportation et d'importation qu'on y fait au moyen de la navigation du Tage qui commence à être possible non loin et au-dessus d'Abrantès.

AGRICULTURE. — Fruits de toute espèce, huile et peu de vin.

Chamusca.

Ville de 3,000 âmes appartenant à la province d'Estramadure (Portugal). Cette ville est située près du Tage. On y remarque une église paroissiale, un hospice, plusieurs chapelles et une maison de Miséricorde. Le pays produit en abondance des céréales, des fruits, des légumes et de l'huile. Le vin de l'endroit est renommé, et les melons passent pour les meilleurs du royaume. Dans les montagnes environnantes, on élève de nombreux bestiaux, surtout des troupeaux de porcs. On y trouve encore beaucoup de ruches d'abeilles, et la chasse y est agréable.

Santarem.

Ville de 8,000 habitants appartenant à la province d'Estramadure (Portugal). Elle est située sur une hauteur à droite du Tage : du côté du nord s'étend une vaste plaine, et à l'est une vallée bien cultivée.

NOTICE HISTORIQUE. — Le nom de cette ville est d'origine mauresque; les Romains l'appelaient *Scalobis* et la surnommaient *Præsidium Julianum*. C'était par Santarem que passait la voie romaine qui unissait Mérida à Lisbonne. Le célèbre peintre François de Hollande dit que, de son temps, on voyait encore les restes du pont sur lequel on passait le Tage en suivant la voie romaine; aujourd'hui il n'en existe aucune trace, pas plus que de la domination des Goths. Le roi don Alphonse VI de Castille enleva cette ville aux Maures en 1093. Retombés au pouvoir des Maures, ses habitants furent délivrés de nouveau en 1147 par le roi don Alonso Enriquez, qui repeupla cette ville; il en fit une résidence royale; cette restauration fut continuée en 1254 par le roi don Alonso III jusqu'à ce que la cour abandonnât définitivement cette ville, sous le règne de don Juan 1er, pour se fixer à Lisbonne.

CURIOSITÉS, ÉDIFICES. — On trouve encore à Santarem les restes de l'ancien mur d'enceinte et du château maure appelé la *Alcazaba*. Santarem contient quelques édifices remarquables et d'anciennes maisons seigneuriales aujourd'hui presque entièrement abandonnées. Il faut encore citer : treize paroisses, dont une collégiale, neuf couvents, une casa di Misericordia, un hôpital, trois hospices, plusieurs chapelles et un séminaire.

La ville est divisée en trois quartiers : la partie supérieure appelée la *Maravilla*; la partie inférieure située à l'est se nomme la *Ribera*, et la partie baignée par le Tage porte le nom d'*Alfange*, à cause d'un côté qui descend en serpentant du quartier de la *Maravilla*.

Virtudes.

Ici, nous arrivons à la première station de la section de notre chemin de fer déjà livrée à la circulation; à partir de cette station, le chemin de fer transporte les voyageurs jusqu'à Lisbonne.

Azambeya ou Azambujeira.

Village de 1,600 âmes appartenant à la province d'Estramadure (Portugal) et situé sur la rive droite du Tage.

Corregado.

Station peu importante.

Villafranca.

Appelée aussi *Villafranca de Jira*. Ville de 5,000 âmes appartenant à la province d'Estramadure (Portugal), non loin de Lisbonne. Cette ville fut, dit-on, peuplée en 1160 par des Anglais qui aidèrent le roi don Alonso Enriquez dans la conquête de Lisbonne. Les Anglais, en souvenir de leur pays, lui avaient donné le nom de Cornualla; elle prit plus tard celui de Villafranca à cause des grands priviléges que lui accordèrent les rois. Villafranca est une ville très-commerçante. On y remarque une paroisse, un hôpital, une maison de Miséricorde et plusieurs chapelles, et dans les îles du Tage on élève beaucoup de chevaux.

Lisbonne (Lisboa).

Pour la description de cette ville, nous renverrons le lecteur à notre ligne maritime, qui termine cet ouvrage.

PREMIERE SECTION.

MADRID A CIUDAD-RÉAL.

SOMMAIRE. — Manzanarès. — Daimiel. — Almagro. — Ciudad-Réal.

Madrid à Villa-Robledo.

Les localités situées entre Madrid et Villa-Robledo nous sont déjà connues, aussi bien que ces deux villes. Nous renverrons le lecteur à notre première ligne.

Manzanarès.

Ville de 10,250 habitants appartenant à la province et à l'archevêché de Ciudad-Réal, située dans une plaine fertile au bord de l'Azner. Il y a un tribunal de première instance, une cathédrale, un couvent de nonnes, un ancien monastère, deux chapelles, un hôpital, un château et une administration principale des postes. La cathédrale, de style gothique, est assez remarquable par son architecture. L'industrie locale consiste en fabriques de draps fins et gros, les seconds à l'usage des laboureurs et des artisans.

Dans les environs, on a découvert des mines d'argent; on y voit aussi les ruines d'une ancienne ville appelée Muros; elles consistent en une vieille tour et quelques murailles. Le pays produit du blé, de l'orge, des légumes, du safran et de l'huile; on envoie dans les provinces voisines beaucoup de bêtes à laine élevées dans la contrée. Le vin de la localité est excellent. Il ne faut pas oublier que nous sommes à 4 lieues de Valdepeñas dont le vin est si bon et que l'on boit à l'ordinaire dans toute l'Espagne. La sierra Morena est dans le voisinage de Manzanarès.

Daimiel.

Ville de 12,500 âmes, l'une des plus importantes de la Manche, appartenant à la province de Ciudad-Réal et au diocèse de Tolède. Elle est située dans une plaine au milieu de la campagne de Calatrava, à 3 lieues de la rivière d'Azner, et est entourée de cinq étangs qui communiquent au fleuve Guadiana. On trouve dans le pays des salines qui sont très-productives.

ÉDIFICES. — Cette ville est moderne; il y a deux paroisses, six chapelles, quatre couvents, dont un abandonné, un hôpital, une place de Toros, une école, des rues larges et droites, trois posadas et quelques maisons de campagne, parmi lesquelles on remarque celle des comtes de Florida Blanca, dont la chapelle est ouverte aux habitants des environs.

INDUSTRIE. — Draps, tuiles, chaux, eaux-de-vie, savons, moulins à olives et à farine.

AGRICULTURE. — Bêtes à laine, troupeaux de porcs, grains, vignes, plants d'olivier, anis, pommes de terre et lin.

Almagro.

Ville de 12,000 habitants, de la province de Ciudad-Réal et du diocèse de Tolède, située dans une plaine exposée à tous les vents, ce qui occasionne quelques maladies dans le pays.

ÉDIFICES. — On remarque comme édifices la maison de ville, un quartier de cavalerie qui occupe l'emplacement du palais des grands-maîtres de Calatrava. Autrefois il existait dans le couvent de Santo-Domingo une université fondée par l'empereur Charles-Quint ; il n'en reste plus aujourd'hui que quelques cours d'enseignement secondaire. On cite encore deux églises paroissiales et l'ancienne église de San Bartolome tombée en ruines ; l'église des Jésuites, dans les tours de laquelle on a transporté les cloches de la tour de San Bartolome, détruite en 1845 ; cette église est vraiment fort belle, et les gens du pays ont fait de grands sacrifices pour sa restauration. La deuxième paroisse est dédiée à la sainte Vierge ; elle fut élevée en 1546 par une concession spéciale du roi. Enfin, il faut citer les chapelles de San Lorenzo, Santiago, San Géronimo, San Blas, San José, San Sébastien et de la Soledad.

Avant la suppression des couvents, on comptait dans cette ville ceux de Saint-François, de Santo Domingo, de San Juan de Dios et de Saint-Augustin. Ce qu'ils offraient de plus remarquable étaient les églises attenantes aux couvents des Dominicains et des Augustins ; ces édifices sont imposants par leur capacité et leur belle architecture. Il y avait aussi des couvents de femmes : ceux de San Bernardo, de San Francisco et de Santo Domingo, enfin celui de Calatrava abandonné en 1815, et dont l'édifice est véritablement important par son architecture. Il se composait d'une série de cloîtres décorés de colonnes et d'ornements en albâtre et en jaspe. Son église, par ses vastes dimensions, était en rapport avec le reste de l'édifice. Sur l'emplacement de l'ancienne église de San Bartolome on a planté la jolie promenade de la *Glorieta*. Enfin la place de Toros se trouve dans l'enceinte occupée autrefois par le couvent de Calatrava.

SITUATION, CLIMAT. — Almagro, ville dont le nom vient de l'arabe et où l'on trouve plusieurs inscriptions mauresques et romaines, est située à 3 lieues de Ciudad-Réal ; son territoire est l'un des plus fertiles de la Manche ; il est arrosé par le Pellejero et par le rio Zabalon. On trouve dans ses environs les eaux minérales de la Nava et trois étangs dont les eaux sont utilisées pour l'agriculture. Il faut encore visiter en dehors de la ville l'ermitage de Notre-Dame des Neiges, où l'on célèbre des fêtes brillantes le 5 août et le 1er octobre de chaque année.

PRODUCTIONS, INDUSTRIE. — Le pays produit en abondance du blé, de l'orge, des légumes, des pommes de terre, du vin et de l'huile. On y élève beaucoup de mules et mulets dont on exporte une grande quantité. On y fabrique du drap pour les vêtements des laboureurs, de l'eau-de-vie, de la chaux, du savon ; il y a deux tanneries, deux glacières et des moulins à farine, enfin les traditionnels moulins à vent de la Manche ; mais l'industrie principale d'Almagro est la fabrication de blondes et dentelles, véritablement renommées en Espagne et dignes de rivaliser avec celles de l'étranger.

Ciudad-Réal.

Ville de 10,000 habitants, capitale de la province du même nom, appartenant à l'archevêché de Tolède. Elle est située par 39° de latitude et 14° 1/2 de longitude, à 160 kilomètres de Madrid et à une demi-lieue du Guadiana. Cette ville a beaucoup perdu de son ancienne splendeur ; elle fut la capitale de la Manche et était renommée par ses riches manufactures. C'est aussi dans cette ville que fut fondée la célèbre société catholique la *Santa-Hermandad*, en 1549, sous le règne de Ferdinand III. Ciudad-Réal fut, dit-on, fondée en 1264, en un lieu appelé le Pozuelo-Seco de don Gil, dans le territoire d'Alarcos, ville dont on voit encore les ruines, et où l'on conserve dans une vieille tour une image miraculeuse de la sainte Vierge. Détruite par le chef maure Mirandin-Aben-Yusef, elle fut rebâtie par Alfonse X, qui l'appela Ciudad-Réal (ville royale). Charles II acheva sa restauration. Dans les temps modernes, elle ne fut célèbre que par le combat où le général Sébastiani défit les Espagnols en 1809.

ÉDIFICES. — On remarque la place de la Constitution, des maisons vastes et bien construites, dix petites places, des rues longues et droites, trois paroisses et deux autres églises, parmi lesquelles on admire celle de la Vierge del Prado, patronne de la ville ; cette église est fort belle, sa nef est spacieuse, et son maître-autel compte quatre ordres d'architecture. Il y avait autrefois à Ciudad-Réal huit couvents ; on y voit un hospice assez beau qui fut fondé par le cardinal de Lorenzana et coûta 1,200,000 réaux. On compte encore sept chapelles, trois hôpitaux, un quartier de cavalerie, des écoles et quelques maisons remarquables.

L'industrie locale est tout à fait tombée ; il ne reste plus aux habitants du pays que les ressources de l'agriculture qui produit du blé, des légumes, du vin, de l'huile et toute espèce de bétail.

DEUXIEME SECTION.

MADRID A BADAJOZ PAR CIUDAD-RÉAL.

SOMMAIRE. — Villaharta. — Ciudad-Réal. — Baldorache. — Piedra-Buena. — Aijon. — Medellin. — Merida. — Peralès. — Talavera-la-Réal. — Montijo. — Badajoz.

Madrid.

Le lecteur voudra bien se reporter à notre première ligne pour avoir la description de cette ville.

De Madrid à Alcazar de San-Juan.

Les localités situées entre Madrid et San-Juan ont été toutes décrites sur le parcours de notre troisième ligne.

Villaharta.

Ce village est peu important.

Ciudad-Réal.

Ville de 10,000 habitants, située à 160 kilomètres de Madrid et dont nous avons parlé précédemment (7e ligne).

Baldorache.

La ligne de chemin de fer suit le cours du fleuve Guadiana depuis cette localité sans importance jusqu'à la ville de Badajoz.

Piedra-Buena.

Ville de 3,000 âmes, appartenant à la province de Ciudad-Réal et à l'archevêché de Tolède. Elle est située dans une plaine entourée de montagnes. On rencontre dans les environs des traces de mines exploitées dans l'antiquité; une des plus célèbres est celle de las Herrerias. Il existe encore dans la montagne de la Rotija une mine d'argent.

Aljon.

Ville dont il n'existe plus que les ruines.

Medellin.

Bourg de 1,700 âmes, appartenant à la province de Badajoz et situé à 24 kilomètres à l'est de Merida.

Cette ville était connue des anciens sous le nom de *Metallinum* ou *Metellinum*, peut-être à cause des nombreuses mines que l'on exploitait dans ses environs; on y trouve d'ailleurs beaucoup d'antiquités et d'inscriptions romaines. Avant la guerre de l'Indépendance, de 1808, cette ville était l'une des plus importantes de cette contrée par son grand commerce de bestiaux et de laines. Elle est d'ailleurs fort ancienne; on y voit deux chaussées romaines, l'une dans la direction de Merida, l'autre allant à Guarena. Le 28 mars 1809, les Français battirent les Espagnols sous ses murs. Medellin fut la patrie de Fernand Cortez, le conquérant du Mexique.

CURIOSITÉS. — On trouve dans cette ville trois églises paroissiales, trois anciens couvents, et, sur la montagne qui la domine, les ruines d'un ancien château. Il y a aussi sur le Guadiana un beau pont de vingt arches.

Merida.

Ville de 5,000 habitants, appartenant à la province de Badajoz et située dans une fertile vallée entourée de montagnes. Elle est baignée au sud par les eaux du Guadiana, qui, se réunissant à celles de l'Abarrejas, forment un demi-cercle autour de ses murs.

NOTICE HISTORIQUE. — Cette ville fort ancienne était connue des Romains sous le nom d'*Emerita Augusta*; c'était la capitale de la Lusitanie; elle avait, dit-on, 6 lieues de circonférence, renfermait une garnison de quatre-vingt mille hommes et possédait sept palais, trois mille sept cents tours, et quatre-vingt-quatre portes. C'était la plus grande cité de l'Espagne romaine. Quelques historiens prétendent qu'elle fut fondée par Tubal, qui l'appela Morat et en fit la capitale des États qu'il légua à ses trois fils, cent quarante-trois ans après le déluge. A l'époque de César-Auguste, cet empereur, après la guerre cantabrique, en fit une colonie instituée au profit de ses meilleurs soldats (*milites emeritos*). Merida fut encore très-célèbre sous les Goths; mais à l'époque de l'invasion des Maures, elle fut complétement détruite. Cette ville fut prise par les Maures en 713 et leur fut enlevée en 1230 par le roi Alphonse IX.

HOMMES CÉLÈBRES. — Merida fut la patrie de sainte Eulalie, martyre; du poëte romain Décianus; de Paulo Diacono, écrivain ecclésiastique du VIIe siècle; de l'historien don Juan Antonio de Vera et Zuniga, et de l'écrivain Baltasar Moreno de Vargas.

ANTIQUITÉS ROMAINES. — Merida est surtout remarquable aujourd'hui par ses antiquités romaines, fort belles et fort nombreuses; en voici l'énumération :

1° Citons d'abord le magnifique pont romain sur lequel on traverse le Guadiana; reconstruit en 1560, il comptait quatre-vingt et une arches et avait près de 1,000 mètres de long. Les Anglais le firent sauter en 1812 à l'époque de la prise de Badajoz.

2° Le cirque romain, fort endommagé par les fréquentes extractions de pierres qu'on y a faites; on l'appelait aussi le cirque de Maxime. On a complétement enlevé les arches qui couvraient les six entrées supérieures. On voit encore les traces de treize entrées inférieures par où le peuple venait prendre part au spectacle.

3° Près du cirque, une naumachie, édifice à peu près de même grandeur, servait pour les spectacles de combats maritimes; il en reste fort peu de chose. On voit encore l'un des deux conduits qui amenaient les eaux dans le bassin principal.

4° L'amphithéâtre du cirque est complétement détruit et remplacé par un jardin appelé la huerta de San-Lazaro.

5° Au milieu de la ville s'élève un magnifique arc de triomphe, construit en pierres de taille et dépouillé du marbre qui l'ornait autrefois. Ce monument, appelé aujourd'hui l'arc de Santiago, était dédié à Trajan.

6° A une demi-lieue de la ville, un grand réservoir appelé la *charca de la Albuera*, reçoit les eaux du lac de Proserpine. C'est une construction romaine. On y fait le lavage des laines, qui sont encore une des branches importantes du commerce local.

7° Il existe un autre réservoir dans le genre du précédent qu'on nomme la *charca de Cornalbo*; c'est encore une construction romaine; elle est même plus remarquable que la précédente.

8° Les restes de l'aqueduc romain connu sous le nom de *los milagros de Albarregas*. L'aqueduc qui sert actuellement est de la même époque. L'autre était une magnifique construction, à en juger par les piliers qu'on trouve encore non loin du pont de l'Albarregas.

9° Dans le lit du Guadiana et près du pont, on voit les restes d'une place qui, dans l'antiquité, dut servir de marché. C'était un pentagone irrégulier.

10° La forteresse appelée *le Couvent*, ancienne résidence royale occupée plus tard par les templiers, jusqu'en 1305. On trouve dans le jardin attenant à cet édifice un bassin (*Algibe*) d'une construction bizarre. Une église était jointe à ce couvent; elle fut transformée en mosquée du temps des Maures, et plus tard les Français la détruisirent pour mieux se défendre dans la forteresse, qu'ils abandonnèrent en 1809. Ce château, outre les eaux de la ville qui y arrivaient, possédait plusieurs citernes, puits et fontaines.

11° Il faut visiter aussi la chapelle de Sainte-Eulalie; on y trouve de très-beaux bas-reliefs, des trophées d'armes du temps des Romains qui donnent une idée très-nette de leur équipement militaire.

12° Enfin on cite encore les restes d'un temple de Diane.

ÉDIFICES MODERNES. — Le pont de l'Albarregas, l'église paroissiale de Sainte-Marie, celle de Santa Olaya, huit anciens couvents, l'hôpital de Saint-Jean-de-Dieu, six chapelles, les prisons et quelques autres édifices assez remarquables, parmi lesquels sont compris les palais des grandes familles du pays.

PRODUCTIONS, INDUSTRIE. — Autrefois on élevait dans la campagne de nombreux troupeaux de bêtes à cornes, de moutons, de chèvres et de porcs. Il y en a encore une assez grande quantité. Le pays produit en outre du blé, de l'orge, de l'avoine, des pois, des fèves, des fruits, de l'huile et du vin assez renommé. On y coupe beaucoup de bois; la chasse y est abondante. L'industrie consiste dans le lavage et la vente des laines. On trouve aussi à Merida deux fabriques de savon blanc. Il existe dans les environs une mine d'argent. Le commerce consiste surtout dans la vente du bétail et particulièrement des troupeaux de porcs; à la foire du 8 février ou à celle de San Bartolome, qui finit le 4 septembre, on compte quelquefois jusqu'à trente mille têtes de bétail.

Perales.

Bourg de 700 âmes, appartenant à la même province, situé sur l'ancienne route de Ciudad-Réal à Badajoz, à moitié chemin de Merida et de Talavera.

Talavera la Réal.

Ville de 3,000 habitants appartenant à la même province; elle était connue des anciens sous le nom de Dippo. Elle est située sur la rive gauche du Guadiana, à 3 lieues à l'est de Badajoz.

ÉDIFICES. — Une église paroissiale, un couvent de religieuses, un hôpital et plusieurs maisons remarquables.

PRODUCTIONS. — On trouve dans le pays de bons pâturages : on y élève des bestiaux; les eaux y sont abondantes, et le sol produit des légumes avec une récolte d'huile et de vin. L'industrie locale consiste en une fabrique de cordons de soie.

Montijo.

De l'autre côté du Guadiana et sur la route de Trujillo à Badajoz, se trouve la petite ville de Montijo, qui compte 7,000 habitants. Elle est située dans une plaine rendue fertile par les eaux abondantes qu'on y trouve, et au milieu d'une contrée divisée en terres de labour et en pâturages. Par Montijo passe la route qui mène du Portugal aux provinces de la rive droite du Guadiana; c'est la station principale de toutes les voitures de roulage et autres qui font ce transit. Cette ville a l'honneur de voir son nom porté par l'impératrice actuelle des Français; elle fut la patrie de don Pedro Porto Carrero et Guzman, patriarche des Indes et auteur du *Téatro monarquico de España*.

ÉDIFICES. — Une église paroissiale, l'une des plus grandes du pays, un couvent de nonnes, un palais et quelques maisons de familles nobles.

PRODUITS. — Le sol, fertilisé par le Guadiana, qui fournit une pêche abondante, produit du grain, des légumes, du lin; on y élève du bétail; on y fait de l'huile et du vin.

INDUSTRIE. — Filatures, tissus de toiles et de laines.

Badajoz.

En repassant le Guadiana, à Merida ou sur la route d'Albuquerque, et en descendant le cours du fleuve, on arrive à Badajoz, ville de 22,200 habitants, située sur le Guadiana, à 293 kilomètres sud-ouest de Madrid : c'est la capitale de la province du même nom. Au confluent du ruisseau Revillas et du Guadiana s'élève une colline à la hauteur de 140 pieds au-dessus des eaux du fleuve; elle est couronnée par un château en ruines. C'est dans l'espace compris entre ce château et le Guadiana que s'étend la ville de Badajoz avec ses fortes murailles, ses bastions, son large fossé et ses ouvrages extérieurs de fortification. Cette ville est placée non loin de la frontière du Portugal, en face des villes fortifiées de Yelves et Campo-Mayor qui défendent le territoire voisin. Elle est protégée par deux forts, celui de San Christobal à l'ouest, et celui de las Pardelaras à l'est; à 8 kilomètres de ses murs se trouve la ligne frontière qui sépare le Portugal de l'Espagne.

NOTICE HISTORIQUE. — Badajoz fut connue des Romains sous le nom de *Pax Augusta*, et des Maures, sous celui de *Belledex* (terre saine). Cette ville fut conquise par les Goths au ve siècle, par les Maures au viiie. Enlevée aux Maures en 1168 par Alphonse Henri, prince de Bourgogne, premier roi de Portugal, elle fut reprise par Ferdinand II, roi de Léon, dont les Maures de Badajoz, ses tributaires, avaient imploré le secours. Alphonse Henri, voulant fuir dans une sortie, tomba de cheval, se cassa la cuisse et fut fait prisonnier. Ferdinand lui rendit la liberté, mais il laissa la ville aux mains des Maures. En 1181, Alphonse Henri la reprit; une trahison la livra bientôt aux Maures. Enfin de 1230 à 1235, ces derniers en furent expulsés pour toujours. En 1705, Badajoz résista aux efforts des Portugais unis aux Anglais dans la guerre de la succession d'Espagne. Le 8 mars 1811, elle fut prise par le maréchal Soult. Les Anglais la reprirent en 1812 après un siége meurtrier.

MONUMENTS. — On trouve dans cette ville une cathédrale qui contient quelques beaux tableaux; elle fut restaurée en 1208 sous don Alonso IX. Cette église est placée sous l'invocation de saint Jean et située sur la place de la Constitution, appelée vulgairement pour cette raison, Campo de San-Juan. Cette cathédrale est très-remarquable par la solidité de ses murs et de ses voûtes, faites à l'épreuve de la bombe: c'est une véritable forteresse. Les peintures en sont renommées; on les attribue à Mateo Cerezo et à Moralès. On cite encore quatre paroisses, treize anciens couvents, cinq hôpitaux, cinq portes, une belle promenade sur les bords du fleuve et le beau pont de vingt-huit arches construit en 1596, sous le règne de Philippe II. La place de la Constitution est bordée de cafés assez beaux et d'élégantes boutiques; on y trouve aussi un théâtre, édifice vaste et bien construit; l'hôtel de ville, dont la façade est plus remarquable par son étendue que par la pureté de son style; une promenade plantée d'arbres, qui est le point de réunion des élégants de la ville. Plus loin, en remontant vers le château, on rencontre la Place haute (*alta*): c'est le marché de la ville. Sur la place Saint-Joseph se trouve la prison; ce qui reste des ruines du château a été converti également en prison. On enferme les personnages de distinction dans la tour et dans la sacristie de l'ancienne église du château. Il faut visiter encore l'hôpital militaire, qui compte deux cent vingt lits; le cimetière, remarquable par ses tombeaux ornés de jaspe et de marbre; sur la place de la Soledad il faut visiter la maison de l'intendance où se trouve la douane. On peut voir encore les couvents de Santo-Domingo et de la Cruz; l'emplacement qui sépare ces édifices forme le champ de mars de la garnison. Sur la place de San-Francisco existe une assez belle promenade, ornée au centre d'un obélisque en marbre et d'une fontaine gothique. Sur le lieu appelé Campo de la Cruz, on voyait autrefois une promenade aujourd'hui fort délaissée; on cite une caserne et la *maëstranza* d'artillerie, fort bel édifice. La ville renferme plusieurs autres casernes et quartiers de cavalerie. On y voit aussi des inscriptions et antiquités romaines. Quelques personnes attribuent aux Romains la fondation du pont dont nous avons parlé.

HOMMES CÉLÈBRES. — Badajoz fut la patrie du rhéteur arabe Abu-Mahamed-Abdalla; du théologien Rodrigue d'Osma del Gado (XVIe siècle); de l'architecte Jean de Badajoz (XVIe siècle); du divin Moralès, célèbre peintre du XVIe siècle; de Jean et Ignace Estrada, peintres du XVIIIe siècle; du médecin Fernandez Bajara, et du poëte Joachim Romero de la Cepeda, auteur dramatique du XVIe siècle.

PRODUCTIONS, INDUSTRIE. — La plus grande partie de ce fertile pays est convertie en pâturages; le sol produit en outre du grain, des fruits, de l'huile et du vin. Malgré le voisinage de deux cours d'eau, les habitants de Badajoz sont obligés, à cause de la situation si élevée de la ville, de faire de nombreuses citernes et réservoirs. L'industrie locale consiste en cuirs battus et savons; dans l'hospice on trouve quelques métiers de toiles ordinaires. Il y a à Badajoz une foire le 20 avril de chaque année.

TROISIÈME SECTION.

MADRID A TOLÈDE.

SOMMAIRE. — Tolède.

Madrid à Castillejo.

Nous n'aurons à donner ici que la description de l'importante ville de Tolède, toutes les autres localités, de Madrid à Castillejo, ayant été visitées et décrites. Le lecteur devra se reporter à notre troisième ligne.

Tolède.

Toletum sous les Romains, ancienne capitale de la monarchie espagnole sous les Goths, en 567, et sous Charles-Quint. Conquise par les Maures en 714, elle devint en 1027 la capitale d'un royaume maure indépendant; elle resta au pouvoir des Maures pendant trois cent soixante et onze ans. Alphonse VI la reprit en 1085. Les Maures l'assiégèrent vainement en 1109, en 1114 et en 1127, mais non sans saccager la campagne environnante. En 1467, sous Henri l'Impuissant, Tolède fut le théâtre des luttes intestines les plus horribles. Elle eut beaucoup à souffrir de ces désordres qui se renouvelèrent en 1641. On en peut juger si l'on compare sa population d'aujourd'hui, qui est de 17,300 habitants, aux 200,000 qu'elle renfermait autrefois dans ses murs. Tolède a encore été célèbre par les dix-sept conciles qu'on y a tenus. Cette ville est encore le siége ecclésiastique du primat des Espagnes. Elle a un gouverneur civil, une administration des rentes, un tribunal de première instance. Elle est située sur un rocher élevé entouré par les eaux du Tage, presque au point central de l'Espagne, à 57 kilomètres sud-ouest de Madrid.

MONUMENTS. — La cathédrale, cette métropolitaine d'architecture gothique, est une des plus belles que l'on connaisse; elle est formée de cinq vaisseaux, soutenus par quatre-vingt-quatre colonnes gothiques, et le sol est pavé de marbre bleu et blanc. Les siéges du chœur excitent l'admiration générale par leurs bas-reliefs. Dans la chapelle Muzarabe, il y a une belle peinture à fresque qui représente la conquête d'Oran. On voit aux fenêtres de l'église les plus beaux vitraux. La première date que l'on connaisse sur la fondation de cette église, est celle de sa consécration qui eut lieu en 630, sous le roi goth Flavio Recanero, comme l'atteste l'inscription d'une colonne, que l'on retrouva en 1591. Cette église devint plus tard une mosquée. Le roi saint Ferdinand la fit bâtir en 1227 telle qu'elle est aujourd'hui. Cet édifice est majestueux ; des ornements gothiques y sont répandus à profusion, mais la façade est irrégulière et trop basse. A côté de cette façade, s'élève une tour carrée dans le genre gothique, très-élevée, et plus loin, un dôme formant une tour beaucoup plus basse, placée au-dessus de la chapelle Muzarabe; un portail, ouvert par trois portes séparées par deux petites tours avec des figures, des moulures et des ornements gothiques, est au centre de cette façade. Il y a deux autres portails latéraux, celui du Reloj (horloge) et du Nino perdido (de l'enfant perdu), ce dernier couvert de bas-reliefs gothiques un peu trop multipliés. On a construit, à côté, une autre tour assez belle où est placée l'horloge. L'autre portail, qui contient bon nombre de statues, ornements, bas-reliefs mieux exécutés que ceux du précédent, s'appelle le portail de *los leones* (des lions). Des portes, plaquées en bronze, avec une grille de fer soutenue par six colonnes de marbre blanc, et ornées de six lions, donnent accès à ce portail. La nef principale de l'église est celle du milieu; elle a 138 pieds d'élévation. L'église a d'ailleurs 348 pieds de longueur sur 174 de large, ce qui est une étendue considérable. Le chœur, placé dans la grande nef, détruit la majesté et l'harmonie des proportions : il forme au milieu de l'édifice comme une muraille de prison et occupe toute la largeur de la grande nef et un quart de sa longueur. Un espace vide le sépare du sanctuaire; le sanctuaire, presque aussi vaste que le chœur, est également fermé sur trois faces. Enfin un grand espace vide sépare le chœur de la grande porte, et un autre, le sanctuaire d'une chapelle située au fond de l'église. Les dehors du chœur sont ornés de statues, de figures et de bas-reliefs. Les siéges, dont nous avons parlé, et qui forment deux rangs de stalles, soixante et un au premier, cinquante au second, sont l'œuvre des sculpteurs Alexandre Berruguet et Philippe de Bourgogne. On y voit, au-dessus du siège de l'archevêque, une belle Transfiguration en marbre, ouvrage de Berruguet. Il faut remarquer les trois pupitres et la grille argentée qui ferme l'entrée du chœur. La *capilla mayor* du sanctuaire est fort riche en ornements; l'or y abonde peut-être avec trop de profusion. On montre la statue du pâtre qui servit de guide au roi Alphonse VIII à la bataille de las Navas, et celle du Maure Alfagui qui apaisa Alphonse VI, irrité de ce que la reine Constance et l'archevêque Bernard avaient converti en église la mosquée qui devint plus tard cette cathédrale. Dans le sanctuaire on voit les mausolées d'Alphonse VII et de son fils l'infant don Pedro Sanche et du cardinal Mendoza; ce dernier est le plus beau. Il ne faut pas oublier les deux chaires situées de chaque côté de ce sanctuaire. Le maître-autel, trop chargé de sculptures, est pourtant remarquable par sa majesté et son ancienneté. Un autel fort élevé, placé derrière ce dernier, s'appelle le *transparent*, à cause d'une ouverture qu'on a pratiquée pour l'exposition du saint sacrement. Cette masse confuse de marbre, de statues, avec un groupe représentant la Vierge entourée d'anges et de saints, produit un effet désagréable. On trouve un beau saint Antoine non loin de cet autel. La chapelle Muzarabe, dont nous avons parlé, a été fondée par le cardinal Ximénès. La chapelle Saint-Pierre fut restaurée en 1791; le vaisseau est gothique. On voit au maître-autel un beau saint Pierre de Vallego; les rétables des autels de cette chapelle sont en marbre précieux. La chapelle de los Reyes nuevos (rois nouveaux) renferme les mausolées d'Henri II, fils naturel d'Alphonse II, qui détrôna Pierre le Cruel, son frère naturel; celui de la reine Jeanne, celui du roi Jean Ier et de la reine Eléonore sa femme, ceux du roi Henri III, fils de Jean Ier et de Catherine, sa femme. Il y a encore dans cette chapelle la statue de Jean II, et une Crèche, remarquable tableau d'Orrente. Dans la chapelle de Saint-Jacques, on voit deux tableaux assez beaux, un saint Antoine de Padoue et un saint Vincent Ferrer, et trois mausolées importants : celui de Jean Zerezuela, archevêque de Tolède, mort en 1642, est fort beau ; celui d'Alvarez de Luna, favori de Jean II, connétable de Castille, premier ministre, que son roi fit périr en 1452 à Valladolid sur un échafaud, ne l'est pas moins ; il est orné de quatre statues à genoux. La statue du connétable est couchée ; il est revêtu des insignes de l'ordre de Saint-Jacques dont il était grand-maître ; on voit à côté le tombeau de Jeanne Pimentel, son épouse. La chapelle de Saint-Ildefonse est fort riche. C'est un carré octogone, orné à chaque face de deux colonnes cannelées avec des dorures sur les colonnes et sur les arcs de la voûte qu'elles soutiennent. Il y a en outre quatre niches formées de deux colonnes et d'un arc, chacune d'un genre différent, à chaque angle de cette chapelle ; le tout est également doré. L'entrée principale est assez riche et en marbre blanc ; on y voit un beau tableau de saint Ildefonse. Elle renferme les mausolées en marbre du cardinal Alborno ; de Jean de Contreros, comme le précédent, archevêque de Tolède ; de Carillo de Mendoza, vice-roi de Sardaigne, et de l'évêque d'Avila, Alphonse de Albornos. La chapelle de Notre-Dame *del Sagrario* (du tabernacle) est formée de trois chapelles : celle de Sainte-Marie, celle de la Vierge où est une image très-vénérée à Tolède, et celle de l'*Ochavo*. La seconde de ces chapelles est d'ordre composite ; elle est ornée et pavée avec des marbres blancs, rouges et bleus ; il y a huit pilastres faits des mêmes marbres avec des chapiteaux dorés. Le dôme de la voûte a été peint à fresque par Cayes et Carducho.

Le maître-autel est fort beau ; il a deux corps d'architecture, et on y voit les mêmes marbres que précédemment. Le premier corps est de quatre pilastres avec une niche dans le milieu, formée par un arc de marbre blanc ; le second corps est composé de deux pyramides séparées par deux pilastres que surmonte un couronnement de marbre blanc (1). La troisième chapelle est octogone ; on y voit beaucoup de niches très-ornées,

(1) M. de Laborde, *Histoire de l'Espagne*.

On y conserve de nombreuses reliques dans des reliquaires dont plusieurs sont enrichis de pierres précieuses. Il y a un Enfant Jésus tout en or, un petit autel de porphyre, un trône d'argent avec une statue de la Vierge, un brasero d'argent de cinq pieds de hauteur avec le couvercle. Cette chapelle est un véritable trésor; elle est décorée avec de beaux marbres, et on y admire les peintures de Ricci et de Carreno. Il y a, à côté de la cathédrale, un beau cloître où l'on voit des colonnes gothiques et des arcs qui s'ouvrent sur un jardin; autrefois les murs de ce jardin étaient recouverts de fort belles peintures que l'humidité a détruites. On les a remplacées par quelques fresques de Maella et de Vallego. Dans la salle capitulaire, il y a une série de portraits des archevêques de Tolède. Aux archives, les caisses qui contiennent les papiers du chapitre ont été sculptées avec beaucoup de soin par Berruguet. Dans la première pièce de la sacristie, on trouve un saint Pierre crucifié peint par Eugène Cajes, un saint André crucifié, de Vincent Carducho; dans la seconde pièce, d'ordre corinthien avec deux rangs de pilastres et des pavés de marbre blanc et rouge, on voit un Déluge peint par Basan, une Assomption, un tableau représentant les apôtres, un saint Augustin et plusieurs tableaux d'Orrente, une Naissance du Christ, une Adoration des Mages et une sainte Léocadie ressuscitée : c'est le chef-d'œuvre de ce peintre. Enfin, Luc Jordan a décoré la voûte de peintures à fresque. La pièce du *vestuario* renferme aussi de bons tableaux peints par Basan, Van-Dick, Rubens, le Greco, Fiori et Bellino. Le trésor de l'église, qui se trouve dans les pièces voisines, est d'une grande magnificence. On y remarque surtout quatre sphères représentant les quatre parties du monde et un beau tabernacle gothique en argent doré. Cette cathédrale possède en outre une bibliothèque qui contient un grand nombre de manuscrits précieux et de livres très-anciens, entre autres une Bible à vignettes du XIIe siècle, donnée par saint Louis, roi de France; la plupart des manuscrits furent achetés à Rome par le cardinal Lorenzana; les plus curieux sont : un Talmud composé de feuilles de palmier, un Coran, le Livre d'Esther; un livre d'heures de Charles-Quint, écrit en français, et quelques livres chinois; une défense des Jésuites écrite en latin, imprimée en Chine sur papier de soie; le missel de saint

Grégoire, manuscrit composé en 983 par le moine Florenzio à Valloria, en Castille; une Bible manuscrite que san Servando, évêque d'Exila, écrivit en 988; elle a appartenu à la cathédrale de Séville; un livre de chœur, illustré par Jean de Salazar à la fin du XVIe siècle; beaucoup de livres italiens; la seule traduction en vers italiens qu'on possède des comédies d'Aristophane, et le meilleur exemplaire des œuvres de Pline le naturaliste. Tous ces livres et ces manuscrits font de cette bibliothèque une des plus belles collections de ce genre. Parmi les autres monuments de Tolède, on remarque l'église des Carmes. On voit au maître-autel quelques bonnes peintures de la jeunesse d'Antoine Arias et deux mausolées renfermant les cendres de deux Ayala. Sur les murs de l'église de Saint-Jean-des-Rois, on remarque les chaînes et les fers que portaient les chrétiens esclaves à Grenade. On trouve encore quelques bons tableaux dans l'église des Capucines, et dans celle de Saint-Pierre, martyr. Dans l'ancienne église des Jésuites fut enterré le célèbre historien Jean Mariana; on eut beaucoup de peine à retrouver sa sépulture en 1837, car l'établissement des Pères avait passé aux mains d'autres propriétaires et était devenu une maison de simple particulier. Dans l'église des Carmes déchaussés, on remarque une statue de la Conception et un tableau qu'on attribue au Dominiquin. On visite encore le palais construit par don Diégo de Vargas, secrétaire d'État de Philippe II à la fin du XVIe siècle. Cet édifice, connu sous le nom de *Casa de los Vargas,* est situé sur les remparts, près de la porte Cambron, dans une belle position. La façade, d'ordre corinthien, était construite en marbre; on y voyait un beau portail avec deux colonnes doriques cannelées, une cour spacieuse avec deux rangs de galeries et un superbe escalier.

L'Alcazar, le palais des rois, qui a coûté des sommes fabuleuses pour sa reconstruction, est tombé presque entièrement en ruines après la guerre de l'Indépendance. Sa dernière restauration est due au cardinal Lorenzana; cet édifice est situé au point culminant de la ville. A la porte on voit deux statues en terre cuite représentant les deux plus grands rois goths de l'Espagne, Recaredo 1er, mort en 620, et Resesvinto, mort en 672. La façade du palais a 168 pieds de long et trois rangs de huit fenêtres avec un attique à chaque fenêtre. Aux extrémités de cette façade s'élèvent des pavillons carrés qui avancent sur la ligne de la façade. Le portail placé au milieu, était formé d'un arc orné de quatre colonnes ioniques et d'une inscription; il conduisait à un grand vestibule qui menait lui-même à une belle cour entourée d'un double portique soutenu par soixante-quatorze colonnes en pierre de taille. La chapelle était très-simple; le grand escalier, assez beau, était également en pierre de taille. Les souterrains de l'Alcazar avaient la réputation de contenir deux écuries assez grandes pour loger plus de cinq cents chevaux.

L'hôpital de Sainte-Croix fut fondé par le cardinal Mendoza, sur l'emplacement d'un ancien palais des rois goths; on y a étalé un grand luxe d'architecture, de sculpture et de peinture. On y voit un beau portail, un superbe escalier de marbre et deux grandes cours à double rang de portiques; l'église de l'hôpital a la forme d'une croix et est ornée d'un dôme. Il y a six grands tableaux dans la nef : on les attribue à Rubens; il y a aussi une belle copie du supplice de saint Pierre, par le Guide. L'hôpital de Saint-Jean-Baptiste, situé hors de la ville, vis-à-vis la porte Visanja, est mieux placé que le précédent avec lequel il rivalise par ses richesses de toute espèce. La façade est médiocre; mais en entrant dans le vestibule, on trouve un beau portique qui s'ouvre sur deux grandes cours assez belles et ornées de galeries. Cet ensemble est fort majestueux. L'église de cet hôpital a une façade dorique en marbre blanc et un dôme de 180 pieds d'élévation dans lequel est placé le mausolée du fondateur; on trouve dans l'église quelques bonnes peintures. Le palais archiépiscopal et l'hôtel de ville sont sur la même place. Dans l'escalier de l'hôtel de ville, on trouve les portraits de Charles II et de sa femme peints par Carreno, et une vue de Tolède, grand tableau du Greco. Il y a encore sept hôpitaux et trois établissements pour l'éducation des jeunes filles riches. Depuis quelques années on a transporté dans cette ville le grand collége militaire.

La ville s'ouvre sur une campagne accidentée et arrosée par le Tage, par trois portes principales, celle de Cambron, celle de Bizaga et la porte Neuve. On passe le fleuve sur deux ponts en pierres dont l'un, d'une seule arche, s'appelle le pont d'Alcantara; *alcantara* signifie le pont, en arabe : voilà comment la différence de langage introduit des pléonasmes dans la conversation.

Les Romains avaient élevé à Tolède des monuments nombreux; on y trouve quelques fragments de portique, les restes d'un ancien cirque du côté de la porte de Cambron, et, vis-à-vis de l'Alcazar, ceux d'un aqueduc qui, passant au-dessus du Tage, portait l'eau des montagnes jusqu'à la hauteur du palais. On montre encore la grotte d'Hercule qui semble être un ouvrage de la nature. Enfin on y voit un reste de voie romaine appelée aujourd'hui *Via de la Plata*. Tolède a deux promenades un peu éloignées. Jadis le Tage y était navigable; c'était en 1598, des barques allaient de Tolède à Lisbonne. Tolède fut autrefois célèbre par ses manufactures et par ses excellentes fabriques d'armes blanches. Cette dernière industrie est presque abandonnée aujourd'hui; cependant depuis quelques années elle semble s'être relevée, car on a rétabli dans un vallon du Tage, à quelque distance de la ville et dans un établissement assez beau, l'ancienne manufacture d'épées. Il y a une industrie particulière à Tolède, les *artecilleros* : ce sont les chercheurs d'or du Tage, qui roule dans son sable des paillettes assez abondantes de ce métal trop estimé.

PERSONNAGES CÉLÈBRES. — Tolède fut la patrie des saintes Erménégilde, Leucadie, Casilde, de saint Ildefonse, du botaniste arabe Joléus Joli, du mathématicien Abraham Zalaké, de l'astrologue Ali-Albucazem, du théologien ascétique Alphonse de Andrada, du jurisconsulte Coravubius, surnommé le Barthold espagnol; de Christophe Royas, écrivain militaire; du naturaliste François Hernandez, du poëte Baltazar Eloi de Médinilla, de l'historien Jérôme de la Higuera, de l'architecte Monégo, du peintre Blaise del Prado, des deux sœurs Ange et Louise Gigé : la première, célèbre poëte et grande musicienne; la seconde, très-versée dans les langues orientales : on lui attribue une lettre au pape Paul III, écrite en grec, en hébreu, en arabe et en syriaque.

Le climat de Tolède est peu agréable : les chaleurs y sont excessives. La ville manque d'eau; elle n'a ni puits ni fontaines.

QUATRIEME SECTION.

LISBONNE A CINTRA.

SOMMAIRE. — Cintra.

Ce chemin de fer, qui n'a que 5 lieues d'étendue, a été construit pour le seul agrément des habitants de Lisbonne, qui vont pendant la belle saison, imitant en cela les Parisiens et autres habitants des grandes villes, chercher les plaisirs champêtres dans la délicieuse vallée qui se déroule entre l'Océan et la gracieuse Cintra.

Cintra.

Ville de 4,000 âmes appartenant à la province d'Estramadure (Portugal); elle est située à 5 lieues à l'E. N.-O. de Lisbonne, au commencement de la fameuse chaîne de montagnes qui porte son nom, et de la délicieuse vallée arrosée par la petite rivière de las Manzanas.

CURIOSITÉS. — Il faut visiter le palais, où il y a d'excellentes peintures; il est situé dans un parc réservé qui est orné de belles fontaines et s'étend jusque dans la montagne. La cour y fait de très-belles chasses. Dans une des salles du palais, on trouve des peintures représentant les armoiries de toutes les familles nobles de Portugal. Ce palais servit longtemps de prison au roi don Alonzo IV. Non loin de Cintra, aux portes de la ville, on rencontre deux couvents, dont l'un est situé sur un rocher isolé; à l'ouest de ce dernier et à une lieue dans la montagne, s'élève un troisième couvent placé dans un site véritablement pittoresque; enfin, à une lieue de distance, dans la partie occidentale de la montagne, on voit près de la mer et du cap de la Roca, le couvent de la Pena, et le sanctuaire de la Penina; cet ermitage, composé d'une église assez belle et d'une ferme, est assis sur un groupe de rochers dans une assez jolie position.

En se rapprochant de Cintra, on trouve d'autres maisons de campagne et un autre couvent, et si l'on veut descendre la montagne de Cintra, en s'éloignant de cette ville, et en suivant pendant une lieue et demie le large fossé qui mène à Cololes, on arrive dans la partie de ce pays qui a fait la célébrité de Cintra : célébrité bien méritée et que l'on comprend en voyant les jolies maisons de campagne qui ornent ce paysage, les cours d'eau qui y tracent leurs sillons d'argent, les bosquets, les jardins qui sont comme la parure de cette gracieuse vallée, et enfin, le soleil du Midi, ce pinceau inimitable de la nature qui ajoute à ce riant tableau l'éclat des plus vives couleurs.

On compte encore à Cintra quatre églises, plusieurs chapelles, une maison de Miséricorde et un hôpital.

PRODUCTIONS. — Toute espèce de fruits, et surtout beaucoup d'oranges et de citrons.

CINQUIÈME SECTION.

ALDEA-GALLEGA A VENDAS-NOVAS.

SOMMAIRE. — Aldea-Gallega. — Vendas-Novas.

Aldea-Gallega.

Ville de 4,000 âmes appartenant à la province d'Estramadure et à la Comarque de *Setubal* (Portugal), à l'embouchure du Montijo et au fond du golfe formé par les bouches du Tage. On y voit une belle jetée où viennent aborder de nombreuses embarcations dont la plupart font le trajet de Lisbonne. Aldea est un séjour très-agréable. La plaine qui environne cette ville est plantée de vignes et de bouquets d'arbres ; on y voit aussi un grand nombre de maisons de campagne. Sur les rives du Montijo on trouve quelques salines.

CURIOSITÉS. — Une église paroissiale, un hospice et plusieurs chapelles. A trois quarts de lieue d'Aldea, sur une petite hauteur qui domine la vallée du Tage, se trouve située la jolie chapelle de Notre-Dame-de-Atalaya. La dévotion attire en ce lieu une foule de pèlerins depuis l'époque de Pâques jusqu'au mois d'octobre.

AGRICULTURE. — Vignes et bois de sapins.

Vendas-Novas.

Station qui termine ce petit chemin de fer aux confins des provinces de Alentejo et Estramadure, en Portugal, et sur la route de Montemor et de Evora, capitale de la province d'Alentejo, et l'une des villes les plus importantes du Portugal.

SIXIÈME SECTION.

LISBONNE A PORTO.

SOMMAIRE. — Lisbonne. — Thomar. — Pombal. — Coïmbre. — Porto.

Lisbonne.

Voir la ligne maritime à la fin de cet ouvrage.

Quoique cette ligne de chemin de fer soit exclusivement portugaise, nous ferons la description des principales stations, car nous avons voulu rattacher les chemins de fer portugais au grand réseau des chemins de fer espagnols comme l'indiquent la logique et la géographie. Que ne pouvons-nous ainsi rattacher à la couronne d'Espagne ces belles provinces de Portugal qui en furent si maladroitement séparées en 1640! L'Espagne, avec Lisbonne pour capitale, reprendrait vite ce rang de grande puissance européenne, perdu uniquement par les fautes de ses hommes politiques, et par le système de colonies éloignées, toujours fâcheux dans les pays qui manquent déjà de population. Cette annexion peut seule relever l'Espagne. La France, qui n'a pas d'intérêts opposés à ceux de sa voisine, ne pourra qu'y prêter son concours en continuant une politique qui est la vraie, celle de l'agrandissement des nations latines dont elle est la sœur aînée. Puissions-nous voir bientôt ce beau rêve s'accomplir, dût notre cousine Albion ne s'en consoler jamais!

Thomar.

Ville de 4,000 âmes, capitale de la Comarque de son nom et faisant partie de la province d'Estramadure, en Portugal. Cette ville est située à 23 lieues au N.-E. de Lisbonne et à 2 lieues au nord de la rive droite du Tage. Thomar passe pour occuper l'emplacement d'une ancienne ville gothique appelée *Nabaucea*, qui était située sur les bords du Nabaon.

CURIOSITÉS. — Dans la partie occidentale et la plus élevée de Thomar, on trouve un beau couvent remarquable par son architecture ; les chaises et siéges du chœur ont été faits d'après des dessins de Buonarota, et les livres du chœur ont été illustrés par le célèbre peintre français de Olanda, contemporain de Raphaël. On cite encore dans la ville trois couvents, deux paroisses, plusieurs chapelles, un hôpital, une maison de Miséricorde et plusieurs fontaines. On y voit encore un bel aqueduc et une immense filature de coton située sur la rive du Nabaon : c'est un des plus beaux établissements du royaume ; il est dirigé par une société de commerçants de Lisbonne.

AGRICULTURE. — Grains, vin, huile. Chasse et pêche abondantes.

Pombal.

Ville de 5,000 âmes, appartenant à la province d'Estramadure (Portugal) ; elle est située à 25 lieues de Lisbonne et à 3 lieues de l'Océan sur la route royale de Lisbonne à Coïmbre. Le nom de cette ville fut rendu célèbre par le fameux marquis de Pombal qui y mourut. Pombal a appartenu successivement à l'ordre des Templiers et, en 1357, à l'ordre du Christ. En 1181 don Gualdui Paez, grand-maître des Templiers, donna de grands priviléges à cette ville. Il fit élever aussi le château dont on voit encore les ruines.

MONUMENTS. — On trouve non loin du château une église bâtie en pierre de Coïmbre et d'un très-bon style ; on y voit quelques ornements et des statues travaillées d'après la manière de Berruguete. Des trois paroisses de la ville, il en est une fort ancienne et qui fut le théâtre de la réconciliation du roi Denis et de son fils en présence de la reine sainte Élisabeth. Il faut encore citer un couvent, plusieurs chapelles, une maison de Miséricorde et le pont jeté sur l'Arunca.

INDUSTRIE. — Fabrique de chapeaux fins. Grand marché tous les dimanches et tous les jours de fête.

AGRICULTURE. — Blé, orge, maïs, toute espèce de légumes, vin et huile, deux récoltes annuelles.

Coïmbre.

Ville de 12,000 âmes, appartenant à la province de la Beyra (Portugal). C'est la capitale de la Comarque et de l'évêché du même nom. Elle est située à 17 lieues de la mer et à 32 de Lisbonne, sur la rive droite du Mondego et sur une colline qui, placée au nord, offre à la ville un abri sûr et agréable, d'où la vue s'étend sur la rivière, sur la vallée et sur la campagne voisine; le terrain est accidenté et planté d'oliviers, de vignes et d'arbres fruitiers.

CURIOSITÉS. — Cette ville fut la patrie du poëte don Francisco de Saa de Miranda. On voit à Coïmbre d'assez beaux édifices. L'université de Coïmbre est l'établissement le plus ancien du royaume. On y trouve des chaires de mathématiques, de science naturelle, de langues orientales, de théologie, de droit et de médecine; il y a aussi un jardin botanique, un laboratoire de chimie, un observatoire, un cabinet d'histoire naturelle et une riche bibliothèque. Il faut encore citer la cathédrale, huit paroisses, dont cinq collégiales, huit couvents, dix-huit collèges ou pensions (les collèges d'Espagne et de Portugal comptent peu d'élèves), une maison de Miséricorde, un séminaire, un hôpital. Un aqueduc construit avec les deniers publics alimente les nombreuses fontaines de la ville. Enfin, citons le pont du Mondego, peut-être l'un des plus curieux de l'Europe. La ville possède aussi quelques grandes places : dans la partie la plus élevée, celle de l'Université et celle du marché ; dans le milieu, la place principale, et dans la partie basse, celle de Samson.

AGRICULTURE. — Céréales de toute espèce. Pêche abondante dans le fleuve.

Porto ou Oporto.

Ville de 90,000 habitants, possédant un port de mer assez bon. Nous en ferons la description dans notre voyage maritime, (6ᵉ annexe).

HUITIÈME LIGNE.

MADRID A LA COROGNE.

SOMMAIRE. — Dueñas. — Palencia. — Sahagun. — Mancilla. — Villarente. — Léon. — Astorga. — Bembibre. — Pouferrada. — Puente de Domingo. — Quiroga. — Monforte de Lemos. — Chantada. — Puerto-Marin. — Lugo. — Astariz. — Guitriz. — Betanzos. — La Corogne.

De Madrid à Valladollid.

Nous avons déjà visité et décrit toute cette partie de notre huitième ligne, en parcourant le chemin de Bayonne à Madrid (1re ligne).

Dueñas.

Cette ville est le point d'intersection des chemins de fer de Bayonne et de la Corogne; elle a été décrite également à notre première ligne.

Palencia.

Capitale de la province du même nom, siége principal. Cette ville, située sur les bords du Carion, qu'on y passe sur un grand pont en pierre et sur un autre pont appelé *los Puenti-cillos*, contient 12,800 habitants.

NOTICE HISTORIQUE. — Palencia est célèbre par les nombreux conciles tenus dans ses murs; les Cortès de 1312 s'y réunirent pour nommer une régence au roi mineur Alphonse XI. Ce fut le signal des guerres civiles qui éclatèrent à cette occasion entre les grands du pays, jaloux d'obtenir cette régence. On cite un trait glorieux des femmes de ce pays qui mirent en fuite une armée anglaise à l'époque de don Pedro le Cruel. Le roi don Juan I*er*, en mémoire de ce fait d'armes, leur accorda le droit de porter, comme les nobles, des bandes d'or à leur coiffure. On montre dans cette ville un lieu célèbre par un tournoi et des fêtes qu'on y donna en l'honneur de Charles-Quint; ce lieu est l'Ile des Jardins, appelée à cette époque *Floresta de don Diego Osorio*. Enfin, comme preuve de l'antiquité de Palencia, on remarque à la porte de Valladolid, dans cette muraille fort ancienne qui entoure la cité et du côté de la porte du marché, une pierre sépulcrale qui date des Romains. Elle indiquait le tombeau du fils de Pompée.

MONUMENTS. — La cathédrale est d'architecture gothique et fort belle; derrière le chœur est la grotte qu'habita San Antonin dont on conserve le corps avec vénération dans cette église. L'hôpital, fondé sous l'invocation du même saint, est un établissement fort important; l'hôpital Saint-Lazare, fondé par le Cid Campéador dans la maison habitée par ce guerrier célèbre; le palais de don Sanche, celui de l'évêché situé sur les bords de la rivière; le séminaire.

CLIMAT, SITUATION, PRODUCTIONS DU PAYS. — Cette ville, située au milieu d'une vaste plaine et dont les rues sont larges, bien tracées, et les maisons assez belles, quoique seulement de deux étages, contient encore quelques édifices habités par les autorités de la province; plusieurs églises qui servent de paroisses et qui ont certains priviléges pour les fonts baptismaux; quatre fontaines publiques, de belles promenades et un boulevard extérieur planté d'arbres. L'industrie locale consiste en manufactures de tissus de laine. On fabrique dans ces établissements un grand nombre de couvertures de laine que l'on vend dans toute l'Espagne. Le pays produit du blé en abondance. Palencia est le point d'intersection des chemins de fer de Santander et de la Corogne.

Sahagun.

Ville de 5,000 habitants, située au milieu d'une belle vallée fertilisée par les eaux de la Saha (d'où vient probablement le nom de la ville), et par celles du Valderadueyl. Cette ville reçut plusieurs noms en mémoire de San Facundo qui souffrit le martyre dans la ville de Cea, située à 2 lieues de Sahagun.

HOMMES CÉLÈBRES. — Jean de Sahagun, écrivain religieux et moine; le professeur Ponce, qui inventa un alphabet pour les muets, et le professeur Perez Quintanilla.

CURIOSITÉS. — On trouve à Sahagun quelques antiquités et les restes de son ancienne muraille et de son vieux château. Le monument le plus remarquable de l'endroit est l'abbaye royale de Saint-Benoît dont l'église est fort belle; elle est située aux environs de Sahagun. On attribue sa fondation au roi don Alonso III et sa restauration à don Alonso VI. Ce dernier monarque y fut enterré avec ses cinq femmes. Il faut encore citer l'église paroissiale, le couvent des Bénédictins, celui des missionnaires de la Conception, celui des Bénédictines, deux hôpitaux, dont l'un fut fondé par le roi de Léon pour les pèlerins qui allaient à Saint-Jacques de Compostelle.

INDUSTRIE. — Ceintures de laine et de toile; moulins à farine et à huile; foire le 28 septembre.

AGRICULTURE. — Belles avenues plantées, bois de construction. Céréales, légumes, fruits, lin et vins de qualité inférieure. Pays très-peuplé.

Mancilla.

Appelée aussi *Mancilla de las Mulas*, village de 700 âmes, appartenant à la province de Léon, situé dans une plaine arrosée par la rivière Esla. On y remarque trois paroisses, un couvent d'Augustins et non loin du village un monastère de Bernardins. Mancilla possède des restes de murailles assez anciennes. On traverse l'Esla sur un pont remarquable.

AGRICULTURE. — Climat humide et peu sain. Céréales, légumes, vins, pâturages, bêtes à cornes, moutons et porcs. Marhé tous les mardis de carême. Grand marché de mulets le 11 novembre de chaque année.

Villarente.

Village de 200 habitants situé non loin de la rivière *Porma*, que l'on y passe sur un très-beau pont de dix-huit arches, à 12 kilomètres de Léon. Il y a à Villarente une paroisse, une belle hôtellerie et un hôpital assez riche, pour les pèlerins.

Léon.

Capitale de la province du même nom, ville de 10,000 habitants, située entre les rivières Torio et Bernesga qui se réunissent pour former l'Esla.

NOTICE HISTORIQUE.—Cette ville, ancienne capitale du royaume de Léon, fut fondée sous les Romains, qui l'appelaient *Legio septima Germanica*, parce qu'elle était le lieu de campement de la septième légion germanique. L'évêché de Léon possède un privilége tout particulier qu'il tient des rois goths, c'est de relever sans intermédiaire de la juridiction immédiate de Rome. Léon fut résidence royale jusqu'au XIIIe siècle. Ce fut la première cité importante prise par les Chrétiens sur les Maures; capitale du premier royaume catholique d'Espagne. Le vaillant Pélage s'en empara l'an 722, la fortifia et en fit le boulevard infranchissable des chrétiens contre l'invasion musulmane. Le roi Ordono Ier peupla cette ville des vétérans de son armée auxquels il donna des fiefs. Dans les Cortès de l'an 1020 on décida, pour augmenter sa population, d'en faire un lieu d'asile pour tous les fugitifs du royaume. En 1135, on y fit de grands embellissements, et, en 1349, le roi Alonso XI y ouvrit les dernières Cortès de Léon.

MONUMENTS.—La cathédrale de Léon est l'une des plus belles d'Espagne. C'est un monument gothique. Comme dit le proverbe: la cathédrale de Séville est remarquable par sa grandeur (*Sevilla en grandeza*), celle de Tolède par sa richesse (*Toledo en riqueza*), celle de Saint-Jacques-de-Compostelle par sa solidité (*Compostela en fortaleza*), mais celle de Léon l'emporte sur les précédentes par l'élégance, la grâce et la légèreté de sa construction (*Leon en sutileza*). Cette église n'est pas entièrement gothique : elle participe du style oriental par le grand nombre de ses piliers, de ses arcs, de ses voûtes, de ses fenêtres en ogive et de ses arcs-boutants. C'est un édifice d'une grande hardiesse : on lui donne plus de 120 pieds de haut sur 300 de long et 128 de large. Les fondations sont des murs qui n'ont qu'un pied et demi d'épaisseur, et cependant depuis plus de cinq cents ans ils supportent ce monument. On voit dans cette église les châsses de saint Isidore et de saint Vincent. La première fut donnée au roi Ferdinand dans le IXe siècle par le roi maure de Séville. On transporta le saint en procession jusqu'à Léon, et on le plaça dans une châsse de vermeil sur l'autel de Saint-Jean-Baptiste. Le chapitre de cette cathédrale avait l'honneur de compter parmi ses membres les marquis d'Astorga et les rois de Castille. Dans le chœur des chanoines de Saint-Isidore, l'exposition perpétuelle du Saint-Sacrement dure depuis le VIIe siècle, en mémoire d'un concile tenu en ce lieu contre les Ariens. Parmi les autres monuments on cite : le couvent de San Marco, celui de Saint-Augustin, l'hôtel des comtes de Luna, la Casa de la Ciudad dont la façade est assez belle, l'ancien palais des rois dont on a fait une fabrique, le palais des Guzman entouré de fortes murailles ; on y voit un beau portail. Enfin il faut visiter l'une des portes de la ville ornée d'une statue du roi Pélage ; ce fut autrefois une prison célèbre.

SITUATION, CLIMAT, PRODUCTIONS, ENVIRONS. — Léon est aujourd'hui une ville ouverte ; son ancienne muraille fut en partie détruite par la nécessité d'étendre sa population ; on y voit une assez belle place appelée la *plaza Mayor*, et cinq autres places où se tiennent les marchés. Il y a un théâtre qui n'a rien de remarquable. Cette ville est peu commerçante. Le pays environnant, quoique fertile, n'est pas cultivé suffisamment ; on y récolte surtout des légumes, du fruit, du lin, et on y conserve d'excellents pâturages. Dans les environs on trouve des carrières de marbre gris.

Astorga.

Elle contient 4,800 habitants; elle est située à la rencontre de deux vallées où l'on descend des montagnes de Galicie et de Castille. Cette ville s'est distinguée pendant la guerre de l'Indépendance par sa belle résistance. Napoléon y entra le 1er janvier 1809. C'est là qu'il arrêta sa marche toujours victorieuse. On voit encore dans cette ville les ruines du château des anciens marquis d'Astorga. On visite aussi le château des comtes de Benavent, bâti sur un rocher, au milieu du lac Sanabria, en dehors de la ville. Ce lac a 1 lieue de longueur sur 2 kilomètres de largeur; il est traversé par la rivière Tuerto avec tant de rapidité qu'il s'y forme, dit-on, des vagues aussi fortes que celles de la mer.

En fait de monuments, on remarque à Astorga la cathédrale, église gothique ayant un beau maître-autel et une belle sacristie; un monument d'élégante construction situé sur la *plaza Mayor* et qu'on appelle las Casas consistoriales, et deux hôpitaux. Enfin, après avoir aperçu les villages de Rado del rey, Rodigatos, Manzanal del puerto, et la Torre, on arrive à Bembibre.

Bembibre.

Village de la province de Léon, ayant 600 habitants. Il est situé au confluent du Noceda et du Basda qui en font un séjour très-agréable, et fertilisent ses environs où l'on élève, dans d'excellents pâturages, des chevaux, des bêtes à cornes et à laine. L'abondance et la qualité des eaux justifient le nom de ce lieu, qui paraît venir du latin *bene bibere* (bien boire). On pêche en abondance dans le Baeza des truites et des anguilles.

Ponferrada.

Ville de 3,000 âmes et chef-lieu de partido de la province de Léon. Elle est située sur une hauteur au confluent des rivières Sil et Baeza que l'on passe sur deux ponts, et dont les flots roulent des paillettes d'or fin.

CURIOSITÉS. — Les ruines du château qui commandait le défilé de Fuen Sevalon, les restes d'une chaussée romaine près de la route appelée Camino frances (route française), trois paroisses, un couvent, un hôpital.

AGRICULTURE, INDUSTRIE ET CLIMAT. — Le sol, très-fertile, produit toute espèce de fruits, beaucoup de vin; dans les montagnes on trouve du bois de construction et dans la rivière, une pêche abondante. C'est un pays de mines; on y fait une grande exportation de fruits pour les Asturies. On y voit une fabrique de cordages. La température s'élève à 18° Réaumur en moyenne, et par exception jusqu'à 30°; en hiver, elle descend à 4°.

Puente de Domingo.

Village de 300 habitants, situé sur les confins des deux provinces de Léon et d'Orense, non loin de la rive du Cabrera et au pied du plateau appelé Campo de Brana. La contrée arrosée par les eaux du Sil produit du blé, des pommes de terre, des châtaignes, des légumes et du vin. Ce village s'appelle aussi Puente de Domingo Florez.

Quiroga.

Village de 400 habitants, appartenant à la province de Lugo, situé à 300 mètres de la rive du Sil et à 500 mètres du Quiroga qu'on y traverse sur le pont de Villaverde. Ce village s'appelle aussi San Martin de Quiroga.

COMMERCE, AGRICULTURE. — Grand marché le 10 de chaque mois; transport de vin. Le sol produit des céréales, des farineux et toute espèce de légumes et de fruits. On y trouve des pâturages où on élève beaucoup de bestiaux; on y cultive encore la vigne, et l'on y récolte du vin, de l'huile, du miel et de la cire. Les châtaignes du pays nourrissent des troupeaux de porcs qui donnent les fameux jambons de Caldelas.

Monforte de Lemos.

Ville de 5,000 âmes, appartenant à la province de Lugo et située sur une hauteur non loin de la rivière Cave, que l'on y passe sur un pont assez solide. Cette ville s'appelle aussi Santa Maria de Monforte de Lemos. C'est un chef-lieu de comté. On y trouve deux paroisses, quatre couvents, un très-beau séminaire où l'enseignement se fait aux frais du comte de Lemos, et un hôpital. La vallée de Lemos, formée de tout le territoire qui s'étend entre le Sil et le Miño, est l'une des plus riches parties de la Galice. L'industrie locale est nulle; le climat est sain et doux, quoique le pays soit montagneux au-delà de la vallée. Le sol produit de bons vins, des céréales, des légumes, des fruits, des châtaignes. Il y a dans le pays de beaux pâturages où l'on élève des bêtes à cornes et des troupeaux de porcs dont la chair est très-estimée à Madrid. Il y a à Monforte un marché tous les 25 du mois, et une foire le 13 juin et le 12 août de chaque année. Le sol renferme des carrières de très-beau marbre. Enfin les habitants travaillent la soie et fabriquent ces fameux biscuits si renommés en Espagne.

Chantada.

Appelé aussi Santa Marina de Chantada; village de 700 habitants, situé non loin de la rive droite du Miño et sur la rive gauche du Chantada. On y trouve une paroisse et un couvent de bénédictins. Le terrain est inégal et d'un accès difficile pendant l'hiver; il y a un marché tous les 5 du mois. Il se fait dans le pays un grand commerce de bêtes à cornes. On y voit trois fabriques de cuirs travaillés et plusieurs métiers.

AGRICULTURE. — Céréales, vins, pâturages et bestiaux.

Puerto-Marin.

Après six heures de marche, à l'intersection des routes de

Lugo et de Saint-Jacques de Compostelle, on arrive à Puerto, village de 600 âmes, situé sur la rive droite du Miño qu'on y passe sur un beau pont de dix arches. Puerto-Marin, appelé aussi San Juan de Puerto-Marin, est un chef-lieu de juridiction qui comprend un certain nombre de paroisses et de villages. L'importance de ce bourg vient de ce qu'il a appartenu longtemps à l'ordre des Templiers et plus tard à celui de Saint-Jean de Jérusalem. Puerto-Marin a un faubourg sur la rive gauche du fleuve; on l'appelle San Pedro de Puerto-Marin; c'est un autre village de 200 habitants.

CURIOSITÉS. — La paroisse collégiale, dédiée à saint Nicolas de Barri, est un édifice gothique d'assez belle dimension; il n'est pas terminé. On trouve sur les principales portes de beaux bas-reliefs. Le palais des chevaliers de Saint-Jean est bien situé, mais l'édifice est en mauvais état; il faut en dire autant de l'hôpital destiné aux pèlerins de Saint-Jacques de Compostelle. Puerto-Marin eut beaucoup à souffrir de l'invasion française en 1809.

Dans le faubourg de San Pedro, autrefois propriété des marquis de Boveda de Lima, est l'ancien palais de cette famille, édifice d'une architecture assez élégante. La petite église de Saint-Pierre, apôtre, date du XIIe siècle. Non loin de cet endroit se trouvent les ruines du couvent de Lugo, qui appartint à l'ordre des chevaliers de Saint-Jacques. Ces chevaliers l'abandonnèrent pour se retirer au couvent d'Uclès, lorsqu'ils furent chassés de Galice par Ferdinand II de Léon contre qui ils avaient pris les armes.

INDUSTRIE, AGRICULTURE, COMMERCE. — On voit dans ce pays quelques moulins à farine et quelques fabriques d'étoffes de laine. Les habitants s'adonnent surtout à la pêche : le Miño leur fournit en abondance des truites et des anguilles. Le pays est peu cultivé. Le sol produit des céréales, des farines et quelques légumes; le vin est de qualité inférieure. On trouve dans les environs des eaux minérales et beaucoup de carrières de marbre. Le commerce du pays, presque nul, est appelé à un grand avenir, le jour où l'on s'occupera sérieusement de régulariser la navigation du Miño ; c'est un progrès qui suivra sans doute l'établissement des chemins de fer, auxquels les canaux et les fleuves doivent servir d'auxiliaires naturels, n'en déplaise aux industriels à courte vue.

Lugo.

Ville de 21,000 habitants, située sur le Miño. C'est la capitale de la province qui porte son nom.

NOTICE HISTORIQUE. — Cette ville était appelée sous les Romains *Lucus Augusti*; c'était un ancien *conventus*. On a tenu à Lugo plusieurs conciles. Les troupes françaises, grâce à sa position élevée et à ses fortes murailles, s'y retirèrent pendant la dernière guerre de l'Indépendance, et y soutinrent un siége assez long.

ÉDIFICES. — La cathédrale, d'architecture gothique, est fort ancienne ; elle a été restaurée depuis peu ; il y a en outre quatre paroisses, un séminaire, un hôtel des invalides, l'hôtel du gouverneur civil, celui du chef militaire et la résidence du receveur général. Les rues sont assez propres et bien pavées. On y voit deux places, dont la plus grande est ornée de galeries avec portiques qui servent de promenades. On compte dix autres petites places et trois fontaines publiques.

SITUATION, CLIMAT, PRODUCTIONS. — Lugo est située sur un plateau, incliné vers la rive gauche du Miño. Le climat est agréable ; on y trouve des eaux minérales chaudes assez renommées. Ces eaux ont une odeur de soufre ; elles sont efficaces pour les maladies de la peau et les rhumatismes. Près de ces bains, où l'on retrouve des ruines fort anciennes et une chaussée destinée à soutenir le Miño, il y a aussi une fontaine dont l'eau contient des parcelles de nitre et d'antimoine. Le pays est très-fertile ; on y voit de belles prairies où l'on élève des chevaux, des mulets, des bêtes à cornes, des chèvres et des moutons. Le Miño fournit la ville d'excellent poisson, et le sol produit des pommes de terre, des châtaignes, du lin, des fruits et du blé de première qualité. Le pays est très-giboyeux. Après Lugo, on rencontre une quantité de petits villages et groupes de maisons tels que Ramiel, Otero del Rey, Fuente, Rabade, Corral, Valdomare, Bahmonde, Roca, Cabra, Castellana, Fontelo, Coïros, etc.

Astariz.

Aldea (hameau) qui fait partie de la paroisse de Saint-Vincent de Véral, de la province et de la ville de Lugo.

Guitriz.

Ce village, sans importance et quoique pauvre, est remarquable par la propreté des habitations, fort bien entretenues, et surtout par les mœurs primitives, honnêtes et presque patriarcales de ses habitants.

Betanzos.

Ville de 8,000 habitants; quoiqu'on n'y retrouve aucun reste d'anciens monuments, elle passe pour la plus ancienne de la Galice. Cette ville, de la province de la Corogne et du diocèse de Santiago, est située sur une colline dont le pied est baigné par le Manden et le Mendo, au fond d'un port appelé sous les anciens *Adrobicum*. Les Romains nommaient cette ville *Flavium Brigantium*, probablement à cause de sa position rapprochée de la mer, à laquelle elle communique par ses rivières. On trouve à Betanzos une belle maison d'archives, une casa consistoriale digne de remarque, une caserne et un hôpital. Entre cette ville et la Corogne on rencontre une quantité de petits villages qui semblent ne former qu'une seule et même population; cette agglomération contribue à l'agrément du voyage et donne au pays un aspect très-pittoresque. Les noms de ces villages sont : Angustia, Cortinan, Guisamo, dont le nom vient de *guisar* (faire la cuisine), Spiritu Santo, Burgo, Vilabon, Piedralonga, Eires, Mohelon et Santa Lucia.

La Corogne (Coruña).

En espagnol Coruña, capitale de province, faisant partie de l'archevêché de Santiago, et dont la population monte à 23,350 habitants.

NOTICE HISTORIQUE. — Cette ville est fort ancienne : on y voit une antique tour qui fut, dit-on, bâtie par Hercule ; mais une inscription romaine qu'on y a trouvée en attribue la fondation au dieu Mars. On prétend que cette tour s'appelait Columna et que de là, par corruption, on a formé Coruña ; il est fort possible que ce mot vienne au contraire de *Kron*, qui, dans les langues celtiques, signifiait : fort, bastion, couronne.

SITUATION. — La Corogne est un des bons ports de mer de l'Espagne ; elle se divise en ville neuve et en vieille ville ; la dernière s'appelle Pejaria ou Pescaderia ; le port est défendu par une île et par les forts Sainte-Claire et Saint-Martin, placés aux deux pointes du croissant qu'elle forme. La nouvelle ville est très-fortifiée ; on y voit une citadelle. Le port de la Corogne est orné d'un beau quai, et la côte vers l'ouest est parsemée de forts et de batteries. Le port est encore protégé par les forts Santamaro et San Anton : ce dernier sert de prison d'État.

ÉDIFICES. — Cette ville est la résidence d'un capitaine général, d'un gouverneur civil et de toutes les autorités de la province. Les édifices principaux sont : le palais du capitaine général, celui de l'Audiencia, le parc d'artillerie, deux hôpitaux, la douane, l'église des Dominicains, la collégiale, église gothique, l'église Saint-Georges, qui communique avec la douane par un pont assez long, le théâtre. Les rues de la Corogne sont assez étroites, cependant elles sont bien pavées.

INDUSTRIE, COMMERCE, PRODUCTIONS. — On trouve à la Corogne une belle fabrique de linge damassé qui servait autrefois à l'entretien de la cour. On y voit aussi une manufacture de tabacs qui occupe plus de deux mille femmes. Le marché est fourni en abondance d'excellente viande et de toute espèce de poisson. La pêche, entre autres celle de la sardine, est encore une des industries locales. Le sol produit quelque blé, du maïs et beaucoup de légumes. A 8 kilomètres de la Corogne on trouve les bains de Arteizo, et à une distance double, ceux de Carbailo.

COMMUNICATIONS. — Cette ville communique avec Madrid, Lugo et Santiago au moyen de diligences et du courrier des dépêches. Il y a aussi des galeras qui, moins pressées, font le voyage de Madrid en quatorze jours. On trouve dans le port des bateaux à vapeur qui font le voyage de Cadix; d'autres, celui d'Amérique; enfin l'un d'eux, spécialement affecté aux voyages du Ferrol, fait deux fois par jour ce trajet en une heure et demie.

PREMIÈRE SECTION.

MÉDINA DEL CAMPO A ZAMORA.

SOMMAIRE. — Médina del Campo. — La Nava del Rey. — Toro. — Zamora.

Médina del Campo.

Ville de la province et du diocèse de Valladolid; population, 4,230 habitants; autrefois résidence royale jouissant de grands priviléges. En parcourant notre première ligne, nous avons visité cette ville.

La Nava del Rey.

Ville de 4,000 habitants, appartenant à la province et à l'évêché de Valladolid ; elle est située sur un terrain aride et légèrement ondulé.

CURIOSITÉS. L'édifice le plus remarquable de la Nava est l'église principale ; elle est partagée en trois nefs avec cinq grosses colonnes de chaque côté ; cette église est fort spacieuse ; une tour d'une grande élévation lui sert d'ornement extérieur. Frère Jean de Notre-Dame de la O en a été l'architecte. Outre quelques maisons assez belles, la Nava possède encore un couvent, et, sur une hauteur à l'ouest de la ville, un ermitage d'où l'on découvre au loin les plaines de la Castille. La Nava fut la patrie de l'habile graveur don Manuel Salvador Carmona.

AGRICULTURE, CLIMAT. — Le sol produit toute espèce de céréales ; mais parmi les produits du pays, le vin est surtout renommé par son excellente qualité ; en revanche, cette contrée manque totalement d'eau. Au nord-est de la ville on trouve des collines plantées de sapins où l'on élève, ainsi que dans les pâturages environnants, de nombreux troupeaux.

Toro.

Ville de 9,500 âmes, appartenant à la province et au diocèse de Zamora, dont elle est un chef-lieu de partido, et située sur la rive droite du Duero à l'extrémité d'une vaste plaine. On appelait autrefois ce pays *los Campos de Toro*.

NOTICE HISTORIQUE. — Toro fut autrefois la capitale de la petite province de Tra-lo-Duero ; c'est dans cette ville que se réunirent les Cortès qui y votèrent le recueil des lois municipales connues sous le nom de *leyes de Toro*. Cette ville fut encore célèbre par la bataille où le roi don Fernando el Catolico battit le roi de Portugal, don Alfonso V, et dispersa son armée en 1476. Cette ville reçut en outre certains priviléges du roi don Enrique IV pour les secours qu'elle lui donna dans sa mauvaise fortune, et l'on célèbre encore au 15 août, à Toro, la foire instituée par Alonso XI. Ce pays était fort renommé dans l'antiquité pour le bon état de son agriculture ; on l'appela la campagne de Cérès, et Diodore de Sicile en parle avec admiration. Les Goths ne paraissent pas non plus avoir méconnu les ressources de cette contrée, car leurs rois y firent plusieurs établissements. On trouve encore dans le monastère de San Roman de Orniza le tombeau de Riceverga, femme du roi Chindasvintus.

HOMMES CÉLÈBRES. — Toro fut la patrie de Jean II de Castille, de don Gomez tello Giron, du général don Pablo Morillo, célèbre pendant la guerre de l'Indépendance, et des poëtes don Luis de Ulloa et Pereyra.

CURIOSITÉS. — Toro est entourée d'anciennes murailles; on y trouve quelques antiquités, notamment la fameuse tour de la porte du marché, où il y a une horloge; la Casa de los fonsecas; l'hôtel de ville, œuvre de l'architecte don Ventura Rodriguez. Le pont de pierre de vingt-deux arches qui unit les deux rives du Duero est fort ancien : il date de 1194; depuis cette époque, il a été restauré plusieurs fois; quelques personnes croient ce pont d'origine romaine. L'infant don Garcia a été l'un des restaurateurs de cette ville, qu'on peut diviser en vieille et nouvelle ville; il faut encore citer, parmi les antiquités, la tour de Malpique et le palais de l'infant don Garcia, édifice bâti en pierres, aujourd'hui en fort mauvais état. Une double muraille ornée de neuf tours formait autrefois une enceinte fortifiée autour de ce château.

L'église collégiale de Toro est également fort ancienne; on fait remonter sa fondation à l'époque d'Alonso VII; c'est un bel édifice, composé de trois nefs et orné de colonnes assez bien disposées. On prétend que cette église fut cathédrale. En fait de monuments, il y a en outre à Toro, dix-huit églises et chapelles, treize couvents, des casernes, une maison d'invalides et une place de Toros.

On trouve à Toro une jolie promenade, et les environs de la ville offrent un paysage véritablement pittoresque. L'intérieur de la ville a aussi un cachet d'antiquité qui attire l'attention de l'artiste. Les rues sont pavées et distribuées à l'antique; elles offrent un curieux spectacle avec leurs fenêtres grillées comme celles d'un couvent. Quand on se promène le soir dans les rues, le regard croit apercevoir derrière ces grilles une piquante senorita qui écoute les propos galants de son *nobio* ou la *serenata* de quelque *enamorado caballero*.

INDUSTRIE, CLIMAT, AGRICULTURE. — L'industrie locale consiste en quelques fabriques de toile ordinaire, de tissus de laine et de gros drap; on y fait aussi de l'eau-de-vie. Le climat est agréable. Le sol produit des céréales, des fruits de toute espèce. Dans les nombreux pâturages de cette contrée, rendue si fertile par les eaux du Duero et du Guarena, on élève avec succès des bestiaux de toutes races. Les mûriers viennent très-bien sur les bords du Duero. Enfin, le coteau de Tra-lo-Duero produit d'excellent vin.

Zamora.

Ville de 13,000 âmes, capitale de la province du même nom, et située sur la rive droite du Duero qu'on y passe sur un beau pont.

NOTICE HISTORIQUE. — Les Maures donnèrent à cette ville le nom qu'elle porte à cause des turquoises que l'on trouvait et que l'on trouve encore dans le pays environnant. Zamora passa successivement aux mains des chrétiens et des Maures jusqu'à ce que le roi maure de Cordoue, Almansor, l'ayant détruite en 985, Fernando el Magno y fit son entrée accompagné de don Rodrigue Diaz de Bivar, qui y fut salué du nom de *Cid* pour la première fois par les envoyés des rois maures, ses ennemis. Don Fernando rebâtit la ville, ne manqua pas d'y mettre de nombreux couvents, et en fit don à sa fille l'infante doña Urraca (ce nom signifie pie, en espagnol). La dernière restauration de Zamora est due à Alonso VIII de Castille. Cette ville fut la résidence du roi Enrique III; et le roi don Alonso Enriquez s'y fit armer chevalier dans l'église principale (en 1125) avant de monter sur le trône de Portugal. Zamora et Toro étaient, en 1065, la propriété privée de deux filles du roi don Fernando, doña Urraca et doña Elvira.

HOMMES CÉLÈBRES. — Cette ville fut la patrie de Florian del Campo, auteur de la chronique générale d'Espagne; du cardinal Nello Nuno, de Zamora, écrivain ecclésiastique du XIII° siècle.

CURIOSITÉS. — Non loin de la porte de la Feria, on montre le palais de doña Urraca, qui servit de retraite à Vellido Dolfos, assassin du roi don Sanche II. Sur la porte de ce palais, on voit, entre deux grosses tours, le buste de doña Urraca avec une inscription : « *Afuera, afuera, Rodrigo, el soberbio Castellano,* » littéralement : « *Dehors, dehors, Rodrigue, l'orgueilleux Castillan.* » Près du palais épiscopal, qu'il faut visiter, et non loin de la porte del Obispo, on voit les ruines de la maison habitée par don Rodrigue Diaz de Bivar, qu'on appelle encore aujourd'hui la Casa del Cid. Il faut citer la cathédrale, seize couvents, trois hôpitaux, un hospice, une caserne d'infanterie pouvant contenir 4,000 hommes et un quartier de cavalerie pour 400 chevaux; un château en ruines, l'hôtel de ville, et, en dehors des murs, un fort beau magasin à poudre.

INDUSTRIE. — Chapeaux fins, peaux, manteaux, teinturerie, eau-de-vie et liqueurs.

AGRICULTURE. — Céréales, fruits, légumes et vin rouge. Belles promenades et jardins agréables.

DEUXIEME SECTION.

MONFORTE A VIGO.

SOMMAIRE. — Monforte. — Orense. — Rivadavia. — Tuy. — Vigo.

Monforte.

Chef-lieu de comté appartenant à la province de Lugo, et que nous avons décrit en parcourant notre huitième ligne.

Orense.

Ville de 11,000 âmes, capitale de la province du même nom, située sur une hauteur et sur la rive gauche du Miño.

NOTICE HISTORIQUE. — Cette ville, appelée autrefois *Auria* ou *Aquæ calidæ*, dépendait, sous les rois goths, de l'archevêché de Braga, en Portugal. Dans le lieu appelé *las Caldas y Mende*, à 1 kilomètre de la ville, se trouvent des eaux minérales excellentes pour les maladies de peau et les affections nerveuses, ainsi qu'une fontaine appelée la Source de l'Évêque. Ces eaux chaudes étaient fort connues des Romains, qui y avaient fondé des établissements.

ÉDIFICES. — La cathédrale, neuf paroisses, un séminaire; le grand pont du Miño, de sept arches, qui a 1300 pieds de long, 18 de large, défendu par un fort du côté de la ville et dont l'arche principale est si élevée qu'un vaisseau peut passer dessous; la place Mayor et quelques maisons de belle construction forment l'ensemble des édifices de cette ville. La cathédrale, de style gothique, est très-régulière; le chœur, composé de quatre-vingt-dix fauteuils, est d'un beau travail; on admire aussi la coupole de cette église.

Les eaux chaudes des sources voisines arrivent à la ville par trois canaux situés dans la partie ouest et qu'on appelle *las burgas*. Ces eaux sont d'une grande utilité pour les usages domestiques; elles sont perpétuellement bouillantes.

CLIMAT, PRODUCTIONS. — Les eaux dont nous avons parlé donnent au pays une température exceptionnelle; le sol est très-fertile; on y voit beaucoup de vignobles; mais l'abondante récolte de vin, faute de communications et de logements suffisants, en fait sacrifier une partie tous les ans par les propriétaires de vignobles, qui jettent ce qu'ils ne peuvent transporter, vendre ou consommer. Les chemins de fer, il faut l'espérer, ouvriront un produit à ces richesses inutilisées.

Rivadavia.

Village de 2,000 habitants, situé au confluent du Miño et de l'Avia. Son nom lui vient de ce dernier cours d'eau. Il appartient à la province d'Orense et au diocèse de Tuy. Ce bourg fut la patrie du célèbre théologien Thomas de Lemus qui vivait au XVIe siècle.

ÉDIFICES ET CURIOSITÉS. — Parmi les monuments de Rivadavia, qui sont pour la plupart irréguliers, on cite quatre paroisses, un couvent de Franciscains, dont l'église est d'une construction trop lourde; le couvent des Dominicains, qui sert de palais à don Garcia et d'où l'on jouit d'un point de vue très-beau; le palais des comtes de Rivadavia; l'hôpital; le sanctuaire del Portal, en grande vénération dans le pays; le pont de quatre arches, situé hors des murs du bourg. L'église des Dominicains est de style gothique; elle est assez belle, mais fort endommagée. Il ne reste plus que les ruines du palais des comtes de Rivadavia.

Les habitants de cette contrée sont robustes, laborieux et d'un caractère gai et franc; ils ont conservé la coutume assez remarquable de jouer entre eux la comédie et la tragédie pendant la fête du patron de l'endroit. Le pays produit du grain, des pommes de terre, du lin et surtout un vin d'une très-bonne qualité.

L'industrie locale consiste en draps, toiles, quincaillerie et eau-de-vie assez médiocre; il y a aussi tous les samedis un marché public, et chaque mois une foire aux bestiaux.

Tuy.

Ville de 17,000 âmes appartenant à la province de Pontevedra, située sur la rive droite du Miño, à la frontière nord-ouest du Portugal. Cette ville fut autrefois une résidence royale; une couronne que l'on voit dans son blason en fait foi. Ce fut aussi un point stratégique pendant les guerres de Portugal et de l'Indépendance espagnole.

Cette ville a appartenu au royaume de Galice. Tuy est une ville fortifiée; elle est située en face Valencia, ville portugaise que défend le Miño. Du temps de Pline on l'appelait *Castellum*, ce qui prouve que c'était déjà un point stratégique. Tuy est la résidence d'un évêque qui en était autrefois le chef temporel et spirituel. Cet évêché rapporte encore plus de 100,000 francs.

On y voit une cathédrale fort ancienne dont la tour a la forme d'un château-fort, cinq paroisses, un couvent de nonnes, deux anciens monastères, un hôpital de charité, un hospice, un vaste cimetière, un séminaire, des écoles de latinité, de philosophie et de belles-lettres. Les rives du Miño, et la fertile campagne que ce fleuve arrose, offrent aux voyageurs de délicieuses promenades; le sol produit du vin, du maïs, du blé, des légumes, et le fleuve fournit une pêche abondante. Les mauvaises langues prétendent que la contrebande avec le Portugal est le principal commerce de la localité.

Vigo.

Ville située entre les 42° 14′ 50″ de latitude nord, et 5° 5′ 37″ de longitude ouest, dans la province de Pontevedra, sur les bords de la mer, où elle a un assez bon port. La population est de 11,300 âmes. Cette ville fut la première, en Galice, à secouer le joug français. Les gens du pays, sous les ordres du général Morillo, se révoltèrent en 1809 et firent le siége de la ville. Nous y avions laissé une garnison de quinze cents hommes; cette troupe, ne pouvant plus communiquer avec le quartier général de l'armée française, se vit obligée de mettre bas les armes après un siége acharné. Du reste, cette ville n'est pas d'une défense facile, quoiqu'elle soit située sur un rocher à l'entrée de la vaste baie de Vigo; elle n'a qu'une muraille fort ordinaire, un mauvais fort avec quatre bastions, et un vieux château en ruines.

L'industrie locale est la pêche et le cabotage; on y voit aussi une fabrique de chapeaux et plusieurs fabriques de toile; le sol, assez montagneux, produit des céréales et du vin, et, dans les nombreux pâturages environnants, on élève beaucoup de bêtes à cornes, de porcs et de menu bétail.

TROISIEME SECTION

LA COROGNE A VIGO.

SOMMAIRE. — Saint-Jacques de Compostelle. — Caldas de Reyes. — Pontevedra. — Redondela. — Vigo.

Saint-Jacques de Compostelle.

Après avoir rencontré en sortant de la Corogne les points insignifiants appelés Bruma et Elcoral, nous arrivons à Saint-Jacques de Compostelle.

Cette ville, appelée en espagnol Santiago, est encore aujourd'hui un archevêché. Elle fait partie de la province de la Corogne, et est bâtie sur une colline au pied de laquelle passe la rivière de Sarela. Les environs sont en outre arrosés par le Tambra et l'Ula, qui forment comme une presqu'île. Saint-Jacques fut le berceau de l'ordre célèbre des chevaliers de Saint-Jacques, qui possédaient quatre-vingt-sept commanderies et plus de 2,000,000 de ducats d'or de revenus ; la population de Saint-Jacques est de 15 à 16,000 âmes.

NOTICE HISTORIQUE. — Saint-Jacques fut pendant le moyen âge un pèlerinage fort célèbre. On répandit à cette époque le bruit que dans une bataille contre les Maures, appelée rencontre de Clovijo, saint Jacques, monté sur un cheval blanc, avait défait les infidèles : cette croyance, répandue dans la chrétienté, valut au chapitre de Saint-Jacques des revenus immenses à l'aide d'un impôt volontaire qu'on appelait alors le denier de Jacques. Les rois eux-mêmes ne dédaignaient pas de se soumettre à cet impôt. On y vit participer Louis VII, roi de France, quelques rois d'Aragon et de Navarre et d'autres princes.

MONUMENTS. — La cathédrale : elle se divise en deux parties, l'une, supérieure, dédiée à saint Jacques le Majeur ; l'autre, souterraine, à saint Jacques le Mineur. Cette église fut fondée en 808. Les gens du pays prétendent qu'elle remonte plus haut, et en attribuent la fondation à saint Jacques lui-même ; mais elle ne fut célèbre qu'en 1123.

Il faut visiter le trésor de cette église, dont on avait exagéré autrefois l'importance, et qui pourtant renferme d'assez belles choses. On prétendait en 1809, époque à laquelle l'armée française visita ce pays, que les perles, les diamants, les statues de saints en or massif, dont on parlait tant, n'avaient jamais existé. Les Espagnols affirment qu'il y a de bonnes raisons pour qu'ils n'existent plus depuis cette époque. Quoi qu'il en soit, l'édifice en lui-même vaut mieux que tous les trésors possibles ; on y voit des sculptures peut-être trop multipliées, des vitraux assez beaux, des devants d'autels et des colonnes plaquées en argent ; on assure que le fameux saint Jean en or massif avait les yeux en diamant, la tête en vermeil, et les prunelles seulement en pierres fausses. (Voir l'*Itinéraire de l'Espagne*, par M. Delaborde, tome II, page 460.) Cette opinion est celle du colonel Borie de Saint-Vincent, officier d'état-major du maréchal Ney ; et il ajoute que de toutes ces richesses, forcément utilisées pour les besoins de l'armée française, on n'a pas retiré plus de 300,000 francs en lingots d'or. Ce calcul n'est pas d'accord avec celui que font les Espagnols; nous ne jugeons pas la question, nous la constatons; qui a raison des deux? Il est si facile de se tromper d'un 0 sur un chiffre aussi considérable.

Il y a encore à Compostelle plusieurs hôpitaux pour les pèlerins. La France entretenait autrefois l'un d'eux avec beaucoup de soin. On cite aussi le couvent de Saint-Martin, dont le cloître est d'ordre dorique, et sa bibliothèque.

PRODUCTIONS, CLIMAT, COMMERCE. — Le sol, grâce à l'humidité du climat, produit d'excellents fruits et des légumes; on y cultive aussi du vin assez estimé; on y vit à bon marché et la pêche y est abondante. On voit dans cette ville quantité de petits marchands.

Caldas de Reyes

Après avoir passé à El Padron, petite ville de 8,000 âmes, connue autrefois pour ses toiles et entrepôts de grains pendant la guerre civile, on arrive à Caldas de Reyes, appelée aussi *Caldas de Reis*. Ce village de 1,600 âmes, situé sur les bords de la Bermana, que l'on traverse sur un pont de pierre, appartient à la province de Pontevedra et au diocèse de Santiago. En y arrivant du côté d'El Padron, on franchit l'Ula sur le fameux pont, de construction romaine, appelé pont Cæsarneo et aujourd'hui Puente Cæsares, en l'honneur de son fondateur, qui fut probablement César. Les petites embarcations remontent le courant jusqu'à ce pont, où l'on décharge les marchandises au lieu appelé Carril, où existe une douane. A Caldas, il y a un marché très-couru tous les lundis; et, du 1er juillet au 30 septembre, les baigneurs y viennent en foule prendre des bains d'eaux minérales.

Aux environs de Caldas se trouve le célèbre pèlerinage de Nuestra Señora de la Esclavitud, qui appelle les fidèles de tous les points de la Galice; la fête principale est le 8 septembre.

Pontevedra.

Appelée sous les Romains *Pons Vetus*, et depuis *Pontevedra*, à cause de la rivière Vedra qui baigne ses murs. Ville de 6,600 habitants, capitale de province, ville forte entourée d'une ancienne muraille avec quatre portes principales et deux grandes places. Les rues sont propres et assez larges; on y trouve de belles promenades d'où l'on jouit d'un beau panorama. Il y a quelques bonnes posadas; et malgré la décadence de cette ville, les environs sont encore peuplés de fermes, de maisons de campagne, et parsemés de promenades, de jardins et d'élégants vergers.

En fait de monuments, citons: deux paroisses, trois couvents, l'hôpital de Saint-Jean-de-Dieu, un quartier de cavalerie et une caserne. Pontevedra est un port de cabotage. L'une des principales ressources du pays est la pêche de la sardine; on y fabrique pourtant du drap, des étoffes de coton, des cuirs et des chapeaux. Le sol produit des grains, des légumes, d'excellents fruits et du vin.

Pontevedra fut la patrie des deux frères Bartolome et Gonzalo Nodal, célèbres navigateurs, et du sculpteur Gregorio Hernandez, dont on voit les œuvres à Valladolid.

Redondela.

Ville de la province de Pontevedra, du diocèse de Tuy, située dans la vallée de Vigo, au bord de la mer. C'est un port de cabotage; on y compte 3,000 âmes; la principale industrie est la pêche, et le sol produit du blé et du vin; on y voit aussi des pâturages. Redondela est divisée en vieille et nouvelle ville. La vieille ville est formée d'une seule rue très-longue. On y trouve un bon hôpital et un couvent de religieuses dont l'église est une paroisse. Un pont réunit cette partie de la ville à la partie neuve, où l'on trouve également une église et un couvent. Le port de Redondela est situé à une lieue de la ville; on y voit une jetée construite en pierres de taille.

Vigo.

Ville de 11,300 habitants, que nous avons décrite à la fin de la section précédente.

NEUVIÈME LIGNE.

MADRID A SANTANDER.

SOMMAIRE. — Paredès de Nava. — Carrion de los Condes. — Castrojeriz. — Villadiego. — Saldaña. — Herrera. — Alar del Rey. — Mave. — Comesa. — Aguilar de Campo. — Quintanilla. — Pozozal. — Reinosa. — Pesquera. — Barcena. — Molledo. — Arenas. — Corrales de Buelna. — Las Caldas. — Torre la Vega. — Renedo. — La Venta del Guarnizo. — San Salvador. — Santander.

De Madrid à Dueñas et Palencia.

Nous devons renvoyer le lecteur à notre première ligne, pour la description du chemin de Madrid à Dueñas; nous avons visité Palencia en parcourant notre huitième ligne.

Paredès de Nava.

Ville de 6,000 âmes, appartenant à la province de Palencia, et située sur la gauche de la voie, à 3 lieues de la capitale de la province. Cette ville est située au N. O. de Palencia, au pied d'une chaîne de montagnes, et non loin du confluent de la rivière Villalumbroso et du canal de Campos.

HOMMES CÉLÈBRES. — Pierre de Berruguete, peintre sous Philippe Ier, et son fils Alonzo, peintre, sculpteur et architecte du XVIe siècle, naquirent dans cette ville.

ÉDIFICES. — La ville est de forme irrégulière et mal bâtie; on n'y boit que de l'eau de puits. Comme édifices, on remarque quatre paroisses, un couvent, un hôpital, quatre chapelles.

INDUSTRIE, AGRICULTURE. — Cuirs et toiles, marché tous les vendredis ; grains, légumes et vin. Dans la montagne voisine, on élève douze mille têtes de bêtes à laine et on y chasse agréablement les lièvres, les lapins, les perdrix, etc. Dans les pâturages qui environnent la ville on trouve encore des troupeaux de gros bétail.

Carrion de los Condes.

Ville de 4,000 âmes, chef-lieu de partido de la province de Palencia, située dans une plaine, sur la rive gauche du Carrion, qu'on y passe sur un beau pont qui unit la ville au faubourg de San Zoïl. On jouit en ce lieu du vaste panorama des plaines de Léon, où l'horizon apparaît dans le lointain à une distance de 15 à 20 lieues en allant du nord au sud.

NOTICE HISTORIQUE. — Carrion est célèbre par le fameux duel qui eut lieu entre Diego Gonzales et Fernand Gonzales, fils d'un comte de Carrion et gendres du Cid, que le roi don Alonso VI força à se battre, ainsi que leur oncle Suero Gonzales, contre Pedro Bermudez, Martin Antolinez et Nuno Eustos, champions du Cid. Ce duel fut la réparation obligée des mauvais traitements que les Gonzalès avaient fait subir aux filles du Cid, leurs femmes. Ces coupables époux furent vaincus et déclarés félons et sans honneur en présence de toute la cour. La couronne y gagna, comme toujours, la ville de Carrion, propriété des vaincus; Carrion fut encore la patrie du célèbre poète Mendoza.

ÉDIFICES. — On trouve dans cette ville sept paroisses, cinq couvents et quatre hospices. A une lieue de Carrion, à droite de la route de Sahagun, se trouve le couvent de Benevivere.

INDUSTRIE. — Huit fabriques de cuirs, vingt-trois métiers, cinq moulins à huile, cinq moulins à farine; à la Saint-Mathieu, foire aux bestiaux; marché tous les jeudis.

AGRICULTURE. — Le sol de la contrée, arrosé par les eaux

du Carrion et de la belle Acequia de Cuernago, produit en abondance des céréales, des légumes et d'excellents fruits.

Castrojeriz.

Bourg de 5,000 âmes, chef-lieu de partido, de la province de Burgos, non loin de la limite de celle de Palencia et sur la route de Burgos à Mayorga, entre les rivières Odra et Garbanzuelo.

ÉDIFICES. — Quatre paroisses, une collégiale, un couvent, un palais, quelques belles maisons et un hôpital.

INDUSTRIE. — Toiles et métiers; foire annuelle le 25 novembre; mines de cinabre.

AGRICULTURE. — Vallée spacieuse et fertile; culture en bon état, grains, vin, arbres fruitiers, pâturages et troupeaux de moutons.

Villadiego.

Bourg de 2,000 habitants, chef-lieu de partido de la province de Burgos, située au N.-O. de la capitale, dans une grande plaine arrosée par les eaux du Brulles et du Jaramilla, qui courent, du nord au sud, se jeter dans le Pisuerga. Villadiego doit son nom à son fondateur, Diego Porcelos, comte de Castille. Ce bourg possède un faubourg qui en est assez éloigné et qu'on appelle Barzuelo. Le village et ce faubourg étaient déjà connus au XIIIe siècle.

HOMMES CÉLÈBRES. — Le savant écrivain, le père Florès, auteur de l'*Espagne sacrée*, naquit à Valladiego, ainsi que le bénédictin frère Jean de Castaniza, et le savant évêque Gonzalo Villadiego.

CURIOSITÉS. — Deux paroisses, le couvent de Saint-Michel des Anges, trois chapelles, une chaire de latinité et de rhétorique et un hôpital.

PRODUCTIONS. — Céréales, légumes, excellents fruits, plantations, bestiaux ; il y a aussi marché tous les lundis et, à la Saint-André, une foire annuelle où l'on vend beaucoup de mules. Climat humide et froid ; excellentes eaux ; étangs où l'on trouve des sangsues.

Saldaña.

Bourg de 2,000 habitants, appartenant à la province de Palencia, et situé sur le flanc d'une montagne non loin de la rive du Carrion, qu'on y passe sur un pont en pierre de vingt-trois arches.

ÉDIFICES. — Trois paroisses ; dans l'église Saint-Michel on montre une cloche qui a plus de mille ans d'ancienneté ; il faut encore citer un couvent, un ermitage, un hôpital et une maison de Miséricorde.

INDUSTRIE. — Moulins à farine et à huile, cuirs, toiles, teinturerie et métiers.

AGRICULTURE. — Grains, excellents légumes, lin, fruits abondants, jardins et troupeaux de moutons.

Herrera.

Village de 1,000 habitants, situé sur les confins de la province de Palencia, à laquelle il appartient, non loin de la rive droite du Pisuerga ; on l'appelle aussi Herrera de Rio Pisuerga. On remarque à Herrera une vaste et belle église paroissiale, une chapelle, un couvent situé dans la vallée du Pisuerga, à trois cents pas du village, un palais, une école, quelques belles maisons, un pont en pierre de treize arches ; enfin, de jolies promenades sur les bords du Pisuerga, du Burego et du canal. L'agriculture produit, grâce à un sol très-fertile, des grains et des fruits en abondance. L'industrie consiste en cuirs travaillés, toiles et linge de table. Dans la campagne environnante on voit beaucoup de bétail.

Alar del Rey.

A Alar del Rey se termine le fameux canal de Castille. Ce village compte à peine une centaine d'habitants. Le territoire faisait partie autrefois d'un couvent de Bernardines de Saint-André de Arroyo. On y trouve une chapelle et plusieurs magasins ou dépôts de marchandises.

Mave.

Village de 70 habitants, situé à 9 kilomètres du précédent, dans une belle plaine plantée d'arbres et arrosée par le Pisuerga et la Rebolleda. Ce village appartient à la province de Palencia. On y voyait autrefois une riche abbaye de bénédictins dont on peut visiter encore le bel édifice.

Comesa.

Village sans importance situé à 10 kilomètres de Mave et à 3 kilomètres de son chef-lieu de partido (Aguilar de Campo).

Aguilar de Campo.

Village de 700 habitants, appartenant à la province de Palencia, au diocèse de Burgos et situé dans une large vallée, sur la rive gauche du Pisuerga. Ce lieu est remarquable par quelques antiquités qu'on y trouve et par quelques monuments, parmi lesquels on remarque le palais du marquis de Villatorres, la maison de ville, ancien palais seigneurial, une église collégiale assez belle, un ancien couvent, une belle place, un hôpital et une académie. Le pays produit des grains et des légumes; on y élève du bétail.

Quintanilla.

Localité sans aucune importance, mais qui sert d'embranchement à une petite ligne de chemin de fer construite de ce point jusqu'aux importantes houillères de Valle de Santullan et de Orbo.

Pozozal.

Village situé au point culminant de la route qui unit Alar et Reinosa. Ce lieu doit son nom à un puits (*pozo*) qui se trouve dans les environs. Le pays est au reste fort pauvre et peu peuplé ; on n'y voit qu'une *venta* qui appartenait aux chanoines de Cervatos et qui fut brûlée pendant la guerre de l'Indépendance ; on l'a restaurée depuis. Il y a encore en ce lieu les restes d'une chapelle dédiée à saint Bartolomé.

Reinosa.

Reinosa est une ville de 2,900 âmes appartenant à la province de Palencia. Elle est située dans une vaste plaine entourée de montagnes qui font partie de la chaîne ibérique ; on trouve à une demi-lieue les sources de l'Èbre et de l'Iger. Cette ville est le centre d'un grand commerce de blé, de farine, de vin et d'eau-de-vie entre Santander et la Castille. A une demi-lieue, dans un village appelé Horna, situé sur l'Ebre, on trouve une fonderie de fer ; puis une autre à 2 lieues de distance, à Bustazur.

Le pays produit du blé et quelque peu d'orge ; il y a beaucoup de bois ; la chasse y est abondante et l'on y jouit de points de vue fort beaux, surtout du côté de Bustazur, au couvent de Montes Claros. Les montagnes de Reinosa portent plutôt le nom de montagnes de Burgos ; on va d'ailleurs de Reinosa à cette ville en montant toujours pendant une distance de plus de 12 lieues ; il faut descendre à peu près de la même manière pour aller dans la direction opposée, à Santander. Reinosa est un des points les plus élevés de l'Espagne ; le climat y est très-rigoureux : on y voit la neige presque toute l'année, et, à certains moments de l'hiver, tout parcours est impossible dans ces régions.

Pesquera.

Point situé au bas de la fameuse rampe de Reinosa; 20 kilomètres plus loin, on arrive à Barcena.

Barcena.

Village de 500 âmes, appartenant à la province de Santander et situé au confluent des rivières Besaya et Torina, et au pied des montagnes; on appelle encore ce village Barcena de Pic de Concha. Le sol produit des grains; on y élève des bestiaux. Il y a une foire annuelle le 26 septembre. Barcena est à 19 lieues de Burgos.

Molledo.

Village de 400 âmes, situé au milieu de la vallée de Iguna.

Arenas.

Village de 700 habitants, situé à 4 kilomètres du précédent et dans la même vallée; il appartient à la province de Santander. Son nom signifie *Sables*. A l'entrée de la pittoresque vallée de Buelna et à 9 kilomètres, se trouve Corrales.

Corrales de Buelna.

On y trouve plusieurs fabriques. La vallée de Buelna est arrosée par la rivière Besaya; elle a une étendue d'une lieue et demie et elle est entourée de montagnes. On y trouve des eaux thermales.

Las Caldas.

Village de 100 habitants, situé dans la vallée de Peña-Rubia, au confluent des rivières Eva et Deva. Ce village appartient à la province de Santander; il est situé à 28 lieues de Burgos et à 5 kilomètres de Corrales. Il est remarquable par un bel établissement thermal. On y trouve aussi un ancien couvent de Dominicains fort renommé dans le pays et dont l'église est un but de pèlerinage.

Torre la Vega.

Village de 500 âmes, appartenant à la province de Santander et situé dans la belle vallée de la Besaya. Son nom signifie littéralement : *la Tour de la Vallée*. On voit dans ce lieu plusieurs fabriques, entre autres une papeterie, dans l'édifice où était autrefois la filature de coton appartenant au duc de l'Infantado, et une fabrique de toile de coton.

On y remarque une paroisse, un couvent, un palais et quelques belles maisons. Torre est situé à 4 lieues du rivage de la mer Cantabrique et à 24 lieues de Burgos.

Renedo.

Village de 450 habitants, appartenant à la province de Santander et situé dans la vallée de Pielagos, à 26 lieues et demie de Burgos, à cinq étapes de Santander et à 7 kilomètres de Torre la Vega, près de la route royale de la Rioja. On aperçoit en ce lieu une fertile campagne parsemée des plus agréables villas; il y a une assez belle manufacture de draps.

La Venta del Guarnizo.

Cette localité est à 4 kilomètres de la précédente, non loin du village de Guarnizo, où l'on compte 300 âmes et qui est situé dans la vallée de Camargo. Ce village appartient à la province de Santander; il est dans une position très-pittoresque et dans une fertile vallée, à 28 lieues de distance de Burgos; on y trouve un chantier de construction.

San Salvador.

Village de 30 à 40 habitants, situé près de la mer, non loin de Guarnizo, et à 3 kilomètres de la venta du même nom, au point de jonction de la route de Bilbao et du chemin de fer; enfin, à 7 kilomètres de distance, au bord de la mer, s'élève l'importante ville de Santander.

Santander.

Capitale de la province du même nom, port de mer, place d'un grand commerce où l'on compte 29,000 habitants.

SITUATION. — Santander est bâtie sur une hauteur défendue par deux forts; la ville s'étend depuis les hauteurs qu'elle couronne jusqu'au rivage de la mer, dans un espace de jour en jour plus étroit pour sa population qui augmente sans cesse; mais il existait entre la ville et la mer, dans ce qu'on appelle *la Ria*, des terrains couverts en partie par les eaux de la mer à marée haute et complétement découverts à marée basse.

Une société industrielle de capitalistes français a fait construire dernièrement plusieurs môles, réunis par un système d'endiguement, pour séparer ces terrains et les isoler complétement de la mer. Ils sont aujourd'hui à sec, et par cette opération aussi habile qu'utile, on aura bientôt à Santander un port nouveau et une ville nouvelle. Ces remarques sont d'autant plus intéressantes que le port de cette ville était déjà, avant ces améliorations, l'un des plus sûrs et l'un des meilleurs d'Espagne. Santander est une des premières places de commerce de l'Espagne.

NOTICE HISTORIQUE. — Santander reçut des rois le titre de ville très-noble, très-résolue et très-loyale. Alphonse VIII de Castille lui donna de grands priviléges et l'entoura de murs.

MONUMENTS ET CHOSES REMARQUABLES. — Il faut visiter la cathédrale, le môle, le fort Saint-Philippe, l'hôpital, la maison de charité, l'institut où l'on enseigne le latin, la philosophie, la littérature, le français, l'anglais, les mathématiques, la musique et le dessin; les écoles de dessin, de commerce et de pilotage;

deux beaux établissements de bains, un casino, un théâtre, plusieurs cafés et plusieurs hôtels ; il y a encore sept fontaines, une fabrique de cigares qui date de 1834, et le cimetière de San-Fernando ouvert en 1821. On peut visiter encore aux environs de la ville, le phare, le chantier de Guarnizo et la fabrique royale de la Cavada.

COMMERCE. — Le principal commerce de Santander avec l'intérieur de l'Espagne est le transport des farines de la Castille exportées en Amérique. Le port de Santander offre un bon mouillage, à marée basse comme à marée haute, aux vaisseaux marchands de toute espèce. Il est question de construire des *docks* non loin des quais où viennent s'amarrer les navires. Santander est le point de départ des envois que font en Amérique, sous le nom de l'un des négociants inscrits sur la matricule de cette place, les négociants de Bilbao, de Saint-Sébastien et ceux des autres provinces basques. On exporte encore de cette ville les laines de Leon et de Soria, une grande quantité de bouteilles de bière pour la consommation des colonies espagnoles.

Santander est aussi la résidence des agents consulaires des provinces basques, ces provinces ayant le privilége de n'en admettre aucun dans l'étendue de leur territoire. Ainsi, les affaires de commerce international suscitées à Bilbao, et qui sont du ressort des agents consulaires, sont appelées devant le tribunal de Santander.

On exporte de Santander à la Havane du fer, de l'acier, des liqueurs, vins et boissons ; pour Vera Cruz, les mêmes objets, et en plus du papier, des huiles, des savons, etc. ; pour Montevideo, les mêmes objets, avec des soieries, des chapeaux, du sucre raffiné ; pour la Guayra, tout ce qui précède, avec des blondes, des nankins, des farines, des médicaments et de la bijouterie ; on exporte pour l'Europe de l'indigo, du sucre, du café, du bois de campêche, du cuir et du coton, chargement venu d'Amérique. En échange, Santander reçoit de la Havane les denrées suivantes : sucre, cochenille, indigo, café, coton, bois de campêche, cigares et tabac ; de la Vera Cruz, bois de campêche, cacao, cuirs, poivre, salsepareille, vanille, argent en lingots; de Montevideo, argent en monnaie, café, cuirs, suif, cornes, pelleterie et cuivre; de la Guayra, quelques denrées analogues et les précédentes.

Cette note donnera une idée du commerce de Santander: en 1803, malgré la guerre de 1802, il a été perçu pour plus de 750,000 francs de droits de 1 0/0 sur les navires chargés de marchandises qui se sont présentés dans le port de Santander. Ce port est constamment rempli de vaisseaux marchands de toutes les nations.

CLIMAT. — Le climat de cette ville est très-sain et tempéré une quantité d'étrangers y viennent pour fuir les ardeurs de l'été. La campagne environnante est couverte de villas et offre par sa culture variée le plus beau point de vue.

PREMIÈRE SECTION.

SANTANDER A OVIEDO.

SOMMAIRE. — Santander. — Santillane. — Cangas de Onis. — Oviédo.

Santander.

Les lignes qui précèdent ont été consacrées à la description de cette ville importante. Nous y renvoyons le lecteur.

Santillane.

Appelée sous les Romains *Sancta Juliana fanum*. Elle est si tuée sur les confins des Asturies, presque au bord de la mer et à 22 lieues d'Oviédo. On y remarque une belle collégiale et un beau couvent ; la population est de 2,000 âmes. C'est un pays de grains, de lin et de chanvre ; on y voit des vignes, et il y a des troupeaux, du gibier et du poisson excellent qui vient du port de San Martin de la Arena. Cette ville fut la capitale des Asturies de son nom ; elle appartient aujourd'hui à la province de Santander ; elle est située à 25 kilomètres au S.-O. de la ville du même nom ; on y voit un ancien château. Elle fut la patrie de Juan de Herrera, architecte de l'Escurial ; Lesage l'a immortalisée en y plaçant son *Gil Blas*, ce type heureux sous lequel il nous a légué ses judicieuses observations sur les mœurs, les coutumes et le caractère des habitants de l'Espagne, sa seconde patrie ; un séjour de plusieurs années dans ce pays l'avait pour ainsi dire naturalisé lui-même Espagnol. Après avoir rencontré la petite ville de Arenas nous arrivons à Cangas de Onis.

Cangas de Onis.

Ce village de 500 âmes est situé au confluent des deux rivières Sella et Guena ; on y passe l'une d'elles sur un beau pont d'une seule arche. Ce village jouit de certains privilèges municipaux. A une heure et demie de Cangas on peut visiter l'église collégiale de Cobaduga.

Oviédo.

Capitale des Asturies d'Oviedo et aujourd'hui chef-lieu de la province du même nom ; cette ville, l'ancienne *Lucus Asturum*, située au confluent de l'Ovia et de la Nora, doit son nom actuel à la première de ces rivières. Elle fut bâtie par Troïla, petit-fils de Pélage, en 757. Au IXe siècle, cette ville, devenue fort importante et comme le boulevard du christianisme en lutte avec l'islamisme, fut appelée la cité des évêques. En 877 il s'y tint un concile national, et Oviédo devint évêché-métropolitain. Aujourd'hui encore son évêque ne relève que de Rome.

SITUATION, POPULATION. — Cette ville, située sur une colline, sur le versant de la côte de Naranco, à 20 et quelques kilomètres de Gigon, contient 25,500 habitants.

MONUMENTS ET CHOSES REMARQUABLES. — La cathédrale, remarquable par sa tour d'une grande légèreté, fut fondée en 760 par Troïla Ier; elle est en pierres de taille et gothique, et d'une belle construction; on trouve dans ses chapelles un grand nombre de mausolées; l'église de Saint-Sauveur, qu'on attribue au prince Silo, tuteur d'Alphonse II, fils de Troïla. Ce tuteur et son pupille furent dépossédés du pouvoir par l'usurpateur Mauregat, vers 783. Il y a près de la porte de cette belle église le mausolée du fondateur avec l'inscription *Silo princeps fecit*, qui ne laisse pas de doute sur son origine. Cette église est fort riche en reliques; on y montre une belle croix d'or, fabriquée, dit la tradition, par les anges; une arche d'un bois incorruptible, qu'on attribue aux apôtres; plusieurs saints, et le corps d'Alphonse le Chaste, bienfaiteur de l'église. L'université, l'un des plus beaux édifices de la ville, le collége Saint-Vincent, où vécut et mourut le célèbre père Feijoo, qui sert aujourd'hui aux bureaux de l'administration publique, le couvent des religieuses de San Pelayo, celui de Santa Clara, et celui de Sainte-Marie de la Vega, le château fort, les maisons consistoriales, qui occupent tout un côté de la place Mayor, l'hospice, un des meilleurs d'Espagne, les maisons du duc del Parque, aujourd'hui fabrique d'armes, du marquis de Campo Sagrado, du comte de Nava de Torreno, du vicomte del Cerro, de las Palmas, toutes remarquables par leur belle construction, et quelques-unes par leur ancienneté; l'ancien couvent de Santo-Domingo, aujourd'hui hôpital militaire, celui de San Francisco, l'aqueduc en pierre de taille et de quarante arcades qui conduit jusqu'à la ville les eaux de la fontaine appelée Tintoria del Boo; onze fontaines publiques alimentées par cet aqueduc, un théâtre, une bibliothèque de dix à douze mille volumes, une école normale, un séminaire, une université qui instruit quatre à cinq cents élèves, trois chaires de latinité, et plusieurs de chimie, de géométrie et de belles-lettres.

HOMMES CÉLÈBRES. — Oviédo fut la patrie d'Alphonse le Chaste, dont on montre la chapelle dans la cathédrale.

COMMERCE, INDUSTRIE. — On y fabrique des chapeaux, des peignes, des armes de guerre; on y trouve aussi deux tanneries. Le commerce est peu étendu, quoique cependant quelques négociants correspondent avec Gigon pour les denrées coloniales étrangères.

CLIMAT. — Les environs d'Oviédo sont un séjour des plus agréables; le climat y est sain et tempéré. On trouve à une lieue et demie un établissement d'eaux thermales appelées *las Caldas de Priori*. La maison des bains est commode et bien située; non loin de là coule le Valon, près des ruines d'un ancien château. Oviédo communique avec Madrid par Léon et Valladolid, et, dans quelques années, sera reliée à Gigon par un chemin de fer.

DIXIÈME LIGNE.

GIJON A LANGREO.

SOMMAIRE. — Gijon. — Puizalès. — La Florida. — San Pedro. — Noreña. — Malpica. — Vega. — Langreo.

Gijon.

Ville de la province d'Oviédo, port de mer situé dans une presqu'île, comprenant 2,500 habitants. Ce lieu fut célèbre par la retraite de Pélage fuyant les Sarrasins. Ce prince et ses successeurs s'intitulèrent comtes de Gijon.

CHOSES REMARQUABLES. — Il faut visiter la maison consistoriale, l'institut Asturien, dont l'édifice n'est pas terminé, et où l'on enseigne les lettres, le latin, les mathématiques, le français, l'anglais et le dessin; il y a encore une école de pilotage et une bibliothèque choisie, la fabrique de cigares, qui occupe quatorze cents ouvrières, le môle et le port, avantageusement situé, et pouvant servir de mouillage aux bâtiments marchands de toute grandeur, l'hôpital.

COMMERCE, CLIMAT. — On trouve à Gijon plusieurs négociants en gros; le commerce s'empare des productions du pays pour les porter en Amérique. Ce sont des châtaignes, des noix, du cidre, des meules de moulin extraites des carrières environnantes. La campagne est assez agréable en ce pays; on y trouve de nombreuses habitations. Il faut voir la belle route appelée le *Carbonero*, ouverte pour servir de débouché aux fameuses houillères de Langreo. Aujourd'hui, un chemin de fer, dont l'unique objet est l'exploitation de ces mines, a été établi entre Gijon et Langreo. Le port de Gijon assure aux produits de cette exploitation un écoulement qui lui donne une grande valeur.

Puizalès.

On y arrive en passant par le lieu qu'on appelle Tremanes, par l'aride chaîne de montagnes de Bareza et la pittoresque vallée de Sotillo ; de là on traverse la montagne du Llorédal, où l'on rencontre une quantité de maisons appartenant à l'ancienne abbaye de Cenero, et on arrive à Puizales, point où l'on rencontre la grande route de Gijon à Madrid.

La Florida.

Située à 6 kilomètres de la localité précédente, au pied d'un plan incliné de 660 mètres de long.

San-Pedro.

Ce village n'offre aucun intérêt pour le voyageur

Après avoir passé le tunnel del Conixo, de 170 mètres de long, on rencontre l'ancienne route de Langreo à Gijon.

Noreña.

Point à 6 kilomètres de San-Pedro; le pays est cultivé; il y a de nombreuses prairies. Noreña est une ville de 2,000 habitants. Sa situation est l'une des plus agréables de la province des Asturies. On y voit un château en ruines et un hôpital sous l'invocation de Notre-Dame du Rosaire. La vallée, arrosée par la petite rivière du même nom que la ville, produit des céréales, des farineux, des châtaignes, et beaucoup de fruits; il y a des plantations et de jolies promenades. Noreña fournit de très-bons souliers à tous les habitants de la province.

Malpica.

Se trouve située au milieu de vallons séparés par de nombreux accidents de terrain, à 8 kilomètres de la localité précédente; c'est là, au point appelé Pumarabuli, qu'est placé le premier dépôt de charbons des houillères voisines, et qu'a son entrée le tunnel del Carbayin, qui compte 864 mètres de long.

Vega.

Dans la vallée arrosée par le Caudin, confluent du Nalon, à 7 kilomètres de Malpica. Nous entrons dans une vallée large et pittoresque qui nous conduit, en passant par le pont de Sama, à Langreo.

Langreo.

C'est là que s'arrête notre dixième ligne, qui n'est d'aucun intérêt pour les voyageurs curieux de choses artistiques et de monuments, mais que visiteront assurément les géologues et les ingénieurs. Toutes les localités que nous venons de nommer sont des bourgades insignifiantes à tous les points de vue.

PREMIÈRE SECTION.

GIJON A OVIEDO.

Nous venons de visiter rapidement la partie de cette ligne comprise entre Gijon et Langreo. Les localités que nous aurions à parcourir de ce dernier point à Oviédo ne peuvent offrir non plus aucun intérêt au voyageur. Oviédo seule peut attirer son attention, et nous le renvoyons dès lors à la première section de notre neuvième ligne.

PREMIÈRE ANNEXE.

ROUTE ROYALE DE VALENCE A MURCIE, GRENADE ET MALAGA.

SOMMAIRE. — Concentaina. — Alcoy. — Jijona. — Alicante. — Elche. — Orihuela. — Murcie. — Alcantarilla. — Lebrilla. — Totana. — Lorca. — Velez-Rubio. — Baza. — Guadix. — Diezma. — Grenade. — Santa-Fé. — Loja. — Malaga.

Valence à Jativa.

Nous avons vu les points importants ou intéressants situés entre Valence et San Felipe de Jativa. Nous prions donc le lecteur de se reporter à la deuxième section de notre troisième ligne, où il en trouvera la description.

Concentaina.

Ville de 7,250 âmes, appartenant à la province d'Alicante et au diocèse de Valence; elle est située au pied de la Sierra-Mariola, près la rivière d'Alcoy. Ce lieu est plein d'antiquités romaines; on y voit des restes de murailles et de fortifications; il y a aussi une tour carrée qui domine la ville et que l'on appelle le Château. On y a trouvé, il y a quelques années, parmi des débris de murailles, une énorme clef qui était, sans doute, celle de cette citadelle. On voit dans cette ville quelques bons édifices; il faut visiter le palais des ducs de Medinaceli et la pièce appelée *la Sala dorada*, qui en fait partie, et où il existe des peintures assez belles; enfin, quelques églises de cette ville méritent d'attirer les regards.

Alcoy.

Ville de 15,000 habitants, de la même province et du même diocèse que la précédente, située au pied de la même montagne, sur une colline autour de laquelle serpente la rivière d'Alcoy. Cette ville renferme quelques édifices remarquables; mais ce qui doit attirer le plus l'attention du voyageur, c'est la partie industrielle. On y trouve des fabriques de papier et de drap, dont les produits sont très-estimés en Espagne. Il y a des houillères dans les montagnes voisines.

Jijona.

Petite ville de 4,000 âmes, de la même province et du même diocèse que les précédentes. Elle est située sur le haut d'une colline, à l'entrée de la vaste plaine qui encadre la baie d'Alicante; ses murs sont baignés par la petite rivière du Cosco. Avant d'arriver à cette ville, la route venant d'Alcoy forme une descente des plus rapides, d'où l'on jouit d'un magnifique panorama. On aperçoit au loin, comme dans un seul tableau, la Méditerranée, la ville d'Alicante au milieu d'une vaste plaine inculte et aride, mais véritablement pittoresque par sa nudité même, le rivage de la mer, bordé du côté de Jijona par quelques bois d'amandiers; le tout encadré par une chaîne de montagnes formant amphithéâtre, et dont les flancs arides, rougis par les reflets du soleil d'Espagne, rayonnent des plus vives couleurs sur ce beau tableau où les détails manquent, mais où l'ensemble est plein d'harmonie par une belle journée de soleil. Ce point de vue est l'un des plus pittoresques de l'Espagne.

Jijona est dominée par une colline que couronne un vieux château maure. Les habitants de l'endroit font consister leur seule industrie à faire ces fameux nougats appelés *Torrones*, et dont on fait à Madrid une grande consommation le jour de Noël. Il y a aussi des confitures assez renommées: l'on trouve déjà sur ces coteaux le fameux vin d'Alicante. On passe le ruisseau de Jijona au lieu appelé *Molino del Medio*, et l'on traverse le village de Palamo.

Alicante.

27,000 habitants. Cette ville importante, capitale de la province du même nom, a été décrite lorsque nous avons parcouru la première section de notre troisième ligne.

La route, après avoir fait plusieurs demi-cercles autour des montagnes situées à droite d'Alicante, débouche dans une plaine où non loin de la mer s'élève, du milieu d'un bois de palmiers, la pittoresque ville d'Elche.

Elche.

Cette ville, appartenant à la province d'Alicante et au diocèse de Valence, renferme 19,000 habitants. On dirait, en voyant ses maisons basses, ses palmiers, ses toits à terrasse, ses rues étroites, la physionomie de ses habitants, que c'est une ville d'Afrique transportée sur les côtes d'Espagne. On y voit, d'ailleurs, tout un quartier habité par des gitanos. Elche renferme peu de monuments remarquables; il faut visiter l'église Sainte-Marie, la principale paroisse dont l'édifice en pierre de taille offre un beau portail aux regards des curieux, et dont l'intérieur est orné d'un magnifique tabernacle en jaspe. On y remarque aussi le palais épiscopal, les maisons capitulaires et le quartier de cavalerie. Mais, c'est à la nature, à son climat et à son cachet tout oriental, que cette ville doit son principal attrait. C'est par là qu'elle fixera l'attention des peintres et des amateurs. A tout autre point de vue, c'est une ville fort arriérée, privée de commerce et d'industrie, où l'homme d'esprit doit vivre comme dans un tombeau. Près d'Elche se trouve une albufera, espèce de lac formé dans l'intérieur des terres par l'envahissement de la mer; plus loin est le village d'Albatera, remarquable par la grande quantité d'aveugles qu'on y rencontre : on se croirait en Egypte. Au reste, l'aspect du pays est le même qu'à Elche. Enfin, après avoir aperçu le village de la Granja, situé à gauche de la route, on arrive à la gracieuse cité d'Orihuela.

Orihuela.

Cette ville, de 25,800 habitants, située au pied d'une montagne, sur les deux rives du Rio-Segura, commence, par sa fertile et agréable campagne, la riche vallée ou *huerta* de Murcie. Orihuela a la forme d'un fer à cheval allongé ; la ville est presque tout entière située sur la rive gauche du fleuve. Elle est dominée par un mont couronné d'un couvent et d'une fortification en ruines. Deux chaînes de montagnes parallèles forment la vallée du Segura et cachent la vue de la mer.

NOTICE HISTORIQUE. — Cette ville tomba successivement au pouvoir des Carthaginois, des Romains et des Goths. Elle est donc fort ancienne; les Maures s'en emparèrent en 715. En 1057, elle devint la capitale d'un royaume maure indépendant; plus tard, elle fut réunie à celui de Murcie. En 1264, Jacques Ier d'Aragon s'en empara et la repeupla. En 1648 la peste, et en 1651 une inondation la détruisirent en partie; il n'y paraît plus aujourd'hui. Appelée par les Romains *Auriola*, par les Goths *Orzuela*, par les Maures *Orguella*, elle doit son nom à la conquête aragonaise.

ÉDIFICES. — Cette ville est surtout remarquable par le grand nombre de ses couvents et de ses églises; on dirait plutôt une ville ecclésiastique qu'une ville laïque. On y comptait vingt-sept églises et couvents; ce qui était beaucoup pour son peu d'étendue. Le couvent de Santo-Domingo se distingue par sa bonne architecture; la cathédrale est petite et obscure, mais au maître-autel, on admire une fort belle grille. L'église Saint-Jacques est remarquable par son beau portail gothique. Il y a à Orihuela le palais de l'évêque, deux hôpitaux, un hospice, deux collèges, un asile d'enfants trouvés, une bibliothèque, un théâtre et un quartier de cavalerie, cinq places publiques, de belles avenues et d'agréables promenades autour de la ville; enfin, quelques posadas.

CLIMAT ET PRODUCTIONS. — La campagne d'Orihuela est des plus fertiles. Le système d'irrigation, qui date des Maures, y est fort complet et contribue tellement à la fertilité du sol, qu'il produit toujours en abondance des fruits excellents et de fort beaux blés pendant les années de sécheresse comme pendant les années de pluie. Au reste, un proverbe le dit: *Llueva o no llueva, trigo en Orihuela:* qu'il pleuve ou non, toujours du blé à Orihuela. On élève dans le pays beaucoup de vers à soie et l'on exploite les beaux marbres de la sierra Negra.

Murcie.

En traversant une série non interrompue de jardins plantés de bosquets d'arbres de toute espèce et parsemés de nombreuses habitations, on arrive à Murcie, ville de 89,000 âmes, capitale de la province et de l'ancien royaume du même nom. Elle est située sur la rive gauche du Segura, dans la fertile et délicieuse vallée qu'arrose ce fleuve. Cette ville s'étend au loin dans cette campagne, qui est un vrai paradis planté de mûriers, de citronniers, d'orangers et de palmiers. Cette campagne, appelée *huerta de Murcia*, embrasse une étendue de 5 lieues de long sur 3 lieues de large; entre les deux chaînes de montagnes qui l'enferment, un système d'irrigation, établi par les Arabes, fertilise ce vaste jardin. Le point de départ des eaux est en un lieu appelé la *Contra-Parada*. La ville a la forme d'un carré long pour la partie située sur la rive gauche du Ségura, et d'une pointe effilée pour la partie de la rive droite, séparée de la précédente par l'unique pont de la ville. De ce côté, il n'y a guère que quelques maisons et une belle alhameda qui est le commencement de la route de Carthagène.

NOTICE HISTORIQUE. — Quelques personnes attribuent la fondation de cette ville aux Murgettes, peuples indigènes qui existaient 2730 ans avant Jésus-Christ. Il n'est cependant question de cette ville dans l'histoire qu'en 714, époque où elle fut prise par les Maures. En 1144, elle fut réunie au royaume de Grenade; en 1221, à celui de Cordoue; en 1236, elle forma un État indépendant; en 1265, Alphonse X de Castille s'en empara, et la repeupla de Catalans, d'Aragonais et de Français. En 714, les femmes de Murcie, habillées en hommes, obtinrent pour leur ville, par une résistance héroïque, une capitulation honorable du général maure Abdelazis. En 1706, cette ville défendit encore avec la plus grande énergie, sous la conduite de son évêque Louis de Bellega, la cause de Philippe V qu'elle avait embrassée.

MONUMENTS ET ÉDIFICES PUBLICS. — La cathédrale, située sur la place du palais épiscopal. Cet édifice a été diminué; il s'étendait autrefois fort avant sur la place dont nous venons de parler. On y voit encore une croix de marbre au lieu où s'élevait jadis le maître-autel; la façade de cette église est en pierre et en marbre; elle est d'ordre corinthien. Elle fut construite dans le XVIIIe siècle. Il y a à la cathédrale deux autres portails, dont l'un est plus ancien que l'autre. A côté du plus moderne s'élève une tour carrée qui sert de clocher. On y monte par dix-huit corridors en rampe, et par cent soixante-six marches. Lorsqu'on abandonne la grosse tour pour entrer dans la petite, on jouit du magnifique panorama de la ville et de la huerta de Murcie. De là, on peut compter à loisir les trente-huit clochers d'églises qui s'élèvent au-dessus des terrasses dont sont couronnées la plupart des maisons de la ville. On redescend par la grosse tour en donnant un regard aux vingt cloches qui y sont renfermées. Dans l'église, dont l'intérieur est fort vaste, et qui se compose de trois nefs séparées par de gros piliers, on voit au sanctuaire une urne d'argent placée près du maître-autel; elle renferme les restes des saints évêques Fulgentius et Florentinus. Un mausolée, placé à côté, contient les entrailles d'Alphonse le Sage. On admire beaucoup les chaises du chœur et les orgues, et l'on montre aux voyageurs une grosse chaîne taillée dans la pierre, qui enferme dans ses anneaux toute l'étendue du chœur.

On trouve sur les murs de cette église beaucoup d'inscriptions et de tableaux relatifs à l'Inquisition. On vante beaucoup la chapelle de Los Velez, avec ses petites colonnes gothiques; enfin, le trésor de la cathédrale renferme un saint iboire en or enrichi de diamants, un beau tabernacle d'argent avec une custode d'or, le tout garni d'émeraudes et de diamants.

Parmi les autres monuments religieux de cette ville, on cite : les églises de Santa-Ollala et de Saint-Jean ; celle de Saint-Jean-de-Dieu ou de la Charité ; le couvent de Saint-François, remarquable par le portail de son église ; l'église Saint-Pierre, avec un beau tableau au maître-autel ; le couvent de Saint-Dominique, avec quelques beaux tableaux au maître-autel de son église. Sur l'emplacement de ce couvent existaient autrefois le palais et les jardins du roi maure Soguir.

Parmi les autres édifices, nous citerons encore un bel almudi ou halle aux grains ; les restes de l'alcazar, palais mauresque occupé aujourd'hui par l'administration des postes et la prison de la ville ; le couvent del Carmen avec sa belle alhameda, le palais épiscopal ; la bourse avec ses bancs de pierre et ses colonnes de marbre ; la douane, la maison de la société économique, deux bibliothèques, et le jardin botanique.

PROMENADES, PLACES ET RUES. — Murcie possède quatre promenades : celle de l'Arsenal, espèce de terrasse au bord du Segura ; elle forme une place située près du pont de l'Inquisition, du palais épiscopal et de la maison de ville ; le jardin botanique, situé hors la ville ; l'alhameda, dont nous avons déjà parlé ; le Malecou, espèce de quai qui fait suite à l'arsenal.

Les places principales de Murcie sont celles de Santa-Ollala, del Sparto, de Santo-Domingo, de Santa-Maria, de los Toros, destinée aux courses de taureaux. Les rues de Murcie sont étroites, irrégulières, tortueuses et mal pavées ; la plus belle est celle de la Traperia, qui joint la cathédrale à la place du marché ou de Santo-Domingo. Les maisons sont surchargées de pilastres, de colonnes, de statues et d'armoiries.

Il y a un quartier de la ville, situé près de la rivière, fort curieux à visiter pour les étrangers : c'est le quartier de San-Juan, amas confus de mauvaises petites maisons, composées d'un rez-de-chaussée et habitées par des gitanos.

C'est à Murcie que réside le chef de cette race singulière, qui a conservé, au milieu du peuple espagnol, ses usages, ses mœurs, ses traditions, ses lois propres, comme chez nous les bohémiens, comme à Rome et en Russie les juifs. Le roi des gitanos est don Anton de la Mar ou de la Paz. Il habite une maison située hors de la ville, sur l'Alhameda, et il donne ses audiences sur la place où débouche le pont qui mène à sa demeure. C'est un homme d'un abord facile et agréable; il est tout puissant parmi les gitanos, et sa recommandation est d'une grande utilité si l'on veut, en Andalousie, assister aux réunions et aux fêtes de ce peuple, jouir des danses exécutées par les gitanos, entendre leurs chansons nazillardes ou leurs récits romanesques. Il y a en Espagne beaucoup de grands seigneurs qui brillent à la cour, qui sont moins riches que ce roi plébéien.

INDUSTRIE, COMMERCE, AGRICULTURE. — La fabrication de la soie est une des principales branches de l'industrie murcienne. Le climat, fort chaud, est très-favorable à la reproduction des vers à soie; on trouve à Murcie plusieurs établissements relatifs à la fabrication et au tissage de la soie, et en outre une raffinerie de salpêtre, et une fabrique de poudre à canon. C'est une ville d'un certain commerce; on y fait un grand trafic des grains du pays, qui sont fort beaux et fort abondants; il y a en outre, aux environs de Murcie, une quantité d'établissements d'eaux minérales très-renommées. Les principaux sont ceux de Archena, pour la pierre, les calculs et le tremblement nerveux et les ravages occasionnés par le mercure; les autres sont ceux de Alhuava fortuna, Mula azaraque, et celui de Hellin, dont les eaux sont chaudes.

HOMMES CÉLÈBRES. — Murcie fut la patrie de deux écrivains : Cascales et Polo de Medina; elle a donné le jour également au célèbre Florida Blanca.

Pour quitter la ville de Murcie, ville aussi remarquable par sa situation pittoresque que par le cachet tout particulier de la population qui l'habite, on a la ressource des diligences qui vont à Madrid, Alicante et Lorca. On trouve encore des voitures de louage assez incommodes, et qui rappellent la tartana de Valence.

Murcie, recueillie en elle-même, conserve sa civilisation primitive, ses mœurs particulières, et, à cause du grand nombre de ses habitants, du caractère gai et animé de sa population, n'en sera pas moins un séjour de plaisirs. On se plaint que les types disparaissent et que les costumes pittoresques font place à l'habit noir et au chapeau cylindre : qu'on aille à Murcie, on y trouvera encore toute une population d'hommes portant le costume du temps de Philippe V, avec les petits bonnets pointus en velours; on y verra encore les gracieuses indigènes, habillées de jupes courtes, les bras et les jambes nus. Murcie sera longtemps encore une des villes les plus originales et les plus pittoresques de l'Espagne.

En quittant Murcie, nous traversons le village de la Raya, puis celui de la Puebla.

Alcantarilla.

Ville de 4,500 âmes, située à une bonne lieue de Murcie et un quart de lieue du fleuve Segura. Son nom signifie le *petit pont* ou encore *l'égout*. On trouve en ce lieu une population qui a conservé presque entièrement le type africain.

Lebrilla.

Situé près du Segura. On y compte 2,300 habitants. Ce village est presque coupé en deux par une fondrière formée par les eaux de la pluie. Ce ravin, s'accroissant souvent, on a été obligé, pour réunir les deux parties du village qu'il sépare, d'y établir un pont. Le duc d'Albe a fait construire à Lebrilla une magnifique posada; en suivant la route, on voit sur la gauche une tour en ruines, puis la vallée de Murcie se change en un plateau aride; sur la droite, on rencontre la commune d'Alhama; ensuite on traverse une rambla.

Totana.

Ville de 8,000 âmes, appartenant à la province de Murcie et au diocèse de Carthagène. La ville est séparée en deux parties par une rambla; ces deux parties prennent le nom de faubourgs, de quartiers ou barrios de Sevilla et de Triana. Totana est située à l'extrémité d'un puerto ou vaste plaine entourée de montagnes qui terminent la vallée de Murcie. Non loin de Totana commence une série de montagnes fort élevées. On remarque à Totana la place Royale, ornée d'une belle fontaine qui reçoit ses eaux d'un aqueduc également remarquable. Le principal commerce de Totana consiste dans l'exportation vers Murcie et Carthagène de la neige provenant de la sierra de España.

Lorca.

Après avoir passé un torrent à sec et traversé un plateau fort élevé, on arrive à cette ville située à 4 lieues de la précédente. Lorca est placée au pied d'une chaîne de montagnes. Ses murs sont baignés par la petite rivière de Guadalentin. Lorca est une ville de 22,000 habitants.

NOTICE HISTORIQUE. — D'après les traditions locales, cette ville aurait été fondée à la fin du siége de Troie par un Troyen fugitif appelé Elio ou Uzez; ce qu'il y a de certain, c'est que Lorca s'appela autrefois Eliocroca, et que la petite ville appelée aujourd'hui las Aguillas portait le nom de Urci. Lorca fut prise par les Maures en 714, par les Chrétiens en 1244. Elle ne fut à l'abri des attaques des Maures qu'après la conquête de Grenade.

ÉDIFICES. — L'église collégiale est une des choses les plus remarquables de cette ville. Sa façade est d'ordre corinthien et construite en pierre de taille. L'église est partagée en trois nefs. On admire les tableaux de la chapelle San-Diego. On conserve dans la Collégiale les reliques de saint Patrice, son patron. L'église Saint-Jacques mérite également d'attirer l'attention, quoique d'une construction plus moderne. On remarquera l'église de Sainte-Marie et celle des Dominicains où l'on voit d'assez bonnes peintures à fresque de Balthazar Martinez. Il faut visiter encore les maisons consistoriales, l'hôtel de ville, le palais épiscopal, le collége, le séminaire et les ruines du château maure qui dominait autrefois et défendait la ville.

HOMMES CÉLÈBRES. — Lorca vit naître Azar le peintre, Juan de Toledo et Balthazar Martinez.

SITUATION, COMMERCE, AGRICULTURE. — La ville est divisée en haute et basse ville. Les rues de la haute ville (celle des Maures) sont étroites, tortueuses et mal pavées; la ville basse est mieux bâtie; elle est divisée en deux faubourgs, celui de Grincia et celui de Cristobal. Il y a à Lorca beaucoup de gitanos. Le commerce est à peu près nul; on exporte cependant la soie et la soude, deux productions bien différentes de ce pays. Lorca fut victime d'une catastrophe survenue en 1802 : un vaste réservoir construit dans cette ville d'une façon peu intelligente, ayant été miné par la force des eaux, il se forma dans la ville un torrent impétueux qui détruisit plus de six cents maisons et plusieurs édifices importants. Les ravages de ce fléau se firent sentir dans la campagne jusqu'à une distance de 12 lieues et jusqu'à Murcie et Orihuela. Beaucoup de villages des environs en souffrirent, et l'on porte à six mille le nombre des personnes qui périrent à cette époque. Les promenades de Lorca sont fort belles et très-ombragées. On y jouit de points de vue agréables, et le regard aperçoit à l'horizon une série de champs, de prés, de jardins et de bosquets distribués avec art dans la campagne et parfaitement entretenus. Ces promenades sont pourtant peu fréquentées. Il y a peu d'animation à Lorca qui serait facilement une ville de plaisirs; — les femmes y sont fort belles, leur beauté est peut-être mise en relief et davantage par les mantilles de laine, les unes blanches, les autres rouges, qui leur servent de vêtement. Les environs de Lorca sont très-fertiles; on y voit beaucoup d'arbres de toute espèce, des peupliers, des oliviers, des mûriers, des arbres fruitiers. Cette série de bosquets entretient dans la campagne une fraîcheur qui fertilise le sol. On récolte en ce pays les plus beaux blés, et dans les jardins on cultive une grande variété de fleurs. Le sol aride et montagneux que l'on trouve à peu de distance de Lorca fait regretter les fertiles campagnes dont cette ville est entourée.

Velez-Rubio.

En quittant Lorca, il y a deux chemins pour aller à Velez-Rubio : celui du Puerto, et celui de la Parroquia plus court de 2 lieues. Le pays devient très-montagneux. Après avoir passé la Parroquia, on rencontre les ruines du château du Jijena, situé sur l'ancienne frontière du royaume de Grenade. Ce château, avec ceux de Velez-el-Blanco, qu'on aperçoit sur la droite de Velez-el-Rubio, et quelques autres formaient une ceinture de forts qui défendaient les frontières du royaume de Grenade. Le château de Jijena est célèbre par les crimes commis à l'abri de ses murs. Les gens du pays ne passent à cet endroit de la route qu'avec un certain sentiment de crainte et d'effroi, et le guide du voyageur ne manque jamais de lui raconter des histoires dont le récit fait dresser les cheveux sur la tête. On parle entre autres d'un crime commis, il y a quelques années, sur la personne d'un marchand ambulant de Valence qui avait disparu sans qu'on pût retrouver ses traces. Un rassemblement de corbeaux au château de Jijena fit découvrir le cadavre de cet infortuné, victime d'un vol audacieux, et bientôt un de ces hasards providentiels qui trahissent toujours les criminels fit connaître l'assassin. Le guide ajoute qu'après l'exécution capitale, le corps du coupable, coupé en morceaux, fut enterré ainsi fractionné en plusieurs endroits de ce lieu sinistre. Tous ces détails dont on ne vous épargne rien, indiqués avec la main sur les lieux mêmes, ne laissent pas que d'égayer le voyage.

POPULATION DE VELEZ-RUBIO ET DÉTAILS SUR CETTE VILLE. — Velez contient 12,000 habitants; il appartient à la province et au diocèse d'Almeria. La vega (campagne) de Velez est très-fertile, et, sur une étendue de 4 lieues, on y trouve une série de jardins et de petites fermes (cortijos) qui donnent au pays une grande animation. Il y a dans les environs des carrières de pierre de taille et de jaspe rosé; on trouve aussi des eaux minérales ferrugineuses dont les effets sont merveilleux pour les tempéraments lymphatiques et l'affaiblissement du système nerveux. Ces eaux s'appellent *la Fuente del Gato* (la Fontaine du Chat). On trouve encore de belles grottes de stalactites. Après Velez, nous traverserons les villages de Chirivela et de las Vertientes, point de division des eaux de l'Andalousie et du royaume de Murcie; c'est là que l'on parcourt cette fameuse lieue appelée dans le pays la legua del Fraile, peut-être à cause de deux pics voisins de l'endroit et distants d'une lieue que l'on appelle, l'un le *Fraile* te l'autre la *Monja*, c'est-à-dire le *Moine* et la *Nonne*; le Caquemar, le Cullar de Baza, petite ville de 5,600 âmes, située sur une hauteur. Enfin en arrivant à la fameuse auberge appelée la venta del Peral, nous nous trouvons à 3 lieues de Baza.

Baza.

Ville à laquelle on parvient par une série de ravins, en traversant un pays inculte et désert, sur une route encaissée où le voyageur isolé peut se défendre difficilement d'une embuscade ou d'une attaque à main armée. Baza est une ville de 13,600 âmes; elle appartient à la province de Grenade et à l'évêché de Guadix. Cette ville fut conquise par les rois catholiques en 1489. On y trouve encore un cachet bien marqué de l'architecture mauresque; d'ailleurs il y a aussi dans les environs de nombreux restes d'antiquités romaines, et même des sépulcres ornés d'urnes funèbres dans le style grec. Les gens de la campagne ont brisé en morceaux ces sarcophages, ces lacrymatoires, ces urnes, ces *tumulus* dans l'espoir d'y trouver des trésors cachés. On arrive à Baza par une magnifique promenade terminée par une rivière. Les environs de Baza sont fertilisés par des eaux abondantes et d'une bonne qualité. La ville possède de nombreuses fontaines. Dans l'église principale de Baza on trouve quelques sculptures sur bois et une assez belle chaire en marbre foncé.

Guadix.

En sortant de Baza, située dans un vallon encaissé, on

monte une côte rapide, et à l'horizon on aperçoit une ceinture blanche formée par les cimes neigeuses de la sierra Nevada. Le pays est divisé en une infinité de ravins dont la multiplicité et la disposition singulière, ainsi que la nature du terrain, doivent appeler l'attention du géologue. Sur cette route abandonnée qui conduit à Guadix, on rencontre fréquemment de petites tours en maçonnerie et aussi de petites croix de bois, tristes souvenirs soit d'un meurtre, soit d'une mort causée par la rigueur du climat. Après avoir traversé un pays planté de pins, on arrive à la fameuse auberge appelée la Venta del Baul; cette auberge, la Venta de Gor située à une lieue et demie de la précédente, et le village de Gor sont les seuls points habités que l'on trouve dans ce pays sauvage et désert où le piéton parcourt plusieurs lieues à travers des champs arides, des ravins, des plateaux, des bois de sapins et aussi quelques bois de haute futaie sans rencontrer âme qui vive, et sans trouver un seul abri pour se reposer des fatigues du voyage.

POPULATION ET DÉTAILS SUR GUADIX. — Guadix contient 11,000 habitants. Cette ville, appartenant à la province de Grenade, est le chef-lieu d'un évêché qui dépend de l'archevêché de Grenade. Elle est située à deux lieues et demie de la sierra Nevada. Les Maures rebâtirent cette ville dont le nom signifie en arabe Fleuve de la vie. Guadix est fière d'avoir reçu dans ses murs les sept évêques envoyés en Espagne par les apôtres saint Pierre et saint Paul pour y prêcher l'Évangile. Il y a à Guadix un château mauresque qui fut remis en état pendant la guerre de l'Indépendance, en 1808. Cette ville possède une grande place, six fontaines publiques et une belle promenade; mais l'édifice le plus important est sa cathédrale qui est d'une belle architecture. La façade en est assez remarquable : on y voit un portail orné de quatre pilastres divisés en trois colonnes et à trois étages, avec des niches et des bas-reliefs; le frontispice en marbre représente le Christ au jardin des Oliviers. La voûte de la cathédrale est fort belle; on voit dans le chœur des sépultures en bois et un beau maître-autel avec deux chaires en marbre; les autels sont peut-être trop surchargés de dorures.

Guadix a conservé l'aspect d'une ville mauresque. Aux fenêtres des maisons on voit, au lieu de vitraux, des contrevents en bois ayant la forme et la grandeur de ventanillas. Il est curieux de voir s'ouvrir ces petites lucarnes pour donner passage à une tête humaine; on dirait des rats qui sortent de leurs trous.

Diezma.

Cette ville est située à 4 lieues de la précédente. Pour y arriver, on traverse les collines qui entourent la vega de Guadix. Le chemin est fort encaissé en cet endroit. On rencontre le petit village de Purullena dont les habitants habitent dans des grottes situées dans la montagne. On arrive, en suivant un fort beau chemin, à la Venta de Riota, ainsi appelée à cause d'une rivière qu'il faut y traverser à dos d'homme ou de mulet, faute de ponts. Diezma est située à 6 lieues de Grenade; c'est un gros bourg de peu d'importance. En le quittant, on arrive, à une lieue et demie, à la Venta del Molinillo, puis on traverse une série de vallons et de gorges de montagnes très-pittoresques qui rappellent l'Italie. On trouve aussi une pierre sépulcrale avec une croix et l'inscription suivante : *O tu quien quièra que seas, como te ves me vi, ruega a Dios por mi; a qui yace don Cristobal del Pino que fallecio a el poder de cuatro alebozos bandidos el dia 7 de abril de 1838, a los 66 anos de su edad.* Ce qui veut dire : « O toi, qui que tu sois, comme tu te vois je me vis : prie Dieu pour moi; ci-gît don Cristobal del Pino, qui tomba sous les coups de quatre bandits audacieux, le 6 avril 1838, âgé de 66 ans. » Ce tombeau n'est pas un monument; nous ne le citons, ainsi que l'histoire qui s'y rapporte, qu'à titre de détail des mœurs du pays; elles se sont d'ailleurs beaucoup modifiées, grâce à l'active surveillance de la garde civile, institution créée par les soins du général Narvaez. A quelques lieues, l'on trouve la Venta del Colmenar, le village de Huertor situé à une lieue et demie de Grenade, et le bourg de Farguet où est établie une fabrique de poudre du gouvernement.

Grenade. — Santa-Fé. — Loja. — Malaga.

La route de Grenade à Malaga est assez belle, surtout aux environs de cette dernière ville. Du côté de Santa-Fé, elle est mauvaise par les temps de pluie. Nous n'en ferons pas la description parce qu'elle correspond à une des lignes que nous avons parcourues. (Voy. 6e ligne, 2e section.)

DEUXIÈME ANNEXE.

ROUTE ROYALE DE MADRID A VALENCE PAR CUENCA.

SOMMAIRE. — Madrid. — Vallecas. — Arganda. — Villarejo. — Fuentidueña. — Belinchon. — Tarancon. — Huelves. — Carrascosa del Tajo. — Horcajada — Cuenca.

Madrid. (Voy. 1re ligne, 2e section).

Vallecas.

C'est le premier bourg qu'on rencontre sur la route de Cuenca en sortant de Madrid. La population est de 1,500 âmes. On y trouve une église paroissiale assez belle et rendue célèbre par les processions qu'on y fait. L'industrie locale consiste dans la culture des terres assez avancée en ce pays, et dans la fabrication d'une grande quantité de pain qu'on expédie à Madrid. Près de Vallecas se trouve un pont auquel se rattache une tradition digne des temps mythologiques ; on pourrait la désigner, pour en parler d'une façon convenable et sans blesser les oreilles du lecteur, sous le titre suivant : Les amours d'une femme et d'un centaure.

Arganda.

Ville de 4,000 habitants, appartenant à la province de Madrid et au diocèse de Tolède. Non loin de cette ville se trouvent les villages de Mejorada del campo, de Pèrales situés près de la rivière Tajuña. Cet endroit est remarquable par la manière dont on y cultive la terre et par les belles allées ombragées qu'on y rencontre.

Villarejo.

Bourg de 2,000 habitants, situé sur les bords de la Tajuña; il s'appelle aussi Villarejo de Salvanes. On y trouve une église paroissiale assez belle; elle est gothique. Le maître-autel est remarquable et on y voit des peintures de Pedro Orente. Le pays est planté d'oliviers. Après avoir gravi une montagne et traversé une forêt de chênes, on aperçoit sur la gauche un château qui couronne une hauteur.

Fuentidueña.

Appelé aussi Fuentidueña del Tajo, parce que ce village est situé sur la rive droite de ce fleuve où on a jeté un beau pont suspendu. La population est de 700 âmes. Les environs forment une plaine d'une grande fertilité, mais où manque le système d'irrigation du royaume de Valence.

Belinchon.

C'est un petit village de 300 habitants, situé à 2 lieues du précédent, sur la frontière de la province de Cuenca; on y récolte du blé, c'est la seule culture locale. Au bout de la plaine se trouve une hauteur couronnée de moulins à vent.

Tarancon.

La population est de 4,790 habitants. Cette ville fait partie de la province et du diocèse de Cuenca; elle est située dans une plaine sur les bords du Rianzarès. Ses rues sont assez mal pavées; ses maisons sont bâties en bonne pierre; et en fait d'édifices, on y voit : une église paroissiale assez vaste et à trois nefs : elle était autrefois de style gothique, mais depuis sa construction on l'a réparée de façon à changer complètement son architecture; trois chapelles, un hôpital et un ancien couvent. A une demi-lieue de la ville se trouve située la chapelle de Notre-Dame de los Rianzarès où l'on conserve une image donnée, dit-on, par saint Grégoire-le-Grand au roi Recaredo, et en grande vénération dans le pays. L'eau du Tarancon est fort mauvaise, comme toutes les eaux de la Manche. Cependant, il existe à quelque distance de la ville un lieu appelé la Zarza où l'on en trouve d'excellente. Le vin du pays a une certaine réputation ; il en est de même pour l'huile. Tarancon fut la patrie du théologien Cano.

Huelves.

Village de 350 habitants, défendu autrefois par un vieux château qui domine une hauteur fort escarpée. Les eaux du pays sont excellentes ; on y trouve des carrières de sable. Les productions locales sont le blé, l'orge, l'anis, les pois, les lentilles et autres légumes farineux.

On rencontre ensuite les villages de Paredes, de Vellusca et Alcazar, et la jolie ville de Huete, avec son château fort, ses huit paroisses, ses cinq couvents, son hospice. Le couvent de saint Laurent appelait autrefois l'attention des voyageurs. Le comte de Laborde a vu en 1827, à Huete, douze tableaux assez beaux de Pablo Mathei. On cultive dans le pays le chanvre et le safran.

Carrascosa del Tajo.

Village de 400 âmes, situé sur une colline à un kilomètre du Tage. Le sol produit en abondance des grains, mais on y récolte surtout du lin et du miel. Si l'on joint à cela l'élève de nombreux troupeaux de moutons et de chèvres, on verra qu'il y a, dans ce pays, tous les éléments d'une existence patriarcale.

Horcajada.

Bourg de 1,100 habitants, situé sur la rive droite du Guiquela. En suivant la route, on rencontre les points suivants : le village de Naharros, celui de Olmo, la Venta de Cabrejas, les quelques maisons situées sur la rive droite du Jucar et connues sous le nom de *Albaladejito*.

Cuenca.

Capitale de province dont la population est de 7,635 habitants. Elle est située au confluent du Huescar et du Jucar, et l'on y passe le premier de ces fleuves sur six ponts et le second sur deux. Le plus remarquable par sa beauté et sa solidité est celui de Saint-Paul : il compte cinq arches et sa construction est d'une grande hardiesse. La ville est sur une montagne dominée par les deux monts de San Cristobal et del Socorro qui l'entourent.

NOTICE HISTORIQUE. — On ignore l'époque de la fondation de cette ville. Son nom vient de *concha* qui signifie ouverture, baie, etc. Sa situation explique parfaitement le nom qu'elle porte. Cette ville devint, en 1072, la propriété du roi Alphonse VI, auquel elle fut donnée comme dot de la princesse Laïda, fille de Ben-Abet, roi maure de Séville. Alphonse qui perdit cette ville par un soulèvement des Maures, la reprit en 1106, ayant à ses côtés les guerriers appelés Navillos, Velasquez, Trillos, Minasas, etc. Reprise par les Maures, elle leur fut définitivement enlevée dans le XIIe siècle par Alphonse IX.

MONUMENTS ET ÉDIFICES. — La cathédrale, construite sous le règne d'Alphonse IX. C'est un édifice gothique ayant 300 pieds de long sur 180 de large. Elle se divise en trois nefs avec des arceaux et des colonnes gothiques. Le portail est trop nu ; la chapelle des apôtres renferme quelques peintures et sculptures de mérite. On y trouve aussi de beaux bas-reliefs, et à l'entrée du cloître on voit un portail dont les figures et les bas-reliefs sont d'un travail tout à fait remarquable. L'église forme un demi-cercle autour du maître-autel. Il faut encore visiter le trésor et la sacristie : on y voit un bel ostensoir, un magnifique calice en or et beaucoup de reliques. La chapelle de Notre-Dame-du-Sanctuaire est l'une des plus belles de Cuenca. La chapelle des Caballeros ou de Llos Albornoces renferme un squelette en pierre fort curieux. Le tout était orné de jaspe de plusieurs couleurs provenant des carrières de la sierra de Cuenca. Ces jaspes ont servi à orner le palais de la reine à Madrid. Le patron de Cuenca est saint Julien dont on conserve le corps dans un autel à jour. L'église des Carmélites possède quelques bons tableaux, ainsi que celle de Saint-Laurent. On admire les portails des églises de Saint-Dominique et de Saint-André. Il faut aussi visiter l'hospice de la Miséricorde, ancienne maison des jésuites. Il y a encore à Cuenca plusieurs fontaines et six portes par où communiquent avec la campagne les rues si régulières et si rapides de cette cité appelée la Ville de la Sierra. Il faut enfin visiter le palais de l'évêque, la collégiale et le séminaire.

HOMMES CÉLÈBRES. — Cuenca fut la patrie du jésuite Louis de Molina, du cardinal Albornoz, du guerrier Mendoza et des poëtes Cortez, Figuera, et Villa-Viciosa.

SITUATION, CLIMAT, PRODUCTIONS. — Cuenca se trouve sur le flanc de la fameuse sierra qui porte son nom; cette chaîne, située à l'un des points culminants de l'Espagne, s'appelait sous les Romains les monts Orospedani : c'était là que commençait l'ancienne Celtibérie. Les gens du pays ont un goût particulier pour la vie pastorale. Grâce à d'excellents pâturages, ils élèvent de nombreux troupeaux; la laine est donc l'objet de la principale industrie de l'endroit. Le terrain se prête à de nombreuses plantations; aussi y voit-on des forêts de pins et d'autres arbres. La température varie beaucoup; sur les hauteurs, le froid est excessif; dans les vallons, le climat est assez doux. Les lavoirs de Cuenca étaient jadis renommés pour la grande quantité de laine qu'on y nettoyait. Le pays a pour produits agricoles des légumes et des fruits; on y recueille de la cire, et un miel qui passe pour le meilleur d'Espagne; il vient principalement du marquisat de Moya, aussi l'appelle-t-on miel de Moya. Pour aller de Cuenca à Valence, on peut suivre deux routes, celle de Requeña et celle de Liria. Commençons par la première.

PREMIERE SECTION.

ROUTE DE CUENCA A VALENCE PAR REQUENA.

SOMMAIRE. — Cuenca. — Arguisuelas. — Fuentes. — Cardenete. — Mira. — Campo-Robres. — Utiel. — Requeña. — Siète-Aguas. — Buñols. — Chiva. — Valence.

Cuenca.

Nous n'ajouterons rien à la description que nous venons d'en donner.

De Cuenca, la route nous conduit à Mohorte et à Villar del Saz.

Arguisuelas.

Village de 300 âmes, situé sur les bords de la rivière Guadacaon.

Fuentes.

Village de 700 âmes appartenant à la province de Cuenca, situé entre deux collines et exposé aux inondations; c'est en ce lieu que se trouve la source de la rivière Moscas.

AGRICULTURE. — Céréales, légumes, bois de sapins.

Cardenete.

Bourg de 1,200 âmes appartenant à la province de Cuenca.

Le pays est arrosé par les rivières Guazan et Gabriel. On visite à Cardenete l'église paroissiale, deux ermitages, le château des marquis de Moya, trois fontaines publiques et quelques inscriptions romaines.

Mira.

Bourg de 1,500 âmes de la province de Cuenca, situé sur le flanc d'une montagne et sur la rive de la Moyr. On y remarque l'église principale, quatre chapelles, et le célèbre ermitage de la Cuera Santa, remarquable par la grandeur de l'édifice et les colonnes naturelles formées par l'infiltration des eaux. On cite encore, non loin de la rivière Gabriel, la petite colonie agricole de Fuen Caliente.

Campo-Robres.

Bourg de 1,150 âmes, appartenant à la province de Cuenca et situé dans une plaine entourée de quatre montagnes qui sont éloignées du village à la distance de trois quarts de lieue. On y trouve une belle fontaine d'eau filtrée.

Utiel.

Ville de 5,700 âmes, appartenant à la province de Cuenca et située sur des collines peu élevées. Il y a 14 lieues de chemin militaire d'Utiel à Valence, en passant par Saint-Antoine de la Vega, Requena, Ventorillo, Venta-Quemada, Buñols, Viñas de Chiva, Chiva, el Rio Empuas, Poyos et Aloguay. On remarque à Utiel une église et un couvent.

INDUSTRIE. — Toile, soie, papier et savon.

AGRICULTURE. — Céréales, safran, lin, chanvre, huile, vin, miel, pâturages, moutons et mulets.

Requena

Ville de 12,000 âmes de la province de Cuenca.—Nous l'avons

rencontrée et décrite lorsque nous avons parcouru notre cinquième ligne.

Sième-Aguas.

Bourg de 1,200 âmes, appartenant à la province de Valence et situé sur la rive du cours d'eau qui porte son nom. Sième-Aguas est à 9 lieues de Valence et à 5 heures 1/2 de marche de Chiva. On y voit deux églises. Le terrain, quoique montagneux et sablonneux, produit des céréales, des légumes et des fruits. On y recueille de l'huile, du vin et de la soie. Le sol est couvert de plantations telles que : mûriers, amandiers, oliviers et arbres fruitiers; on y trouve des vignobles, des pâturages, des ruches d'abeilles, et, dans les environs, des mines d'argent.

Buñols.

Bourg de 2,000 âmes, chef-lieu du comté de Buñols, appartenant à la province de Valence et situé dans un fond au pied de la sierra Cabreras. Sur la rive droite de la rivière Buñols qui baigne cette contrée, on trouve, dans des endroits escarpés, plusieurs ermitages et grottes, entre autres la Cueva de las Maravillas, remarquable par ses stalactites. Il y a dans les montagnes une grande quantité de sources vives. On remarque à Buñols l'église et une fabrique de papier blanc. Entre Buñols et la station précédente se trouve le Puerto de Buñols.

Chiva.

Ville de 4,000 âmes, appartenant à la province de Valence et située au pied d'une montagne couronnée par les ruines d'un ancien château dont la position naturellement formidable, était rendue plus forte encore par les nombreuses tours et la triple muraille qu'on y voyait. On trouve à Chiva : une paroisse, un couvent, un hôpital, une chapelle et des antiquités romaines. Le torrent qui traverse la ville, et dont le lit est presque toujours à sec, y causa pourtant de grands ravages en 1775.

INDUSTRIE. — La plupart des habitants du pays s'adonnent à l'industrie des arrieros, espèce de roulage particulier à l'Espagne, qui consiste à transporter les produits agricoles d'un lieu à un autre à l'aide d'ânes (*burros*) et de mulets (*machos*).

AGRICULTURE. — On s'aperçoit déjà à Chiva du voisinage de Valence : le climat est plus doux, les arbres sont plus nombreux; il y a beaucoup d'oliviers, de mûriers et d'arbres fruitiers. Enfin la culture y est mieux entendue et le sol y donne à peu près les mêmes produits qu'aux environs de Valence. Chiva est à six heures et demie de marche de cette capitale; pour y arriver, on passe aux ventas de Chiva, del Rio Empuas, del Poyos, devant la maison de campagne del Olivar et aux villages de Manises, Cuarte, Mislata et Torrente qu'on laisse un peu sur la droite.

Valence.

Cette ville, une de plus belles, des plus attrayantes de l'Espagne, s'est déjà rencontrée sur plusieurs des lignes qui précèdent. Nous engageons le lecteur à se reporter à notre troisième ligne, deuxième section, où nous avons essayé d'en donner une description complète.

DEUXIÈME SECTION.

ROUTE DE CUENCA A VALENCE PAR LIRIA.

SOMMAIRE. — La Cierba. — Cañete. — Boniches. — Garaballa. — Talayuelas. — Benagever. — Chelva. — Llosa del Obispo. — Liria. — Valence.

La Cierba.

En quittant Cuenca (voy. 2ᵉ Annexe), le premier point que l'on rencontre sur cette route est La Cierba.

C'est un village de 350 âmes, situé à 4 lieues au-dessus de Cuenca et entouré de bois de sapins.

Cañete.

Cañete est un bourg de 1,100 âmes, situé dans une plaine assez étendue et bien arrosée. Une forte muraille entoure ce village, qui est protégé en outre par un château fortifié par la nature et l'art. Ces fortifications, restaurées à différentes époques, remontent jusqu'aux Romains. On trouve d'ailleurs à Cañete des monnaies romaines à l'effigie d'Auguste, de Tibère et autres empereurs. Ce village fut autrefois place d'armes et défendit la frontière du royaume d'Aragon qui n'en était éloignée que de 4 lieues. Il s'appelle encore *Cañete y la Huergina*, du nom d'un hameau qui en dépend.

AGRICULTURE. — Céréales, farineux, miel, fruits, moutons, chèvres, bêtes à cornes, chevaux, porcs. Pays boisé et bien arrosé, eaux minérales.

Boniches.

Village de 300 âmes, entouré de collines couvertes de bois de sapins, et situé à 8 lieues de Cuenca.

Garaballa,

Village de 300 âmes, situé sur les bords de la rivière de los Ojos (des yeux), à 11 lieues de Cuenca. On y trouve une paroisse et un couvent de trinitaires.

AGRICULTURE. — Céréales et pâturages.

INDUSTRIE. — Fabriques de papier et moulins à farine; usinés.

Talayuelas.

Village de 650 âmes, situé à 14 lieues de Cuenca, dans la province du même nom.

AGRICULTURE. — Céréales et pâturages.

Benagever.

Village de 350 âmes, situé à 13 lieues de Valence, sur les bords du Guadalaviar, au pied d'une montagne fort élevée. Ce pays, qui fait partie de la province de Valence, est très-accidenté, et le village n'a guère d'autre issue vers la plaine que le lit du Guadalaviar.

AGRICULTURE. — Céréales, maïs, vin, légumes, et toute espèce de bestiaux.

Chelva.

Ville de 5,000 âmes, de la province de Valence, de l'évêché de Ségovie. Elle possédait un aqueduc romain qui allait jusqu'à Liria. Nous renvoyons du reste à la description qui en a été donnée à la cinquième ligne.

Llosa del Obispo.

Village de 800 âmes, situé à quatre heures de marche de Chelva dont il est séparé par les villages de Domeño et Calles. Llosa occupe un terrain très-accidenté et manque d'eau. La principale récolte du pays est l'huile et le vin.

Liria.

Ville de 10,500 âmes, la dernière de cette route avant Valence, qui est son chef-lieu de province; cette ville est l'une des plus importantes de la province de Valence; elle est située près de la rive gauche du Guadalaviar, entre les montagnes de San Miguel et de Santa Barbara, sur l'emplacement de l'ancienne ville de Laurona. Liria fut la patrie de Pierre Ambuesa, célèbre architecte qui construisit l'église San Miguel de los Reyes à Valence, en 1632. Liria fut le chef-lieu d'un duché créé par Philippe V en faveur de la maison de Berwick.

CURIOSITÉS. — On trouve dans cette ville des inscriptions et des antiquités romaines. Ce qu'il y a de plus remarquable à Liria est sans contredit l'église paroissiale. Sa façade est très-belle; elle est due à l'architecte Martin de Olindo et se compose de plusieurs corps d'architecture. Dans le premier à quatre colonnes d'ordre dorique, ont été placées deux statues de saint Pierre et de saint Paul, et deux bas-reliefs représentant santa Barbara et san Sebastian. Le second corps est d'ordre corinthien; on y voit un groupe composé de la sainte Vierge assise sur un trône et entourée d'anges qui lui mettent une couronne sur la tête; dans deux niches situées de côté, sont les statues de saint Vincent Ferrer et de saint Vincent martyr. Au milieu du troisième corps se trouve la statue de saint Michel archange. Toute cette façade est construite en pierre de taille. On y voit des urnes et des obélisques dont on ne comprend pas la présence.

Cette église fut commencée en 1627 et achevée en 1672; elle est formée de trois nefs séparées par des arcs sur piliers; c'est un bel édifice. A chacun des huit autels qui ornent les bas côtés de l'église, on remarque deux colonnes d'ordre corinthien. Le premier autel qu'on rencontre sur la droite est orné d'une belle Conception d'Espinosa. Le maître-autel, de moderne construction, a peu de valeur. Il faut en dire autant des tableaux qu'on y voit.

L'ancienne paroisse de la Sangre, située dans la partie nord de la ville et sur une hauteur, mérite d'attirer l'attention par sa tour et son abbaye. On voit à la façade de la Casa Abadia une pierre trouvée dans des ruines romaines. Une inscription indique que cette pierre appartenait à un temple élevé en l'honneur des *Edetani* et de leur patron, par Sertorius Euparista et sa femme. Ces ruines ne sont pas les seules antiquités de l'endroit : on y trouve encore le palais du roi Suena et les restes de la maison d'un consul romain.

Il y a encore à Liria deux couvents et quelques ermitages, parmi lesquels on cite : le monastère de Porta Cœli, situé à 2 lieues de la ville; l'ermitage de San Miguel, fondé en 1406 par le roi don Martin. Cet ermitage est situé au sommet du mont Saint-Michel. Il renferme une belle image du terrible archange. Non loin de là se trouve un couvent de religieuses libres d'où l'on jouit du plus beau point de vue. De ces hauteurs on aperçoit la ville de Liria, qui s'étend de l'est à l'ouest, et la campagne environnante qu'entourent les sierras de Porta Cœli, Olacau et Alcublas. Au sud, on voit courir le Turia depuis les montagnes de Pedralba jusqu'au-delà de Ribarroja; plus loin, on aperçoit les campagnes de Villamarchante et de Ribarroja, séparées par des montagnes et situées à droite du fleuve; à gauche, sur une étendue de 2 lieues, se déroulent les vallées de la Pobla, de Benaguacil, de Benisano et de Liria.

A une demi-lieue nord de Liria se trouve un autre ermitage dédié à saint Vincent Ferrer. Enfin, il existe encore à Liria deux chapelles dédiées à santa Barbara et au Bon Pasteur. La fête de saint Michel archange est célébrée dans le pays avec une grande pompe.

AGRICULTURE. — Céréales, vin, huile, figues, raisins secs, soies, sparterie et bestiaux. Carrières de marbre blanc très-remarquables. Dans la contrée, la température est douce et le climat sain.

INDUSTRIE. — Cinq fabriques d'eaux-de-vie, cinq de savon, cuirs et tuiles.

Valence.

La description de cette ville a été faite à notre troisième ligne, deuxième section.

TROISIÈME ANNEXE.

ROUTE ROYALE DE MADRID A SALAMANQUE.

SOMMAIRE. — Avila. — Aveinte. — Crespos. — Peñaranda de Bracamonte. — Ventosa de Rio Almar. — Encinas de Abajo. — Calbarrasa de Abajo. — Santa Marta. — Salamanca.

De Madrid à Avila.

Nous avons visité et décrit cette partie de la route de Madrid à Salamanque en parcourant la première ligne de notre Guide.

Cette route a une étendue de 217 kilomètres; elle est nouvelle; l'ancienne route passait par Alba de Tormes, célèbre par le château des ducs d'Albe. Aujourd'hui la route passe par Peñaranda de Bracamonte. Avant d'arriver à cette ville, on rencontre Aveinte et Crespos.

Aveinte.

Village de 200 âmes, situé dans une plaine entre deux collines, à 3 lieues d'Avila.

Crespos.

Village de 400 âmes, situé dans une plaine arrosée par la rivière Zapardiel. Le pays produit des céréales; on y trouve de bons pâturages, et on y élève toute espèce de bestiaux. Crespos est à 6 lieues d'Avila.

Peñaranda de Bracamonte.

Ville de 4,250 habitants, située sur un plan incliné entouré d'une plaine ; elle appartient à la province et au diocèse de Salamanque. Cette ville est le point d'intersection des routes de l'Estramadure aux Asturies et de Madrid à Salamanca, ce qui y attire un grand nombre de passagers. L'église paroissiale mérite d'être visitée ; elle est d'une bonne architecture et construite en pierre de taille. Un aqueduc assez considérable fournit de l'eau potable à la population de Peñaranda. Les rues de cette ville sont larges, droites et bien pavées. On voit deux belles places, la place Royale et celle de la Corraleda. L'agriculture est peu avancée en ce pays ; tous les habitants s'adonnent plus volontiers à l'industrie et au commerce. Il y a quatre ou cinq auberges pour les voyageurs et une grande quantité de posadas.

Ventosa de Rio Almar.

Village de 250 habitants, situé sur la rive droite de l'Almar, sur le flanc d'une colline et faisant partie de la province et du diocèse de Salamanque. Sa situation élevée lui a valu son nom. Il est à 5 lieues de Salamanque. Le pays produit des céréales, farineux et du raisin.

Encinas de Abajo.

Village de 160 habitants, faisant partie des mêmes circonscriptions que les précédents et situé sur les bords de la rivière Tormes et dans une agréable position, à 4 lieues de Salamanque. Les produits agricoles sont ceux de toute cette contrée.

Calbarrasa de Abajo.

Village de 400 âmes, situé sur un plan incliné dans un fond plus bas que le lit de la rivière Tormes, ce qui rend le pays humide et sujet aux brouillards. Il est à 2 lieues de Salamanque, sa capitale.

Santa Marta.

Village de 140 habitants, situé sur la rive gauche du Tormes, à 4 kilomètres de Salamanca.

Salamanque (*Salamanca*).

La fameuse Salamanque, célèbre autrefois par son université et dont on lit le nom si souvent dans *Gil Blas*. Cette université fut fondée en 1239 ; on l'appelait la mère des vertus et des sciences, et Salamanque, autrefois *Salmantica*, plus tard *Elmantica*, reçut, à cause de ses nombreux édifices, le surnom de la *Petite Rome*. Sous ses murs, le duc de Raguse essuya une défaite le 21 juillet 1812, en combattant les Anglais et les Espagnols, commandés par Wellington.

SITUATION, POPULATION. — Cette ville est située sur la rive droite du Tormes ; elle est assise sur trois collines ; ses rues sont étroites ; elle est la capitale de la province du même nom : c'est un siège épiscopal. Sa population est de 15,203 habitants. Parmi les nombreux synodes tenus dans cette ville, on cite celui qui eut lieu sous la présidence de Rodrigue, archevêque de Saint-Jacques de Compostelle. On y reconnut l'innocence des Templiers, qui avaient été accusés des plus grands crimes. Ils furent plus heureux qu'en France sous Philippe le Bel.

MONUMENTS. — La cathédrale, œuvre de Jean-Gilles Hontañon, fut bâtie dans le XVIe siècle. C'est un édifice semi-gothique, remarquable par sa magnificence et l'élégance de sa construction. On est surpris de l'élévation de ses piliers, de la hardiesse de ses voûtes, de la délicatesse des ornements qui les recouvrent, de la beauté de ses statues, de ses bas-reliefs et des belles proportions de ses nefs. Cette église possède un beau clocher entouré d'une magnifique galerie. On y remarque une grosse cloche qui pèse 400 quintaux. Du côté de la cathédrale est une église plus ancienne et qui renferme un Christ miraculeux ; on l'appelle le Christ des batailles.

Il y a encore à Salamanque de très-beaux couvents qui ne sont plus habités et dont les églises sont conservées. Celle du couvent Saint-Dominique est assez belle. On voit dans le chœur une peinture à fresque de Palomino. Dans le couvent de Saint-Bernard, on montrait un très-bel escalier de cent marches qui paraissait suspendu en l'air. En face de l'hôtel du duc d'Albe se trouve le couvent de Saint-Augustin, remarquable par son portail. On cite aussi la grande maison des jésuites, qui sert aujourd'hui de collége pour la mission irlandaise. Cet édifice est plein de grandeur et de magnificence. Le Colysée, propriété de l'hôpital civil, est encore d'une belle construction : c'est un édifice entouré de balcons à balustrades dorées qui font le plus bel effet et où peuvent se tenir commodément quinze cents personnes. La place Mayor, carrée et divisée en trois parties avec un portique de quatre-vingt-huit arches comme ceinture, est dans les temps ordinaires le séjour habituel des commerçants dont les boutiques sont situées sous la galerie ; mais quand on donne des courses de taureaux, il faut voir les balcons et les fenêtres de cette place où se tiennent plus de seize mille spectateurs.

Il y a encore à Salamanque, malgré la suppression de son université, quatre colléges ; on a conservé quelques édifices des anciens établissements de ce genre qui ont illustré cette ville : le collége du Roi, bâti sous Philippe II, offre une belle cour avec galerie de colonnes ioniques. En 1809, les officiers d'état-major du maréchal Ney y avaient établi dans une salle basse une loge de francs-maçons. Il faut également visiter le grand collége de San Bartholome, édifice très-ancien, d'un style sévère et de vastes proportions, dégradé par le temps. Il a été restauré, ce qui l'a peut-être gâté. Après avoir vu les chapelles de Talaveyra et de Sainte-Barbe, nous nous arrêterons à l'université, édifice parfaitement approprié à son ancien usage. La principale porte est ornée des statues de Ferdinand et d'Isabelle, nommés les rois catholiques. On remarque à l'intérieur le bâtiment en pierre de taille appelé les Écoles. On trouve dans les grandes écoles de belles galeries à arcades, une vaste cour pavée en dalles et une grande salle pouvant contenir deux mille personnes. Au-dessus des galeries est située la bibliothèque composée de livres fort curieux, de manuscrits précieux et décorée de statues d'hommes célèbres; sous la galerie se trouvent la chapelle de l'université et une infirmerie près de l'entrée de l'école. On vit autrefois assister aux cours de cette célèbre université huit mille écoliers venus de toutes les parties de l'Espagne, et à peu près le même nombre de jeunes étrangers de toutes les contrées de l'Europe. L'université avait soixante et une chaires, un recteur choisi annuellement par le professeur de théologie, puis un grand maître des classes, en même temps chanoine de la cathédrale; il avait un revenu de 8,000 ducats et nommait les employés de l'université. Une somme de 1,001,200 réaux était affectée aux frais de cet établissement qui consistaient dans la rétribution de quatre-vingts professeurs, dont huit théologiens ayant 3,000 francs de traitement, et soixante-douze autres touchant 1,500 francs. Il y avait aussi un grand nombre d'aspirants au professorat qu'on appelait des *pretendientes*. Le fameux cardinal Ximénès avait été longtemps *pretendiente*. Ces postulants faisaient presque toute la besogne des professeurs, dont ils étaient en quelque sorte les suppléants. Il y avait en outre vingt-cinq colléges ou classes composées de trente élèves, et quatre grands colléges ou grandes classes réservées aux enfants des grandes familles d'Espagne et dont les professeurs étaient les savants du royaume. Le costume des étudiants était la soutane; on leur rasait la tête et on la leur ornait d'un bonnet qu'ils ne remplaçaient par un chapeau que les jours de pluie. Telle était l'université de Salamanque, bien tombée aujourd'hui. L'histoire de cette institution est pour ainsi dire celle de toute la littérature espagnole. Les rois et les souverains pontifes lui avaient accordé de grands priviléges et une protection justifiée par la valeur des études qu'on y faisait.

CLIMAT, PRODUCTIONS ET TRANSPORTS. — Le climat de Salamanque est froid et inégal. Le pays produit du grain et des légumes. On y élève toute espèce de bétail en assez grande quantité. Une diligence fait communiquer cette ville avec Ma-

...rid et une autre avec Ciudad-Rodrigo. Pendant la saison des bains, une voiture publique fait journellement le trajet de Salamanque à l'établissement de *Ledesma*.

PREMIÈRE SECTION.

ROUTE ROYALE DE SALAMANQUE A CIUDAD-RODRIGO.

SOMMAIRE. — Ciudad-Rodrigo.

En sortant de Salamanque, à une demi-lieue, on rencontre le village de Tejares, puis la petite auberge de Pescante, plus loin le parador de Golpejera, puis les villages de Calzadilla, de la Rad, et de Calzada de don Diégo; 2 lieues plus loin, le pont de Robliza, construit en 1843; après ce pont, vient la ferme appelée *Boveda de Castro*, les villages de Tejadillo et de Bobadilla, séparés par les deux ponts de Castillejo, ainsi appelés d'un ruisseau qui passe en cet endroit; après Bobadilla, on rencontre la fontaine de San Esteban, où passe la chaussée qui conduit à Ledesma, enfin le village de Martin del Rio.

Ciudad-Rodrigo.

Ville située sur les bords de l'Agueda, sur une hauteur; entre le 11° 58′ de longitude et le 40° 36′ de latitude. Elle fait partie de la province de Salamanque et de la capitainerie générale de Valladolid; la population est de 6,420 habitants.

NOTICE HISTORIQUE. — Le nom de cette ville vient de ce qu'elle fut rebâtie par le comte don Rodrigo. Son premier nom fut, du temps des Phéniciens, *Mirobriga* ; il viendrait, selon quelques-uns, du nom de Miron, célèbre statuaire de l'antiquité ; on prétend encore que cette ville s'appela *Rodricopolis*. Elle fut bâtie sous Ferdinand II, vers le XIIIe siècle, comme forteresse avancée, destinée à protéger la frontière du côté du Portugal, ce qui n'empêcha pas les Portugais de la prendre en quatre jours, l'an 1706 ; ils la perdirent l'année suivante. Cette ville devint célèbre pendant la guerre de 1808 : elle fut un centre d'opérations pour l'armée française. Masséna en fit le siége, et le maréchal Ney la vit capituler. Plus tard, elle fut enlevée au duc de Raguse. La frontière du Portugal se trouve à 5 lieues de cette ville, au point appelé *Val de la Mula*.

ÉDIFICES. — La cathédrale, d'un style gothique et du temps de Ferdinand II de Léon, mérite d'être visitée ; elle n'est point terminée : l'architecte fut Sancho y Benito. On y admire le grand retable de la chapelle, contenant les mausolées des Pacheco ; un cloître est attenant à cette église ; les portes et la tour sont l'œuvre de l'architecte Sagar-Vinaja. On remarque encore la chapelle de Serralvo, dédiée à saint André et ornée de jaspe et de marbre ; elle fut fondée par le cardinal Pacheco en 1588 ; les autres chapelles sont assez belles. L'édifice est tout en pierre de taille. Il faut visiter encore le séminaire et son église, puis l'église des Augustins, et celle de Saint-François, dont une chapelle renferme un beau mausolée.

MURAILLES ET ANTIQUITÉS. — La muraille qui entoure la ville est d'une faible défense, quoique le château qui la domine soit très-fort ; cette fortification est un lieu de promenade des plus agréables, à cause du point de vue. Sur la place Mayor on trouve trois colonnes romaines avec des inscriptions où se voient les noms de Bletisa et de Augusto Brigo : c'étaient probablement les bornes-limites de Ciudad-Rodrigo. Un ancien aqueduc romain a été remplacé par un aqueduc moderne, qui alimente d'eau la ville et ses jardins.

SITUATION, CLIMAT, PRODUCTIONS. — Les murs de cette ville sont baignés par l'Agueda, dont la source est dans le mont Jalama : c'est un affluent du Duero ; il roule des paillettes d'or que l'on recueille. Le climat de cette ville est sain ; on y jouit des plaisirs de la pêche et de la chasse, qui sont très-abondantes ; la rivière fournit des barbues, des anguilles, des tanches, des truites saumonées. Le pays produit du blé, des pois, de l'orge, du lin, et on y élève une grande quantité de bétail et surtout de chèvres. L'industrie locale consiste en tissus de lin et de laine ; le commerce se résume dans le transport des grains, vers la frontière du Portugal. Autrefois, la tapisserie, les broderies, les dentelles, les cuirs de Ciudad-Rodrigo étaient très-renommés.

ENVIRONS, TRANSPORTS. — A 3 kilomètres de la ville, il faut visiter le couvent des Prémontrés, fondé en 1590. Jean Sagar Vinaja a fait le dôme de la grande chapelle. Le groupe de l'Assomption placé sur le retable est dû à Jean de Mena ; le cloître est fort beau. La situation de ce monastère est des plus agréables. Hors de la ville, on trouve aussi quelques fontaines, et, dans les environs, des eaux minérales et des mines de cuivre, de fer, de plomb et d'or. La campagne est belle et fertile, mais les bras manquent pour la culture, comme sur plus d'un point de l'Espagne. Une *galera* et des voitures privées font le voyage de Salamanque.

DEUXIÈME SECTION.

ROUTE ROYALE DE SALAMANQUE AUX BAINS DE LEDESMA.

SOMMAIRE. — Ledesma.

Cette route attire un grand nombre de baigneurs du 1ᵉʳ juin au 30 septembre de chaque année ; les eaux de Ledesma sont chaudes à 40°. La ville de Ledesma est à 2 lieues des bains. On rencontre sur la route le village de Contiensia. Pendant la saison des bains, les communications avec Salamanque et Madrid sont très-faciles; le reste de l'année elles se font à dos de mulets et avec des voitures particulières ou de location.

Ledesma.

Ville de 2,000 âmes, appartenant à la province de Salamanque, située sur une montagne assez élevée et remarquable par la position pittoresque des rochers qui lui servent de base. La ville est entourée d'une muraille qui rappelle les fortifications de l'ancienne Numance; il est probable que Ledesma est de la même époque, et on y trouve d'ailleurs des inscriptions et des antiquités romaines. La ville a sept portes. La rivière Tormes baigne le pied de la montagne; on la passe sur un beau pont de cinq arches, dont l'architecture est de l'époque romaine. On jouit à Ledesma des points de vue les plus beaux. La vallée du Tormes est très-fertile et des plus agréables. La température est irrégulière. Ledesma possède hors de ses murs six faubourgs : celui del Puente, de Santa Elena, de San Pablo, de San Jorge, de las Ventas et del Mercado.

HOMMES CÉLÈBRES. — Ledesma fut la patrie de Trogo Pompeio, de don Antonio Quesada, de frère Bartolome de Ledesma, du professeur Martin de Ledesma, du père Zamora, savant helléniste, et du père Petiscus, jésuite, commentateur des saintes Écritures.

CURIOSITÉS. — On trouve encore près de l'église principale les ruines d'un ancien édifice appelé la Alondiga, à la partie sud-ouest de la ville; il faut visiter également ce qui reste de l'ancien palais de Ledesma, qu'on appelle encore aujourd'hui la *forteresse*. De l'autre côté du pont dont nous avons parlé, se trouve la chapelle de Notre-Dame del Carmen. Près de la porte de los Toros, on voit deux grandes figures en pierre, représentant des taureaux, suivant un usage assez répandu dans l'ancienne Espagne. De là vient, peut-être, le nom de la porte en question. On remarque en outre à Ledesma cinq paroisses, un couvent de franciscains, un couvent de bénédictines, un hôpital, une chapelle et des écoles.

INDUSTRIE. — Cuirs et plusieurs métiers.

AGRICULTURE. — Le sol produit surtout des légumes, des melons et pastèques très-estimés. On trouve dans le pays quelques pâturages, et on y élève des bestiaux. Les taureaux du pays sont fort estimés par les amateurs de courses.

QUATRIÈME ANNEXE.

ROUTE ROYALE DE MADRID A SORIA.

SOMMAIRE. — Barahona. — Almazan. — Soria.

De Madrid à Guadalajara et Jadraque.

Nous avons le chemin de fer de Saragosse livré à la circulation.

La route que nous décrivons suit le chemin de fer et nous avons visité les points qu'elle traverse ou qui l'avoisinent. Nous renvoyons donc notre lecteur à la deuxième ligne de notre Guide.

Barahona.

Appartenant à la province de Soria et au diocèse de Siguenza, ce village, de 650 habitants, est situé sur le flanc d'une colline couronnée d'un vieux château, que la tradition prétend d'origine romaine. En 1820, l'on y découvrit la porte d'un souterrain qui communique au château; dans la plaine appelée Campo de las Brujas, on trouve un grand nombre d'urnes romaines, que le soc de la charrue fait sortir de terre. La superstition des habitants, qui croient ces ruines fréquentées par des sorcières, fit arrêter les recherches qu'on y faisait, et on fut obligé de fermer le souterrain qu'on avait découvert. Il faut visiter dans ce village l'église paroissiale dédiée à l'archange saint Michel. Sur l'un des autels, on lit une inscription qui constate que le 22 août 1710, le roi Philippe V y entendit la messe. Il y a encore à visiter une maison consistoriale et une école. En sortant de ce bourg, on rencontre ceux de Villasayas et de Cobertorada, distants l'un de l'autre d'une lieue et demie, et parfaitement insignifiants.

Almazan.

Petite ville de 2,500 âmes, appartenant aux mêmes circonscriptions territoriales que le village précédent. On y voit le palais des comtes de Altamira sur la grande place, un hôpital à la porte de Soria, le Temple, édifice bien conservé, quoique sans mérite, qui a appartenu à l'ordre de Saint-Jean de Jérusalem. Le Duero baigne au nord les murs de cette ville, et sur ses bords se trouve une belle et vaste promenade.

L'industrie locale consiste dans la fabrication du drap. Le pays produit des céréales, et on y élève du bétail. Après Almazan, on rencontre Lubia, village de 150 âmes, situé sur la rive droite du Duero, et plus loin, los Rabanos.

Soria.

Ville de 5,600 âmes, capitale de la province du même nom faisant partie du diocèse de Siguenza.

NOTICE HISTORIQUE. — Cette ville s'appelait autrefois *Numantia Nova*, parce qu'elle fut bâtie non loin de l'ancienne Numance. Elle fut fondée en 1122 par Alphonse le Batailleur, roi d'Aragon, et cédée à Alphonse VIII, roi de Castille, en 1136. Ce fut plus tard le titre d'un comté.

SITUATION, INDUSTRIE, etc. — Cette ville est entourée d'une muraille assez élevée et bien conservée; elle est dominée à l'est par un château fort avec ses remparts et ses tours, le tout en fort mauvais état. Le Duero baigne les murs de Soria, et on le passe sur un pont aussi solide que beau. Dans les environs, se trouve un sanctuaire ou ermitage très-vénéré, dédié à san Saturio; la chapelle est d'une grande beauté. Il y a encore dans cette ville un hôpital, une maison de charité et une société économique. Le climat est sain, quoique froid; les environs, autrefois plantés d'arbres, ont été entièrement déboisés. Le pays produit du grain, et on y élève de nombreux troupeaux de bétail. L'industrie locale consiste dans les laines et les cuirs. Il y a une foire annuelle les quatre premiers jours de septembre, et une autre le 24 juin. Les ruines de Numance se trouvent à une lieue de Soria, au village appelé Garray, dont nous avons l'occasion de parler immédiatement.

PREMIERE SECTION.

ROUTE DE SORIA A LOGROÑO.

SOMMAIRE. — Soria. — Garray. — Almarza. — Lumbreras. — Torrecilla de Cameros. — Nalda. — Logroño.

Soria.

Voir la description qui précède.

Garray.

Village de 222 habitants, situé dans une vaste plaine, de la province de Soria et du diocèse d'Osma, sur l'emplacement de l'immortelle Numance. Ce village, qui possède une école et une église paroissiale sous l'invocation de la Nativité de saint Jean-Baptiste, n'est remarquable que par les restes que l'on y trouve encore de cette ancienne cité, qui fut l'une des plus grandes de l'Espagne d'autrefois comme elle en fut certainement l'une des plus glorieuses. On a trouvé, en travaillant la terre, et en y cherchant des pierres, divers instruments de guerre, des bustes, des morceaux de vases anciens, des idoles, des médailles, des ossements humains, des monnaies d'or, d'argent et de cuivre. En 1825, un journalier, ouvrier carrier, trouva un magnifique collier d'argent, en forme de chaîne; il le vendit au curé de la paroisse le prix de 160 réaux. Ce dernier le fit fondre pour en faire un ornement d'église.

NUMANCE. — Quelle émotion n'éprouvera pas le voyageur en foulant aux pieds le sol où s'élevait jadis la fière Numance, cette capitale des Arevaques, située près des sources du Duero (ou Rius) ! Pendant la quatrième invasion romaine, cette cité fut longtemps le quartier général de l'indépendance hispanique ; elle eut la gloire, l'an 137 avant Jésus-Christ, d'imposer au consul Mancinus un traité humiliant qui fut violé par les Romains, comme toujours : la loyauté romaine passait souvent après l'intérêt politique de cette république. Les actes de son gouvernement n'étaient pas toujours d'accord avec les discours habiles où l'on étalait une grande générosité, faite pour tromper les peuples. En 133 avant Jésus-Christ, Scipion Emilien, après un an de siége, s'empara de cette ville ou plutôt de ses ruines fumantes ; car ses héroïques habitants, avant d'abandonner ses remparts, l'avaient convertie en un vaste bûcher, leur propre tombeau et celui de leurs femmes, de leurs enfants, de leurs richesses, et de leur patrie. Rome détruisit Numance, et Numance, par sa résistance héroïque, par son sacrifice suprême, digne rivale de Sagonte, conquit l'immortalité.

Almarza.

Village de 360 habitants, situé à 2 lieues et demie du précédent, à l'entrée d'une vallée entourée de montagnes, et près des rives du Tera. Il n'y a de remarquable qu'une chapelle de l'église paroissiale, la chapelle de l'Inquisiteur, ainsi appelée, parce qu'elle fut fondée par Jean Ramirez, naturel du pays, inquisiteur général d'Espagne, et évêque élu de Cusco, en Amérique. A quelque distance d'Almarza, on rencontre le Puerto de Piqueros, le petit village de la Poveda et la montagne de Montes Claros.

Lumbreras.

Bourg de la province de Logroño et du diocèse de Calahorra, situé dans la sierra de Cameros, sur les flancs de la sierra de Cebollera. La population est de 1,125 âmes. Le pays est arrosé par l'Iregua. Les productions locales sont peu importantes. Le village n'offre rien de remarquable. A 1 lieue se trouve celui de Villanueva, qui contient 500 habitants. Il est situé sur la rive gauche de l'Iregua, qu'on y traverse sur un beau pont de pierre. On rencontre ensuite un autre village appelé Pradillo.

Torrecilla de Cameros.

Ville de 2,000 habitants, appartenant aux mêmes circonscriptions que le village précédent; elle est entourée de montagnes élevées, et située dans le Puerto du Serradero. Son nom signifie petite tour de Cameros. Il y a dans les environs plusieurs fontaines d'eaux thermales, bonnes pour les maladies d'estomac et des voies urinaires, entre autres, la fontaine appelée Riva de los Bajos. On admire aussi beaucoup à Torrecilla, la fameuse grotte de *Lubriga*, appelée aussi *Lobrega*, où l'on trouve de belles pétrifications. C'est un véritable musée, contenant toutes les merveilles de la création dans sa vaste enceinte; on y trouve en effet des objets de toute espèce. Cette grotte est située à 1 kilomètre de la ville, au centre d'une montagne; de l'est à l'ouest, elle comprend 1,000 pas de longueur; au milieu il y a une fontaine qui conserve toujours la même quantité d'eau. On y rencontre un certain nombre de colonnes fort légères, offrant les dessins les plus variés, et qui ne semblent soutenues que par un fil; plusieurs ont été transportées en Angleterre.

Nous laisserons, sans nous y arrêter, les villages de Ponzares, Castanares, de las Cuevas et Isla llana, et nous décrirons le dernier point important avant Logroño, c'est-à-dire Nalda.

Nalda.

Bourg de 1,700 âmes, situé sur une hauteur et sur la rive droite de l'Iregua; aux environs, on découvre des fragments d'anciennes murailles, et sur la hauteur, il y eut autrefois un château avec des archives où l'on conserva pendant de longues années l'instrument avec lequel Henri de

Transtamarre assassina son frère, Pierre le Cruel, roi de Castille. Il faut visiter l'ancien couvent des Franciscains : il est assez bien conservé; il fut fondé par don Philippe Ramirez de Arellano et doña Luisa Manrique de Lara, qui l'enrichirent d'une foule de présents et, entre autres, d'une cloche rapportée d'Alger, et qu'on entendait de Logroño; elle fut fondue par les religieux, qui en firent, par scrupule de conscience, à cause de son origine, quatre nouvelles cloches plus petites. Le pays produit toute espèce de grains, des fruits, du vin, et on y élève quelque bétail. A un quart de lieue se trouve Lardero.

Logroño.

Ville de 11,300 habitants, capitale de province. Elle est située sur l'Ebre que l'on traverse sur un pont de 700 pieds de long. Nous renverrons le lecteur à la description que nous en avons donnée à notre première ligne, première section.

CINQUIÈME ANNEXE.

ROUTE ROYALE DE MADRID A HUESCA PAR SARAGOSSE.

SOMMAIRE. — Villanueva de Gallego. — Zuera. — Huesca.

De Madrid à Saragosse.

Nous avons visité et décrit tout ce qui peut intéresser le voyageur entre ces deux villes qui se trouvent sur notre deuxième ligne, où nous renverrons encore le lecteur.

Villanueva de Gallego.

Le premier village que l'on rencontre dans la direction de Huesca est Villanueva de Gallego, situé sur la rive du Gallego, et près du canal d'irrigation qui arrose la plaine de Saragosse; ce village contient 700 habitants.

Zuera.

Situé dans une plaine et entouré d'une grande acequia (canal d'irrigation), ce bourg est dominé du nord au sud par une colline, et ses murs sont baignés par le Gallego. Sa population est de 1,500 âmes. Le pays produit du blé, de l'orge, de l'avoine, du vin et quelque peu d'huile; on y élève du bétail. En sortant de Zuera, on passe le Gallego en bac; on rencontre la venta de Violada et le village de Almudevar, situé entre le Gallego et un autre cours d'eau. Ce pays fut conquis sur les Maures, en 1118, par le roi don Alonso Ier. Le sol produit du grain, du vin, et dans les montagnes, il y a de bons pâturages où on élève des bestiaux. On y trouve des mines de fer.

Huesca.

Capitale de la province du même nom, ville de 10,000 habitants, faisant partie de l'ancien royaume d'Aragon, située sur l'Isuela, à 46 kilomètres au nord-est de Saragosse.

NOTICE HISTORIQUE. — Cette ville, du temps d'Auguste, était appelée *Urbs Victrix Osca*; les noms d'*Urbs Victrix* lui avaient été donnés par Jules César, qui l'embellit. Sertorius y avait établi des écoles publiques; elle fut conquise sur les Maures en 1096, par Pierre Ier. Elle fit alors partie d'un royaume indépendant.

MONUMENTS. — La cathédrale, œuvre de l'architecte biscaïen Jean de Olozoga : c'est un beau monument dans le genre gothique allemand. Elle est composée de trois nefs; elle est en pierre de taille, et a de belles proportions. Le portail principal est orné de quatorze statues de grandeur plus que naturelle avec piédestaux et niches ; le retable du maître-autel est en albâtre.

Il faut encore visiter l'université, fondée en 1354, le séminaire, les deux colléges, la collégiale Saint-Pierre, le Colysée, le palais Huaza, la place de Toros et les deux quartiers de cavalerie.

HOMMES CÉLÈBRES. — Cette ville fut la patrie de l'évêque de Léon don Joachim Abarca, célèbre pendant la dernière guerre civile par ses expéditions à l'étranger à la suite de don Carlos. Il fut également premier ministre au quartier général de ce prince.

ENVIRONS, PRODUCTIONS. — A 4 lieues au nord de cette ville, près du village d'Arquis, se trouve un beau réservoir d'eau, œuvre de l'architecte don Francisco Artigas. Il consiste en un espace entouré d'une forte muraille et situé entre deux collines. C'est en quelque sorte un grand dépôt d'eau de l'Isuela, d'où partent des canaux d'irrigation qui sillonnent la campagne environnante. Les produits du pays sont : du blé, de l'orge, de l'avoine, du maïs, de l'huile ; on y voit aussi des pâturages. Il y a à Huesca quatre foires annuelles, et un marché tous les jeudis. — Non loin de cette ville, au 42° de latitude nord et 30° 20′ longitude est, se trouve la place forte de Jaca, dont le château fut construit sous Philippe II. Près de la ville de Barbastro sont les fameux bains de Panticosa.

PREMIÈRE SECTION.

ROUTE DE HUESCA A LERIDA PAR BARBASTRO.

SOMMAIRE. — Sietamo. — Angues. — Barbastro. — Monzon y Pau. — Binefar. — Lerida.

Cette nouvelle route comprend une distance de 16 lieues et demie espagnoles ; elle se prolonge jusqu'à Tarragone ; elle a pour objet de faire communiquer ensemble les trois villes de Huesca, Lerida et Tarragone. En sortant de Huesca, on passe l'Isuela sur un pont et on traverse le village de Quicena qui contient 260 habitants. 2 kilomètres plus loin, aux maisons de Mont-Aragon, on passe le Flumea sur un pont de pierre ;

on aperçoit, de la route, les ruines du célèbre monastère Mont-Aragon où furent ensevelis plusieurs rois.

Sietamo.

Village de 195 habitants situé sur un plan incliné, dans la province de Huesca. On y voit un château assez bien conservé ; il appartient aujourd'hui au comte d'Aranda et fut longtemps la demeure de don Pedro Abarca de Bolea, ministre de Charles III. Le pays produit du blé et du vin, et on y élève du bétail.

Angues.

Village de 730 habitants, situé dans une plaine, entre les rivières d'Alcanadre et d'Arnillas. On y remarque la beauté des maisons de campagne, appelées dans ce pays comme en Catalogne *torres*. A moitié chemin du village las Cellas, en quittant Angues, on traverse l'Alcanadre sur un pont de pierre. Trois quarts de lieue plus loin, on trouve la venta del Pueyo sur le flanc d'une colline élevée, au sommet de laquelle est placée la célèbre chapelle de Notre-Dame del Pueyo, en grande vénération dans le pays.

Barbastro.

Ville de 7,173 habitants, appartenant à la province de Huesca. Elle est située sur la rive du Vero, que l'on y passe sur des ponts en pierre, et qui divise la ville en deux parties. Il y a dans cette ville trois places, neuf rues principales, trois fontaines publiques, trois promenades et deux prisons ; c'est un évêché qui dépend de Saragosse ; il y a une cathédrale. Barbastro fut la patrie de Bartholomé et Lupercio de Argensola, célèbres littérateurs espagnols. Les communications avec Saragosse, quoique difficiles, se font en hiver par une route qui passe à Poleñino, village de 350 habitants, situé près des rives du Flumen, qui a reçu les eaux de l'Isuela : ensuite on traverse le bourg de Alcubierre, qui comprend 1,200 âmes, et que l'on quitte pour traverser la sierra Alcubierre, qui fut bien souvent le théâtre des vols les plus audacieux, des plus cruels assassinats. Ce passage est encore aujourd'hui l'effroi des voyageurs. Non loin, se trouve l'ermitage de Notre-Dame de Magallon, aussi célèbre par son histoire que par le fait d'armes accompli dans ce lieu en 1808.

On rencontre ensuite le bourg de Leciñena et on gravit la haute montagne appelée Monte-Oscuro; puis à travers les collines, les vallons les plus variés, en passant par les villages de Perdiguera qui renferme 385 habitants, et de Villamayor, on arrive à Saragosse. Entre Barbastro et la localité suivante se trouve la rivière Cinca, que l'on franchit sur un pont suspendu, et l'on s'arrête à Castejon del Puente, village de 175 âmes.

Monzon y Pau.

Place d'armes de la province de Huesca. Cette ville, de 2,597 âmes, appartient au diocèse de Lérida. Elle a la forme d'une demi-lune; elle est située sur le flanc d'une hauteur escarpée dont la cime est couronnée par un château. Ce château n'offre rien de remarquable, excepté un souvenir historique qui s'y rattache : c'est là que fut élevé le roi d'Aragon don Jaime Ier sous la direction de Quilen de Monredon, grand-maître de l'ordre des Templiers.

Binefar.

Village de 250 habitants, dont l'église paroissiale, bâtie en pierre de taille, est d'un certain mérite au point de vue de l'architecture. Après avoir rencontré le village de Almacellas et le lieu Meson de Ramon, on arrive à Lérida.

Lerida.

La description de cette ancienne résidence des rois d'Aragon a été donnée ligne deuxième.

Si l'on veut aller de Huesca à Barbastro par un autre chemin que celui que nous avons choisi, on peut passer par Monflorite, Alcala del Obispo, Pertusa et la Perdiguera. Cette route n'offre rien de remarquable pour le voyageur. On peut continuer la route de Lérida à Tarragone en passant par Montblanch et Valls dont nous avons déjà fait la description. (Voy. 4e ligne.)

DEUXIÈME SECTION.

ROUTE DE HUESCA A PANTICOSA.

SOMMAIRE. — Panticosa.

Nous pourrions nous dispenser de faire la description de ce chemin qui n'est pas praticable pour les voitures; mais comme il conduit aux bains de Panticosa, dont les eaux sont souveraines pour les maladies de poitrine, nous en indiquerons la direction et les différentes stations. On peut louer des mules et des guides à Huesca; on en trouve également sur la route à Bolea, Sabiñanigo et Biesca. Les principaux points d'où l'on peut aller aux bains de Panticosa sont : Huesca, distant de 7 lieues et demie; Ayerve, distant de 15 lieues et où l'on va en diligence facilement depuis Saragosse; Sos, distant de 19 lieues et demie, et Pampelune, de 26. On peut également s'y transporter de France, par exemple d'Oleron, qui en est éloigné de 8 lieues, ainsi que de Pau, de Tarbes, de Baréges, de Bagnères-de-Bigorre, de Bagnères-de-Luchon, qui en sont à une distance de 4 lieues. La meilleure de ces routes est celle d'Oleron, où l'on n'a que 6 lieues à faire à cheval.

Panticosa.

L'établissement de bains situé en Aragon, dans la vallée de Tena, près des frontières de France, est un des points culminants des Pyrénées. Quelques mètres plus loin, la végétation cesse, et on entre dans la région des neiges perpétuelles. Singulier contraste! c'est là que la nature a placé un des remèdes les plus efficaces pour ces êtres affaiblis par la maladie de poitrine, et que la moindre secousse, la moindre émotion, le moindre souffle, le plus petit froid peut renverser inanimés sur cette route pénible, où ils vont chercher à travers mille fatigues cette source de vie qui doit ranimer leur frêle existence. Ces bains sont situés entre le 30° 27' de longitude est du méridien de Madrid et le 42° 43' de latitude, à une élévation de 8,500 pieds au-dessus du niveau de la mer. Ce lieu ressemble à un vaste entonnoir de forme elliptique ayant 900 mètres de long sur 600 de large, et entouré de pics ayant plus de 300 mètres de hauteur. On y voit une seule ouverture par où passe la rivière Caldarès qui s'unit au Gallego pour se jeter dans l'Ebre à Saragosse.

Ces eaux ne guérissent pas seulement les maladies de poitrine : elles sont bonnes pour d'autres infirmités, à en juger par les noms des cinq sources principales appelées la *fuente de los herpes* (source pour les scrofules), la *fuente del higado* (pour le foie), la *fuente del estomago* (pour l'estomac), la *fuente del Ibon* et la *fuente de la Jaqueca*. Le nombre des personnes qui viennent annuellement à ces eaux est de cinq à six cents. La saison commence le 20 juin et finit le 20 septembre.

Non loin de Panticosa se trouvent, au pied d'une montagne les bains de Tiermas, dont l'établissement est ouvert au public du 1er mai au 30 septembre. Enfin on voit encore en Aragon les bains d'Alhama et ceux de Quinto.

TROISIÈME SECTION.

ROUTE DE HUESCA A BAGNÈRES-DE-LUCHON.

De Huesca on va, par la route que nous avons déjà décrite, à Barbastro (Voy. 5ᵉ annexe, 1ʳᵉ section.)

Et pour aller à Bagnères, on suit à dos de mulet ou à pied le chemin qui passe par Castro, Graus, Sanguilis, Montani, San Pedro de Taberna, Irastre, Benasque, Campo, à travers les gorges des Pyrénées, où l'on jouit des points de vue les plus pittoresques. Le voyageur venu de Luchon, qui est assurément un élégant, emportera avec lui le *Guide des Pyrénées*, où il trouvera la description de ces beaux sites, si ses yeux ne suffisaient pas pour les apprécier; quant au voyageur venu d'Espagne, il en sait plus long que nous : aussi terminerons-nous ici cette série de routes que nous avons ajoutée à nos lignes de chemins de fer uniquement pour ne pas passer sous silence des villes telles que Soria, Cuenca, Salamanque, Huesca.

Nous terminerons ce guide par une grande ligne maritime qui embrassera toutes les côtes de l'Espagne, depuis le cap Creus jusqu'à Fontarabie, et comprendra par conséquent toutes les villes situées ou sur les bords de la mer ou dans un rayon peu éloigné.

SIXIÈME ANNEXE.

LIGNE MARITIME.

VOYAGE AUTOUR DES COTES D'ESPAGNE, AUX ILES ET AUX COLONIES D'AFRIQUE.

SOMMAIRE. — Marseille. — Arenys de Mar. — Mataro. — Barcelone. — Sitges. — Vendrell. — Torre-dem-Barra. — Tarragone. — Torre Blanca. — Valence. — Sueca. — Cullera. — Gandia. — Denia. — Benidorme. — Villajoyosa. — Alicante. — Carthagène. — Vera. — Huercalovera. — Mojacar. — Alméria. — Motril. — Almunecar. — Velez-Malaga. — Malaga. — Churriana. — Marbella. — Estepona. — Ronda. — San Roque. — Gibraltar. — Algésiras. — Tarifa. — Medina-Sidonia. — Chiclana. — Cadix. — Moguer. — Palma. — San Juan del Puerto. — Huelva. — Gibraléon. — Cartaya. — Lepe. — Ayamonte. — Lisbonne. — Oporto. — Vigo. — Redondela. — Pontevedra. — La Corogne. — Betanzos. — Le Ferrol. — Mondoñedo. — Rivadero. — Aviles. — Gijon. — Santander. — Laredo. — Portugalete. — Bilbao. — Saint-Sébastien.

Marseille.

De cette ville partent chaque mois, à des époques fixes, des bateaux à vapeur qui relâchent à Barcelone, Valence, Alicante, Carthagène, Alméria, Malaga et Cadix. Les uns, après ce trajet, retournent à Marseille, d'autres continuent leur route jusqu'en Amérique.

Comme il y a des bateaux qui vont du midi de l'Espagne jusqu'à Lisbonne et qu'il en existe aussi qui vont de Lisbonne à Oporto, la Corogne, Santander, Saint-Sébastien, nous réunissons dans une seule ligne toutes les villes d'Espagne situées sur les bords de la Méditerranée, de l'Océan et dans le golfe de Gascogne. Cette annexe nous permettra de parler de quelques villes qui n'ont pu trouver place parmi nos lignes de chemins de fer.

En quittant Marseille, après avoir passé devant Port-Vendres, le premier port d'Espagne qu'on aperçoit ou plutôt le premier point maritime habité est Llansa; ensuite on passe et on double le cap Creus; on aperçoit sur la côte le petit village de Cadaques et on entre dans le golfe de Rosas, qui doit son nom à la ville de Rosas (Voy. 2ᵉ ligne, 3ᵉ section), située au fond de cette baie. Un peu plus loin, on aperçoit une rivière, la Fluvia, puis le village de la Escala, qui précède le cap Entrera, appelé aussi Estardy. Après avoir doublé ce cap on rencontre la rivière de Ter à l'embouchure de laquelle se trouvent situées les îles Medas; on rencontre ensuite le cap Begu, puis le cap Saint-Sébastien, le village de Palamos et le joli bourg de San Feliu de Guijols, d'où une route conduit à Gerone. Nous apercevons ensuite le village et le cap de Tosa, puis Blanes à l'embouchure d'une petite rivière, plus loin Calella, d'où l'on va à Gerone.

Arenys de Mar.

Petite ville située près du village précédent et que déjà nous avons visitée sur le parcours de notre deuxième ligne.

Mataro. — Barcelone.

On trouvera dans notre deuxième ligne la description des villages situés sur la côte entre Mataro et Barcelone, ainsi que celle de ces deux villes.

Généralement les bateaux à vapeur stationnent une journée entière à Barcelone, soit pour y faire du charbon, soit pour y prendre des dépêches. Le voyageur, sans prendre ses bagages, et toutefois muni de son passeport qu'il demandera au capitaine, profitera de ce temps d'arrêt, qui dure depuis 7 heures du matin jusqu'au lendemain matin à 6 heures, pour visiter la ville, les environs et même passer la soirée au spectacle.

Bien que la côte, depuis Barcelone jusqu'à Valence, ait été décrite dans notre quatrième ligne, nous indiquerons les noms des villes qu'on y trouve, ceux des rivières qui y débouchent et des caps ou promontoires qu'on a omis, parce que le tracé du chemin de fer ne suit pas toujours exactement le contour de la côte; ainsi après Barcelone on aperçoit la rivière Llobregat, le petit village de Castell de Fels, puis la petite ville de Sitges.

Sitges.

Cette ville appartient à la province de Barcelone et contient 6,000 habitants; c'est un port sur la Méditerranée situé à 33 kilomètres au sud-ouest de Barcelone. Plus loin se trouve le cap de San Pedro, non loin d'une route qui conduit à Villafranca de Panades. On aperçoit ensuite le lieu appelé Santa-Créu de Catafell; puis en face de ce village et un peu dans les terres, sur l'ancienne route de Barcelone à Valence, la petite ville de Vendrell.

Vendrell.

Cette ville que nous avons déjà rencontrée sur notre quatrième ligne, est située à une demi-lieue de la mer; elle contient 3,600 habitants, et, du haut de la tour élevée de l'église paroissiale, on peut admirer le beau panorama que présentent la plaine spacieuse au milieu de laquelle elle est assise et les sinuosités du rivage qui se découpe à l'horizon sur l'azur de la Méditerranée. L'église dont nous avons parlé est d'une construction assez élégante et toute en pierres de taille. Vendrell fut autrefois entourée de murailles. Le pays produit du blé, des légumes, du vin, de l'huile, du chanvre et de la soie.

Plus loin, sur la même route, à 1 kilomètre de la mer, se trouve la petite ville de Torre-dem-Barra.

Torre-dem-Barra.

Nous avons visité cette ville sur notre quatrième ligne; elle contient 2,188 habitants. Les pêcheurs de la côte ont dans cette ville un très-beau quartier qui leur est réservé. On y trouve aussi un hôpital, quelques posadas et une station de la diligence de Barcelone à Valence. L'industrie locale consiste en fabriques d'eau-de-vie et de savon. On y travaille aussi le chanvre et on y fait des instruments de pêche.

Tarragone.

Après cette capitale de province, que nous avons aussi décrite à notre quatrième ligne, nous rencontrons deux villages que nous avons également visités : Cambrils, puis Hospitalet. Ces villages sont situés à quelque distance de la côte. On aperçoit encore Perello, puis on arrive au golfe de Ampola (voy. 4e ligne); au fond de la baie se trouve le petit village de Ampola. Ici nous sommes aux bouches de l'Ebre; à l'entrée de l'une d'elles, la bouche Mitjorn, est située la petite île Buda. Le delta formé par le canal d'Amposta et l'Ebre est couvert de salines. Nous rencontrons la presqu'île d'Alfaques; puis sur la rive, la côte de Codoñel et plus loin, Vinaroz, dont nous avons donné la description à notre quatrième ligne. A une certaine distance du rivage on aperçoit Beni Carlo et Alcala de Chisvert, que nous avons également visités en parcourant cette même ligne.

Torre Blanca.

Ce sont quelques maisons situées aux bords de la mer, au pied d'une montagne, sur la route de Barcelone à Valence. Le pays produit du vin et des fruits. Plus loin on voit Oropesa, et sur la gauche, en mer, les îles Columbretes, puis les maisons de Beni Casim, et près de la côte, la capitale de la province que nous longeons, Castellon de la Plana. Ici se jette dans la mer la rivière Mijares qui passe entre Castellon et Villaréal, qu'on aperçoit sur la même route à quelques kilomètres de la côte. Nous voyons ensuite une série de tours de vigies, puis la rivière et le village de Murviédro, l'ancienne Sagonte, les maisons de Puzol et le petit port du Puig. Nous avons parlé de ces diverses localités dans la quatrième ligne.

Valence.

Nous avons décrit cette ville à notre troisième ligne, deuxième section. Ici on fait une station à peu près égale à celle de Barcelone, et, après avoir reçu la visite de la *Sanidad*, on débarque sur le môle du Grao, le port de Valence; on suit la belle Alhameda qui conduit à cette ville, où l'on arrive après une demi-heure de trajet; et, muni du *Guide*, on visite Valence.

Ses environs sont moins faciles à parcourir en aussi peu de temps que ceux de Barcelone; mais en suivant le chemin de Jativa, qui traverse 10 lieues de jardins et de champs plantés d'orangers, de citronniers, de grenadiers et ornés de fleurs de toute espèce, on pourra en quelques heures avoir une idée de la richesse prodigieuse de cette campagne de Valence, véritable jardin de l'Espagne.

En quittant cette ville, nous passerons devant cette baie à 'ouverture étroite, espèce de lac assez étendu qu'on appelle l'*Albufera*, et dont le nom fut porté par un des célèbres guerriers du premier Empire. Le maréchal Suchet battit près de ce lac le général Blacke, et Valence capitula peu de temps après, le 9 janvier 1812. Ce lac très-poissonneux a 44 kilomètres de circonférence. Un peu plus loin et à quelque distance de la côte, on aperçoit Sueca.

Sueca.

Ville située à 28 kilomètres au sud de Valence, sur la rive gauche du Jucar; sa population est de 8,000 habitants. Le pays est couvert d'importantes rizières; on y récolte beaucoup de fruits et quantité d'oranges. Une diligence conduit de Valence à cette ville. Nous apercevons ensuite l'embouchure du Jucar.

En ce point, et sur la rive gauche, se trouve la petite ville de Cullera.

Cullera.

Située à 36 kilomètres au sud-ouest de Valence; elle compte 6000 habitants et appartient à la province de Valence : c'est l'ancienne Sucro. On y voit les ruines d'un vieux château; elle se trouve sur la pointe d'un promontoire, et son nom explique la configuration de sa baie, qui a la forme d'une cuillère. Plus loin, sur la rive gauche de la rivière Alcoy qui débouche dans la mer et à quelque distance du rivage, se trouve Gandia.

Gandia.

Ville située dans la province d'Alicante, capitale d'un ancien duché que Ferdinand le Catholique créa en 1485 pour la famille Borgia; la population est de 7,000 habitants. On y voit un petit port de cabotage et de pêche. C'est sur cette côte que se trouvent les meilleurs melons de l'Espagne et peut-être de l'Europe. Une route conduit de cette ville à Valence; elle est fréquentée par des diligences.

Denia.

Ville fortifiée et très-ancienne. Son port est d'un accès difficile à cause du voisinage du cap Saint-Antoine. Cette ville de la province d'Alicante compte 4,000 habitants; elle s'est d'abord appelée *Heroscopium* et plus tard *Dianium*, à cause d'un temple de Diane qu'on y voyait. Elle est entourée de murailles; on y fait un grand commerce d'oranges et des produits fort nombreux de la province de Valence. Après cette ville nous rencontrons le petit village de Javea et le cap Saint-Antoine suivi du cap de la Nao et du petit cap de Moraira. Ces trois caps, qui ne forment qu'un seul promontoire, sont un des dangers les plus grands de la navigation de ces côtes. Souvent en sortant d'une mer calme on est tout étonné, après avoir doublé ce cap, de se trouver au milieu d'une mer très-houleuse. Ce cap occasionne de nombreux naufrages sur les côtes de Valence, surtout pendant la saison d'hiver. Plus loin on rencontre la petite ville de Altea, et avant celle-ci, le village de Benisa qui communique avec Denia par Javea au moyen d'un chemin de herradura (route pour les mulets).

Benidorme.

Ville de 3,000 habitants, appartenant à la province d'Alicante, et située au nord-est d'Alicante.

Villajoyosa.

Ville située à 25 kilomètres au nord-est d'Alicante ; elle compte 8,000 habitants. C'est une ancienne place forte ; on y récolte d'excellent vin. Plus loin on voit, sur la rive droite d'une rivière, le village de Muchamiel (beaucoup de miel), au milieu d'une huerta qui est le seul endroit cultivé de la plaine d'Alicante. Mais après avoir passé le cap Alcodra nous jetterons l'ancre dans le beau port d'Alicante.

Alicante.

Nous renvoyons le lecteur à la description que nous avons donnée de cette ville en parcourant notre troisième ligne, première section.

Le bateau à vapeur fait également à Alicante une station de quelques heures qui permet de visiter la ville et le château. En quittant cette ville on aperçoit le promontoire et le bourg de Santa Pola, et en face, les îles Plana et Tabarca ; un peu plus loin, l'embouchure du Vinalapo, et à quelque distance de là, celle du Segura, cette jolie rivière qui fertilise la délicieuse vallée de Murcie. Non loin du Segura et à 1 kilomètre de la côte est le village de Guadamar, puis on double le cap Cervera, et on aperçoit les bourgs de Cala de la Nave et celui de Puerto de Escombrera. Ils sont situés dans l'intérieur d'une baie qui ressemble beaucoup à l'Albufera de Valence. C'est une espèce de lac séparé de la mer par une langue de terre très-allongée qui se termine, à peu de distance de la côte, par un canal dont l'entrée est défendue par une tour appelée *la Encarnizada*. Il y a là un petit village, et plus loin, une île appelée l'île Grosa. En face de l'isthme qui réunit à la terre la presqu'île dont nous avons parlé, se trouve un groupe d'îles nommées *Hormigas* (fourmis). C'est à cet endroit qu'on double le cap de Palos pour entrer dans les eaux de Carthagène. Avant d'arriver à ce port, on rencontre le bourg appelé Calbanque, et on pénètre dans la magnifique rade de Carthagène, à l'entrée de laquelle se trouvent les îles de Escombrera et Palomas.

Carthagène.

Excellent port de mer, place forte, ville de 19,618 habitants, appartenant à la province de Murcie; elle est située au fond d'une rade dominée et défendue par des hauteurs couronnées de châteaux forts.

NOTICE HISTORIQUE. — Cette ville, appelée anciennement *Carthago nova* (Carthage la neuve) fut fondée par Asdrubal, 228 ans avant l'ère chrétienne; elle résista longtemps aux Romains; Scipion Emilien s'en empara l'an 210 avant Jésus-Christ. Les Goths et les Maures la détruisirent en partie; enfin, en 1844, elle devint le foyer d'une insurrection qui fut bientôt réprimée.

ANTIQUITÉS. — Dans la tour qui fait partie du château d'Annibal, sur une hauteur qui entoure la ville, on trouve encore, marquées dans la pierre, les armes de Carthage figurées par une tête de taureau; on voit dans cette ville une quantité de médailles, d'inscriptions, de statues qui sont autant de témoignages de son glorieux passé; on remarque dans le château d'Annibal une tour carrée bâtie de pierre dure ou espèce de marbre avec du ciment romain; on y lit une inscription latine ainsi conçue :

« L. Emilius L. F. L. nep. q. vir. rectum. domo. rom. qui. e. carthaginenses. e. Acellitan. e. Assotan. e. Lacedæmon. e. Argius. Abastitanus. scrib. quæstorius. scrib. ædilius. civis adletus. ob. honorem ædilitatis. hoc opus testamento suo fieri jussit. »

Le tout accompagné d'une couronne avec deux lauriers gravés sur une pierre. Il y a encore dans cette ville, en fait d'antiquités, un amphithéâtre, des pyramides, un château mauresque, et les restes d'un aqueduc.

ÉDIFICES. — Les plus beaux édifices de cette ville sont surtout destinés aux nécessités du service militaire et maritime. On y compte cinq quartiers : l'un d'eux, destiné aux gardes marines, et de construction moderne, avait été bâti avec beaucoup de magnificence; le collège des gardes marines fut transporté depuis à San-Carlos de la Rapita; on cite encore le parc d'artillerie, deux magasins à poudre des plus vastes, un hôpital civil assez beau, un hôpital militaire, édifice remarquable. Mais ce que l'on admire le plus dans cette ville, c'est son magnifique arsenal : c'est le plus beau de l'Espagne et l'un des plus grands qui existent aujourd'hui; on y construit peu de vaisseaux; il a, du reste, perdu beaucoup de son importance. Pendant la guerre de 1808, les Français, ennemis des Espagnols, l'avaient mis, ainsi que la ville, en fort bon état; mais ils furent forcés d'abandonner la place; lorsqu'ils la reprirent, les Anglais, ces généreux alliés de l'Espagne, n'abandonnèrent la ville qu'après avoir brûlé une grande partie des édifices de l'arsenal.

CLIMAT, PRODUCTIONS. — Le climat de Carthagène est assez doux comme sur tout ce littoral; cette ville est assez régulière, les rues sont bien tracées; mais on voit que cette cité a perdu beaucoup de son ancienne splendeur; elle est presque morte aujourd'hui, et pourtant (singulier caprice de l'espèce humaine) c'est le meilleur port de toute la côte espagnole depuis Rosas jusqu'à Malaga; on pourrait même en faire facilement un des premiers ports militaires de l'Espagne; mais le commerce a pris une autre direction : c'est Alicante qu'on préfère. Il faudrait, pour relever Carthagène, en faire le Toulon de l'Espagne. Malheureusement Carthagène manque complétement d'eau, ou celle qu'on y trouve est d'une mauvaise qualité; mais cet inconvénient, fréquent en Espagne, peut être réparé facilement au moyen de puits artésiens et d'aqueducs. On trouve dans le pays une innombrable quantité de moulins à vent. Le bateau à vapeur s'arrêtant quelques heures dans cette ville, on a le temps d'en visiter les curiosités. En la quittant, nous doublerons le cap Tinoso, et nous apercevrons, non loin de la côte, les villages de Almazaron et de Algarobillo, puis le promontoire de Cope et les villages de Puerto de las Aguilas, de Portilla, situés près de la côte, de Campo de Pulpi, un peu plus éloigné du rivage, enfin les cimes de la sierra de Villaricos et l'embouchure de la rivière Almanzora, qui arrose les frontières de la province d'Almeria.

Vera.

Petite ville appelée autrefois Carfa ; elle compte 9,000 habitants et est placée à 60 kilomètres au nord-est d'Almeria ; une route carrossable conduit de cette ville à Baza dans la province de Grenade.

Huercalovera.

Petite ville de 4,000 âmes, située dans la même province et sur la même route que la précédente ; cette route conduit à Baza par Albox et Oria ; plus loin et à quelques mètres du rivage, dans les environs de Vera, se trouve Mojacar.

Mojacar.

Ancienne Murgis, ville de 4,000 âmes, située à 105 kilomètres au sud-est de Murcie. Cette ville est entourée de murailles ; elle communique également avec Baza par une route qui passe aux villages de Turre, Lubrin et à Purchena, petite ville dans le genre de Lorca ; plus loin, en suivant la côte, on double la pointe du Cantal et on aperçoit le village de Campo de Honor, situé non loin de Sorbas, petite ville de 6,000 habitants ; on rencontre la tour de la Mesa située, avec un petit village, à l'extrémité d'une pointe ; un peu plus loin le château de San Pédro, la pointe de *los Frailes* (des moines) la tour de *vela Gata* (tour de vigie) et le *cap de Gata* (cap de la chatte). Après avoir doublé ce cap, la navigation change de direction; on ne marche plus du nord au sud et on entre dans les eaux d'Alméria.

Alméria.

Capitale de la province du même nom, port de mer, ville de 27,000 habitants.

NOTICE HISTORIQUE. — Le nom de cette ville vient du mot arabe *al mari iat*, qui signifie pays découvert. Cette ville fut la capitale d'un royaume maure dans le XIe siècle, après le démembrement du califat de Cordoue; elle s'appela sous les Romains *Portus Magnus*, et selon quelques auteurs, Murgis.

SITUATION. — Alméria se trouve à 410 kilomètres au sud-est de Madrid, au fond d'une baie formée par la Méditerranée. Son port est assez bon, quoiqu'il n'y existe ni quai ni débarcadère; on y découvre encore les restes d'une chaussée ou môle construit par les Arabes et d'un arsenal de la même époque. La ville est dominée par un château maure ou *alcazaba*; on y voit les ruines d'un palais qui était la résidence du roi maure; il y avait aussi une citadelle; la ville était également entourée de murailles que l'on abat aujourd'hui, afin de la réunir à ses faubourgs. Alméria a la forme d'un fer à cheval. De l'autre côté de la porte de Bilbao, et en laissant derrière soi le théâtre, qui, par parenthèse, est un édifice assez laid, on entre dans un faubourg composé de maisons à un seul étage et qui est presque aussi considérable que la ville elle-même : c'est le quartier des *Gitanos*; cette classe de la population est ici fort nombreuse. Le château maure est assez bien conservé; on y montre un grand souterrain qui mène dans la campagne et s'appelle *la cueva de Isabel la Catolica*. La vega d'Alméria (plaine d'Alméria) a 2 lieues de long; il y a quelques arbres et beaucoup de plantes grasses. A la droite de la rade s'élève un fort détaché qui la défend. Les maisons couronnées de terrasses et blanchies à neuf tous les ans donnent à la ville l'aspect d'une cité orientale. On voit que cette ville a été la capitale d'un État. Quelques rues sont assez bien tracées, et il y a des maisons qui ont un certain air d'élégance. Les noms et les indications des rues sont indiqués sur des plaques de marbre blanc.

ÉDIFICES. — Alméria possède une cathédrale, édifice construit dans un goût assez mauvais ; les armes de la maison d'Autriche figurent sur le portail, ce qui ferait supposer que sa construction date de Charles-Quint ; je la crois antérieure à cette époque. Il y a encore six paroisses, dont l'une dans le quartier des Gitanos. Il faut visiter le casino, qui est assez élégant ; en face se trouve une Glorieta (promenade ou jardin assez agréable). Du côté de la mer est une Alameda, autre promenade où les arbres manquent. Le théâtre est assez mauvais à tous les points de vue, on y joue beaucoup de *zarzuelas* (espèce d'opéra-comique espagnol) ; enfin on cite la place de la Constitution.

CLIMAT. — Il y fait de fortes chaleurs ; c'est une ville bâtie plutôt en vue d'un été continuel que contre les rigueurs de l'hiver.

INDUSTRIE. — On y fabrique beaucoup d'esparto et mille autres objets de sparterie. On y fait aussi un certain commerce de soude, de salpêtre et de plomb que l'on tire de la sierra Nevada, qui fournit aussi, comme la sierra Apujarra, de très-beaux marbres employés pour la construction des maisons. A 2 lieues d'Alméria, il y a dans la sierra Alaminca des eaux thermales très-renommées. On extrait encore des rochers de ces montagnes une poussière employée par les gens de bureau pour les écritures et dont on fait un grand commerce. La province d'Alméria a été dans ces derniers temps l'une des plus avancées de l'Espagne dans l'industrie minière.

COMMUNICATIONS. — Cette ville communique avec Grenade au moyen de galères et de voitures qui font le voyage en trois jours et demi. On a commencé en 1827 une nouvelle route qui, comme presque toutes les choses d'Espagne, est restée inachevée. Cette ville communique cependant par mer avec tous les ports de la Péninsule et ceux de l'étranger : c'est une station de bateaux à vapeur ; le voyageur a donc le loisir de la visiter et d'y aborder la côte dans une barque en se faisant conduire au rivage et ramener le soir au paquebot, qui, ne pouvant entrer dans le port, se tient au milieu de la baie. Les plaisirs sont ici plus nombreux pour le touriste et l'observateur que pour l'homme du monde. Cependant les femmes d'Alméria ont la réputation d'être jolies. Quant à l'artiste, qu'il se transporte par un jour de soleil sur les hauteurs couronnées par le château maure, et il jouira d'un coup d'œil véritablement pittoresque : il peut encore parcourir les rues du quartier des gitanos, il y trouvera comme sujet d'observation les mœurs les plus originales et un spectacle curieux.

Quittons Alméria, et nous apercevrons à quelque distance les villages de Torre de la Garrofa, puis la pointe de Elena, et non loin de la côte, le bourg de Dalias peu éloigné de la petite ville de Berja. Tout ce pays est très-montagneux ; la chaîne qu'on y voit est la sierra de Gador. Un peu plus loin on rencontre le bourg de Albuñol ; un chemin conduit de ce lieu à la petite ville de Torbiscon, chef-lieu d'une juridiction judiciaire et qui se trouve enfoncée dans les terres. Plus près de la côte nous apercevons Sorvitan, Gualchoz, Torre Nueva, et à peu de distance du rivage, la ville de Motril.

Motril.

Ancienne *Firmum Julium*, située à 8 kilomètres à l'est de Malaga. On y compte 13,800 habitants ; elle appartient à la province et au diocèse de Grenade ; elle n'a pas de port, mais une espèce de débarcadère pour les petites embarcations. Cette ville n'a rien de remarquable si ce n'est quelques églises. On y fait un commerce de rhum, de salpêtre et de plomb ; la campagne environnante est très-fertile et on y cultive toutes espèces de plantes et de fruits. En quittant cette ville, nous verrons l'embouchure de la rivière de Orjiva.

Almunecar,

Ville de 6,500 habitants. Port de mer le plus rapproché de Grenade de toute la province ; elle est située au pied d'une montagne et l'on y voit les restes d'une alcazaba, citadelle mauresque appelée le château de Jase. Le nom de cette ville signifie en arabe la ville des renégats ; non loin se trouve le village de Torre de Venalayra, puis Castillo de Torrox. Ce dernier village est peu éloigné de la petite ville de Torrox, qui contient 3,000 habitants.

Velez-Malaga.

Ville de 20,949 habitants, appartenant à la province et au diocèse de Malaga, située sur les flancs de la sierra Tejada, entre la rivière Velez et le ruisseau Rubiti sur le rivage de la Méditerranée. Entre Almunecar et Velez-Malaga, on rencontre une série de villages qui donnent à la côte l'aspect le plus riant et le plus pittoresque ; ce sont Nerga, Maro, la Torre, Rio de la Miel (rivière du miel), Torre del Pino (la tour du pin), la venta de Amores (l'auberge des amours). On voit que les noms répondent ici à la beauté du paysage. On rencontre plus près d'Almunecar, le Cortijo (ferme) de la herradura. Le climat de Velez-Malaga est très-doux pendant l'hiver et très-chaud en été, ce qui permet d'élever dans le pays beaucoup de plantes d'Amérique. Cette ville s'appelait autrefois Menoba ; elle est située à 22 kilomètres à l'est de Malaga ; un vieux château la domine. On y fait le commerce des fruits, de la canne à sucre, de la cochenille, des raisins secs et des vins du pays, qui ne sont autres que les vins de Malaga. Une route conduit de cette jolie petite ville à la capitale de la province.

Malaga.

Ayant déjà fait la description de Malaga (sixième ligne, troisième section) nous nous contenterons d'avertir le voyageur que ce port est encore une station de bateaux à vapeur ; on a donc le loisir de visiter cette ville. En la quittant on aperçoit l'embouchure de la rivière Guadaljore; ici une route qui part de Velez-Malaga longe la côte jusqu'à Tarifa.

Churriana.

Bourg de 1,500 âmes, situé sur une hauteur. Sur la route se trouve celui de Alhaurin de la Torre; puis plus loin, Torre Molinos, ensuite le ruisseau de la Miel et quelques maisons qui portent ce nom; Benal Madena, Torre de Calamoral et Fuenjirola, et à 4 lieues la petite ville de Marbella.

Marbella.

Appelée autrefois Barbesola, à 47 kilomètres de Malaga, sur les bords de la mer. Elle appartient à la province de Malaga et compte dans son sein 6,500 habitants. Son nom signifie, dit-on (en cet endroit la vue de la mer y est des plus agréables), *mer belle*. Cette ville était sous les Maures le chef-lieu d'une juridiction très-importante; la ville par elle-même est assez belle. Ses rues, ses places, ses édifices mauresques font un bon effet, et ce tableau est fort bien encadré par les cimes de la sierra Blanca qu'on aperçoit à l'horizon. Le pays produit du grain, des légumes, du vin; la pêche y est abondante. On y voit des fabriques de sucre, des tanneries; on y travaille la sparterie et les cristaux, et dans les montagnes on y exploite le fer, le plomb et l'antimoine. C'est encore un pays de salines. En suivant la route on rencontre les *ventas* (auberges) de Quinoñes, le village de Torre de Lancon, celui de Torre, de Baños, et la venta de Cazorla.

Estepona.

Ville située à 70 kilomètres S. O. de Malaga, au N. E. de la sierra Bermija. Elle appartient à la province et au diocèse de Malaga, et contient 9,300 habitants. Cette ville fut donnée à l'infant don Pedro en 1318, par le roi Ismaël, en échange d'un secours de troupes. Presque détruite pendant la guerre des

Maures et des chrétiens, elle fut repeuplée en 1456 par les soins d'Henri IV, roi de Castille. On voit encore dans cette ville une fortification dont on fait remonter l'origine à l'époque romaine. Le pays produit du vin blanc renommé, des grains, des légumes; on y travaille les cuirs, les tuiles, les poteries, les toiles. Il y a des moulins à farine et un trafic assez animé de pêche et de cabotage. Une route fait communiquer cette ville avec une autre que nous nommerons parce qu'elle est importante et que nous placerons ici, n'ayant aucune occasion de la placer ailleurs.

Ronda.

L'ancienne Arunda, située à 65 kilomètres au N. O. de Malaga, sur un pic qui sépare en deux parties le Guadalvin, appelé aussi Guadiaro; deux beaux ponts jetés sur le précipice où roulent les eaux du torrent réunissent les deux montagnes. Cette ville fut prise sur les Maures en 1485; elle est divisée en vieille ville (c'est la ville mauresque) et en ville moderne. La population est de 23,200 habitants. Ronda est dans une position très-pittoresque; on y descend à la rivière par un escalier de quatre cents marches taillées dans le roc : c'est un ouvrage des Maures.

CURIOSITÉS. — Il faut visiter les deux ponts, dont le plus ancien est véritablement remarquable; il est formé d'une seule arche de 120 pieds; un peu plus loin se trouve le deuxième pont, dont l'élévation est de 276 pieds; il est encore formé d'une seule arche soutenue par deux piliers. C'est un beau monument moderne. On trouve à Ronda quatre paroisses et six anciens couvents. Une partie de la ville est située tellement sur le bord du précipice, que de ce côté les maisons forment le rempart même de la ville; les gens qui l'habitent jouissent journellement, comme les habitants de Tivoli dans les Etats romains, d'un spectacle véritablement grandiose, et peut-être la vue de ces grandes choses les laisse-t-elle indifférents. A 2 lieues et demie de Ronda se trouve l'ancienne ville de Alcinop, appelée aujourd'hui Ronda-la-Vieille. Il faut aller visiter son amphithéâtre romain, conservé presque en totalité, malgré les nombreux emprunts de statues, antiquités et médailles qui y ont été faits par les amateurs d'antiquités et par les collectionneurs.

PRODUITS. — On fabrique à Ronda des étoffes de soie, de drap; on travaille la laine; il y a des tanneries, puis une fabrique d'armes blanches très-renommée. Dans les environs on trouve des eaux minérales assez bonnes, et des carrières de marbre blanc et de fort beau jaspe, ainsi que des mines de fer. Le pays produit du vin et de l'huile. Mais revenons à Estepoña, que nous quitterons pour rencontrer les villages de Torre del Sarto, de la Mara, Torre la Sal, la venta et le castillo (château) de la Sabinilla, la venta située à l'embouchure du Guadiaro.

San Roque.

San Roque appartient à la province et au diocèse de Cadix. Cette ville contient 11,411 habitants; elle est située sur un pic qui forme un cône tronqué au milieu d'une belle campagne; elle fut fondée en 1704, après l'occupation de Gibraltar par les Anglais. Il y a des eaux très-bonnes dans la sierra Carbonera; ce détail n'est pas indifférent en Espagne. Il y a quelques métiers, et le pays produit de bon vin et de l'huile. Après San Roque on trouve à droite le pont de Mayorga, et à une demi-lieue on rencontre le château de San Barbara, puis, laissant à droite et à gauche les anciens forts de la Sangre et de San Felipe, on traverse la ligne frontière du territoire espagnol pour entrer sur le sol anglais.

Gibraltar.

Ville fortifiée, réputée imprenable, située sur une énorme masse de rochers qui semblent détachés de la montagne voisine; elle ne communique avec l'Espagne que par un isthme étranglé où le terrain sablonneux ne permet aucune espèce de travaux de siége; elle est placée au 36° 6' de latitude nord et au 7° 39' de longitude ouest, à 110 kilomètres au sud-est de Cadix, sur un promontoire qui domine la mer et au fond d'une vaste baie. Le rocher sur lequel elle est bâtie est creusé à l'intérieur.

NOTICE HISTORIQUE. — C'est la Calpe des Romains et la Gibel-Altaric des Arabes. On fait dériver ce dernier nom des mots Gibel, qui signifie montagne, et Taric, le nom du premier chef maure qui entra en Espagne, c'est-à-dire montagne de Taric. Les Anglais s'en emparèrent en 1704 par surprise, à l'époque de la guerre de la succession d'Espagne. Cette possession fut ratifiée par le traité d'Utrecht; depuis lors les Anglais y ont accumulé tous les travaux de défense qui pouvaient mettre à l'abri d'un coup de main et même d'un siége cette clef de la Méditerranée. Cette ville est pour eux un observatoire d'où ils peuvent surveiller l'important détroit de Gibraltar; son vaste port reçoit une grande quantité de marchandises d'Amérique et d'Orient, qu'on y met en entrepôt. C'est aussi un grand centre de contrebande au préjudice de l'Espagne. Cette dernière puissance, unie à la France, a essayé plusieurs fois en 1704, 1727, 1779 et 1782 de reprendre cette importante forteresse, mais ce fut en vain.

CURIOSITÉS. — Il faut visiter le palais du gouverneur, orné d'un beau jardin qui est une promenade publique; le palais de marbre, construit par un riche israélite; la chapelle des catholiques, l'église des anglicans, les trois synagogues, le théâtre, le port, dont la vaste étendue est toujours occupée par une foule de navires pavoisés de toutes couleurs; l'hôpital de la marine, l'esplanade située au haut de la montagne et d'où la vue s'étend sur le plus beau panorama qu'on puisse voir; enfin, la grande rue, remarquable par la variété et l'élégance de ses boutiques.

COMMERCE. — Il suffit que les Anglais occupent cette ville pour qu'elle soit un grand centre de commerce; il s'y fait un mouvement considérable de produits des deux mondes, et d'objets manufacturés provenant de l'Angleterre. En 1836, l'exportation de Gibraltar au royaume-uni de la Grande-Bretagne a dépassé la valeur en marchandises de 100,000,000 de francs.

POPULATION. — Sans compter la garnison, forte de 7,000 hommes, la population peut s'évaluer à 15,000 habitants; c'est un mélange d'Anglais, d'Italiens, d'Espagnols et de juifs. En quittant Gibraltar, nous entrons dans le golfe du même nom.

Algésiras.

Ville de 16,200 habitants et port de mer où les Espagnols ont réuni en 1859 les forces de terre et de mer destinées à l'expédition du Maroc. Cette ville appartient à la province et au diocèse de Cadix. C'est un centre de circonscription militaire et maritime; il est éloigné de 5 milles de Gibraltar; la partie orientale de la ville qui donne de ce côté est entourée par la mre. Au nord se trouve la sierra de Ojea, et au sud la pointe du Carnero située à l'entrée du détroit de Gibraltar. A un demi-mille au sud-est se trouve l'île Verte, où l'on voit un fort, une caserne et des magasins. Algésiras fut conquise sur les Maures par Alphonse XI de Castille. Le siége de la ville dura deux ans, en 1344; c'est là qu'on fit usage des canons pour la première fois. En 1801, il se livra dans les eaux de cette ville un combat naval où les Anglais eurent le désavantage.

CURIOSITÉS. — Il faut visiter l'église principale, l'ancien couvent de la Merced, dont une partie a été changée en prison, deux chapelles, l'hôpital militaire, celui de la Charité, et leurs chapelles, le quartier de la villa Viéja (vieille ville), séparé du reste de la ville par la rivière de la Miel, qui se jette en cet endroit dans la mer; la place Mayor, entourée de colonnes, est fort bien ornée : au centre de cette place se trouve une fontaine et un obélisque construits en 1807; on l'appelle la fontaine de l'Amiral. Au sud-sud-est d'Algésiras, en suivant la côte pendant 3 lieues, on rencontre une venta, la rivière de Guadalmési.

Tarifa.

Sur le détroit de Gibraltar, à 40 kilomètres au sud-est de Cadix; elle compte 15,000 habitants. C'est un port situé à l'extrémité de la pointe du même nom, sur la Méditerranée. Cette ville fut conquise sur les Maures en 1290 par le roi don Sanche; les Maures l'assiégèrent plus tard, en 1340. Le roi de Portugal Alphonse IV fit lever le siége de cette ville par la bataille de Rio-Salado, qu'il gagna. Les Français, qui échouèrent sous ses murs en 1812, s'en emparèrent en 1823. Le nom de cette ville viendrait, comme celui de Gibraltar, du même Taric, lieutenant du général Mouça; on l'appelait aussi Tarif, ce qui explique notre étymologie. Ce fut ce général qui gagna la bataille de Jérès en 711. Après avoir soumis l'Espagne, il fut destitué par Mouça. Le calife Valid lui rendit son commandement; mais les querelles entre ces deux chefs ayant recommencé, ils furent disgraciés tous deux, et le vainqueur des Goths mourut obscur et malheureux. Tarifa est très-fortifiée; en face de cette ville se trouve l'île du même nom, qui est aussi un point fortifié. En fait de commerce, on peut citer celui des oranges de Tarifa, qui sont réputées les meilleures du midi de l'Espagne.

Quittons un instant la côte pour suivre une route qui mène de Tarifa à Cadix. Après avoir passé au village de Casa-Viéja, nous arriverons par cette route à Médina-Sidonia.

Médina-Sidonia.

Ville de la province et du diocèse de Cadix, située sur une hauteur spacieuse, au milieu d'une plaine de 4 lieues de circonférence; elle compte 10,500 habitants; il n'y a de remarquable que la Casa consistoriale. Cette ville possède quelques ruines romaines : c'est l'ancienne *Methymna-Acindo*. Elle est aussi le chef-lieu du duché de Médina-Sidonia. On se rappelle que Gaspard de Gusman, duc de Médina-Sidonia, avait pour beau-frère le duc de Bragance, qui restaura le trône de Portugal en 1640.

Il y a dans le pays des eaux minérales, et le sol produit du grain et des légumes. On y élève du bétail et la chasse y est abondante.

Chiclana.

Ville située à 15 kilomètres au sud-est de Cadix, dans une plaine, entre deux collines appelées les montagnes de Sainte-Anne et du château de Tiro ; elle est divisée, par la rivière du Tiro, en deux parties qu'on nomme le quartier de la Banda et celui du Lugor. Sa population est de 21,000 âmes. Cette ville fut, en 1811, le théâtre d'une bataille entre les Anglais et les Français.

Il faut visiter l'hospice, la montagne de Sainte-Anne, où se trouvent les ruines d'une église du même nom. C'est sur cette hauteur que les Français s'établirent pour préparer le siége de Cadix. Il y a encore à citer un pont et les bains d'eaux ferrugineuses qui attirent tous les ans beaucoup de voyageurs. Le pays produit des grains, des fruits et du vin excellent dont on fait chaque année une récolte considérable.

En suivant notre route jusqu'au village de Arecife, on rencontre le point de jonction des routes de Cadix et de Jerez ; mais, en prenant la côte depuis Tarifa, nous citerons d'abord le village de Bolonia, situé sur le cap de Plata (cap d'argent), puis la tour Meca ; un peu plus loin, le fameux cap de Trafalgar, ancien promontoire de Junon, situé à l'entrée du détroit de Gibraltar et ayant pour opposé, sur la côte d'Afrique, le cap Espartel. Le 21 octobre 1805, une grande bataille navale fut gagnée dans ses eaux par l'amiral anglais Nelson, contre les amiraux français et espagnol Villeneuve et Gravina ; le vainqueur mourut dans ce combat, et ses deux ennemis furent, l'amiral espagnol blessé à mort, l'amiral français fait prisonnier. Cette bataille fut à la fois le tombeau de la marine espagnole et l'apothéose du héros de Copenhague et d'Aboukir.

Un peu plus loin, nous trouvons sur la côte la tour Barrosa ; puis, en longeant l'île de Léon, nous entrons dans le port de Cadix.

Cadix.

Au fond de la baie de Cadix (voy. notre 6ᵉ ligne), nous apercevons Puerto Réal et Puerto de Santa Maria, dont nous avons déjà fait la description; puis, en suivant la côte, les villages de Rota et de Regla, situés sur un promontoire. Il est inutile de dire que Cadix est encore une station des bateaux à vapeur. Pour les bateaux qui font le service de France en Espagne, c'est une tête de ligne; pour ceux qui vont en Amérique, c'est une station des plus importantes; on aura donc tout le loisir de visiter cette ville.

Après Regla, nous rencontrons l'embouchure du Guadalquivir, ce fleuve poétique qui passe à Cordoue, à Séville, puis serpentant dans la campagne entre Séville et la mer, forme deux îles assez étendues dans cette riante vallée, la plus belle partie de l'Andalousie. On aperçoit ensuite Torre de San Jacinto, et à quelque distance de la côte, les deux villages de Casa de Biejo, et de Palacio de Doña Ana; puis, non loin de la côte, Torre de Carbonera et Torre del Oro (la tour de l'or). Tous ces noms indiquent que cette côte est parsemée de petites tours qui servent à la fois de défense à la côte et de phare pour les navigateurs.

Nous rencontrons plus loin : la pointe del Picacho; puis un endroit où la mer s'avance dans les terres de deux côtés, en formant une espèce de baie dont l'entrée est fermée par des îles : dans cette baie, à droite et à gauche, une langue de terre sur laquelle est située Huelva, la capitale de la province où nous sommes; à l'est, le Rio Tintò, et à l'ouest, le Rio Odiel. Remontant l'embouchure du premier en suivant la côte, nous trouvons d'abord un village appelé Palos. Ce fut là que s'embarqua Christophe Colomb, allant à la découverte de l'Amérique.

Moguer.

Ancienne *Onuba*, d'après quelques auteurs. Ville située sur la rive gauche du Tinto, à 80 kilomètres au nord-ouest de Cadix ; elle appartient à la province de Huelva ; elle compte 8,000 habitants : c'est un port de mer. Au nord de cette ville se trouve une route qui mène de Huelva à Séville.

Palma.

De cette ville part une autre route qui traverse le Portugal et conduit jusqu'au golfe de Lisbonne. Palma appartient à la province de Huelva. C'est une ville de 3,500 habitants. Elle est située à une lieue au-dessus du Tinto, dans une plaine entourée de collines. Cette ville fut autrefois la propriété des chevaliers Templiers. Par la bonne construction de ses maisons et la régularité de ses rues, c'est un des lieux les plus agréables de la province. On y fait de l'huile et beaucoup d'eau-de-vie. Le pays produit des fruits, du maïs ; on y élève des moutons, des chèvres et du gros bétail. On y voit une grande quantité d'arbres, parmi lesquels beaucoup d'oliviers, et il y a des vignobles qui produisent d'excellent vin. Une foire annuelle a lieu les 8, 9 et 10 septembre.

Si l'on va du côté de Séville, on rencontre le petit village de Manzanilla, bâti sur les ruines de la ville de Tejada, abandonnée de ses habitants, en 1530, pour cause d'insalubrité. Plus loin se trouve San-Lucar la Mayor, ville de 3,600 âmes, située dans un pays excessivement fertile.

En partant de Palma, dans la direction de Huelva, on arrive à Niebla, bourg de 900 habitants, situé entre Villarrasa et Beas, sur la rive droite du Tinto, au milieu de la plus agréable campagne, plantée d'arbres fruitiers, d'oliviers et de vignobles. Cette ville occupe l'emplacement de l'ancienne Hipla. Elle fut, du temps des Maures, la capitale d'un petit État. On y trouve encore des restes de fortifications qui datent de cette époque. En 1231, cette ville se rendit à l'archevêque de Tolède, Jimenez ; en 1257, après avoir été prise par les Maures, elle retomba au pouvoir de don Alonso le Sage ; en 1396, Henri II de Castille fonda le comté de Niebla en faveur de Jean Alonso de Gusman, seigneur de San-Lucar, qui épousait à cette époque la princesse royale doña Beatrix de Castille. Niebla a les armoiries des Gusman, où l'on voit la tour d'où Gusman le Bon, par un excès de patriotisme, jeta aux Maures un couteau destiné au supplice de son fils, qu'ils menaçaient de mettre à mort, si la ville assiégée ne leur était immédiatement livrée. On voit à Niebla les ruines d'un ancien pont.

San-Juan del Puerto.

Cette ville comprend 2,000 habitants et est située dans la vallée de Candon, ayant en ses environs Bonarès, Lucena et le couvent de *la Luz*, qui a appartenu à l'ordre de Saint-Jérôme. Cette ville est un port de cabotage d'où l'on exporte quantité de fruits pour le Portugal. Le pays est, en effet, planté de nombreux arbres fruitiers, et, entre autres, d'orangers. Beaucoup de petites barques font le trajet de Séville par le Guadalquivir.

Huelva.

Capitale de la province du même nom, située à 77 kilomètres à l'ouest de Séville, par les 37° 12' de latitude nord et 3° 15' de longitude ouest, prises au méridien de Madrid. Au nord-est, une ceinture de montagnes entoure cette ville qui se trouve placée au confluent du Tinto et de l'Odiel. La population est de 8,500 habitants. Cette ville est véritablement l'ancienne *Onuba*, fondée par les Phéniciens l'an 1095 avant Jésus-Christ, pour leur servir de station de commerce.

CURIOSITÉS. — Huelva contient un millier de maisons, deux paroisses, quatre places et des rues très-larges. Il faut visiter la caserne, ancien couvent : c'est un édifice assez beau quoique d'architecture mixte; la maison de ville, édifice moderne assez régulier; le palais du marquis de Villafranca; la place de la Constitution, promenade publique plantée d'arbres et parsemée de bancs en marbre; le théâtre, sur l'emplacement d'un ancien couvent; l'hôpital; l'académie littéraire onubienne; les écoles primaires et les ruines d'un aqueduc que l'on croit d'origine arabe.

INDUSTRIE, COMMERCE, PRODUCTIONS, CLIMAT. — L'industrie

locale consiste dans la pêche et la fabrication de la sparterie. Il y a aussi dans les environs des salines assez importantes. Une société minière exploite les mines de cuivre et d'argent d'Alosno, village de la même province. Huelva a des relations assez actives avec Cadix. Il se fait dans cette ville une grande importation de grains et d'huiles en échange du poisson envoyé en Estramadure et dans l'intérieur de la province. Les navires de cabotage font continuellement le trajet de Huelva à Cadix. Il y a aussi un bateau destiné spécialement au voyage de Séville. Les environs de Huelva sont très-fertiles; cependant les produits ne suffisent pas à la consommation locale. Une foire a lieu les 1er, 2 et 3 octobre. Ce pays n'est pas toujours sain à habiter : il y règne des fièvres intermittentes qui deviennent facilement endémiques. Non loin de Huelva, en suivant la côte et à quelques kilomètres du rivage, se trouve Gibraléon.

Gibraléon.

Ville de la même province. La population est de 2,700 habitants. La ville est très-ancienne. On y voit des ruines. Son nom, qui vient de la rade, signifie *la terre des couleurs*. Dans quel sens faut-il entendre cette expression? Nous l'ignorons; et, qu'on nous pardonne cette plaisanterie, le caractère andalous autoriserait l'emploi de cette expression pour désigner tout le pays.

Cartaya.

Ville de 4,000 habitants, située à une demi-lieue de la rivière de la Piedra, dont nous voyons l'embouchure. Non loin de ce lieu s'élève, dans la mer, un groupe d'îles, dont l'une s'appelle Higuerita, du nom d'un village qu'on y voit.

Lepe.

Ville de 3,000 habitants, appartenant à la province de Huelva. Cette ville est placée près du rivage, non loin du Rio de la Piedra, de l'île Christine, de la petite ville de Villa Blanca.

Ayamonte.

Après avoir rencontré sur notre chemin un bourg de 500 habitants appelé Redondela, nous entrons à Ayamonte, ville de 5,969 habitants appartenant à la province de Huelva; place d'armes, située sur la frontière de Portugal, au bord de la mer, sur la rive gauche et à l'embouchure de la Guadiana. Cette ville fut enlevée au roi Enrique el Enfermo (Henri le Malade) par le roi maure de Grenade. Le roi Ferdinand V la reprit en 1406. Sans avoir rien de remarquable, elle est assez bien bâtie. On y voit deux paroisses, deux anciens couvents, deux hôpitaux et un château. L'industrie locale consiste dans la pêche et la construction de bateaux. C'est dans les chantiers de cette ville que se construisent les meilleures *faluches* de l'Espagne. Les nombreux bois des environs fournissent des sapins très-élevés, propres à cet usage. Les femmes s'occupent à faire de la dentelle et des filets pour la pêche de la sardine. Il y a dans cette ville des fabriques de savon et des tuileries. Les environs sont peu fertiles. La principale occupation des agriculteurs est l'élevage des bestiaux. En quittant Ayamonte, nous doublerons la pointe de Saint-Antoine, pour entrer dans les eaux de Portugal.

Lisbonne.

Appelée par les Portugais Lisboa, l'ancienne *Olicipo*, capitale du Portugal, située à l'embouchure du Tage, à 500 kilomètres au sud-ouest de Madrid. Ville de 280,000 habitants. On attribue sa fondation à Ulysse ou aux Phéniciens. Les Maures s'en emparèrent au VIIIe siècle. En 798, elle tomba au pouvoir d'Alphonse II des Asturies. En 1147, Alphonse Ier de Portugal s'en empara. Les Français l'occupèrent en 1807. En 1755, un tremblement de terre la détruisit en partie.

SITUATION. — Cette ville, formant amphithéâtre, offre un aspect assez pittoresque; elle est divisée en vieille et nouvelle ville. Cette dernière partie est la plus importante et la mieux bâtie. On y trouve de belles rues. Son port est le meilleur du Portugal : c'est un port militaire; on y construit aussi des navires. Lisbonne est très-fortifiée. Sa position la met en rapport fréquent avec l'Amérique, et, par le Tage, elle communique avec l'Espagne, dont le Portugal semble un morceau détaché, sans que rien justifie cette séparation au point de vue géographique. Ce royaume n'a pas de frontières, et les limites indiquées de l'Espagne devraient être la Méditerranée, l'Océan et les Pyrénées. Pourquoi, dans un siècle de centralisation, ne pas réunir sous un même sceptre ces deux royaumes? Cette fusion enrichirait plus l'Espagne que la conquête du Maroc.

CURIOSITÉS. — Il faut visiter, à Lisbonne, la place du Commerce, celle du Rocios, la cathédrale, l'église Saint-Antoine, l'église Saint-Roch, le couvent, les résidences royales de Nessidades, de Ajuda et de Bemposta, l'arsenal et le théâtre de San-Carlo, l'académie des sciences, l'école de marine, l'école d'artillerie, l'école des nobles, la bibliothèque, le jardin botanique, l'hôpital Saint-Joseph.

INDUSTRIE, COMMERCE. — On y fabrique des armes blanches, des canons et de la poudre : les fabriques dépendent du gouvernement. Il y a encore des fabriques de porcelaine. Les relations commerciales sont très-variées et très-étendues avec l'Europe, l'Amérique, le Brésil, l'Afrique et l'Inde.

HOMMES CÉLÈBRES. — Lisbonne fut la patrie du Camoëns, qui fixa la langue portugaise, cette sœur de l'italien et de l'espagnol, dont on pourrait dire, comme de ceux qui la parlent, que son sang est quelque peu mêlé. Le père Lolau, Manoël, saint Antoine de Padoue, naquirent encore à Lisbonne.

Comme nous n'avons pas l'intention de décrire le Portugal, nous passerons sous silence les villes de la côte et nous conduirons le voyageur, en naviguant vers le nord, à notre prochaine station maritime, la dernière du Portugal.

Oporto.

Ville située à 248 kilomètres au nord-est de Lisbonne, sur la rive droite, près de l'embouchure du Duero et dans la province du Miño. Elle compte 90,000 habitants. Les anciens l'appelaient *Portus Calle,* d'où vient le nom de Porto, et aussi, dit-on, le mot Portugal.

Cette ville fut, en 1757, le siége d'une insurrection. Elle reçut une garnison française en 1808. En 1828, cette ville ayant pris parti pour le prétendant don Pedro, don Miguel en fit le siége. C'est un port de mer assez bon où l'on fait un commerce très-actif d'huiles, de sucre, d'oranges, de bois d'Amérique, de liége, et surtout d'un vin rendu célèbre par la prédilection anglaise et connu sous le nom de vin de Porto. Assise sur deux collines, Oporto est divisée en cinq quartiers

Il faut visiter la cathédrale, la chapelle des Clercs, le palais de justice, la maison de ville, l'hôpital, l'école de marine, l'école de médecine, le séminaire, l'entrepôt des vins.

En suivant la côte, et quittant Oporto, à la frontière du Portugal, nous trouverons l'embouchure du Miño, et nous entrerons dans les eaux de l'Espagne par la province de Pontevedra, dont le premier village qui s'offre à nos yeux sur la côte, est la Guardia, suivi des bourgs de Hoya et de Ramallosa. Après avoir doublé les îles Aës, que nous laissons à notre gauche, nous arriverons dans le port de Vigo.

Vigo.

Ce sera la première station maritime en quittant le Portugal.

Nous ne reviendrons pas sur la description que nous avons donnée de cette ville à notre huitième ligne, troisième section.

Redondela.

En cet endroit, la mer s'enfonce dans les terres et forme une baie profonde, au milieu et sur le rivage de laquelle se trouve cette petite ville.

Nous renverrons encore le lecteur à notre huitième ligne, troisième section pour avoir la description de cette localité.

27.

On double ensuite le promontoire d'une presqu'île formée par cette baie et le petit golfe appelé Ria de Pontevedra, au fond duquel on aperçoit, à l'embouchure d'une rivière, la ville suivante.

Pontevedra.

Nous avons déjà rencontré cette ville sur notre huitième ligne, troisième section, où nous renvoyons le lecteur.

En cet endroit, on quitte la route de la Corogne pour passer entre la terre, qui forme ici une nouvelle presqu'île, et la petite île de Dones; sur l'autre côté de cette presqu'île se trouve la petite ville de Cambados. Puis on traverse un nouveau golfe en passant par le village de Abanqueira, et laissant à gauche l'île de Salvora, on voit, sur la côte, à droite, le lieu appelé Carreira; on double ensuite le cap Corrubedo.

On entre dans un petit golfe appelé Rio de Noya, en passant devant Miñartos. Ce golfe est formé par l'embouchure du Rio Tambre, qui baigne les murs de Noya, petite ville de la province de la Corogne, située à quelques kilomètres d'une autre ville de l'intérieur des terres, appelée Negueira. Plus près de la côte, et à l'autre extrémité du golfe, on voit, sur le bord de la mer, le petit port de Murox. Plus loin, on passe devant Carnota, Cobelo, Oliveira. Ces deux derniers bourgs sont situés à quelque distance de la côte. En ce point, la mer forme un nouveau golfe, puis un petit promontoire non loin de la ville de Corcubion. Ici, on double le cap Finistère, au village du même nom; puis on change de direction pour doubler la grande pointe formée par la province de la Corogne. On passe devant les villages de Camariñas, Pazos, Allones et Malpica. Là, se trouvent le cap de San-Adrian et les îles de Sisargua.

La Corogne.

Ce port, dont nous avons donné la description, est encore une station maritime. En le quittant, on traverse le golfe Ria de Betanzos, appelé ainsi à cause d'une ville située non loin de la côte et dont nous avons fait la description. Tout autour de ce golfe, depuis la Corogne jusqu'au Ferrol, serpente une route qui joint ces deux villes, et passe, en sortant de la Corogne, par Betanzos.

Betanzos.

Nous avons visité cette ville en parcourant notre huitième ligne, troisième section.

La route que nous suivons, après avoir traversé Betanzos, rencontre successivement Miño, bourg insignifiant, puis la petite ville de Puentedeume et le village de Neda.

Le Ferrol.

Ville de 18,600 âmes, appartenant à la province de la Corogne, et au diocèse de Saint-Jacques de Compostelle; c'est un port de mer situé sur la baie du Ferrol, à 20 kilomètres au nord-est de la Corogne par 10° 36' de longitude ouest et 43° 22' de latitude nord. Ce port est l'un des plus sûrs de l'Espagne et peut-être de l'Europe; il renferme le plus bel arsenal d'Espagne et a de très-beaux quais. La ville est défendue par une enceinte fortifiée, où l'on voit une série de bastions armés de canons dont l'ensemble forme un total de plus de deux cents pièces d'artillerie. Les Anglais échouèrent devant cette place en 1799.

Cette ville, qui avait peu d'importance dans la première moitié du XVIe siècle, se divise en trois quartiers principaux.

Il faut visiter son église principale, bâtiment isolé dont l'ensemble est assez beau et remarquable par sa façade, et l'arsenal qui occupe une étendue considérable, et qui, grâce à sa situation, est à l'abri d'un bombardement. Des bateaux conduisent facilement de la Corogne au Ferrol.

Après cette ville, en doublant un promontoire, on aperçoit le petit village de Graña, puis le cap Prior, la pointe de la Candelaria, le cap Ortegal, puis le village de Cariño (tendresse), situé à l'entrée de la baie du même nom, au fond de laquelle se trouve la petite ville de Santa-Marta de Ortigueira; plus loin on double le cap Barcs, on passe devant l'embouchure d'une rivière, et on traverse le petit golfe de la ville de Vivero, port de mer de la province de Lugo et ville de 5,000 habitants. Nous doublons ensuite le cap Moras, la pointe de Fasuro à l'embouchure d'une rivière, et nous voyons à l'entrée d'un petit golfe, le village de San-Martin. Il y a encore là une rivière qui débouche dans la mer. En face de cette partie de la côte, et à quelque 20 kilomètres dans l'intérieur des terres, se trouve la ville suivante.

Mondoñedo.

Contient 9,500 habitants et appartient à la province de Lugo, dont elle est une des villes les plus importantes. La ville est irrégulière, de construction ancienne et assise sur trois collines. Il faut visiter, à cause des sculptures remarquables du maître-autel et du chœur, sa cathédrale formée de trois nefs; la chapelle de Notre-Dame de los Remedios (des remèdes) mérite de fixer l'attention par sa belle architecture; on cite encore la maison de ville.

L'industrie locale consiste en moulins à farine, toiles et tanneries. En se rapprochant de la côte, nous apercevons le petit village de Foz.

Ribadeo.

On rencontre cette ville à l'entrée d'un petit golfe, sur la frontière des Asturies, dans la province de Lugo; elle appartient au diocèse de Mondoñedo. Sa population est de 2,000 habitants. On y remarque une église principale, sept chapelles, un couvent de nonnes, plusieurs écoles, une société philantropique, un théâtre, une douane et quelques établissements d'industrie; c'est un point très-sûr et assez fréquenté. Au marché hebdomadaire du mercredi, on vend des grains, des pommes de terre et des fruits provenant des pays environnants.

A quelque distance de Ribadeo, se trouve la petite ville de Vega de Ribadeo; puis, près de la côte, le village de Castropol, où l'on double le cap Saint-Augustin. On aperçoit ensuite Vega, gros bourg, puis la petite ville de Luarca; plus loin, l'embouchure d'une rivière, le cap Busto, Piñera, le golfe formé par l'embouchure du Nalton sur les bords duquel se trouve à quelque distance du rivage la petite ville de Pravia. Non loin de cette ville on voit un lieu appelé Peñaltor, célèbre par un combat qui s'y livra. De l'autre côté du golfe dont nous avons parlé, on découvre le village de Arena, et après avoir doublé deux promontoires, on entre dans le port de Aviles.

Aviles.

Ville de 7,380 habitants, située sur la baie du même nom, dans le golfe de Gascogne. C'est un chef-lieu de partido, dans la province d'Oviedo. Aviles est entourée de petites vallées arrosées par un grand nombre de cours d'eau. Sa situation est très-pittoresque; on y voit un chantier au lieu connu sous le nom de Saint-Jean. En fait d'édifices, on cite la maison de ville, la prison, la maison du marquis de Ferrera, celle du marquis de Santiago et les églises de ses quatre paroisses. On y trouve encore des écoles de littérature, de mathématiques et de marine. Cette ville fut la patrie de Pierre Menendez de Aviles, le conquérant de la Floride.

INDUSTRIE. — Elle consiste en une fabrique d'objets en cuivre tels que chaudières et autres ustensiles qu'on exporte en Galice, à Santander et jusqu'en Castille; on y fait aussi des tissus dont s'occupent particulièrement les femmes. Dans les environs se trouvent des mines de charbon assez importantes et des mines de cuivre. Le pays, arrosé par la rivière d'Aviles et plusieurs cours d'eau, produit du blé, du maïs, des pommes de terre, des châtaignes, des légumes, d'excellents fruits et du cidre. En quittant cette ville, nous apercevons le village de Laviano, puis en doublant le cap de Peñas, celui de Candas.

Gijon.

Cette ville a été décrite à notre dixième ligne.

En quittant Gijon, on double le cap Saint-Laurent, puis celui de Lastres, et au fond d'une baie on voit la petite ville de Villa-Viciosa, appartenant à la province des Asturies. Cette ville fut célèbre à l'époque de la guerre de la succession d'Espagne. Tout près se trouve le village de Tornon ; ici on double la pointe de Peñote. Plus loin nous apercevons l'embouchure d'une rivière et les villages de Ribadesella, Pria, Ontoria ; nous doublons le cap Prieto, et en passant devant l'embouchure d'une rivière, nous arrivons à la petite ville de Llanes ; puis au fond d'une petite baie se trouve le village de Pendueles ; à quelques kilomètres en entrant dans la province de Santander, nous voyons l'embouchure d'une autre rivière et les villages de Saint-Vincent de la Barquera et Ruiloba ; plus loin la petite ville de Santillane (voy. 9e ligne, 1re section), et après avoir passé le golfe de Besaya, nous entrons dans le port de Santander.

Santander.

Nous renvoyons, pour la description de cette ville, à notre neuvième ligne.

En quittant ce port on aperçoit l'embouchure d'une rivière, un golfe, et sur la côte, au fond de cette baie, la petite ville Entrambas Aguas, et plus loin le village de Meruelo, le cap Queijo, la pointe où se trouve situé le village de Santoña, un golfe et une rivière.

Laredo.

Située à 29 kilomètres à l'est de Santander, cette ville compte 5,000 habitants : c'est un petit port de pêcheurs. Puis, on voit sur le bord de la mer Castro-Urdiales et Somorrostro.

Portugalete.

Petite ville de la province de Bilbao, située à 11 kilomètres au nord-ouest de la capitale à laquelle elle sert de port; on y compte 2,000 habitants.

Bilbao.

Nous avons visité cette ville en parcourant la première ligne, troisième section de notre *Guide*. Nous renvoyons le lecteur à la description que nous en avons alors donnée.

En remontant la rivière de Bilbao, dans l'intérieur de la province, on trouve la ville de Durango; nous la citons parce qu'elle est l'une des principales de cette province; elle ne contient pourtant que 3,000 habitants. On attribue la fondation de cette ville au premier roi de Navarre. On voit dans les environs de cette ville, près de l'ermitage de Migueldi, une énorme pierre surmontée d'un rhinocéros au pied duquel se trouve un globe énorme. Sur ce groupe figurent plusieurs inscriptions et bas-reliefs très-anciens. Il a été impossible jusqu'ici d'expliquer ces inscriptions et la signification de ce monument.

Il faut visiter dans la ville l'église de Sainte-Anne, remarquable par ses autels et située sur la rive droite de la rivière de Durango, que l'on passe sur trois ponts de pierre et dans une vallée plantée d'arbres et de nombreux bosquets. Cette ville exporte jusqu'à Hambourg ses châtaignes renommées.

Mais revenons à la côte, et nous doublerons à quelques kilomètres de Bilbao le cap de Machichaco, non loin du village de Bermeo; on aperçoit ensuite les bourgs de Lequeytio, Ondarua, Zumaya, ces deux derniers séparés par l'embouchure d'une rivière; puis Guetaria, non loin d'une autre rivière.

Saint-Sébastien.

Pour cette ville, nous prions encore le lecteur de se reporter à la première ligne de notre *Guide,* où il trouvera la description que nous en avons donnée.

Enfin, avant d'arriver à Bayonne, le dernier port de l'Espagne que nous rencontrons est Fontarabie; c'est une ville de

2,134 âmes, appartenant à la province de Guipuscoa, et au diocèse de Pampelune. Elle est située au bord de la mer, sur un terrain découvert, à gauche de la Bidassoa; le fort de San Telmo en défend l'entrée. Les Espagnols l'appellent Fuenterrabia : ce nom vient des mots latins *fons rapidus*. Cette ville est située sur le golfe de Gascogne, à l'embouchure de la Bidassoà. Elle fut autrefois assez importante; mais elle a souffert beaucoup des siéges dont elle fut le théâtre à différentes époques de l'histoire, principalement de celui de 1638. François Ier s'en empara en 1521, et Berwick en 1719. C'est là que se termine notre voyage maritime.

Non loin de Fontarabie, à peu de distance d'Irun se trouve le pont de bois de Behovia (Behovie), qui marque la ligne frontière entre l'Espagne et la France. En traversant ce pont on rencontre les villages de Behovie et Urrugne (Urruña), la petite ville de Saint-Jean de Luz, Bidarte, Biarritz et enfin Bayonne.

PREMIERE SECTION.

ROUTE MARITIME DE BARCELONE AUX ILES BALÉARES.

SOMMAIRE. — Barcelone. — Palma. — Alcudia. — Pollenza. — Port-Mahon. — Ciudadela. — Iviza.

Barcelone.

En parcourant notre deuxième ligne, nous avons vu et décrit cette ville importante.

Il y a plusieurs voies pour aller aux îles Baléares : on peut s'y rendre par Barcelone et aussi par Valence ; mais toujours on va à l'île Mayorque.

Palma.

Capitale de l'île Mayorque ; elle fut fondée par le consul Cecilius Metellus, l'an 123 avant l'ère chrétienne ; sa population est de 40,000 habitants. Elle est placée au fond d'une baie qui a 3 lieues de profondeur entre les caps Blanco et Cala-Figuera ; elle est bâtie en amphithéâtre autour de son port. Des fortifications surmontées d'une douzaine de bastions et de deux forts défendent cette ville.

NOTICE HISTORIQUE. — Les îles Baléares, situées dans l'ancienne mer Ibérienne, se composant de deux groupes dont le premier, formé de l'île Mayorque et de l'île Minorque, porte le nom de Baléares, et dont le second, comprenant l'île d'Iviza et celle de Formentera, porte le nom d'îles Pityuses, faisaient partie autrefois de ce qu'on appelait le royaume de Mayorque. Le nom de Baléares vient du mot grec βαλλω, qui signifie *jeter* ; les gens du pays passaient en effet pour très-habiles à manier la fronde. On fait venir aussi ce nom du mot βαγαρος qui signifie *exil*, parce qu'on y envoyait, dit-on, les gens condamnés à l'exil.

Ces îles furent peuplées d'abord par des Rhodiens ou par des Phéniciens. Les Carthaginois s'emparèrent d'Iviza l'an 633 avant l'ère chrétienne. Les peuples de ces îles firent, comme alliés, les guerres contre Pyrrhus ; dans la guerre avec les Romains, ils prirent parti pour les adversaires de ces derniers ; Scipion commença leur conquête ; bientôt Rome en fut maîtresse. En 426 après Jésus-Christ, elles tombèrent au pouvoir des Vandales ; en 798, aux mains des Maures. En 801, Charlemagne envoya une flotte qui chassa ces derniers momentanément de ces îles, où ils rentrèrent dans le xe siècle, en 985. Après s'être rendus maîtres de Barcelone, ils furent chassés de nouveau de l'île Mayorque par Raymond Bérenger ; mais ils rentrèrent encore une fois en possession de leur ancienne conquête.

Enfin, le roi don Jaime d'Aragon les força à la quitter pour toujours en 1229. L'île Mayorque, la plus grande des Baléares, a 50 lieues de circonférence; cette île est située à 50 lieues de Valence et à 35 de la Catalogne; elle est à 10 lieues de Minorque, qui la borne au nord-est, et à 20 lieues d'Iviza, qui la borne au sud-est; 50 lieues de distance la séparent d'Alger; elle est entourée de montagnes, et au centre même de l'île s'élèvent les chaînes de Puig-Mayor et de Galatz.

SITUATION. — Les îles Baléares sont placées sur une même ligne qui va du sud-ouest au nord-est, en face des côtes de Valence, d'Aragon et de Catalogne. La ville d'Espagne la plus rapprochée de ces îles est Denia, de la province d'Alicante. Elles sont bornées au nord-ouest par l'Espagne, au sud par les côtes d'Afrique, et à l'est par la Sardaigne. En allant du sud-ouest au nord-est, la première des îles est Iviza et sa voisine Fromentera, puis on rencontre Mayorque et enfin Minorque. La situation de Palma est très-pittoresque.

MONUMENTS. — La cathédrale, située dans la partie la plus élevée de la ville, est un grand édifice gothique divisé en trois nefs. La voûte du milieu, très-hardie, n'est soutenue que par deux colonnes; on remarque ses vitraux. A côté de la façade s'élève un clocher appelé la Tour de l'Ange à cause de la grande légèreté de sa construction, il est dû au roi don Jaime d'Aragon le Conquérant. Le chœur de l'église est fermé par un mur; il en est ainsi dans beaucoup d'églises d'Espagne. Près du maître-autel se trouve le mausolée du roi don Jaime II. On remarque les sculptures des chapelles du Crucifix, de Saint-Benoît et de l'Ascension; dans cette dernière se trouvent de belles peintures à fresque. Dans la chapelle de la Pitié, on montre de grands tableaux assez beaux. Le trésor de cette cathédrale est très-riche.

L'église de Saint-Michel, ancienne mosquée, est digne d'être visitée. Près de la cathédrale se trouve aussi le palais épiscopal bâti en pierre de taille. Au bord de la mer s'élève le palais royal, résidence du capitaine général; c'est un bel édifice : on remarque son vestibule, son escalier en pierre, la salle d'audience où se trouve un beau trône, la chapelle, l'arsenal, la caserne, sa grosse tour carrée qui sert de prison, et ses jardins : ce fut le palais des rois maures. La Casa de la contractacion, monument gothique qui date du xive siècle, où l'on voit une grande salle avec une immense voûte que supportent quatre colonnes : c'est la bourse des marchands. Il y a un jardin, et non loin se trouve le tribunal de commerce. La maison de l'Inquisition peut aussi être visitée : ce nom ne rappelle pas dans l'île des souvenirs terribles, car l'inquisition n'y exerça point ses rigueurs; au contraire elle y laissa vivre une foule de juifs que le peuple se contenta de flétrir par le singulier sobriquet de *chouettes*.

L'hôtel de ville est remarquable par ses sculptures et ses ornements gothiques; on y voit une galerie de tableaux qui représentent les maîtres de l'île, depuis Annibal, qui y naquit, dit-on, jusqu'au roi Jaime. Il y a dans cet édifice une école de dessin, et une horloge appelée *horloge du soleil,* parce qu'elle marque exactement la marche de cet astre en tenant compte de la différence des solstices, et en suivant la progression de son ascension; cette horloge est unique dans son genre.

L'hôpital général est très-beau; il y en a deux autres, celui de la Miséricorde, pour les enfants trouvés et les vieillards, et celui des soldats. Il y a encore une maison d'asile pour les lépreux, une maison de réclusion pour les femmes de mauvaise vie, un hospice pour les prêtres malades et une maison d'éducation pour les jeunes orphelines. Le théâtre, propriété de l'hôpital général, n'a de remarquable que la grandeur de la salle de spectacle.

MAISONS, RUES ET CLIMAT. — Les maisons de Palma ont, à cause de leurs balcons en saillie, un aspect très-pittoresque; elles sont bâties dans le style mauresque et se composent d'un rez-de-chaussée avec portique et vestibule à colonnes, d'un premier avec appartement sans fenêtres, et d'un second étage qui sert de communs pour tous les usages quotidiens des habitants. Quelques pauvres habitent les caves situées au-dessous du rez-de-chaussée.

Les rues de Palma sont étroites et mal pavées, excepté celles de la ville basse, où l'on trouve deux places : celle des Bornes et celle de la Terra Sana sur un terrain d'alluvion. Il faut citer la Rambla, promenade publique très-fréquentée. Le climat de Palma est doux ; il y fait cependant de fortes chaleurs, ce qui contribue à rendre meilleurs les vins excellents qu'on fait dans le pays. Une rivière arrose les murs de cette ville : c'est la Riera. De Palma, nous passerons successivement dans les principales villes de l'île.

ROUTE DE PALMA A ALCUDIA. — En suivant la côte du sud à l'est, au sortir de Palma, on arrive à Llumayor, située au milieu d'une plaine, célèbre par la défaite de Jaime III. Cette ville de 4,000 âmes fut bâtie en 1300 sous Jaime II. On y remarque : l'église Saint-Michel, le couvent de Saint-François, le collège et la chapelle bâtie sur la montagne de la Randa, rocher isolé situé dans la plaine, qui fut, dit-on, au xiii° siècle, la demeure de saint Raymond. On passe ensuite, en quittant cette ville, devant l'étang du Prat, et on rencontre, à 2 lieues, Campos, dont la population est de 6,000 habitants ; cette ville est aussi dans une plaine. On y remarque l'église Saint-Julien, le couvent de Saint-François de Paule et l'hôpital.

A 3 lieues de distance et à l'est, on trouve Santañi, ville de 5,500 âmes, située près du cap de Salinas et de celui de son nom.

En remontant vers l'est, on arrive à Falaniche, ville de 7,000 âmes, où l'on cite le couvent de Saint-Augustin. Les environs sont très-fertiles en grains ; on y élève beaucoup de bestiaux. Dans le pays, on fait de bonne eau-de-vie. A une demi-lieue se trouve, sur une colline, la chapelle de San Salvador, pèlerinage vénéré, où l'on monte par un chemin taillé dans le roc.

En pénétrant dans l'île, sur la gauche, on trouve Manacor, chef-lieu de juridiction, situé à l'entrée d'une vaste et riche plaine parsemée de bourgades appelées Porreras, Montuyri, Petra, Villafranca, San Juan, Algueda. Manacor contient

8,000 habitants ; c'est une ville habitée surtout par la noblesse. On y remarque l'église de Notre-Dame de l'Assomption, le couvent des dominicains et un hospice.

En se rapprochant de la côte vers l'est, et traversant des montagnes rocheuses, on trouve San Servera, et au nord de ce village, Arta, ville de 8,000 habitants, située dans un pays montagneux et qui passe pour une des plus riches de l'île ; deux villages, Servera et Pera, en sont comme les faubourgs. Dans le dernier des deux se trouve un fort. Le pays produit du vin, du grain, des olives, des légumes ; on y cultive le coton avec succès. C'est un lieu de villégiature pour la noblesse. On y voit beaucoup de chapelles, de couvents et de petites fermes. On y rencontre les ruines d'un château maure ; il y a aussi celui de Pera, situé près du cap du même nom, qui est défendu lui-même par une batterie de canons.

En redescendant à l'ouest, on traverse une vaste plaine où sont les bourgades de Santa Margarita, de Muro, Buger, la Puebla et Campanet : c'est une des plus riches parties de l'île. Le pays produit du vin, du chanvre, des légumes ; on y élève du bétail ; on y voit une série de jardins, de bosquets et de vergers. Les melons du pays sont très-renommés. Parmi les monuments du dernier village, on cite l'église de la Puebla. Après Campanet, en se portant au sud-ouest, on voit les gros bourgs de Selva et San Sellas ; puis, au sud, les villes de Inca et Benisalem, enfin Sineu. Ce pays est encore très-fertile et très-beau. Ces trois dernières villes furent fondées par les Romains. Les rois maures avaient un palais à Sineu. Non loin de cette ville se trouve Santa-Maria, qui compte 2,500 habitants. En continuant la route, on passe près d'un marais appelé Albufera. Il est situé près de la mer et à l'est d'Alcudia. Le voisinage de ce marais malsain nuit beaucoup au développement de cette ville.

Alcudia.

La seconde cité de cette île, qui comprend, dit-on, deux cités, trente-deux villes, deux mille fermes, mille neuf cents maisons de campagne, dix forteresses et quarante tours. Alcudia est située au nord-est de l'île, en face de Minorque, entre la baie d'Alcudia et celle de Pollenza, qu'on appelle également Puerto-Mayor et Puerto-Minor. Cette ville couronne une éminence à 2 milles de distance du rivage. Deux forts la défendent; elle est entourée de murs et de fossés. Charles-Quint accorda en 1521 à cette ville le titre de cité, et à ses habitants celui de *très-fidèles*, pour les récompenser du zèle qu'ils manifestèrent pour le souverain au moment d'une sédition.

Cette ville est importante à cause de son titre de cité, de son histoire, de son ancienneté; mais elle n'a presque pas de population. Parmi les monuments dignes d'être visités, on cite l'église de Saint-Jacques, le couvent de Saint-François d'Assises, l'hôpital, la grotte de Saint-Martin, et non loin de la ville, la chapelle de Notre-Dame de la Victoire. A une lieue et demie d'Alcudia se trouve celle de Pollenza, d'où une route conduit à Palma.

Pollenza.

Pollenza est située sur l'emplacement d'une colonie romaine, ainsi que l'attestent des restes d'aqueduc. La ville a une population de 6,000 âmes. On remarque l'église Notre-Dame des Anges, un couvent, une maison de jésuites et un hôpital. Le port et la ville, défendus par une tour, offrent un mouillage profond et sûr. Dans le pays, on fait de l'huile et le vin renommé de Montoña. Non loin de la ville et au nord se trouvent les ruines du château de Pollenza.

ROUTE DE POLLENZA A PALMA. — En continuant la route vers Palma, nous aurons fait le tour de l'île. On rencontre d'abord le cap Formontor, puis le petit port de Palomera, appelé par les anciens Columbria. On trouvait sur cette côte beaucoup de coraux. On peut visiter encore le petit port de Soller; puis à 6 lieues de Palma, la ville de Ascorca: dans cette ville l'église de Notre-Dame de Lluch, qui a de grands priviléges, appelle l'attention. On récolte dans le pays les vins de Malvoisie et de Montoña.

Vers le sud et de l'autre côté des montagnes, on rencontre le bourg de Saint-Martial, puis Alaro, ville de 3,000 habitants fondée par le roi Jaime II. On remarque, dans cette dernière, l'église de Saint-Barthélemy et deux chapelles, l'une située dans l'ancien château et l'autre appelée Notre-Dame du Refuge. Non loin de Saint-Martial se trouve Buñola, ville de 3,000 âmes, située dans un pays boisé. On arrive en cet endroit au pied des montagnes d'Enfabeya ; il y avait autrefois sur ces hauteurs un château maure. On découvre au loin la vallée de Soller qui a 3 lieues et demie de tour ; elle est arrosée par une quantité de ruisseaux qui se réunissent sous les murs de la ville du même nom ; elle est plantée d'orangers et de citronniers ; on y voit aussi des oliviers et des caroubiers.

Sur les montagnes qui entourent cette plaine, sur une colline, près de son port et non loin des deux villages Fronclurt et Binaraix, s'élève la petite ville de Soller qui compte 5,000 âmes et où l'on fait un grand commerce d'oranges. On remarque dans cette ville l'église principale, le couvent de Saint-François, les chapelles du château, de l'hôpital et celle de Sainte-Catherine du Port, célèbre par le miracle suivant : ce fut là que saint Raymond de Penafort s'embarqua pour Barcelone, n'ayant d'autre vaisseau que son manteau qu'il étendit sur l'eau. Ce saint parcourut, dit-on, 160 milles en six heures. A deux lieues de distance, on trouve une vallée profonde dominée par une montagne où est situé le couvent des Chartreux, appelé monastère de Jésus de Nazareth. Ce fut jadis un château bâti par le roi d'Aragon don Martin. En face de la chartreuse se trouve Valdemusa, village de 1,500 âmes. On y cite la maison de sainte Catherine Tomasa. A une lieue dans les montagnes, on rencontre l'ermitage de Santa-Maria, entouré d'une quantité d'autres chapelles ; puis Banalbufar, ville de 5,000 âmes, située près de celle de Esporlas dont elle dépend. On y remarque l'église Notre-Dame, et dans les environs le village et le monastère de la Iglesita (la petite église). La culture du pays où nous nous trouvons est fort remarquable.

A trois lieues au sud, on arrive à Andraig, ville de 4,000 âmes et petit port fondé, dit-on, par les Grecs. Puis on traverse un vallon peuplé de quelques habitations, près de la ville de Puigpugnent, située sur une hauteur. Non loin se trouve le village de Estallens. Le pays, planté d'oliviers et d'arbres fruitiers, est arrosé par la Riera. Sur cette route se trouvent encore Culvia qui compte 1,500 âmes; et, près de Palma, le port de Paguera et le lieu appelé Cale de Sainte-Ponce où débarqua, dit-on, le roi Jaime Ier. Non loin on voit la bourgade de Deya placée sur une hauteur, et on arrive à Palma.

LES ILES CABRERA ET DRAGONERA. — La première, ayant 3 milles de longueur du sud-ouest au nord-est sur 2 milles trois quarts de l'est à l'ouest, est séparée de l'île Mayorque par un golfe d'une étendue de 4 lieues. Son port peut servir d'abri à une flotte. L'île a fort peu d'habitants. On y trouve des ruines indiquant qu'elle a dû être très-peuplée autrefois. Dans le château qui défend le port, on renferme des malfaiteurs. Le nom de cette île vient, dit-on, de ce qu'on y élève beaucoup de chèvres. Au sud-est de Cabrera se trouve la petite île Impériale, au nord celle de Conejera, ainsi nommée à cause de ses nombreux lapins. Elle a auprès d'elle la petite île Redonda.

La seconde de ces îles, c'est-à-dire Dragonera, a 3 kilomètres d'étendue en longueur; elle est située à 1 kilomètre à l'ouest de Mayorque; deux forts la défendent. On croit que c'est l'ancienne *Ophiusa* ou *Colubraire* des anciens. Son nom, Dragonera, lui serait venu soit de sa configuration, soit de ce qu'on y trouvait beaucoup de serpents. Auprès de cette île se trouvent quelques îlots.

Ayant fait la description complète de Mayorque et de ses côtes, passons à Minorque.

Port-Mahon.

C'est la capitale de l'île Minorque. Cette île a environ 38 lieues de circonférence; elle en compte 13 dans sa plus grande longueur, et est distante de 10 lieues de Mayorque; elle forme une courbure ou arc un peu penché vers le sud-est. Cette île a été successivement soumise à tous les peuples anciens, et, de nos jours, les peuples modernes s'en disputèrent souvent la possession. Presque plane, si ce n'est à l'endroit où s'élève le Monte Toro, elle est moins agréable à habiter que Mayorque, tant pour le climat qui y est moins bon, que pour l'humidité de l'air et la mauvaise qualité des eaux.

DESCRIPTION DE MAHON. — Cette ville est un port situé à l'est de l'île; on l'appelle aussi Port-Mahon. Ce nom était, dit-on, celui d'un chef carthaginois. Mahon est située sur des roches élevées d'où l'on domine la mer; sa population est de 25,000 habitants. On n'y trouve aucun édifice remarquable, si ce n'est l'église principale, trois couvents, le palais du gouverneur, l'hôtel de ville et l'hôpital. On y remarque aussi une grande place carrée appelée place d'Armes, et une caserne assez vaste qui n'en est pas éloignée. Il n'y a dans cette ville qu'une seule promenade, celle de l'Alhameda, qui n'a rien de remarquable. Le port a 6 kilomètres d'étendue; dans cet espace sont situées quatre îles. Port-Mahon passe pour le meilleur port de la Méditerranée, ce qui a donné lieu au proverbe :

« Junio, julio, agosto y Puerto Mahon
» Del Mediterraneo, los mejores puertos son » (1).

c'est-à-dire : « Les meilleurs ports de la Méditerranée sont juin, juillet, août et Mahon. »

Les îles situées dans la rade de Mahon sont : l'île du Roi, remarquable par son hôpital, et appelée ainsi parce qu'Alphonse III en prit lui-même possession en 1287 ; l'île de la Quarantaine dont le nom indique assez l'usage; celle du Lazaret, destinée pour la quarantaine des pays lointains ou suspects. En face de cette dernière île, qui tient à Minorque par une petite langue de sable, se trouve sur la côte le bourg de San Carlos, habité par des marins. L'île Redonda (ronde) communique à Minorque par un pont de bois; elle est entourée de murailles et défendue par des tours et de l'artillerie. On y voit un arsenal et des magasins. A la droite du port de Mahon se trouve un chantier. Le port est aussi bordé par un môle presque formé par la nature. A l'est du port se trouve le cap Mola, promontoire très-élevé qui ne tient à l'île que par une masse de sable facile à enlever. Près de ce cap s'élève la tour des Signaux qui correspond avec celle du Monte Toro. Mahon est encore

---

(1) Ce dicton eut pour premier auteur le célèbre André Doria.

défendue par le fort Saint-Philippe qui avait autrefois une grande importance et une grande étendue, et par le fort de la tour appelée Filipa. Mahon comprend dans son *termino* ou territoire, les bourgs de San Carlos ou Ravalle Nueva, San Luis, Biniata.

A 4 lieues et demie de Mahon se trouve Alayor, chef-lieu du termino de ce nom. Alayor est situé sur la gauche de la route de Mahon à Ciudadela. Cette ville n'a de remarquable qu'une église en pierre de taille où l'on voit quelques bonnes sculptures et peintures, une autre église gothique, le couvent des Cordeliers, un hôpital et une caserne. Le termino d'Alayor comprend 5,000 habitants.

En prenant un peu sur la droite de la route de Ciudadela, on rencontre les villages de Mercadal et Ferrarias ; ils sont situés dans la partie la moins salubre de l'île ; ce sont les stations ordinaires des convois de troupes qui vont de Mahon à Ciudadela. Ces deux villages sont les chefs-lieux de deux terminos. Non loin s'élève le mont Toro, dont les hauteurs sont couronnées par un couvent d'Augustins. Dans l'église de ce couvent, on vénère une image miraculeuse de la sainte Vierge ; c'est un lieu de pèlerinage très-fréquenté. Au nord-ouest de Mercadal, le mont de Sainte-Agathe est dominé aussi par une chapelle très-célèbre. Le pays est habité par des pâtres, et on y élève beaucoup de moutons. Non loin se trouve le gracieux domaine d'Ayada, dont le territoire est remarquable par sa fertilité et sa bonne culture.

Ciudadela.

Appelée autrefois *Jamna* et qui fut la capitale de l'île. Elle comprend 8,000 habitants. Cette ville fut, dit-on, très-importante du temps des Romains et des Carthaginois ; elle est située au bord de la mer, dans un endroit marécageux : les Maures l'avaient entourée de murailles.

Les édifices remarquables sont : la cathédrale avec sa tour carrée ; elle fut bâtie dans le XIIIe siècle ; le couvent des Franciscains, situé près de la place d'Armes ; l'église des Augustins, où l'on trouve une bibliothèque et des salles d'étude ; le couvent de Sainte-Claire, le palais, l'hôpital, et des casernes à l'épreuve de la bombe. En dehors de la ville se trouve le pèlerinage de Saint-Nicolas, et, près de la porte de Mahon, le couvent de Saint-Antoine. Les environs de la ville forment une série de jardins, bosquets et promenades. Le port de Ciudadela est petit; il est défendu par un fort, deux tours et quelques bastions.

Il y a encore dans l'île de Minorque trois autres ports, dont le premier, Fornella, possède une baie assez vaste : il est situé à 6 milles du mont Toro; l'entrée de ce port est défendue par un fort; un village se trouve au même lieu. Le second a nom Adaya; il ne sert guère qu'aux bateaux pêcheurs. Le troisième, situé à l'ouest, sur la côte, est dans le genre de ce dernier; il s'appelle Sanitz.

Minorque est entourée de quelques îlots, dont les principaux sont : l'île Coloms, non loin du cap Buféra; Inida; les deux îles Adaya, près du port de ce nom; Aguila et Sanitz, et enfin l'île Bleda. En doublant le cap Bajoli et les roches d'Alayor on trouve l'île Galera; un îlot appelé Codrell n'en est pas éloigné. Enfin on rencontre l'île del Ayre de Mahon, située sous le feu du fort Saint-Philippe; entre cette île et Mahon, on voit encore quelques îlots.

PRODUCTIONS DE MINORQUE. — On récolte dans cette île du froment et de l'orge, des vins rouges et blancs, des fruits de toute espèce : oranges, grenades, citrons, olives. On y voit toute sorte d'arbres, tels que mûriers, palmiers, châtaigniers, et toute espèce de légumes, parmi lesquels les melons d'eau et les fruits potagers sont fort estimés. Le miel et les oranges du pays sont très-renommés. Il y a dans l'île des chevaux, des mulets, des bêtes à cornes, des moutons et des chèvres en grand nombre : on y trouve beaucoup de lapins, de hérissons, d'oiseaux de mer et de gibier. L'industrie du pays est nulle : on exporte des fromages pour l'Italie, des laines, du sel, du vin, des oranges, du miel et de la cire.

Port-Mahon est la station des navires qui font le trajet de Marseille à la côte d'Afrique : il y vient aussi, pour l'importation, des navires étrangers chargés de blé, de riz, de sucre, de café, d'eau-de-vie, de tabacs, d'épices, de toiles, de draps, de goudron, de cordages, etc. En fait de curiosités, il faut visiter la grotte appelée la Cueva-Perella, située à 2 milles au-dessus de Ciudadela, et le lac souterrain qui n'en est pas éloigné. Sur cette côte on trouve des coraux et des coquillages; dans l'île, des mines de fer et de plomb, des carrières de pierres à chaux, de marbre, d'ardoises, etc.

ANTIQUITÉS DES ILES BALÉARES ET CARACTÈRE DES HABITANTS. — On trouve dans ces îles des restes de monuments religieux ayant appartenu à l'époque qui a précédé les Carthaginois et les Romains : on peut en voir un spécimen dans le territoire d'Alayor, *termino* de l'île de Minorque ; ces restes ont quelque rapport avec les monuments druidiques. On voit encore dans les îles Baléares quelques constructions cyclopéennes. On a trouvé une belle collection de médailles à Mayorque, dans le territoire de Santañi ; à Minorque il en a été trouvé une grande quantité de toutes les grandeurs, de tous les genres de métaux, et appartenant à toutes les époques, depuis la phénicienne jusqu'à l'époque actuelle. On y a découvert aussi des sépulcres anciens, des figures en bronze, des vases, des urnes, des lampes, des lacrymatoires, des inscriptions romaines et quelques inscriptions arabes. A Mayorque, non loin de Fabia, on voit les restes d'une maison qui date du temps des Maures, et à Minorque, sur la montagne Sainte-Agathe, les ruines d'un château de la même époque.

Les habitants des îles Baléares portent encore l'ancien costume espagnol, et les femmes, la coiffure appelée *rebosillo;* elle est formée d'une guimpe double qui couvre la tête, passe sous le menton en laissant le visage découvert, descend sur les épaules jusqu'à la moitié du dos et forme par devant deux pointes qui viennent se croiser sur la poitrine ; joignez à cela un corset recouvert de soie noire et orné de boucles d'argent avec une jupe noire à franges de soie et un collier terminé par une croix d'or ou une médaille, et vous aurez le costume complet des femmes du pays : il faut encore y ajouter la mantille qu'elles mettent pour sortir. Les mœurs du pays sont douces et agréables ; on y a conservé les habitudes et les idées du bon vieux temps : c'est, dit-on, un pays fort curieux à visiter, et où l'on trouve un peuple tranquille, content de peu, sans être ennemi du plaisir. Les femmes de Minorque ont plus de recherche dans leur toilette que celles de Mayorque ; elles passent pour plus coquettes et ne sont pas moins jolies. On parle dans les îles la langue *limousine* ; c'est ainsi qu'on appelle ce dialecte qui a donné naissance au *catalan*, au *valencien* et au patois du midi de la France. Il y a pourtant une différence entre le langage parlé dans les îles et les dialectes que nous venons de citer : elle est due à l'occupation successive des îles Baléares par des races différentes ; les conquérants sont partis, mais beaucoup de mots de leur langage sont restés dans l'île comme témoignage de leur domination. Le langage baléare contient en effet des mots grecs, latins, arabes, goths, carthaginois et syriaques.

Nous ne terminerons pas ce qui concerne ces îles sans nommer les îles Pityuses, leurs voisines, que l'on appelle aussi les petites Baléares et qui font partie du même groupe ; afin de les visiter, transportons-nous de Mahon à Palma et de Palma à Iviza.

Iviza.

Bon port de mer et petite ville de 6,000 habitants : c'est la capitale de l'île du même nom, la plus grande des petites Baléares. Le nom des îles Pityuses vient, dit-on, du mot grec πιτυς qui signifie *pin*, à cause de la grande quantité d'arbres de cette espèce qu'on trouvait dans ces îles. L'île d'Iviza est située à 15 lieues au sud-ouest de Mayorque, à 18 lieues du cap Martin, sur la côte d'Espagne, près de Denia, et à 46 lieues du cap Tenez, sur la côte d'Afrique : on lui donne une étendue de 7 lieues sur une largeur de 4 1/2, avec une circonférence de 22 lieues ; elle est divisée en cinq circonscriptions ou *quartones*. Le nom d'Iviza viendrait d'*ebusus* qui signifie en langue punique *aride*. Elle fut conquise sur les Maures par les Espagnols en 1294 ; les Anglais en furent maîtres jusqu'en 1706.

La ville d'Iviza est située sur une montagne : on y remarque la cathédrale, six églises, un hôpital, quelques chapelles, la paroisse de Sainte-Marie-Majeure, le couvent de Saint-Domi nique, celui des Augustines, la chapelle royale du collége des jésuites. Iviza est fortifiée et a deux portes principales ; ses faubourgs se trouvent sous le canon de la place. On y voit une église dédiée à saint Elme : ce saint est en grande vénération dans le pays. Le port, suffisamment nettoyé, peut contenir facilement une escadre. Les cinq circonscriptions de l'île, dont nous avons parlé, sont : la plaine de la ville, ou les environs d'Iviza, plantée de jardins et de vignes ; — le territoire de Sainte-Eulalie, qui contient 4,000 habitants ;—celui de Balanzar, d'une étendue de 3 lieues, avec 2,500 habitants : on y remarque le port de Saint-Michel situé au fond de l'anse de Balanzar ; — le territoire de Pormani, qui comprend 4 lieues d'étendue, du Puignono au cap Cabells : ce territoire est occupé par 2,000 habitants : la tour de l'église de Saint-Antoine domine et défend le port ; — enfin le territoire des Salines, dont le nom explique l'industrie principale : il a 2 lieues de long et une population de 1,000 habitants. Un des ports principaux de l'île d'Iviza est Pormani, appelé aussi Porto-Magno ou Saint-Antoine ; à l'entrée de ce port se trouvent les îles Culineras.

Au sud d'Iviza, et séparée de cette dernière par l'île Espalmador, se trouve l'île de Formentera appelée aussi la Pityuse-Minor ; son nom de Formentera ou Fromentera lui vient, dit-on, de la grande quantité de blé qu'on y récolte. La population de l'île est de 1,500 habitants. On y a trouvé quelques ruines qui feraient supposer qu'elle était habitée du temps des Romains ; cependant on n'est pas d'accord sur ce point.

Autour des îles d'Iviza et de Fromentera est rangée un série d'îlots, dont les principaux sont : les Conejeras, les îlots appelés les Portes d'Iviza ; l'île Grossa à l'entrée du port d'Iviza ; les îles de Sainte-Eulalie et de Tacomayo : l'île Morada, à l'est du cap Saint-Michel, et les îles Marguerite. Toute cette côte est d'ailleurs défendue par une ceinture de tours et de forteresses.

Les habitants des îles Pityuses font peu de commerce : ils vivent heureux et indépendants au milieu des abondants produits d'un sol fertile ; cependant on fait une grande exportation de sel : dans ces îles le pays est riche et les habitants sont pauvres ; ils passent pour de bons marins et ont le même caractère que les habitants des grandes Baléares. Les femmes portent un *rebosillo* jaune : c'est la couleur qu'elles préfèrent. On parle à Iviza et dans les autres îles le même langage qu'à Mayorque et à Minorque. Courageux, ignorants, dévots, les habitants de ces îles conserveront longtemps encore les mœurs primitives que la civilisation, les chemins de fer et le contact avec l'Europe auront dans quelques années singulièrement modifiées en Espagne. Il y aura donc longtemps encore un grand intérêt pour le touriste à visiter les Baléares, qui sont un des beaux fleurons de la couronne d'Espagne : voilà pourquoi nous en avons fait la description. Nous ajoutons qu'un service de bateaux à vapeur a été établi entre Valence et les petites Baléares.

DEUXIÈME SECTION.

VOYAGE MARITIME DE MALAGA A LA COTE D'AFRIQUE.

SOMMAIRE. — Ceuta. — Peñon de Velez. — Peñon de Alhucemas. — Melilla.

En partant de la côte méridionale de l'Espagne, soit de Malaga, soit d'Algésiras, comme le font aujourd'hui les troupes qui vont au Maroc, on peut visiter les possessions espagnoles du nord de l'Afrique : ce sont en général des colonies pénitentiaires connues en Espagne sous le nom de *presidios*. En suivant la côte d'Afrique à partir du point situé en face de la baie de Gibraltar, on double, vis-à-vis le promontoire de Capel, celui de Ceuta, autrement appelé Abyla ; ces caps formaient autrefois ce qu'on appelait les colonnes d'Hercule. En laissant ces colonnes derrière soi et en suivant la côte de l'ouest à l'est, on rencontre les colonies espagnoles du nord de l'Afrique dans l'ordre suivant :

Ceuta.

Située en face de Gibraltar par 7° 36' de longitude ouest, et 35° 54' de latitude nord. Cette ville fut d'abord un établissement portugais; mais elle tomba, en 1580, au pouvoir des Espagnols comme les autres possessions africaines du Portugal. Ceuta contient 10,000 habitants : c'est la plus importante des colonies espagnoles de cette côte. Cette ville, appelée autrefois *Septa*, avait été enlevée en 1415 aux Maures, par le roi Jean de Portugal. Ceuta est située au sud du détroit de Gibraltar, sur une espèce de presqu'île ; la place est très-forte et possède un port médiocre. Mieux défendue et mieux fortifiée, elle deviendrait la rivale de Gibraltar. Elle se divise en quatre parties: le mont Acho, la Almina, la vieille ville et la citadelle. La citadelle est séparée de la vieille ville par un pont-levis, jeté sur un fossé plein d'eau appelé Foso-Nuevo. La vieille ville est située entre la citadelle et la Almina, ayant au nord la mer ; à l'ouest, le Foso-Nuevo ; à l'est, un autre fossé plein d'eau, plus large que le précédent, avec un quai et un débarcadère, et au sud, le mur d'enceinte. La Almina est située entre l'ancienne ville et le mont Acho. C'est le quartier des bourgeois, des marchands, et de la partie riche de la population. Elle est parsemée de jardins, ce qui en rend le séjour agréable. Ce quartier est borné au nord par la mer, à l'est par le mont Acho, et à gauche par la vieille ville. Du reste, le tout est entouré de murailles et fortifié. Les édifices du quartier de la Almina sont : l'église paroissiale de los Remedios, l'église de Saint-François, la chapelle de Notre-Dame del Valle, l'hôpital militaire, le palais du Gouvernement, les magasins de l'administration, des fabriques de pains de munition, la caserne del Revellin, et un quartier de cavalerie situé près de ce qu'on appelle le quartier des Maures. Les monuments de la vieille ville séparée de la Almina par le bastion de Saint-Sébastien, le môle principal du port, un large fossé, et l'autre fossé dont nous avons déjà parlé; sont : la cathédrale, l'église de Notre-Dame d'Afrique, la chapelle de la Miséricorde, celle de Saint-Jean de Dieu, les maisons consistoriales, la muraille royale, les casernes de Saint-Manuel, du Reloj, de la Ribera, et l'ancien couvent de la Trinité; enfin, la maison du capitaine du port et les magasins de la Marine. Quant à la citadelle, on y voit les fortifications suivantes :

1º Le bastion avancé de la première porte ;
2º Le pont-levis du Foso-Nuevo ;
3º Le bastion du Torréon qui défend la vieille ville ;
4º Le demi-bastion de Saint-Pierre ;
5º Le demi-bastion de Sainte-Anne ;
6º La porte et le pont-levis de Saint-Georges ;
7º Les demi-lunes de Saint-Ignace et de Saint-Paul ; la tour de Saint-François ; la porte et le pont de la Almina ; la porte du second district ; les barrières et les herses qui ferment de ce côté la vieille ville.

On peut encore visiter à Ceuta, le presidio et la caverne habitée autrefois par saint Jean de Dieu.

Peñon de Velez.

Appelée aussi Velez de la Gomera à cause de la ville mauresque de ce nom, qui en est voisine. Peñon est une forteresse construite sur un rocher qui s'avance dans la mer et forme une presqu'île. Ce point, situé entre Ceuta et Melilla (autre établissement important), est à 110 kilomètres de cette dernière ville. Élevée en 1509 par Pierre de Navarre, cette forteresse fut prise par les Maures en 1522, et par les Espagnols en 1634. Il y a à Peñon un petit port, et, en fait d'édifices, on y voit deux églises, une chapelle, un hôpital, la maison du gouverneur militaire qui domine la ville, les magasins, la poudrière à l'abri de la bombe, la Nuna del Charcon, la tour de Castellfult, les quartiers de Saint-Jean où se trouvent les forçats, de Saint-François et des Vétérans. Le fort est entouré de batteries de toute espèce.

Peñon de Alhucemas.

Fort et presidio, situé sur un îlot. Cette forteresse commande la ville mauresque Mezemma, la baie qui porte son nom, l'embouchure de la Nocor et toute la côte entre Velez et Melilla. Alhucemas se trouve à 93 kilomètres du cap Forcas.

Les principaux édifices de cette place sont : l'église paroissiale, l'hôpital, les magasins, la maison du gouverneur, le quartier d'artillerie, le magasin de poudre, le Fuelle, le principal, les Algives, la tour de Vigie, les prisons des condamnés de distinction et des exilés, et le bagne, enfin la place d'Armes et le quartier de la Pulpera ; à gauche de l'îlot d'Alhucemas se trouvent deux autres îlots qu'on appelle l'île de la mer et l'île de terre. Cette dernière sert de cimetière pour les habitants de Peñon de Alhucemas.

Melilla.

Après avoir doublé le cap Tresforcas, nous entrons à Melilla. C'est, par son importance, le premier établissement des Espagnols sur la côte d'Afrique, après Ceuta. Cette place, située à l'entrée de la baie de son nom, à 225 kilomètres au nord-est de Fez, et par 35° 8' de latitude nord et 5° 16' de longitude ouest, contient 3,000 habitants ; elle s'appelait autrefois Rusadir. Son nom de Melilla vient, dit-on, de la quantité de miel qu'on recueille dans ses environs. La ville est très-fortifiée et entourée d'eau. Elle n'est reliée avec la terre ferme que par un pont. C'est encore un lieu de déportation. Melilla fut prise par les Espagnols en 1496. Son petit port communique avec l'Espagne par Malaga, comme Ceuta par Algésiras. Melilla reçoit d'Espagne tous ses approvisionnements.

Avant la dernière guerre du Maroc, les habitants pouvaient à peine s'aventurer à quelques pas de ses murailles : ils étaient aussitôt victimes des continuelles escarmouches des Maures, leurs voisins. Il en était de même sur toute la côte d'Afrique. Grâce à l'expédition du Maroc, organisée et exécutée avec habileté par le général O'Donnell, cet état de choses a cessé : l'Espagne, si la possession de Tétuan était un jour l'occasion d'un établissement sérieux, assurerait sa domination sur ces côtes d'Afrique, dont la surveillance est aussi nécessaire à la sécurité de son commerce qu'à la défense de ses frontières. Les principaux édifices de Melilla sont : la paroisse, l'hôpital, les magasins militaires, les magasins de vivres, la poudrière, les Algives, les fours, la caserne d'artillerie, celles de Saint-Jean et de la Florentina.

En suivant toujours la côte vers l'est, nous rencontrerons deux groupes d'îles où les Espagnols ont encore quelques fortifications. Les premières s'appellent les îles Chafarinas ; elles sont situées en face du cap del Agua, et non loin de l'embouchure de la rivière Mulaia, dont le gouvernement français voudrait, avec raison, faire la frontière de l'Algérie, du côté du Maroc. Ces îles sont au nombre de trois : l'île du Congrès, où l'on voit une tour de Vigie, celle d'Isabelle II et celle du Roi. Elles furent occupées par les Espagnols en 1848 ; on commença dès lors à les fortifier. Les travaux principaux se font dans l'île d'Isabelle II ; on compte en faire un lieu de déportation. — Un peu plus loin, sur la côte de l'Algérie, près du golfe de Tlemcen, se trouvent les îles Limacos ou Caracoles (limaçons). Ces îles ne sont pas encore occupées militairement bien qu'elles appartiennent à l'Espagne ; il serait plus naturel qu'elles fissent partie de l'Algérie.

Nous avons oublié de parler de deux îles sans importance qui appartiennent également à l'Espagne, ce sont : l'île de Alboran, située en mer, en face du cap Tresforcas, et l'île de Pérégil, située à l'ouest de Ceuta, à l'entrée du détroit de Gibraltar.

Les Espagnols possèdent encore dans l'Afrique occidentale, sur la côte de Guinée, les trois îles de : Fernando Poo, Corisco et Annobon. Annobon et Fernando Poo furent découvertes au XVe siècle par les Portugais. Elles furent cédées en 1788 à l'Espagne. En 1827, les Anglais occupèrent une de ces îles ; en 1841, il fut question pour l'Espagne de les vendre au prix de 6,000,000 de réaux ; mais cette idée fut repoussée par un sentiment d'orgueil national. Ces îles furent de nouveau occupées par les Espagnols en 1843. Enfin, pour terminer ce qui concerne les possessions espagnoles de cette côte, rappelons que l'Espagne occupe encore, à 200 kilomètres de la terre d'Afrique, par 15° 40', et 20° 30' longitude ouest, et par 27° 39' et 29° 3' latitude nord, le groupe des îles Canaries, appelées autrefois les îles Fortunées, dont les principales sont Ténériffe, Canaries, Palma, Lancerose, Gomera, et l'île de Fer où fut calculé le premier méridien.

Ces îles, connues autrefois des Phéniciens et des Carthaginois, et appelées îles Fortunées, à cause de leur sol volcanique, du nombreux bétail qu'on y pouvait élever, du vin exquis qu'on y récoltait, des oiseaux de toute espèce qu'on y trouvait, et dont les plus renommés sont encore ces jolis serins qui font les délices de tant de Parisiennes, furent découvertes en 1330 par les Français, occupées en 1402 provisoirement, et en 1512, définitivement par les Espagnols qui, fidèles à leur système colonisateur, commencèrent par exterminer les habitants du pays, comme ils le firent autrefois en Amérique. La population de ces îles est de 200,000 habitants.

Enfin, l'Espagne possède encore la belle colonie de Cuba aux Antilles, dont la capitale est la Havane, et dont la convoitise américaine explique assez la valeur; Puerto-Rico, située dans la même mer, et les Philippines, archipel de l'océan Pacifique. L'ensemble de ces colonies forme une population de près de 4,000,000 d'habitants. Tels sont les restes de la grandeur déchue de ce beau royaume des Espagnes, dont le territoire était si étendu à l'époque de Philippe II, que, suivant une expression passée alors en proverbe, *on n'y voyait jamais coucher le soleil.*

CATALOGUE DE LA LIBRAIRIE

CENTRALE

DES CHEMINS DE FER

DE

NAPOLÉON CHAIX ET Cie.

PARIS

IMPRIMERIE ET LIBRAIRIE CENTRALES DES CHEMINS DE FER

DE NAPOLÉON CHAIX ET Cie,

Rue Bergère, 20, près du boulevard Montmartre.

1864

AVIS.

Notre Librairie a pour but de créer et de répandre les Ouvrages et les Publications qui se rapportent aux grands Établissements des chemins de fer; nous en donnons ci-après le Catalogue.

Nos Publications se divisent en cinq séries.

La première comprend la collection des Guides itinéraires, et forme la *Bibliothèque du Voyageur*.

La deuxième se compose de toutes les Cartes des Chemins de fer, publiées sous le titre de *Grand Atlas des Chemins de fer*.

La troisième embrasse tous les Ouvrages sur les Chemins de fer, la Navigation et la Télégraphie.

La quatrième se compose de Publications périodiques sur les Services des Chemins de fer français et étrangers, des Bateaux à vapeur, et des Voitures de correspondance.

La cinquième renferme les Ouvrages divers.

Nous adressons *franco* notre Catalogue à tous ceux qui nous en font la demande par lettre affranchie.

Nous expédions aussi *franco* dans toute la France, aux prix portés sur ledit Catalogue, tous les Ouvrages qui y sont indiqués, aux Personnes qui nous en adressent le montant en un bon sur la poste, ou en un mandat à vue sur Paris, ou même en timbres-poste, quand le chiffre ne dépasse pas 3 francs.

CATALOGUE DE LA LIBRAIRIE.

PREMIÈRE SÉRIE.

BIBLIOTHÈQUE DU VOYAGEUR EN CHEMINS DE FER

ET EN BATEAUX A VAPEUR.

Notre *Bibliothèque du Voyageur* se compose d'une collection de *Nouveaux Guides en France et à l'Étranger*; elle se renferme strictement dans son cadre et devient un Guide sûr pour quiconque se déplace pour ses plaisirs ou ses affaires. Les volumes qui la composent renferment, exposés avec ordre, tous les renseignements nécessaires dans un voyage.

Il suffit au Voyageur de consulter nos ouvrages pour apprendre tout ce qu'il a intérêt de savoir. Il n'a plus à interroger ni à s'enquérir; il n'est plus exposé aux erreurs des renseignements incomplets. Nos Guides contiennent toute la science pratique des Voyages.

Tous ces Guides embrassent actuellement la France entière et les principaux pays de l'étranger. Ils sont faits surtout au point de vue des Chemins de fer, et suivent les lignes de circulation. Ils mentionnent avec exactitude toutes les stations. Le parcours des voies ferrées est leur centre d'observation et d'étude. De Paris, de grands rayons s'étendent et pénètrent dans toutes les villes importantes où l'on trouve, soit un souvenir historique, soit un monument intéressant.

Des Cartes géographiques et des Gravures viennent s'ajouter au texte ; elles représentent les monuments les plus curieux, les sites les plus remarquables.

Véritable encyclopédie des Voyages, ces ouvrages sont écrits dans un style simple, mais vif, attrayant, coloré. Aux renseignements utiles sur les lieux et les personnes, elle unit un véritable mérite littéraire.

Chacun de nos *Guides*, d'un format portatif, se compose d'environ 500 pages. Tous les volumes sont parfaitement reliés, et après être restés dans les mains du Voyageur pendant le temps qu'il a mis à parcourir les grandes lignes de fer, ils peuvent ensuite occuper leur place dans une bibliothèque.

Après un voyage, on les consulte encore pour retrouver un souvenir, et ceux-là même qui n'ont pas le loisir des voyages lisent avec plaisir ces ouvrages, qui les initient sans déplacement à toutes les curiosités de sites, de monuments, de villes qu'ils ne peuvent aller visiter.

L'immense réseau qui sillonne la France dans toutes les directions et communique depuis longtemps déjà avec les grandes artères du Nord, de l'Est et du Midi, rejoint aujourd'hui les Chemins de fer espagnols par Bayonne et Perpignan ; ceux de l'Italie par Nice et Chambéry, et reliera bientôt entre elles toutes les capitales du continent, sans solution de continuité.

Ce résultat considérable a apporté des modifications radicales dans la vie commune, et si largement développé les relations internationales, que chacun aujourd'hui sent le besoin de profiter de ces avantages et d'en recueillir les fruits.

Nous avons été les premiers à seconder cette disposition des esprits, en cherchant à diriger dans leurs pérégrinations le touriste et le négociant appelés à établir des relations autrefois inconnues, et devenues aujourd'hui le complément nécessaire de l'éducation, et l'arène ou doivent se résoudre désormais les grandes luttes industrielles et commerciales.

C'est en vue de la réalisation de cette pensée que nous ajoutons chaque année de nouveaux *Guides* à notre collection.

Voici les volumes qui sont aujourd'hui en vente :

Guide à Paris. — Un beau volume avec Plan de Paris et Gravures. Prix relié, 5 fr.

Environs de Paris. — Un beau volume avec Gravures et Carte des Environs de Paris. Prix relié, 5 fr.

Guide à Londres, en Angleterre, en Irlande et en Ecosse. — Un beau volume avec Gravures et Plan de Londres. Prix relié, 5 fr.

Guide aux États-Unis. — Un vol. avec Gravures et Carte des chemins de fer des États-Unis. Prix relié, 3 fr.

Guide en Italie. — Un beau volume avec Gravures et Carte coloriée de tous les États. Prix relié, 5 fr.

Guide en Suisse. — Un beau volume avec Gravures et Carte coloriée. (*Nouvelle édition sous presse.*) Prix relié, 5 fr.

Guide sur les Bords du Rhin. — Un beau volume avec Cartes et Gravures. Prix relié, 5 fr.

Guide sur les Bords du Danube. — Un volume avec Carte et Gravures. Prix relié, 3 fr.

Paris à Nantes et ses Environs. — Un volume avec Carte et Gravures. Prix relié, 2 fr.

Paris à Bordeaux et ses Environs. — Un volume avec Carte et Gravures. Prix relié, 2 fr.

Guide aux Pyrénées. Un beau volume avec Cartes et Gravures. Prix relié, 8 fr.

Les Pyrénées et les Eaux de Bagnères de Luchon, avec Vues, Cartes et Plans. 2 beaux vol. Prix, 8 fr.

Paris à Limoges, à Clermont et leurs Environs. — Un volume avec Carte et Gravures. Prix relié, 2 fr.

Guide sur les Chemins de fer de l'Ouest. — Un beau volume avec Carte et Gravures. Prix relié, 5 fr.

Paris à Bruxelles, à Cologne et leurs Environs. — Un volume avec Carte et Gravures. Prix relié, 2 fr.

Guide en Belgique et en Hollande. — Un beau volume avec Carte et Gravures. Prix relié, 5 fr.

Paris à Lyon et à la Méditerranée. — Un volume avec Carte et Gravures. Prix relié, 3 fr.

Plombières pittoresque, poétique, médical et topographique, *par une Société d'Artistes, de Médecins et de Touristes.* — Un volume avec Gravures. Prix broché, 3 fr.; relié, 4 fr.

Guide sur les Chemins de fer de l'Est. — Un beau volume avec Carte et Gravures. Prix relié, 5 fr.

Guide en Espagne, 1 beau volume avec Carte des chemins de fer de l'Espagne et du Portugal. Prix relié, 5 fr.

DEUXIÈME SÉRIE.

GRAND ATLAS DES CHEMINS DE FER.

Les Chemins de fer ont transformé les habitudes des populations les plus sédentaires, en supprimant les distances. Ils ont augmenté la richesse publique, changé les conditions anciennes de l'économie, de la production et de la consommation ; ils créent enfin un état social nouveau, dont les bases auront été bientôt complétement renouvelées sous leur empire.

Il faut, en effet, reconnaître que les Chemins de fer auront dans un prochain avenir le monopole presque absolu des transports.

Rien de plus intéressant que l'étude de cette transformation, dont les résultats se développent, s'agrandissent et se multiplient dans une proportion qui étonne l'esprit et lui fait entrevoir un avenir plus brillant encore.

Nous avons pensé qu'un des meilleurs moyens de faire apprécier la direction, l'importance et l'étendue des lignes de Chemins de fer, c'était de les reproduire sur des cartes géographiques, afin que l'œil pût les embrasser dans leur ensemble et dans leurs détails ; les étudier isolément ou dans leurs rapports, et se faire ainsi une idée complète des avantages qu'ils présentent.

Ce travail important est constamment révisé par MM. les Ingénieurs des Compagnies, et tenu au courant des nouvelles Lignes en exploitation, en construction ou simplement concédées.

(La manière dont les Cartes sont gravées et disposées permet à tous ceux qui les possèdent de les compléter très-facilement à l'ouverture des nouvelles Lignes. — Des ONGLETS *supplémentaires sont réservés dans la reliure pour recevoir de nouvelles Cartes.)*

L'Atlas forme un **bel Album sur papier grand aigle,** relié avec luxe, composé de 17 belles Cartes parfaitement coloriées. Prix, 42 fr.

Il est expédié dans une caisse et *franco*, à toutes les personnes qui adressent à MM. Napoléon Chaix et Cie un mandat de 46 fr. sur la Poste ou à vue sur Paris.

Voici la nomenclature des Cartes qui composent le grand Atlas :

Carte générale des Chemins de fer et des Voies navigables de la France, sur beau papier grand aigle, parfaitement coloriée. Prix, 2 fr. Avec un coloris spécial pour chaque réseau. Prix, 3 fr.

Carte générale des Chemins de fer de l'Europe, sur beau papier grand aigle, parfaitement coloriée. Prix, 2 fr.

Carte générale des Chemins de fer de la Grande-Bretagne, de l'Ecosse et de l'Irlande, sur beau papier grand aigle, parfaitement coloriée. Prix, 2 fr.

Carte générale des Chemins de fer des Etats-Unis d'Amérique, sur beau papier grand aigle, parfaitement coloriée. Prix, 2 fr.

Carte générale des Chemins de fer Russes, sur beau papier grand aigle, parfaitement coloriée. Prix 2 fr.

Carte des Chemins de fer de l'Allemagne, sur beau papier grand aigle, parfaitement coloriée. Prix, 2 fr.

Carte des Chemins de fer de l'Italie, sur beau papier grand aigle, parfaitement coloriée. Prix, 2 fr.

Carte des Chemins de fer de l'Espagne et du Portugal, sur beau papier grand aigle, parfaitement coloriée. Prix, 2 fr.

Carte générale des Chemins de fer de l'Algérie, sur papier grand aigle, parfaitement coloriée. Prix, 2 fr.

Carte des Chemins de fer d'Orléans, sur beau papier grand aigle, parfaitement coloriée. Prix, 2 fr.

Carte des Chemins de fer du Midi, sur beau papier grand aigle, parfaitement coloriée. Prix, 2 fr.

Carte des Chemins de fer du Nord, sur beau papier grand aigle, parfaitement coloriée. Prix, 2 fr.

Carte des Chemins de fer de l'Est, sur beau papier grand aigle, parfaitement coloriée. Prix, 2 fr.

Carte des Chemins de fer de l'Ouest, sur beau papier grand aigle, parfaitement coloriée. Prix, 2 fr.

Carte des Chemins de fer de Paris à Lyon et à la Méditerranée, sur beau papier grand aigle, parfaitement coloriée. Prix, 2 fr.

Carte des Environs de Paris, sur beau papier grand aigle, parfaitement coloriée. Prix, 2 fr.

Plan de Paris, avec la situation de toutes les gares et la *nouvelle circonscription* en 20 arrondissements, sur beau papier grand aigle. Prix, 2 fr.

Chacune des Cartes qui composent l'atlas se vend séparément :

En feuille (1)...	2 fr.	»» c.
Cartonnées et pliées.................................	2	50
Collées sur toile, avec étui........................	4	50
— et montées sur baguettes (1)........	7	50

(1) La dimension de ces Cartes ne permet pas de les expédier par la poste. L'envoi a lieu *franco* par chemins de fer, moyennant un supplément de prix de 1 fr. 50 c.

Au moyen de ce grand Atlas, il est facile de rapprocher les nouvelles voies de communication des anciennes routes, des canaux et des rivières; de se faire une idée exacte des moyens de circulation existant en France et en Europe, par l'étude comparée de leur direction et de leur étendue, et arriver ainsi à déterminer la part d'influence que la vapeur est appelée à exercer dans chaque pays.

L'utilité de l'*Atlas des Chemins de fer* a été parfaitement comprise : il est le guide du commerce et de l'industrie pour leurs expéditions;—les Administrations publiques le consultent pour tous les grands intérêts du pays; — les hommes politiques y puisent des documents économiques, des appréciations de faits et d'intérêts qui sont le principe et le but de leurs études et de leur science.

Cette Publication suit les Chemins de fer dans leurs développements, et sert à en constater chaque jour le progrès.

TROISIÈME SÉRIE.

OUVRAGES SPÉCIAUX SUR LES CHEMINS DE FER
ET LA NAVIGATION.

La viabilité est le mode le plus sûr d'apprécier l'état de richesse et le degré de civilisation des empires. En effet, les produits d'un pays n'ont de valeur réelle que par la facilité avec laquelle on les transporte et on les répand partout où ils peuvent trouver des consommateurs.

Dans l'enfance des Nations, à l'époque où le commerce était presque nul, où les États entretenaient peu de rapports entre eux, les routes de terre ont été leur premier besoin.

Les Canaux appartiennent à une époque plus avancée de l'art, à une période plus récente de la civilisation. L'invention des écluses, en permettant l'ouverture des canaux et l'amélioration des rivières, a créé un ordre de choses tout nouveau. Les transports lointains sont devenus à la fois plus faciles, moins dispendieux, plus considérables; le commerce a étendu ses échanges; l'industrie a pu porter au loin ses produits, et les diverses contrées de l'empire se sont unies par des liens plus étroits.

Mais ce n'était point assez pour satisfaire l'activité et l'impatience des esprits. De toutes parts un besoin nouveau d'action et de mouvement a saisi la société; on a cherché à multiplier les affaires; on a voulu franchir plus rapidement les distances. Le temps, cet élément nécessaire de toutes choses, a acquis chaque jour un nouveau prix. Des voies nouvelles, qui mettent en communication presque instantanée les contrées les plus distantes, qui donnent les moyens de se transporter en quelques heures sur le lieu même des affaires qu'autrefois on ne pouvait suivre que de loin, sont venues ouvrir une ère féconde de richesse et de prospérité, et les pays déjà exercés dans la civilisation ne pouvaient pas hésiter un seul instant à en doter leur territoire.

Une émulation vraiment extraordinaire s'est emparée de toutes les nations. L'Angleterre devait devancer toutes celles de l'Europe. Les Chemins de fer étaient devenus pour elle un besoin immédiat, une véritable nécessité.

La Belgique et l'Allemagne ont suivi cet exemple et ont fait tous leurs efforts pour tracer et achever le réseau des Chemins de fer qui devait sillonner leur territoire.

Au milieu de ce mouvement général, la France n'est pas restée inactive. Entrée la première dans toutes les voies de civilisation, elle n'a pas voulu se laisser devancer par les autres peuples dans cette carrière nouvelle, et aujourd'hui la viabilité de la France comprend trois grands moyens de transport : les Routes, les Canaux et les Chemins de fer.

Le dernier mode perfectionné de locomotion a déclassé les anciens moyens de circulation, et il est resté presque seul en possession des transports.

L'étendue totale des Chemins de fer français concédés ou autorisés était au 31 décembre 1863, d'environ de 20,403 kilomètres, dont 12,021 en exploitation et 8,382 en construction ou à construire.

Rien de plus intéressant au point de vue de la statistique, de l'économie politique, de l'industrie et de la législation que la comparaison entre elles de ces voies diverses de communication, et l'étude approfondie et sérieuse de la destination régulière donnée aux capitaux immenses absorbés par la plus prodigieuse industrie du siècle, des résultats qu'ils ont obtenus jusqu'à ce jour, et de ceux qu'on a le droit d'espérer dans un prochain avenir.

Nous avons publié sur ces matières une collection d'ouvrages qui se rapportent à toutes les questions administratives, judiciaires, législatives et autres, relatives à l'exploitation des Chemins de fer et des canaux. Les principaux ouvrages de cette série sont les suivants :

Annuaire officiel des Chemins de fer, 14 beaux volumes (1847 à 1864) de 600 à 800 pages, avec Cartes coloriées des Chemins de fer. — Prix relié, 6 fr. le volume.

SOMMAIRE

1° Cadre administratif du Ministère des Travaux publics (Construction et Exploitation des Chemins de fer);

2° Commissions supérieures;

3° Noms des Membres de la Direction des Ponts et Chaussées et des Mines chargés de la surveillance des Chemins de fer;

4° Composition des Conseils d'administration des Compagnies, celle de leurs Comités de direction et les noms de leurs Employés supérieurs;

5° Décrets, Lois, Règlements d'administration publique, Circulaires ministérielles et Arrêtés préfectoraux;

6° Cahiers des charges de toutes les Compagnies de Chemins de fer, et Modifications qui s'opèrent dans les Statuts, d'après les dispositions législatives que nous rapportons exactement;

7° Suite de la Jurisprudence sur les Chemins de fer; — Statuts approuvés de toutes les Compagnies anonymes des Chemins de fer;

8° *Pour les lignes exploitées* : — leur étendue, — leur capital, — leur coût par kilomètre, — la marche comparée de leurs produits d'une année sur l'autre, l'importance de leurs transports,—leur situation financière, — et l'analyse de leurs rapports;

9° *Pour les lignes concédées non encore exploitées* : — l'état de leur avancement, — le chiffre des capitaux engagés, — l'époque probable de leur ouverture;

10° *Pour les lignes construites par l'Etat* : — la désignation des parties dont le tracé est adopté, — les sommes consacrées aux travaux;

11° Documents statistiques, etc.

12° Aperçu général sur la situation des Chemins de fer étrangers;

13° enfin, Carte générale des Chemins de fer d'Europe.

Tous les ans il paraît un volume qui fait suite aux précédents; et cette collection d'Annuaires successifs contient des documents statistiques toujours nouveaux. Tous les volumes se lient, s'enchaînent et forment un corps d'ouvrage sans cesse varié par les différentes matières qu'il contient.

La collection est expédiée *franco* à toute personne qui adresse un mandat de 84 francs sur la poste ou à vue sur Paris, à MM. Napoléon Chaix et C°, rue Bergère, 20, à Paris.

Répertoire de la Législation des Chemins de fer, rédigé sur les documents fournis par le Bureau de statistique de la Direction générale des Chemins de fer, du Ministère de l'Agriculture, du Commerce et des Travaux publics. Un volume in-18 jésus.   Prix relié, 4 fr.

Le développement rapide et l'importance croissante des lignes ferrées augmentent chaque jour l'intérêt des questions qui s'y rattachent et la nécessité de consulter les nombreuses dispositions législatives ou réglementaires qui ont constitué le réseau de nos Chemins de fer et qui en régissent l'exploitation.

Le défaut de classement dans le *Bulletin des lois*, qui renferme la publication officielle de ces dispositions, a décidé le Bureau de statistique de la Direction générale des Chemins de fer à établir ce Répertoire, présentant l'énumération complète et la classification méthodique de ces dispositions législatives et réglementaires, et reportant, par des annotations, aux lois antérieures, et pour les discussions parlementaires, aux numéros du *Moniteur*; contenant, en outre, le texte des principales lois concernant la matière.

Traité juridique de la Construction, de l'Exploitation et de la Police des Chemins de fer. — Un volume de 500 pages. Prix relié, 6 fr.

Cet ouvrage a pour but d'exposer et de résoudre toutes les questions qu'ont fait naître les Chemins de fer. Il envisage ces grands établissements sous trois aspects différents :

1° A l'état de *construction*, dans les rapports qu'ils ont avec la propriété privée; et à cette occasion, il est fait un commentaire sur les lois et les règles de *l'expropriation* pour cause d'utilité publique et de *l'extraction* des matériaux;

2° A l'état d'*exploitation*; ici les Chemins de fer sont considérés comme des entreprises de transport de voyageurs et de marchandises; toutes les questions du code voiturin, si nombreuses et si difficiles, sont examinées et résolues; de plus, le droit nouveau pour l'établissement des tarifs de Chemins de fer, qui intéresse le commerce et l'industrie, est exposé.

3° Enfin, cet ouvrage traite aussi de la compétence des tribunaux administratifs et judiciaires et de la pénalité établie par les lois spéciales de police sur les Chemins de fer.

Manuel des Transports à Grande et à Petite vitesse sur les Chemins de fer, par M. Petit de Coupray. — Un vol. Prix 3 fr.; relié, 4 fr.

Cet ouvrage est divisé en trois parties :

Dans la première partie, l'auteur passe en revue toutes les questions que soulèvent les transports, en ce qui regarde les rapports des Compagnies de Chemins de fer avec le Public et les Administrations publiques.

Dans la deuxième partie sont exposés les documents qui peuvent servir à fixer les usages commerciaux en fait de transport; matière sur laquelle il n'a rien été publié jusqu'ici.

Enfin, la troisième et dernière partie contient un Recueil de renseignements utiles à consulter pour toutes les personnes qui s'occupent de transports par Chemins de fer.

L'auteur s'est appliqué à tracer les règles générales qui peuvent régir les transports sur les Chemins de fer, telles qu'elles découlent des décisions judiciaires et de la jurisprudence.

Cet ouvrage présente un grand intérêt, en ce qu'il est le seul qui ait été fait au point de vue pratique, en tenant compte des opinions des jurisconsultes les plus éclairés et des décisions récentes des tribunaux sur les questions litigieuses.

Traité du Contrat de transport par terre, et spécialement par chemins de fer, par M. CHARLES DUVERDY. Un beau volume in-8° de 500 pages.   Prix broché, 7 fr.

SOMMAIRE

Du contrat de transport en général. — Des obligations des entrepreneurs de transports. — De l'action en responsabilité. — Des agents intermédiaires. — Des obligations de l'expéditeur et du destinataire. — Compétence pour les actions qui naissent du contrat de transport. — De l'établissement des Tarifs et de la fixation des taxes pour les chemins de fer. — Des diverses espèces de tarifs. — Du caractère administratif des tarifs et des conséquences qui en découlent. — Règles sur l'application des tarifs. — Obligations spéciales des Compagnies de chemins de fer considérées comme entreprises de transports. — Transports au-delà de la voie de fer. — Des objets abandonnés dans les bureaux et gares. — De quelques transports donnant lieu à l'application de dispositions pénales. — Dispositions fiscales.

Des Litiges en matières de transports par Chemins de fer, par M. POMMIER, chef du Bureau des réclamations au Chemin de fer du Nord. — Un volume.   Prix broché, 3 fr.; relié, 4 fr.

Cet ouvrage est un aperçu complet des difficultés auxquelles peuvent donner lieu les transports à grande et à petite vitesse par Chemins de fer, de l'application de la législation à ce nouveau mode de circulation, et des principes que l'usage et la jurisprudence ont consacrés à cet égard.

Il passe en revue, en les suivant dans toutes leurs complications, les diverses circonstances dans lesquelles peuvent se présenter les questions à résoudre : les empêchements à la livraison au destinataire, — la perte des objets transportés, — les avaries, — les expéditions suivies de remboursement, — la douane, etc., et il indique à chacun des intéressés les moyens de faire valoir ses droits.

Le public et l'employé des Chemins de fer, en dehors même des règlements particuliers à chaque exploitation, pourront donc consulter très-utilement cet ouvrage, que l'auteur s'est efforcé de rendre essentiellement pratique.

Traité de Comptabilité du Matériel des Chemins de fer, par Frédéric Hubert.   Prix broché, 3 fr.; relié, 4 fr.

L'auteur de cet ouvrage est un homme spécial, qui ne s'est préoccupé d'aucune vue théorique; il a voulu faire un livre pratique, élémentaire et à la portée de toutes les intelligences.

Il commence à tracer à chacun l'ensemble des devoirs qu'il a à remplir, en lui indiquant son point de départ et son point d'arrivée, sans lui permettre de sortir de la sphère qui lui est propre.

Il facilite les moyens de tenir constamment les écritures à jour, de contrôler instantanément et à volonté les opérations des divers ateliers, et de se rendre compte de la situation actuelle de tous et de chacun d'eux.

Il fournit pour chaque spécialité des services du matériel tous les éléments et tous les moyens destinés à lui suffire dans l'accomplissement des travaux qui lui sont confiés.

Par cette méthode, le contrôle n'est plus dans une seule main; il devient facile de connaître à l'instant la situation de chaque atelier et de chaque service. Les garanties sont ainsi augmentées, et dans le système de comptabilité exposé, chaque Compagnie trouve, avec plus d'ordre dans les écritures, des moyens de réaliser encore des économies de temps et d'argent.

Dictionnaire des Chemins de fer, par A. de Cousy de Fageolles. — Préface par Emile With.   Prix broché, 4 fr.

Cet ouvrage, que l'auteur a rendu essentiellement pratique et à la portée de tous, contient l'explication des termes techniques usités dans la langue des Chemins de fer, à laquelle tout le monde aujourd'hui a besoin d'être initié.

Vade-Mecum de l'Ingénieur des Chemins de fer, donnant des méthodes nouvelles, exactes et faciles pour le tracé des courbes des Chemins de fer, les changements et croisements de voies, le calcul des déblais et remblais, le nivellement, etc., avec planches et figures, par Olivier Byrne, ingénieur anglais.

Cet ouvrage a obtenu un immense succès en Angleterre et aux États-Unis. Prix relié, 5 fr. En forme de portefeuille, 6 fr.

QUATRIÈME SÉRIE.

OUVRAGES PÉRIODIQUES SUR LES CHEMINS DE FER.

Lorsqu'il n'y avait en exploitation qu'un petit nombre de Chemins de fer, des Bulletins de service, distribués gratuitement par les Compagnies, étaient le seul moyen employé pour faire parvenir jusqu'aux mains du Public les détails qu'il lui importait de connaître. Mais ces Bulletins devinrent bientôt insuffisants; ils ne se renouvelaient pas périodiquement, et l'on ne pouvait savoir si le Bulletin consulté contenait bien l'indication du service actuel, ou si, au contraire, le service n'avait pas été changé depuis sa publication. Ces Bulletins se bornaient à donner les documents d'une seule Compagnie, et avec l'un d'eux on ne pouvait combiner d'avance un voyage exigeant le concours de plusieurs lignes.

Nous avons créé dans ce but diverses Publications spéciales et périodiques qui donnent l'état fidèle et exact des Services de tous les Chemins de fer. Chacune d'elles consigne les changements si fréquents dans les heures de Départ et d'Arrivée des Trains et de leurs Correspondances, ainsi que dans les Tarifs de transport des excédants de Bagages et des Marchandises de toute espèce. Les Tarifs des différentes vitesses y sont réunis avec toutes les conditions de transport.

Ces Publications, faites avec le concours et sous le contrôle des Compagnies, sont de véritables Moniteurs officiels et détaillés de la circulation générale des Voyageurs et des Marchandises dans toute l'Europe. Les documents qu'ils contiennent sont consultés par les Ministères, les Ambassades, les Consulats, la Direction des postes, les Administrations de tous les services publics, et les grandes Maison industrielles et commerciales.

Nos Ouvrages périodiques sur les Chemins de fer, la Navigation et la Télégraphie, se composent aujourd'hui des Publications ci-après :

Livret-Chaix. — *Guide officiel des Voyageurs sur tous les Chemins de fer de l'Europe et les principaux Paquebots de la Méditerranée et de l'Océan*, accompagné de Cartes spéciales pour chaque réseau, publié sous le patronage des Compagnies. Un volume, avec Cartes de toutes les lignes. Prix, 1 fr. 50 c.

Depuis dix-sept ans, nous publions le *Livret-Chaix*, qui forme un beau volume de 400 pages, avec 6 jolies Cartes. Il paraît une édition le premier de chaque mois.

Cet utile Recueil est tenu exactement au courant de tous les changements de service qui surviennent *très-fréquemment* dans le mouvement des trains, et dans les heures de correspondance de ces trains avec les Messageries et les Bateaux à vapeur.

Les personnes qui désirent recevoir à domicile les 12 *volumes* qui paraissent chaque année, et à mesure de leur publication, doivent faire parvenir le montant de leur abonnement à MM. NAPOLÉON CHAIX et Cⁱᵉ, rue Bergère, 20, Paris.

PRIX DE L'ABONNEMENT : Paris, 15 francs. — Départements, 18 francs. — Étranger, 24 francs.   Prix de l'exemplaire, 1 fr. 50 c.

Le *Livret-Chaix* se trouve dans toutes les principales Gares et Stations des Chemins de fer Français, Belges et Rhénans; sur les Chemins de fer Anglais; les Bateaux à vapeur du Rhin et de la Manche; sur les Paquebots de la Méditerranée, etc., et chez les principaux Libraires.

L'Indicateur des Chemins de fer, *seul Journal officiel paraissant tous les dimanches, contenant les heures de départ et d'arrivée des Trains, les prix des Places, etc., de tous les Chemins de fer, ainsi que leurs correspondances par diligences et par bateaux à vapeur;* publié avec le concours et sous le contrôle des Compagnies.

L'*Indicateur des Chemins de fer* donne chaque semaine les renseignements officiels *de toutes les Compagnies*, sur les heures de départ et d'arrivée des trains et leurs correspondances.

Il se vend 40 centimes dans toutes les Gares et Stations, dans les Bureaux d'Omnibus, chez les principaux Libraires, et chez les Propriétaires-Editeurs, rue Bergère, 20.

	PARIS.	DÉPARTEMENTS.	ÉTRANGER
PRIX DE L'ABONNEMENT : Un an...	18 fr.	24 fr.	30 fr.
Six mois.	10	14	16

On s'abonne à Paris, à l'Imprimerie centrale des chemins de fer, rue Bergère, 20; et dans les départements, chez tous les Libraires.

Recueil général des Tarifs des Chemins de fer français et internationaux et de leurs Correspondances pour les transports à grande et petite vitesse.

Le *Recueil général des Tarifs des Chemins de fer*, que nous publions depuis cinq ans d'après les documents de l'Administration et avec le concours des Compagnies, contient les Tarifs de grande et de petite vitesse de tous les Chemins de fer, ainsi que tous les autres documents nécessaires à l'établissement des taxes.

Ce travail important, dont la création a nécessité des efforts et des dépenses considérables, a été entrepris dans le but de populariser les Tarifs des chemins de fer, et de mettre les Industriels, les Négociants, les Agriculteurs, à même d'y recourir pour le transport de leurs marchandises au meilleur marché possible.

Le Recueil général des Tarifs paraît aux mois de Janvier, Avril, Juillet et Octobre de chaque année. — Ces numéros trimestriels contiennent :

Les Tarifs généraux de grande et de petite vitesse de tous les Chemins de fer ;
Les Tarifs spéciaux ;
Les Tarifs communs entre les diverses Compagnies ;
Les Tarifs de factage et de camionnage ;
Les Tarifs de réexpédition de grande et petite vitesse, pour les localités desservies par des correspondances régulières de roulage et de messagerie ;
La Classification des marchandises pour les transports à petite vitesse ;

Une Table alphabétique de toutes les localités desservies directement par les Chemins de fer ou leur correspondances, permettant aux expéditeurs de connaître tous les points sur lesquels les Compagnies s'engagent à transporter des colis.
Des Instructions et des Exemples pour en faciliter l'usage ;
Une Carte des Chemins de fer français et internationaux indiquant les voies les plus économiques et les plus promptes à suivre pour les transports.

En outre, des numéros *supplémentaires* sont publiés dans les mois d'intervalle, pour faire connaître aux Abonnés les additions et modifications survenues.

Par cette combinaison les expéditeurs sont constamment au courant des changements apportés dans les Tarifs.

CONDITIONS D'ABONNEMENT :

Chaque abonnement d'un an donne droit aux quatre numéros trimestriels et aux huit numéros supplémentaires. Prix : Paris, **36** fr. — Départements, **42** fr. — Etranger, **48** fr.

Prix de chaque numéro trimestriel séparé : Paris, **12** fr. — Départements, **14** fr. — Etranger, **16** fr.

Les numéros supplémentaires se vendent aussi séparément, mais avec le numéro trimestriel qui les précède. Prix : **2** fr. et **3** fr. par la poste.

Livret des Rues de Paris, des Omnibus, des Voitures et des Théâtres, avec gravures et plans géométriques de Paris. — 1 vol. in-18 jésus d'environ 300 pages.   Prix : 1 franc.

SOMMAIRE

Calendrier ;
Tableau des jours et heures d'entrée dans les Monuments, Palais, Musées, Galeries et Bibliothèques ;
Tableau des Monuments et Établissements publics ouverts aux visiteurs, desservis par les lignes d'Omnibus ;
Nomenclature des 31 lignes d'Omnibus, avec leurs parcours ;
Situation des bureaux d'Omnibus dans les divers quartiers de Paris avec ou sans correspondances ;

Itinéraires spéciaux des 31 lignes d'Omnibus ayant leurs stations aux points de départ et d'arrivée ;
Tableau synoptique des correspondances réciproquement données et reçues dans l'intérieur de Paris par les bureaux d'Omnibus ;
Tableau des Omnibus spéciaux des Compagnies de Chemins de fer conduisant aux Gares ;

Service général des voitures de place et de remise, avec la nomenclature de ces voitures, un tarif des prix à l'heure et à la course, etc.;

Plans des principaux Théâtres de Paris, avec l'indication et le prix de toutes les places;

Dictionnaire des Rues de Paris et autres voies publiques, avec des annotations indiquant, pour chaque rue, le passage des Omnibus et les signes de renvoi aux Plans de Paris;

Plan de Paris, mis en rapport immédiat avec le Dictionnaire des Rues par des signes réciproques de renvoi.

Livret spécial des Chemins de fer du Nord, Belges, Rhénans, Hollandais et Allemands, avec Carte du Réseau, publié avec le concours des Compagnies. Prix, 20 centimes.

Ce Livret comprend tous les services des lignes du Nord, de la Belgique, de la Hollande et de l'Allemagne.

Il donne des détails sur les services de Paris à Saint-Denis, Pontoise, Creil, Soissons, Chantilly, Senlis, Amiens, Arras, Douai, Lens, Béthune, Hazebrouck, Dunkerque, Calais, Valenciennes, Mons, Bruxelles, Louvain, Charleroi, Namur, Liége, Verviers, Cologne, Lille, Tournay, Gand, Bruges, Ostende, Malines, Anvers, Erquelines, Maubeuge, Saint-Quentin, Abbeville, Boulogne, Calais, Dunkerque, Hombourg, Berlin, Breda, Rotterdam, Amsterdam, Arnheim, Breslau, Leipzig, Prague, Vienne, etc., etc., avec toutes les stations intermédiaires, les prix des places, voitures de correspondance.

Il contient, en outre, les services entre Paris et Londres, par Calais et Douvres, Boulogne et Folkestone, Boulogne et la Tamise, Dunkerque et Calais par la Tamise.

Livret spécial des Chemins de fer de l'Est, avec Carte du Réseau, publiés avec le concours des Compagnies. Prix, 20 centimes.

Ce Livret comprend tous les services des lignes de l'Est et de l'Allemagne. Il donne les détails les plus complets sur les services de Paris à Meaux, Château-Thierry, Epernay, Reims, Rethel, Mézières-Charleville, Vireux, Givet, Sédan, Carignan, Montmédy, Thionville, Longwy, Châlons, Vitry, Nancy, Metz, Forbach, Lunéville, Sarrebourg, Strasbourg, Gretz, Nangis, Flamboin, Montereau, Bar-sur-Seine, Hermé, Troyes, Chaumont, Langres, Vesoul, Belfort, Altkirch, Mulhouse, Joinville, Donjeux, Blesme, Epinal, Vendenheim, Bischwiller, Haguenau, Wissembourg, Schelestadt, Colmar, Lutterbach, Luxembourg, Thann, Wesserling, Bâle, Mayence, Francfort, Halle, Leipsig, Dresde, Prague, Vienne, avec toutes les stations intermédiaires, les prix des places, voitures de correspondance.

Livret spécial des Chemins de fer de l'Ouest, avec Carte du Réseau, publié avec le concours de la Compagnie. Prix, 20 centimes.

Ce Livret comprend tous les services des lignes de Normandie, de Bretagne et des Environs de Paris.

Il donne les détails les plus étendus sur les services de Paris à Poissy, Mantes, Vernon, Rouen, Yvetot, le Havre, Dieppe, Fécamp, Evreux, Lisieux, Honfleur, Trouville, Caen, Bayeux, Lison, Saint-Lô, Cherbourg, Alençon, Versailles, Rambouillet, Chartres, Nogent-le-Rotrou, la Ferté-Bernard, le Mans, Sablé, Angers, Laval, Rennes, Redon, Lorient, Quimper, Guingamp, Saint-Malo, Saint-Germain, Nanterre, Asnières, Passy, Auteuil, bains de mer, avec toutes les stations intermédiaires, les prix des places, voitures de correspondance.

Il contient en outre les services entre Paris et Londres, par Dieppe et Newhaven, le Havre et Southampton, le Havre et la Tamise.

Livret spécial des Chemins de fer d'Orléans et du Midi, avec Carte du Réseau, publié avec le concours des Compagnies.   Prix, 20 centimes.

Ce Livret contient tous les services sur les chemins de fer d'Orléans et du Midi.

Il donne les détails les plus complets sur les services de Paris à Orléans, Tours, Poitiers, Angoulême, Bordeaux, Angers, Nantes, Savenay, Saint-Nazaire, Lorient, Quimper, Vierzon, Bourges, Montluçon, Moulins, Châteauroux, Limoges, Périgueux, Agen, Brives, Montauban, Rodez, la Rochelle, Rochefort, Clermont-Ferrand, Roanne, Lyon, Saint-Étienne, Toulouse, Foix, Montréjeau, Cette, Arcachon, Tarbes, Bagnères-de-Bigorre, Pau, Bayonne et Irun, avec toutes les stations intermédiaires, les prix des places, voitures de correspondance.

C'est à Bayonne que viennent se souder les lignes de France à Madrid, par Valladolid et Burgos, — et par Pampelune et Saragosse.

Livret spécial des Chemins de fer de Paris à Lyon et à la Méditerranée, et Réseaux en correspondance, avec Carte du Réseau, publié avec le concours des Compagnies.   Prix, 25 centimes.

Ce Livret comprend tous les services de cet immense Réseau.

Il donne les détails les plus complets sur les services de Paris à Charenton, Brunoy, Fontainebleau, Montereau, Dijon, Belfort, Gray, Auxonne, Dôle, Salins, Mouchard, Lons-le-Saulnier, Pontarlier, Neuchâtel, Chalon, Mâcon, Villefranche, Lyon, Montargis, Gien, Nevers, Clermont-Ferrand, Brioude, Massiac, Roanne, Saint-Étienne, la ligne de Genève, Rives, Grenoble, Vienne, Valence, Montélimar, Orange, Avignon, Carpentras, Tarascon, Arles, Marseille, Toulon, Nice, Nîmes, Montpellier, Cette; sur ceux des chemins de fer Victor-Emmanuel, Italiens, Suisses, avec toutes les stations intermédiaires, les prix des places, voitures de correspondance.

Il contient de plus le service des paquebots à vapeur napolitains pour l'Italie, la Sicile, Malte, l'Adriatique; celui des paquebots-poste de la Méditerranée pour l'Italie, le Levant, la Grèce, l'Égypte, la Syrie et l'Algérie.

Guide-Indicateur illustré des Chemins de fer du Nord et des correspondances sur l'Angleterre, avec carte et gravures, publié avec le concours des Compagnies.   Prix, 15 centimes.

Ce Guide donne des détails très-complets sur le service de Paris à Creil, Senlis, Soissons, Compiègne, Noyon, Tergnier, Saint-Quentin, Landrecies, Maubeuge, Charleroi, Namur, Liége, Cologne, Coblence, Mayence, Francfort-sur-Mein, Beauvais, Laon, Cambrai, Somain, Saint-Gobain, Clermont, Amiens, Arras, Douai, Valenciennes, Mons, Bruxelles, Verviers, Abbeville, Boulogne, Saint-Omer, Calais, Dunkerque, Lille, Lens, Roubaix, Maubeuge, Enghien, Pontoise, avec toutes les stations intermédiaires, les prix des places, voitures de correspondance.

Il contient également les services des principales correspondances internationales avec la Belgique, l'Allemagne, et le service des bateaux à vapeur entre la France et l'Angleterre, par Calais et Douvres, Boulogne et la Tamise.

Il donne, en outre, la description des principales villes desservies par le chemin de fer du Nord et les réseaux en correspondance : Saint-Denis, Beauvais, Compiègne, Noyon, Chauny, Laon, Saint-Quentin, Maubeuge, Clermont, Amiens, Arras, Douai, Cambrai, Valenciennes, Lille, Saint-Omer, Calais, Dunkerque, Namur, Liége, Spa, Louvain, Bruxelles, Malines, Anvers, Aix-la-Chapelle, Cologne, Coblence, etc.

Guide-Indicateur illustré des Chemins de fer de l'Est et des correspondances de l'Allemagne, avec carte et gravures, publié avec le concours de la Compagnie.   Prix, 15 centimes.

Ce Guide donne des détails très-complets sur le service de Paris à Meaux, Châlons, Bar-le-Duc, Nancy, Lunéville, Strasbourg, Kehl, Epernay, Aï, Reims, Mézières-Charleville, Givet, Sedan, Joinville, Chaumont, Metz, Forbach, Luxembourg, Trèves, Arlon, Thionville, Ottange, Epinal, Schlestadt, Colmar, Mulhouse, Bâle, Thann, Hagueneau, Wissembourg, Gretz, Troyes, Bar-sur-Seine, Langres, Vesoul, Mortcerf, Provins, Chalindrey, Gray, Epernay, Vincennes, la Varenne, etc., avec toutes les stations intermédiaires, les prix des places, voitures de correspondance.

Il contient également les services directs entre la France, l'Allemagne, la Suisse et la haute Italie, et les services internationaux de Londres et de Paris à Vienne et à Constantinople, ceux de Francfort à Prague, Berlin et Saint-Pétersbourg.

Il donne, en outre, la description des principales localités desservies par chaque réseau : Meaux, Château-Thierry, Epernay, Reims, Châlons-sur-Marne, Vitry-le-Français, Bar-le-Duc, Toul, Nancy, Epinal, Metz, Thionville, Lunéville, Wissembourg, Strasbourg, Gretz, Provins, Montereau, Troyes, Bar-sur-Aube, Langres, Vesoul, Mulhouse, Colmar, Bâle, etc.

Guide-Indicateur illustré des Chemins de fer de l'Ouest et des correspondances sur l'Angleterre, avec carte et gravures, publié avec le concours des Compagnies.   Prix, 15 centimes.

Ce Guide donne des détails très-complets sur le service de Paris à Saint-Germain-en-Laye, Argenteuil, Auteuil, Versailles (rive droite et rive gauche), Mantes, Rouen, Yvetot, le Havre, Dieppe, Fécamp, Evreux, Bernay, Caen, Bayeux, Valognes, Cherbourg, Pont-l'Evêque, Honfleur, Trouville, Saint-Lô, Rambouillet, Chartres, Nogent-le-Rotrou, le Mans, Sablé, Angers, Laval, Vitré, Rennes, Redon, Lorient, Quimper, Guingamp, Saint-Malô, Coulibœuf, Falaise, Argentan, Alençon, etc., avec toutes les stations intermédiaires, les prix des places, voitures de correspondance.

Il contient également les services entre Paris et Londres par Dieppe et Newhaven, le Havre et Southampton, le Havre par la Tamise.

Il donne, en outre, la description des principales localités desservies par le réseau de l'Ouest : Saint-Germain en Laye, Versailles, Maisons-Laffitte, Mantes, Rouen, le Havre, Dieppe, Eu, Fécamp, Evreux, Honfleur, Trouville, Caen, Bayeux, Cherbourg, Rambouillet, Maintenon, Chartres, le Mans, Rennes, Brest, Vannes, Lorient, Alençon, Mont-Saint-Michel, etc.

Guide-Indicateur illustré des Chemins de fer d'Orléans et du Midi, avec carte et gravures, publié avec le concours des Cies. Prix, 15 centimes.

Ce Guide donne des détails très-complets sur le service de Paris à Corbeil, Orléans, Blois, Tours, Poitiers, Angoulême, Bordeaux, Château-du-Loir, le Mans, Saumur, Angers, Nantes, Saint-Nazaire, Lorient, Quimper, la Rochelle, Rochefort, Vierzon, Bourges, Saincaize, Montluçon, Moulins, Châteauroux, Argenton, Limoges, Périgueux, Agen, Brives, Montauban, Rodez, Coutras ; de Paris à Sceaux, de Paris à Orsay ; de Bordeaux, à Marmande, Agen, Montauban, Toulouse, Villefranche, Carcassonne, Narbonne et Cette ; de Toulouse à Foix et Montréjeau ; de Narbonne à Perpignan, de Béziers à Estrechoux ; de Bordeaux à Lamothe, Dax et Bayonne ; de Bordeaux à Arcachon, de Morcenx à Mont-de-Marsan, Tarbes et Bagnères-de-Bigorre ; de Dax à Pau, de Bayonne à Pau, avec toutes les stations intermédiaires, les prix des places, voitures de correspondance.

Il donne, en outre, la description des principales localités desservies par chaque réseau : Etampes, Orléans, Blois, Tours, le Mans, Saumur, Angers, Nantes, Paimbœuf, Saint-Nazaire, Vierzon, Bourges, Issoudun, Châteauroux, Limoges, Périgueux, Châtellerault, Poitiers, Niort, la Rochelle, Rochefort, Angoulême, Bordeaux, Arcachon, Dax, Bayonne, Mont-de-Marsan, Tarbes, Langon, Agen, Rodez, Montauban, Toulouse, Carcassonne, Béziers, Cette, Narbonne, Perpignan, etc.

Guide-Indicateur illustré des Chemins de fer de Paris à Lyon et à la Méditerranée et Victor-Emmanuel, avec carte et gravures, publié avec le concours des Compagnies. Prix, 15 centimes.

Ce Guide donne des détails très-complets sur le service de Paris à Montereau, Dijon, Mâcon, Lyon, Vienne, Saint-Rambert, Tain, Montélimar, Orange, Avignon, Arles, Marseille, Beaucaire, Nîmes, Montpellier, Cette; de Paris à Charenton et Brunoy, de Chagny à Montceau-les-Mines, de Nîmes à Bességes, de Vienne à Givors, de Tarascon à Cette, de Marseille à Toulon, de Rognac à Aix, d'Alais à la Grand'-Combe, de Marseille à l'Estaque, de Laroche à Auxerre; de Dijon à Belfort, Gray et Salins, Lons-le-Saulnier, Pontarlier et Neuchatel; de la ligne de Genève; des lignes du Bourbonnais (Paris à Lyon par Nevers), du Dauphiné du chemin de fer Victor-Emmanuel et des réseaux qui s'y rattachent, avec toutes les stations intermédiaires, les prix des places, voitures de correspondance.

Il donne, en outre, la description des principales localités desservies par chaque réseau : Melun, Fontainebleau, Montereau, Sens, Auxerre, Tonnerre, Dijon, Auxonne, Dôle, Salins, Besançon, Belfort, Beaune, Chalon-sur-Saône, Mâcon, Bourg, Lyon, Genève, Saint-Etienne, Roanne, Moulins, Nevers, Vichy, Clermont-Ferrand, Royat, Vienne, Grenoble, Valence, Montélimar, Orange, Avignon, Tarascon, Nîmes, Beaucaire, Montpellier, Cette, Arles, Marseille, Toulon, Hyères, Fréjus, Cannes, Antibes, etc.

Ces GUIDES ILLUSTRÉS, imprimés en beaux caractères, dans le format de l'INDICATEUR, se composent chacun de 20 pages, et paraissent chaque fois qu'il survient un changement de service.

Guide des Militaires et Marins voyageant isolément, soit à leur compte, soit aux frais de l'Etat, sur les chemins de fer, par M. A. DE BELLEFONDS, commis principal de 1re classe au Ministère de la guerre.

Prix : broché, 1 fr.; relié, 1 fr. 60 c.

Ce Traité intéresse l'armée entière et même la marine.

Jusqu'à sa publication, personne ne s'était préoccupé de la question du militaire ou du marin voyageant isolément et à ses frais sur les Chemins de fer.

Cependant tout militaire ou marin qui se déplace, qu'il change de corps, qu'il aille aux eaux, en permission ou en congé, a besoin de connaître la dépense qui en résultera pour lui.

Cet ouvrage est le meilleur Guide du militaire ou du marin pour faciliter l'appréciation de cette dépense sur les voies ferrées.

Moniteur Télégraphique. *Guide-Tarif des dépêches pour la France et l'Étranger*, publié avec le concours de l'Administration des Lignes télégraphiques; paraissant du 1er au 10 de chaque mois, avec les Changements survenus, et les Documents nouveaux.

Le *Moniteur Télégraphique* forme chaque mois un cahier in-folio de 32 pages, imprimé sur beau et fort papier.

Cette publication a été accueillie avec faveur, dès son origine, par les administrations publiques et les particuliers, comme présentant toutes les garanties d'exactitude désirables. Elle est tenue régulièrement au courant des modifications qui surviennent dans la législation et dans l'administration des bureaux et stations télégraphiques en France et à l'étranger.

Chaque numéro renferme : — les lois, décrets et arrêtés en vigueur sur la correspondance télégraphique privée ; — des renseignements généraux sur l'application des Tarifs français et étrangers, sur la forme et l'étendue des dépêches, et sur la remise à domicile des dépêches en France, à l'étranger, et en dehors des localités télégraphiques.

Il renferme également : — la Nomenclature des Bureaux Télégraphiques de Paris; — un Tableau-Tarif des stations ouvertes à la Télégraphie en France et à l'étranger; — un Tableau-Tarif indiquant les principales stations Télégraphiques de l'Amérique septentrionale.

PRIX DE L'ABONNEMENT : { Paris et les Départements. 12 francs.
{ Étranger................ 14 —

Un numéro pris séparément, 1 fr.

CINQUIÈME SÉRIE.

PUBLICATIONS DIVERSES.

Rapports officiels des membres de la section française du jury international sur l'ensemble de l'Exposition universelle de Londres de 1862, publiés sous la direction de M. Michel CHEVALIER, président de la Section française du Jury international. — 2ᵉ édition. — 7 beaux volumes in-8°. Prix, 45 francs.

Nous avons acquis de la Commission impériale, créée par décret de l'Empereur le droit exclusif d'imprimer, de publier et de vendre, de faire traduire en langues étrangères et d'éditer, tant en France qu'à l'étranger, les Rapports sur l'Exposition de Londres rédigés par MM. les Membres de la Section française du Jury.

Ce grand travail renferme les documents les plus complets sur l'état actuel de l'industrie. Il compare nos produits et nos procédés avec les procédés et les produits des autres nations; il indique les moyens de perfectionner nos méthodes, d'améliorer notre production, et, par suite, de soutenir la concurrence étrangère avec succès.

Rempli d'observations exactes et de réflexions savantes, cet ouvrage est une étude de la plus grande valeur sur l'état comparatif de l'industrie dans le monde entier; — il préconise la liberté du travail; il est surtout une œuvre de science et de dévouement aux intérêts et à la prospérité de la France.

L'introduction présente le vaste cadre dans lequel sont rangés les travaux de chacun des membres de la Commission impériale, et sert d'Examen à l'Exposition de 1862, observée dans les progrès qu'elle constate, et par les dispositions administratives et législatives qu'elle appelle dans l'intérêt de l'industrie.

Cette nouvelle édition est augmentée d'un *septième volume*, qui comprend tous les documents officiels français et anglais intéressant les personnes qui ont concouru à cette grande Exposition, le Rapport du Prince Napoléon, le discours de l'Empereur, la liste des récompenses décernées aux Exposants français, les noms des Présidents et Secrétaires des Commissions départementales, etc.

La plupart de ces documents sont inédits en France, et par suite augmentent le mérite de cette importante publication.

Le septième volume, est délivré gratuitement à tous ceux qui souscrivent à la deuxième édition. — Ce volume se vend aussi séparément 7 fr. 50 c.

Les sept volumes sont expédiés *franco* à toutes les personnes qui joignent à leur demande un mandat de 45 francs sur la Poste ou à vue sur Paris, ou 7 fr 50 c. pour le septième volume acheté séparément.

L'Exposition universelle de 1862, par M. Michel CHEVALIER, président de la Section française du Jury international. — Un vol. in-8°. Prix broché, 5 fr.

Ce remarquable travail est extrait des *Rapports de la Section française du Jury international*, dont il forme l'introduction.

Le Globe Industriel, Agricole et Artistique, *Compte rendu illustré de l'Exposition universelle de* 1855, avec des Notices artistiques, industrielles et commerciales, et 600 gravures. — 2 beaux volumes in-folio.   Prix, 20 fr.

Cours d'équitation, par le comte d'Aure, écuyer en chef de l'Ecole de cavalerie, adopté officiellement et enseigné à l'École de cavalerie et dans les corps de troupes à cheval, par décision de M. le Ministre de la Guerre, en date du 9 avril 1853, neuvième édition.   Prix, 3 fr.
Prix pour les corps et les militaires, 90 cent.; pour les particuliers, 3 fr.

Cours de Législation usuelle pour l'instruction professionnelle des Ouvriers, ou *Enseignement sommaire des dispositions les plus usitées de la Législation Civile, Commerciale, Industrielle et Administrative,* par Charles Rameau.   Prix broché, 1 fr.; par la poste, 1 fr. 30 c.

Cet ouvrage, divisé en 24 leçons, met à la portée de tout le monde, et notamment des classes laborieuses, la connaissance des Lois usuelles de notre pays.

Il expose à un point de vue essentiellement pratique les éléments du Droit civil, du Droit commercial et du Droit administratif, qui sont indispensables à tous les citoyens pour observer leurs Devoirs et exercer leurs Droits.

SOMMAIRE. — Objet du droit et considérations générales sur la loi. — Droits attachés à la qualité de Français. — Actes de l'état civil; naissances, mariages, décès. — Droits de famille : puissance paternelle, minorité, tutelle, majorité, interdiction. — Paternité, filiation. — Propriété. — Successions. — Donations. — Contrats. — Obligations imposées aux commerçants. — Agents de change, courtiers, commissionnaires en marchandises. — Effets de commerce. — Brevets d'invention. — Faillites et banqueroutes. — Sociétés commerciales. — Impôts. — Expropriation pour cause d'utilité publique. — Travail et apprentissage. — De la justice et de son organisation; procédure. — Assistance judiciaire.

Législation Industrielle, *contenant le Code des Prud'hommes, avec Recueil des Lois, Décrets, Ordonnances et Arrêtés concernant la Justice industrielle;* par A.-G.-N. Lingée, ancien président du Conseil des Prud'hommes, président de la Chambre consultative des Arts et Manufactures, inspecteur du travail des enfants dans les manufactures, membre du Conseil général d'Agriculture, des Manufactures et du Commerce.   Prix broché, 3 fr.

Un Code des Prud'hommes est la mise en pratique de la conciliation. Il fournit les moyens de maintenir la paix dans l'atelier et d'y conserver les éléments de prospérité.

L'histoire de l'institution des Prud'hommes, qui est celle des rapports des maîtres avec les ouvriers, est présentée dans cet ouvrage avec exactitude et fidélité. A côté des textes des lois, décrets, ordonnances et arrêtés, on trouve les principes qui les ont dictés et l'application qui en a été faite.

La *Législation industrielle* est un ouvrage d'une utilité sérieuse et pratique. Il expose la distribution légale et régulière des devoirs comme des droits réciproques des maîtres et des ouvriers, selon l'intelligence, l'activité, la situation de chacun; il donne les moyens de maintenir les droits et les devoirs, non pas à l'aide d'une autorité répressive, mais en appliquant avec force et équité les lois par lesquelles les uns et les autres sont régis.

Glossaire du Centre de la France, par M. le comte JAUBERT, ancien député du Cher. — Deux beaux volumes grand in-8°. — Prix, broché, 20 fr.
2e supplément du *Glossaire du centre de la France*.   Prix, 1 fr. 50 c

Tous les mots qui ont été en usage dans le centre de la France ont trouvé place dans ce dictionnaire. L'auteur donne leur signification, explique les faits au milieu desquels ils se sont produits, et énumère les coutumes auxquelles ils se rattachent.

Rien n'est plus intéressant que cette variété d'usages que l'on trouve dans ce livre, destiné à apporté de précieux documents à l'édifice commencé par l'Académie française dans la révision générale de son dictionnaire.

Le Ministre de l'instruction publique a rendu justice à l'importance de cet ouvrage, en faisant souscrire à trois cents exemplaires.

Nouveau Voyage dans le Pays des Nègres, suivi d'*Études sur la Colonie du Sénégal, et de Documents Historiques, Géographiques et Scientifiques*; par ANNE RAFFENEL, commandant particulier de l'île Sainte-Marie de Madagascar, exécuté par ordre du Gouvernement, et publié avec autorisation de S. Exc. le Ministre de la Marine. Deux beaux volumes grand in-8°, avec Gravures et Carte de l'Afrique centrale.   Prix, 15 fr.

Le premier volume de cet ouvrage contient la partie descriptive, anecdotique, scientifique et légendaire du voyage.

Le second volume renferme : 1° des études sur la colonie du Sénégal, traitant de l'histoire de cette colonie, depuis sa découverte jusqu'à nos jours, et exposant les vues personnelles de l'auteur sur l'avenir de cette possession française ; 2° des documents historiques pouvant servir au classement des peuples nombreux qui occupent l'Afrique occidentale ; 3° des faits scientifiques, un vocabulaire, des tableaux météorologiques et un itinéraire détaillé des routes à suivre pour pénétrer au centre du continent africain.

Mécanisme des Grands Pouvoirs de l'État, suivi des *Textes réglementaires pouvant servir à éclairer le vote des Lois et des Sénatus-Consultes*, par PH. VALETTE, secrétaire général de la présidence du Corps législatif. 3e édition, augmentée des *Actes relatifs au rétablissement de l'Empire, à la constitution de la Régence, et à l'augmentation du nombre des députés*. Un fort volume in-8° de 750 pages.   Prix, 9 fr.

Le travail de M. Valette n'est pas seulement destiné aux hommes qui jouent un rôle dans nos assemblées ou dans l'Administration publique, il s'adresse aussi à tous ceux qui veulent connaître promptement les attributions des corps de l'Etat, et leur mécanisme constitutionnel.

www.ingramcontent.com/pod-product-compliance
Lightning Source LLC
Chambersburg PA
CBHW060754230426
43667CB00010B/1569